著―ゴードン・ニューフェルド、ガボール・マテ
訳―小野善郎

思春期の親子関係を取り戻す

増補改訂版

子どもの心を引き寄せる
「愛着脳」

HOLD ON TO YOUR KIDS:
Why Parents Need to Matter More Than Peers, third edition

福村出版

この本を私たちの子どもたち、そして彼らの現在の、
そしてこれから生まれてくる子どもたちに捧げる。
彼らが与えてくれた洞察が、本書をもたらしてくれた。

――

タマラ、ナターシャ、ブリア、シェイ、ブラーデン

&

ダニエル、アーロン、ハンナ

&

キアラ、ジュリアン、シニード。

行動は関係の中でのみ意味があり、関係の理解がなければ、どんな行動も対立を引き起こすだけだ。関係の理解は、どんな行動計画の探求よりも、絶対的に重要だ。

――J・クリシュナムルティ

読者の皆さんへ

本書の著者であるゴードン・ニューフェルドとは、私と妻のレイが長男のことで相談したのをきっかけに知り合った。そのとき息子は八歳で、私たちは息子には何か問題があるのではないかと思っていたが、ゴードンはすぐに、息子にも私たちにも問題はなく、それは親子関係の問題だと説明してくれた。数年後、今度は思春期に入ったばかりの次男が親の言うことを聞かず、親と一緒にいたがらなくなって心配になり、もう一度ゴードンに相談すると、息子を仲間から離して親子関係を取り戻す必要があると言われた。このときに、私は初めてニューフェルド博士の「仲間指向性（peer orientation）」という概念を知った。それは、子どもにもっとも影響を与える親が仲間に置き換えられることで、その結果多くの問題が起こり、現代社会に蔓延しているとのことだった。この概念はレイと私にとって、さまざまな意味で役立ってきた。

ゴードンと私は、人々の自然な子育ての本能を再覚醒させるという、野心的な意図で本書を執筆した。その意図のとおりになれば、現在の子育てと教育の常識の多くを混乱に陥れることになるだろう。そして本書で、私たちは親が何をすべきかということではなく、子どものためにどうあるべきかに注目し、子どもと子どもの発達の理解、そして今日《こんにち》私たちの子どもの健全な発達を妨げているものが何かを示している。これらを理解し、両親の子育てに対する心からの献身があれば、よい子育てができるようになり、自発的で思いやりにあふれた知恵が生まれることだろう。

専門家がすすめるようなスキルに従わなければならないと思わせる現代の子育ては、まさに前の世代の親たちが当たり前に持っていた直感と、子どもとの関係が失われた結果だ。それはすなわち、親であることは関係だということだ。生物学的に、あるいは結婚や養子縁組によって、私たちにはその関係が与えられるが、子どもとの双方向性のつながりができて初めてその関係は安定する。親子関係が安定していれば、私たちが世話をする子どもをどうやって育てて教育するかについて、どんな専門家よりも聡明な自然の本能が活性化される。その秘訣は、すべての子どもとのかかわりの中で、子どもとの関係を尊重することだ。

今日の世界では、本書で私たちが明確に示すように、親は弱体化してきている。私たちは子どもたちを奪おうとする密《ひそ》かな競合に直面する一方で、同時に親であることを奪われようとしている。私たちにはもはや親であることを支え、その使命の神聖さを保持する文化の経済的、社会的基盤がない。過去の文化が、子どもの親への愛着はしっかりしていて持続するものだったとすれば、私たちにはもうそんな贅沢な文化はない。現代の親として、私たちは何を失ってしまったのか、子育てと教育において、何がどのようにうまくいかなくなったのかを考えなければならない。そうすることで、私たちは子どもの世話をする大人として主導権を取り戻し、子どもの協力、服従、尊敬を得るために強制力や策略に頼らず、子どもとの関係を作る課題に取り組むことができるようになるだろう。子どもは親との関係においてこそ、自尊心を持った、感情と権利と他者の人間としての尊厳を配慮した、独立した、自主的で、成熟した人間に発達していくことができる。

本書は五部で構成されている。第一部では、仲間指向性とは何か、そしてそれがどのようにして私たちの文化に蔓延したのかを説明する。第二部と第三部では、それぞれ子育ての能力と、子どもの発達に対する仲間指向性の悪影響について詳しく説明している。これら最初の三部では、「仲間文化（peer culture）」によって育った問題の多い発達と対比しながら、健康な子どもの発達の概略も描写している。第四部は、子どもが成熟するための安全な繭の役割を果たす関係である、子どもとの持続的な絆を築くための方法を提示する。そして最後の第五部では、どのようにして子どもが仲間の世界に惹かれるのを防ぐかを説明する。

本書の中心的なテーマと私たちが示すアドバイスは、ニューフェルド博士の心理学者としての経験と、才気あふれる研究に基づいている。その意味では、本書は彼の単著と言える。この一〇年以上にわたってゴードンのセミナーに参加した何千人もの親や教師の多くから、「先生の本はいつ出版されるのですか」と質問されてきた。私の役割は、本書の執筆と出版を、これ以上先延ばしさせないことだった。本書の企画、執筆、構成は、私たちふたりの共同作業であった。

私は、ゴードン・ニューフェルドの革新的な考えを広く一般に伝える手伝いができたことを、非常に誇りに思う。非常に長い時間がかかったが、私たちは本書の出版を実現することができた、友情と共同作業に大変感謝している。読者の皆さんにも、きっと私たちのすばらしい共同作業がわかってもらえるだろうと期待する以上に、必ず理解していただけると信じている。

ふたりの編集者、トロントのダイアン・マーティンとニューヨークのスザンナ・ポーターにも感謝の気持ちを伝えたいと思う。ダイアンは初めからこの企画の可能性を認めて、最後まで温かく支援してくれた。スザンナは辛抱強く専門的に、やや仰々しく乱雑な原稿に対して、手際のよい指示を出し、より簡潔でわかりやすい文章にすることを支援し、おかげで私たちのメッセージを非常に明確にすることができた。その結果が読者にとってとても読みやすく、私たち著者が本当に満足している、この本である。

ガボール・マテ

謝辞

ゲイル・カーニー、クリスティン・ディアリング、シェルドン・クライン、ジョイ・ニューフェルド、ケイト・タシャリュー、スザンヌ・ウォーカー、エレイン・ワインは、本書の構成と企画にかけがえのない、実務的で直接的な支援をしてくれた。

彼らは全員、火曜日夕方のグループ活動で知り合った。彼らは本書の執筆を始めたときから書き終えるまで、週に一回私と会ってくれた。彼らはまず初めは私が示すアイデアについて、次に各章の原稿について、じっくり考え、議論し、批判し、一緒に本書を作り上げるのに協力してくれた。彼らは私たちのメッセージを本書の編集方針に合うような文章にし、同時に読者のニーズと感性にも配慮して仕上げる努力をしてくれた。

私たちふたりの著者は、この活発で実りの多いミーティングをとても楽しみにするようになり、本書の執筆が終わることでこの定期的なミーティングも終わることを、とても寂しく残念に思った。私たちは、この火曜日夕方のグループに心から感謝している。彼らの献身的な援助がなければ、この仕事は私たちには重すぎるものになり、満足できる結果は出せなかったことだろう。

目次

読者の皆さんへ　6
謝辞　9

第一部　「仲間指向性」という現象

第1章　なぜ、これまで以上に親が重要なのか　22
失われた子育ての「場」　25
仲間文化の影響　27
正常ではあるが、自然でも健康でもない　30
警鐘　33
親にとっての好材料　36

第2章　歪んだ愛着、墜ちた本能　38
なぜ愛着を意識しなければならないのか　40
愛着と指向性　42
愛着形成の六つの方法　45

主たる愛着が競合するとき　51
子どもの愛着が親に背《そむ》くとき　53

第3章　私たちの間違い　59
愛着を失った文化　61
バラバラに引き裂かれた家族の絆　66
急速な変化、技術の暴走　69
今でも生きている愛着の文化　70
愛着形成の自然な方法　73
空白から生まれる愛着　74

第二部　仲間指向性は、どのように親の子育てを妨げるのか

第4章　子育ての力が衰えている　80
自然な親の権威　81
親の力の秘密　84
どうすれば親の役割を果たせるか　89
ラベルにすがりつく親　91

第5章　愛着が親と対立するとき　96

愛着は親と子どもの階層を作る　97

愛着は子育ての本能を呼び起こす　99

愛着は子どもの注意を集める　102

愛着は子どもを親に近づける　104

愛着は親からモデルを創り出す　105

愛着は親を重要なガイドに指名する　107

愛着は子どもに、親にとっての「よい子」でありたいと思わせる　109

第6章　子どもはなぜ反抗するのか　116

愛着が衰えると反抗心が強くなる　118

反抗心の本来の目的　120

仲間指向性の子どもの「偽りの自立」　124

「万能な子ども」という神話　127

子どもへの力の行使は逆効果になる　128

第7章　仲間文化には深みがない　132

第三部　仲間指向性は、どのように子どもの健全な発達を妨げるのか

第8章　感情からの危険な逃避　144

仲間指向性の子どもは傷つきやすい　146
仲間指向性の子どもはストレスに対する耐性を失う　147
仲間指向性の子どもは無神経な子どもとの付き合いに敏感になる　149
傷つきやすさを見せることは恥であり仲間につけこまれる　153
仲間関係はもともと不安定なもの　154

第9章　未熟さから抜け出せない　162

未熟さの意味　164
成長への自然の設計図　166
成熟を促す方法　169
仲間指向性が成長を妨げる五つの理由　174

第10章　攻撃性の遺産　186

攻撃性の原動力　190

仲間指向性はどのように攻撃性を助長するのか 194

第11章　いじめの加害者と犠牲者 202

世話なき支配 207
何が支配に駆り立てるのか 209
どうやって他者を支配しようとするか 211
攻撃のきっかけ 214
裏側からの愛着 216
いじめっ子を元に戻すには 218

第12章　性的活動の始まり 223

愛着の飢餓の表現としてのセックス 228
性的活動と傷つきやすさからの逃避 230
成熟のない性 234

第13章　教えにくい生徒たち 238

仲間指向性は好奇心を消す 240
仲間指向性は統合的な知力を鈍らせる 242
仲間指向性は試行錯誤による学習を脅かす 243

仲間指向性は生徒を「愛着による学習者」にする 245
仲間指向性は勉強を無意味にする 247
仲間指向性は生徒から教師を奪う 248

第四部 どうやって子どもを取り戻すか

第14章 子どもを引き寄せる 254
仲間指向性になった子どもを取り戻す 271

第15章 親子のつながりを維持し、力をもたらす 278
関係作りが最優先 278
愛着を念頭に置いた子育て 280
親とのつながりをいつも感じられるように支える 284
身体的に離れていても、つながり続ける 286
親密さはもっとも深いつながり 288
構造を作ってから制限を加える 290
仲間との接触の制限 296

第16章　親子関係を壊さないしつけ　302
本当のしつけとは何か　303
自然なしつけの七原則　307

第五部　仲間指向性の予防

第17章　親は仲間の競争相手ではない　332
仲間指向性は、初めは親にとって神の恵みに見える　333
内気はそれほど問題ではない　336
愛着に欠けた保育がもたらすストレス　337
仲間指向性は真の社会性を育まない　340
子どもに必要なのは「友だち」ではない　343
仲間で退屈は解消しない　345
仲間付き合いはどんなときに、どの程度許すべきか　348
仲間指向性は子どもの個性を削り取る　350
子どもの自尊心を守るのは親の責任　351
仲間はきょうだいのかわりにはならない　354

第18章　愛着の村の再生　359
子育ての協力者を作る　361
まわりの大人たちとの関係作り　365
愛着の競合を取り除く　368

補遺　デジタル時代にどう向き合うか

第19章　デジタル革命の到来　374
根本的欠陥：愛着の無視　377
仲間指向性の子どもはデジタル接続で離れているときでも一緒にいられる　379
デジタル革命は仲間指向性を支持して推進する　381
デジタル親交の空虚さ　383
デジタル親交が空虚である六つの理由　384
愛着現象としてのゲーム、ネットいじめ、ポルノ　391
第20章　タイミングの問題　395
デジタルで社会とつながる時点と時期がある　399
当面のデジタルへのアクセス制限への提案　401

子どもにいつゲームを与えるか　403
オンライン情報への無制限のアクセスを与える時点と時期がある　407
情報提供者としての私たちの役割を維持するための課題　409
「迷った」子どもを取り戻す　412
訳者あとがき　417

思春期の親子関係を取り戻す〔増補改訂版〕

子どもの心を引き寄せる「愛着脳」

――第一部

「仲間指向性」という現象

第1章　なぜ、これまで以上に親が重要なのか

一二歳のジェレミーは背中を丸めてキーボードに向かい、視線はパソコンの画面に釘づけになっている。夜八時になっても宿題は手つかずのままで、父親が何度も「早くしなさい」と注意しても、彼の耳にはまるで届かない。ジェレミーはMSNメッセンジャーで、誰が誰を好きとか、誰が友だちで誰が敵かを選別したりとか、今日学校で誰が誰に何を言ったとか、いけてる子やそうでない子の最新情報など、たわいもないことを友だちとやりとりしている。父親がもう一度宿題をやるように言いにくると、彼は「覗くな!」ときつい口調で叫んだ。父親は「ちゃんとやるべきことをしていれば、覗きにきたりはしない」と、いらだちで声を震わせながら言い返す。言い争いはエスカレートし、次第に声は大きくなり、やがてジェレミーは「お父さんは何もわかっていない」と叫び、ドアをバタンと閉めた。

父親はいらだち、ジェレミーに腹を立てたが、何よりも自分に腹が立った。「またしくじってしまった。どうやって息子とコミュニケーションを取ればいいのかわからない」と彼は思った。彼も妻もジェレミーのことが心配だった。かつては協調的な子どもだったが、今ではまったく言うことを聞かず、注意をすることすらできない。彼の関心は友だち付き合いにだけ集中しているように見える。今回と同じようなことは週に何度もあって、親にも子どもにもこの膠着状態を打ち破る術がなかった。両親は無力感と無能感を感じている。ふたりは決して罰に頼ることはなかったが、今は「懲らしめる」ことに気持ちが傾いてきて

いる。しかし、そうすれば息子はなおいっそう敵意を持ち、反抗的になることだろう。

子育てはこんなに難しいものなのだろうか。いつの時代もこんなものなのだろうか。古い世代の人たちは、「今の子どもたちは、昔よりも礼儀がなくしつけられていない」と言うが、今の多くの親たちは何かおかしいと感じている。子どもたちは、私たちの記憶にあるものとはまったく違っている。子どもたちは大人の言うようには行動せず、トラブルに巻き込まれることをあまり気にしない。それほど純真で無邪気でもない。自然や人間の創造の不思議を探求し、世界への興奮を呼び起こす好奇心に満ちた目が失われているように見える。多くの子どもたちは妙に洗練され、むしろなんとなく無感情で、ませた感じがする。子どもたちは、友だちと一緒にいないときや携帯やパソコンが使えないときには、すぐに退屈になる。創造的なひとり遊びは、過去の遺物のように少なくなった。ある四四歳の母親は、「私が子どもの頃は、家の近くの川辺で掘ってきた粘土で遊ぶのに一日中夢中になっていたものよ。私はその感触が大好きで、何かの形を作ったり手の中で捏ねたりしていたわ。でも、私の六歳になる息子は、パソコンやテレビゲームがなければ、自分で遊ぶことができないのよ」と振り返った。

子育ても大きく変わってきている。私たちの親は自信があり、自分の考えをしっかりと持ち、よくも悪くも私たちに大きな影響を与えたものだ。今では多くの親にとって、子育てはもはや当たり前のものではなくなっている。

今の親は昔の親と同じくらい子どもを愛しているが、その愛がいつも子どもに通じるとはかぎらない。私たちは昔と同じくらい教えなければならないが、知識を子どもに伝える能力は低下し、子どもの能力を最大限に発揮できるように導く力がないように感じている。子どもたちは私たちから遠ざかり、私たちには聞こえない魅力的な声に惹かれて生きているように見える。漠然とではあるが、今の世界は子どもたちにとって安全ではなく、親が子どもを守る力が低下しているように思われる。子どもたちと大人たちの間に広がるギャップは、埋めようがないように感じられる。

私たちは、子育てのあるべきイメージに沿うべくもがき苦しんでいる。求める結果が得られなければ、私たちは子どもに懇願したり、おだてたり、買収したり、ご褒美をあげたり、罰を与えたりする。私たちはそれを自分でも乱暴なやり方と感じているし、本当の子育てとは違うのではないかと思っている。私たちは、まさに無条件の愛が求められるような危機的な瞬間に、冷淡になっているように感じることがある。親として、傷ついたり拒絶されたかのように感じたりするときもある。親としての役割を果たしていないと自分を責めたり、子どもたちが扱いにくいとか、テレビが子どもたちをだめにしているとか、学校がだらしないと非難したりもする。自分の無力さに耐えられなくなると、私たちはその場しのぎの、手っ取り早い権威的なやり方に手を伸ばす。

子どもたちが発達し成長するための、子育ての重要性そのものが疑われている。一九九八年に発行された「ニューズウィーク」誌のトップ記事のタイトルは、「親は重要なのか?」だった。その年に国際的な注目を集めた本は、「子育ては過大評価されてきた」と論じた。「親は実際以上に子どもの性格に影響を及ぼしていると思いこまされてきた」(註1)。

親の影響についての疑問は、子どもがうまく育っているときには、それほど重大ではないかもしれない。子どもたちが本当に自分のことを自分ですることができ、自発的で、自分の考えを持ち、自分を肯定的に受け止め、そして人生の方向と目標を明確に持っているのなら、子どもたちが親の言うことを聞かないことや、親の価値観を受け入れようとしないこと自体は、たぶん許容されるだろう。私たちのまわりの子どもや若者たちの多くは、そのような資質に欠けている。家庭で、学校で、地域のあちこちで、発達途上の若者たちは精神的拠《よ》りどころを失っている。多くの若者たちが自制心を失い、孤立し、ドラッグに耽り、暴力的になり、あるいはただ無気力になることが増えている。彼らは、ほんの数世代前の若者たちよりも、教えにくく扱いにくい。彼らの多くは、適応し、失敗から学び、成熟する力を失っている。かつてないほどの数の子どもたちが今、うつや不安、その他のさまざまな診断のために薬物を処方されている。子どもたちの危機は、学校でのいじめ問題の増加、そして最悪の極みは子どもによる子どもの殺人として、不気味に現れてきている。このような悲劇はまれではあるが、今日の若者文化に満ちあふれる攻撃的性質の唯一はっきり見える爆発だ。

熱心で責任感のある親たちの欲求不満は大きい。愛情に満ちた世話にもかかわらず、子どもたちはとてもストレスを感じている。自然環境で生きているすべての種の動物と同じように、人間の世界でも、親やその他の年長者は子どもたちの自然な指導者とはかぎらない。ベビーブーマーの親や祖父母などの年長者には、私たちのことは理解できないようだ。彼らは本音と建前を交えて、「今みたいな育児マニュアルなんてなかったものよ。ただ当たり前にしただけよ」と言う。

かつてないほどに子どもの発達についての知識が増え、ひと世代前の親よりも子育ての講座や本が利用しやすいことを考えると、この事態はとても皮肉だ。

失われた子育ての「場」

では、何が変わったのだろうか。それはひとことで言えば、子育ての「場（context）」だ。どんなに熱心で、熟練し、心を込めたとしても、子育てはただ子どもと向き合えばできるものではない。子育てには効果的な「場」が必要だ。子どもを世話し、あやし、しつけ、指導するためには、子どもがそれを受け入れなければならない。子どもたちは、ただ「大人だから」、または子どものことを愛し、子どもにとって何がよいかを知っていて、子どもの最善の利益を考えているということだけで、自動的に親の権威を認めない。継親《ままおや》たちはこの問題にしばしば直面するし、里親、ベビーシッター、保育士、教師など、自分の子ども以外の子どもの世話をする多くの人たちも同様だ。自分の子どもでも、子育ての場が損なわれれば、自然な親の権威も失われてしまう。

もし、子育ての技術や子どもへの愛だけでは不十分だとしたら、何が必要だろうか。それなくしては子育ての強固な基盤を失う、とても大切な関係がある。心理学者や人間の発達を研究している専門家たちは、それを「**愛着**(attachment)」と呼んでいる。子どもが大人からの養育を受け入れるためには、子どもはその大人に対して積極的に愛着を持ち、接触してそばにいたいと思わなければならない。生まれてすぐの頃は、この愛着の欲動は身体的なもので、赤ちゃんは文字どおり親にしがみつき抱っこされている必要がある。すべてが順調に進んでいけば、愛着は情緒的な接触に発展していき、最終的には心理的な親密さの感覚に到達する。育児を担う人とのこのようなつながりがない子どもは、非常に育てにくく、しつけも難しくなる。愛着関係だけが、子育ての正しい場を提供できる。

子育ての秘訣は、親が何をするかということではなく、子どもにとってどんな親であるかということだ。子どもが私たちに接触してそばにいることを求めることで、私たちは子どもを世話し、慰め、指導し、モデルになり、教師やコーチとしての力を与えられる。私たちにしっかりとした愛着を持つ子どもたちにとって、私たちは子どもが世界を探検するための基地であり、退却するときの避難場所であり、発想の源だ。世界中のどんな養育技術をもってしても、愛着関係の欠如を補うことはできない。世界中のどんな愛をもってしても、子どもの愛着によって作り出される心理的な臍帯なしでは、どうすることもできない。

子どもの親への愛着関係は、子どもが養育を必要とするかぎり続かなければならない。しかしそれは現代社会ではますます難しくなってきている。親が変わったわけではない。親の能力が低下したり、献身的でなくなったりしたわけではない。子どもたちの本質的な性質も変わったわけではない。子どもたちが依存的になったり、抵抗が強くなったりしたわけではない。変わったのは、私たちが子育てをしている文化だ。子どもたちの親への愛着は、もはや文化や社会からの支援を得られなくなってしまった。最初は強力で非常に養育的な親子関係ですら、もはや愛着の絆を大切にしたり強化したりしない世界に子どもたちが入っていくにつれて、損なわれてしまいかねない。子どもたちは次第に親と対立する愛着を形成し、私たちは本来の子育ての場を使うことができなくなった。私たちの子育てがうまくいかなくなったのは、愛情や子育てのノウハウの不足ではなく、愛着の衰退のためだ。

仲間文化の影響

親の権威と愛情を低下させる対立的な愛着のうち、もっとも重要で影響があるのは、子どもの仲間への結びつきが強まっていることだ。今大人になろうとしている子どもたちの世代に起こっている障害が、身近で養育的な大人への指向性の喪失に根ざしているということが本書のテーマだ。ここでは新たな医学的、または心理学的な障害（今日の困り果てた親が最後に求めるもの）を作り上げようとしているのではない。ここでは、**障害**（disorder）という言葉をもっと基本的な意味として、ものごとの自然な秩序の混乱として使用する。歴史上初めて、子どもたちは教えやモデルや指導を、母親、父親、教員、その他の信頼できる大人たちからではなく、本来は決して子育ての役割を与えられなかった人たち、すなわち仲間から得るようになった。子どもたちはもはや大人たちからの合図を受け止めず、扱いにくく、学習せず、成熟しない。そのかわり、子どもたちは成長を導いてくれそうもない、未熟な人物によって育てられようとしている。彼らは自分たち同士で育て合っているのだ。

この現象にもっともうまく当てはまる言葉が**仲間指向性**（peer orientation）だ。私たちの育児本能を沈黙させ、私たちの本来の権威を喪失させ、私たちが心ではなく頭で、つまりマニュアルや「専門家」の助言に頼って子育てをするようになり、社会の期待を混乱させたのは、この仲間指向性だ。

仲間指向性とは何か？

指向性、つまり、自分の場所がわかり、自分の環境を知ろうとする欲動は、基本的な人間の本能であり欲求だ。指向性を失うことは、あらゆる心理的体験の中でもっとも耐え難いもののひとつだ。愛着と指向性は密接に絡み合っている。人間や他の生き物たちは愛着対象からの合図を探し求めることで、自動的に指向性を持つ。

他の温血動物の子どもと同じように、人間の子どもも生まれつき指向性の本能があり、誰かから方向感覚を得ようとする。ちょうど磁石が自動的に北極を示すように、子どもたちには、権威があり、接触と温かさを与えてくれる人のほうへ向くことで、自分の場所を見つける生来の欲求がある。子どもたちはそのような人物なしでは生きられず、指向性を失う。子どもたちは、私が言うところの**無指向性**（orientation void）に耐えることはできない［原註＝特に指定がない場合、『私』とはゴードン・ニューフェルドのことを指す］。子育てをするすべての動物の生活で親が子どもの指向性に影響を及ぼしているように、親や親がわりの大人は子どもの本来的な指向性の基準なのだ。

この人間の指向性の本能は、子ガモの刷り込み本能とよく似ている。卵から孵化すると、子ガモはすぐに母ガモを刷り込み、成長して独立するまで母ガモについてまわり、母ガモのするとおりに行動し指示に従う。もちろん、これはとても自然なことだ。しかし、母親がいなければ子ガモはいちばん近くの動く物、人間や犬、またはおもちゃでさえ追いかけ始める。言うまでもなく、人間も犬もおもちゃも、母ガモのように子ガモをうまく育て上げるものではない。同じように、人間の子どもも育てる親がいなければ、誰でもそばにいる人を指向する。過去五〇〜六〇年の社会的、経済的、文化的な変化は、子どもの指向性に影響を及ぼす役割を親から奪った。仲間集団がこの無指向性の中に入り込み、嘆かわしい結果が生じた。

これから説明するように、子どもたちは大人と子どもの両方に、同時に指向性を持つことはできない。相反するふたつの方向を、同時に向くことはできない。子どもの脳は、親の価値観か仲間の価値観、親の指導か仲間の指導、親の文化か仲間の文化を、たとえ両者が相容れないものであったとしても、自動的に選択しなければならない。

子どもは同じ歳の友だちを持つべきではない、または他の子どもと付き合うべきではないのだろうか。それどころか、このような関係は自然で健全なものだ。指導の原則と価値観がより成熟した世代のものである大人指向性の文化の中では、子どもたちは自分の方向感覚を失わず、自分の親の指導を拒絶することなく、子ども同士の付き合いができる。しかし、今の社会はそうではない。仲間とのつながりが、子どもの基本的な指向性の源である親との関係に取ってかわろうとしている。不自然なことは仲間と接触することではなく、子どもが他の子どもの発達に優勢な影響を及ぼしていることだ。

正常ではあるが、自然でも健康でもない

いまや仲間指向性は拡大し、それが当たり前になってきている。一般の人々だけでなく心理学者や教育者もそれが標準だと思うようになり、特別なこととは思わなくなった。ただ単に、それが世の常だと思われている。しかし、標準に一致するという意味での「正常」は、必ずしも「自然」とか「健康」と同じとはかぎらない。仲間指向性は、健康でも自然でもない。多くの先進国でこの自然の秩序に逆らう反乱が起こったのは、つい最近のことだ（理由は第3章に示す）。仲間指向性は先住民族の社会にはなく、「グローバルな」都市化が起こっていない西側世界の多くの国々にもない。人類の進化の間ずっと、そして第二次世界大戦が終わる頃までは、大人指向性が人間の発達の標準であった。子どもに責任のある大人である親や教師が、自分でも気づかないうちに影響力を失ったのはつい最近のことだ。

私たちが直感を失い、いつの間にか仲間指向性になってしまったために、仲間指向性は正常と思われ、または見過ごされている。英米やその他多くの先進国の戦後世代に属する人たちは、自分たち自身が仲間に気を取られてきたために、この問題の深刻さが見えなくなっている。

つい最近まで、文化は世代から世代へと垂直に受け継がれていくのが常であった。ジョセフ・キャンベルが書いたように、数千年もの間、学習、経験、伝統的な文化の理解によって「若者は教育され、年長者は知恵を授けてきた」。大人は自分自身の親から受け継いだものを子どもに伝えることで、文化の継承に重要な役割を果たしてきた。しかし、私たちの子どもが取り入れようとしている文化は、親からの文化ではなく、仲間からのそれなのだ。子どもたちは親のものとはまったく違う、ある意味で異質でもある、自

分たち自身の文化を作り出している。垂直的に受け継がれる文化のかわりに、それは若い世代の中で水平的に伝わっている。

どんな文化にも、独自の習慣、音楽、服装、儀式、物語が必要だ。子どもたちが聴いている音楽は、祖父母の音楽とは似ても似つかないものだ。彼らのものの見方は親から引き継いだものではなく、他の子どもたちから影響を受けている。彼らの誕生パーティーと通過儀礼は、それまでの親たちの習慣ではなく、まわりの他の子どもたちがやっていることに影響されている。これらすべてが正常に見えるなら、私たち自身も仲間指向性になっているということにほかならない。大人の文化とははっきり区別される若者の文化の存在は、たかだか五〇年前からにすぎない。半世紀は人類の歴史では比較的短い時間ではあるが、個人としては全人生に匹敵する。本書の読者の多くは、すでに文化が垂直的ではなく水平的に伝承される社会の中で育ってきている。それぞれの新しい世代で、この文明社会を蝕《むしば》む過程は新たなパワーとスピードを獲得している。私の第一子と第五子の間の二二年間でも、親の基盤は大きく失われたように見える。

イギリスの児童精神科医サー・マイケル・ラターと犯罪学者デイビッド・スミスが実施した大規模な国際共同研究によれば、第二次世界大戦後に初めて現れた子どもたちの文化は、二〇世紀のもっとも劇的で不吉な現象のひとつだという〔註2〕。一六か国の著名な研究者が参加したこの研究は、反社会的行動の拡大を主流文化の垂直的伝承の崩壊と関連づけた。主流文化とかけ離れた子どもたちの文化の台頭とともに、若者の犯罪、暴力、いじめ、非行は増加していた。

このような大きな文化のトレンドは、個々の子どもの発達の中にも現れる。私たちがどんな人間になりたいか、どんな人のようになりたいかは、指向性、誰を自分の存在と行動のモデルにするか、つまり自分を誰に重ね合わせるかによって決まる。現在の心理学は、子どもたちのアイデンティティの確立には仲間の役割が重要であることを強調している〔註3〕。自分はどんな人間かと尋ねられたとき、子どもは親に触れず、他の子どもや自分が属する仲間グループの価値観や期待に言及することが多い。何か重要なシステムが変わってきている。今日の大多数の子どもにとって、パーソナリティの核を作り出すのは、親ではなく仲間になっている。

何世代か前は、すべてにおいて親がもっとも重要だった。カール・ユングは、子どもに重大な影響を与えるのは、親子関係の中で起きることではないことを示唆した。親子関係に欠けているものが、子どものパーソナリティに大きな傷跡を残す。イギリスの児童精神科医D・W・ウィニコットの言葉を借りるなら「起きるはずだったことが何も起こらない」ということだ。それは恐ろしいことだ。さらに恐ろしいのは、もし親のかわりに仲間がもっとも重要な人になったとしたら、その仲間関係で欠けているものが、もっとも深刻な影響を与えることになる。仲間関係で絶対的に欠けているものは、無条件の愛情と受容、養育願望、他者に全力を捧げる力、他者の成長と発達に犠牲をいとわないことだ。欠けているものという点で親子関係と仲間関係を比べてみると、親はまるで聖人のように見えてくる。仲間関係は、多くの子どもにやっかいな結果を招くことになる。

私たちの社会では、仲間指向性の増加とともに子どもの自殺率が劇的に増加しており、北米では過去五〇年間で、一〇歳から一四歳の自殺率は四倍になった。この年齢群の自殺率は、一九八〇年から九二年にかけて一二〇パーセントの急上昇を示した。仲間が親に取ってかわることが多い都市のスラム街では、自殺率の増加はさらに大きい〔註4〕。この自殺率の背景には非常に意味深いものがある。人間の発達を研究している多くの学者たちと同じように、私もこれまでは、親からの拒絶がもっとも重要な要因ではないかと考えてきた。しかし、それはもはや真実ではない。私は一時期、犯罪少年にかかわる仕事をしていた。

私の仕事の中には、自殺した、または自殺未遂をした子どもたちを、心理的に調べることもあった。非常に驚いたことに、大多数の子どもたちの自殺行動のきっかけは、親からではなく仲間からどのように扱われたかということだった。これは私の経験からだけではなく、仲間からの拒絶やいじめをきっかけに自殺した子どもの報告が増えていることからも確かだ。仲間が重要になるほど、仲間の無神経な言動、仲間関係の失敗、拒絶されたり仲間はずれにされたりすることで、子どもの心は大きな打撃を受ける。

どんな社会も、どんな文化もこのことから免《まぬが》れられない。たとえば日本では、年長者から受け継がれる伝統的な価値観は、西洋化と若者文化の興隆に屈服してしまった。つい最近まで日本の子どもたちには非行や学校の問題はほとんどなかったが、今では非行、自殺、不登校の増加など、仲間指向性のもっとも望ましくない副産物に苦しんでいる。最近の「ハーパーズ」誌に、日本の自殺した子どもたちが残した遺書が掲載された。彼らのほとんどは自らの命を絶つことを決心した理由として、仲間からの耐え難いいじめを挙げていた〔註5〕。

仲間指向性の影響はティーンエージャーでもっともはっきりと見えるが、その初期の徴候は小学二、三年生の頃から見ることができる。その起源は幼稚園に入る前にまでさかのぼることができるので、すべての親、特にこの問題を回避したい、またはできるだけ早く修正したいと思う親は、このことをよく理解しておく必要がある。

警鐘

警鐘は四〇年前にあった。私が発達心理学と親子関係の授業で使っていた教科書には、行動と価値観の基準となる親が仲間に取ってかわられようとしていることに警告を発した、一九六〇年代初めのアメリカの研究者の文献が載っていた。ジェームズ・コールマン博士は七〇〇〇人もの子どもたちの調査から、友だち関係が親との関係よりも優位になっていることを発見した。彼は、アメリカ社会で何か根本的な変化が起こっていることを心配した〔註6〕。しかし、他の研究者たちは懐疑的で、それはシカゴの問題であって北米の主流ではないと批判した。彼らはこの所見はおそらく第二次世界大戦による社会の混乱によるものであり、社会が正常化すればすぐに元に戻るだろうと楽観的に考えた。仲間が子どもに大きな影響を及ぼすようになってきているという考えは、社会の辺縁の特別な事例の問題にすぎないと、さらに批判された。ジェームズ・コールマンの心配は、考えすぎだと片づけられた。

私自身も、自分の子どもたちによって突然目を覚まされるまで、現実を直視しようとしなかった。自分の子どもたちが仲間に取られるなど、思いもよらなかった。しかし、ふたりの娘たちが思春期に入って、友だちを追いかけ、友だちの指示に従い、友だちの話し方を真似し、友だちの価値観を取り入れるようになって、私は落胆した。娘たちを元どおりに戻すのは、どんどん難しくなっていった。親の希望や期待を押しつければ、事態はさらにひどくなるばかりだった。それはまるで、両親が持っていた影響力が一瞬にして蒸発したかのような出来事だった。両親で子どもを共有するのと、仲間に取ってかわられるのとでは雲泥の差がある。私は、自分の子どもたちは大丈夫だと思っていた。彼女たちはギャングや非行には興味がなく、愛情のある祖父母も含めた比較的安定した環境で育ち、しっかりした家族指向性のあるコミュニティで生活し、大きな世界大戦に妨げられることもなかった。コールマンの発見は、私の家族の生活には関係ないように思っていた。しかし、全貌が見え始めると、自分の子どもたちに起こっていることは例外ではなく、まさに典型であることがわかった。

「放っておけばいいんじゃないの」「子どもが親から自立し始めているんじゃないの」と、多くの親は言うかもしれない。たしかにそうだが、それは私たちが自分の仕事をやり遂げ、子どもが自立の準備が整ったときにのみ言えることだ。仲間集団の未熟な期待に適応することで、子どもたちが自立し、自尊心を持った大人になれるわけではない。仲間指向性は、自然な愛着と責任の役割を弱めることで、健全な発達を蝕む。

子どもたちは自分のほしいものは知っていても、何が必要かを知っているとはかぎらない。仲間指向性の子どもたちにとって、家族との親密さよりも友だちと一緒にいることが大切で、できるだけ友だちと一緒にいたいと思い、できるだけ友だちを好きになりたいと思うのは、当たり前のことだ。子どもは自分のことをいちばんよく知っているわけではない。子どもの好みを手がかりにした子育ては、仕事をやり遂げるずっと前に親を引退させる可能性がある。子どもを育てるためには、私たちは子どもを取り戻し、彼らの愛着の欲求を満たす役割を果たさなければならない。

暴力的ないじめ、子ども同士の殺人、子どもの自殺など、仲間指向性の極端な現象がマスコミの関心を集めている。私たちは恐ろしい事件にショックを受けるが、ほとんどの人たちは自分と直接関係しているとは思わない。それは本書のテーマではないが、このような出来事は、もはやシカゴ、ニューヨーク、トロント、ロサンジェルスなどの大都市のコンクリートジャングルや文化的混乱に限られたものではない。本書のテーマは、私たちの生活から一歩離れたところで何が起こっているのかということではなく、まさに私たちの裏庭で起こっていることだ。

私たち著者ふたりにとって、それぞれの警鐘は自分自身の子どもたちの仲間指向性の高まりだった。私たちは本書が、すべての親と社会一般に対する警鐘になることを願っている。

親にとっての好材料

私たちは仲間指向性を駆り立てている社会、文化、経済の力をひっくり返すことはできないが、私たちがあまりにも早く仲間に取ってかわられないようにするために、家庭や教室でできることはたくさんある。文化はもはや私たちの子どもを正しい方向、つまり真の自立と成熟に導くものではないので、親や子育てにかかわる大人たちがこれまで以上に重要になる。

それは親と子ども（そして大人と子ども）の関係を、その自然な基盤に戻すことにすぎない。私たちの現在の子育てと教育における困難の中心が親子関係であるのと同じように、解決の中心も親子関係にある。子どもとのしっかりした関係に根ざした子育てをする大人は、直感的に親の役割を果たすことができる。そのような大人はテクニックやマニュアルに頼らず、理解と共感に従って行動する。どのように子どもと過ごし、誰が一緒にいるべきかを知っている親には、多くの助言はいらないだろう。関係が修復されれば、子育ては自分たち自身の経験から自然にできることだろう。

私たちにとっての好材料は、自然は私たちの味方であるということだ。子どもはたとえそう思っていなくても、たとえ正反対の言葉や行動を取っているように見えても、私たちのもとにいたいと思っている。私たちは、養育者・指導者としての固有の役割を取り戻すことができる。本書の第四部では、子どもたちが十分に成長するまで私たちのそばに居続けられるようにし、関係が弱まったり失われたりしたときに、それを再確立する方法について詳しく説明する。いつでも私たちにできることはある。あらゆる状況でうまくいくことが保証されている方法はないが、私の経験では、親がいったんどこに努力を集中すればよいかがわかれば、失敗するよりもはるかに成功することが多くなる。しかし、言うまでもなく、回復は見立てにかかっている。まずは、何が失われ、どのように間違ってしまったのかを見ていくことにしよう。

〔註1〕ジュディス・リッチ・ハリス『子育ての大誤解〔新版〕重要なのは親じゃない』（石田理恵訳、早川書房、二〇一七年）下巻三〇六頁。

〔註2〕Michael Rutter and David J. Smith, eds., *Psychosocial Disorders in Young People: Time Trends and Their Causes* (New York: John Wiley and Sons, Inc., 1995).

〔註3〕これは発達心理学の著名な研究者で、教科書の著者であるデイビッド・シェファー教授が、仲間の影響に関する文献をレビューしたときの結論だ。現在の研究へのコメントとして、彼は「……仲間は『私はだれ？』という形の疑問に対する、主たる準拠集団というのが妥当だろう」と述べている（David R. Shaffer, *Developmental Psychology: Childhood and Adolescence*. 2nd ed. [Pacific Grove, Calif.: Brooks/Cole Publishers, 1989], p.65）。

〔註4〕自殺統計はアメリカの国立疾病予防・管理センターと、カナダのマクレアリー・センター・ソサエティより引用。自殺企図の統計はさらに深刻だ。ユリー・ブロンフェンブレンナーは、一九五五年から七五年の二〇年間に、思春期の自殺企図がほぼ三倍になったという統計を引用している（Urie Bronfenbrenner, "The Challenges of Social Change to Public Policy and Development Research." Paper presented at the biennial meeting of the Society for Research and Child Development, Denver, Cololado, April 1975）。

〔註5〕*Harper's*, December 2003.

〔註6〕ジェームズ・コールマン教授は、彼の所見を著書 *The Adolescent Society* (New York: Free Press, 1961) で公表している。

第2章　歪んだ愛着、墜ちた本能

一四歳のシンシアの両親は困りきっていた。理由はわからないが、娘の行動はこの一年で大きく変わった。彼女は無愛想で、本当のことを言わず、時には敵対的になった。親がそばにいるときは不機嫌で、友だちと話をしているときは幸せそうでチャーミングに見えた。彼女は、プライバシーと自分の生き方に親は関係ないと主張した。親に話しかけられても、おせっかいと感じるようになった。それまでのかわいかった娘は、親をますます疎《うと》んじるようになった。シンシアにとってもはや家族との食事は楽しい時間ではなく、食べ終わればさっさと離れていく。会話は続かなくなった。母親が娘と一緒の時間を過ごせるのは、娘に頼まれて一緒に服を買いに行くときくらいだった。今では娘はまったく不可解になった。

父親の目からは、シンシアのやっかいな態度は単なる問題行動だった。彼は娘を元に戻す秘訣がないものかと思ったが、制裁、謹慎、タイムアウト〔訳註＝子どもの問題行動に対する行動療法的な手法のひとつ。部屋の隅に座らせたり、何もない部屋でひとりにしたりする〕などの、ふつうのしつけの手段ではうまくいかず、娘はさらに扱いにくくなるだけだった。母親は娘から搾取され、虐待されているとさえ感じていた。母親はシンシアの行動を理解できずに途方に暮れた。これはティーンエージャーのふつうの反抗なのだろうか。思春期のホルモンのせいなのだろうか。親がかかわる問題なのだろうか。どう対処したらいいのだろうか。

シンシアの困った行動の原因は、同じシナリオを大人の世界に置き換えてみれば自明だ。あなたの配偶者か恋人が突然、あなたと目を合わせない、体が触れることを拒否する、イライラしてぶっきらぼうに答える、あなたが近づくのを嫌がる、一緒にいるのを避けるなど、奇妙な行動をし始めたとして、あなたが友人にアドバイスを求めに行ったとしよう。友人は「タイムアウトはやってみたかい。限界を設定して君が求めていることをはっきりさせたかい」と言うだろうか。大人の人間関係の中では、行動の問題を扱っているのではなく、関係の問題を扱っているのは誰の目にも明らかだろう。そして、たぶん最初に浮かび上がる疑惑は、あなたのパートナーの浮気だろう。

　大人の世界では当たり前のことが、子どもと親との間で起こると私たちは混乱する。シンシアは完全に友だちに夢中だった。彼女の友だちとつながろうとする一途な求めは、家族への愛着と対立した。それはまるで浮気のようなものだ。

　この浮気のたとえは、シンシアの両親が経験した対立、傷つき、拒否、裏切り以外にも、多くの点で当てはまる。人間は、仕事、家族、友だち、スポーツチーム、文化的象徴、宗教などさまざまな対象への愛着を持つことができるが、対立する愛着は許容できない。結婚生活の場合、どんな愛着であろうが、ある愛着が配偶者との親密さやつながりを妨げたり脅かせたりすれば、感情的には相手に浮気をされたように感じるだろう。妻を避けて取り憑《つ》かれたようにインターネットに没頭する男性は、見捨てられた気持ちや嫉妬心を妻に駆り立てることだろう。私たちの文化では、仲間指向性が子どもの大人への愛着を妨げている。子どもたちはお互いに、まったく無邪気だが圧倒的な影響がある**愛着のもつれ**（attachment affair）に巻き込まれている。

なぜ愛着を意識しなければならないのか

愛着とは何か。いちばん簡単に言えば、ふたつのものをお互いに引きつけ合う力だ〔訳註＝愛着（attachment）は、（物を）接着する、結びつけるという意味の動詞attachの名詞形〕。物理的、電気的、化学的、いずれの形であっても、それは世界でもっとも強い力だ。私たちは日々の生活でそれを当たり前のものと思っている。それによって私たちは大地に立つことができ、ひとかたまりの身体を維持することができる。原子の粒子が互いに結合し、惑星は太陽のまわりの軌道に留《とど》まっている。それによって宇宙が形成されている。

心理学の世界では、愛着は関係と社会的機能の中心を占めている。人間の場合は、愛着とは、身体的、行動的、感情的、心理的な、近接性、親密性、つながりの追求と維持だ。物質的な世界と同じように、それは目で見ることはできないが、私たちの存在基盤だ。それなくして家族は家族であることはできない。その不変の法則を無視すれば、災いを招くことになる。

気づいていようがなかろうが、私たちは愛着の生き物だ。理想的には、愛着は意識する必要はない。重力によって地に足が着いているように、惑星が軌道に留まっているように、コンパスが磁北極を指すように、その力は当たり前のものだ。パソコンを使うためにその仕組みを理解する必要はなく、車を運転するためにエンジンを知る必要がないのと同じように、愛着を理解する必要はなく、その作用と力による恩恵を知る必要もない。ものごとがうまくいかなくなったときにだけ、その知識が必要になる。親の本能だけでなく子どもの本能をも指揮するのは、主として愛着だ。愛着がうまくいっているかぎり、私たちは何も考えず自動的に本能のままに生きていけばよい。愛着に異常があれば、私たちの本能にも異常が生じる。

幸いにも、私たち人間は何が異常なのかに気づくことで、歪んだ本能を補正することができる。

なぜ今、私たちは愛着を意識しなければならないのか。それは私たちが、もはやそれが当たり前に作用しない世界に住んでいるからだ。今の経済と文化には、もはや子どもが養育的な大人に自然に愛着を向ける場がない。愛着の観点からは、私たちは歴史的に前例のない社会に生きていると言えるだろう。健全な子どもと親の愛着の社会的、経済的、文化的基盤がいかに破壊されたかについては、次章で詳しく説明する。健全な子どもの発達を保証する自然な子育てを取り戻すために、私たちは愛着の力動を十分に理解しなければならない。文化的な乱気流の中では、愛着の意識はおそらく親が持つべきもっとも重要な知識であろう。しかし、外側からの愛着の理解だけでは不十分だ。内側からの理解も欠かせない。知ることと、それをしっかりと経験することの両方が不可欠だ。愛着を実感できなければならない。

愛着は私たちの存在の核心であるが、だからこそ意識からは切り離されている。その意味では、脳自体と似ている。奥深くに行けば行くほど、意識できなくなる。私たちは、自分たちのことを知性のある生物だと理解している。人類を表すホモ・サピエンスとは、「知っている人」という意味だ。脳の考える部分は薄い層にすぎないが、その一方で大脳の回路の多くの領域が、愛着にかかわる心理的な活動に使われている。「愛着脳」とも呼べるこの装置には、私たちの無意識の感情と本能が存在している。私たち人間は他の生物と同じ脳の構造をしているが、愛着のプロセスを意識する能力を持っているのは人間だけだ。

発達中の若い人間の心理的生活では、そして多くの成人でも同じだが、正直なところ、愛着がいちばん大切なことだ。子どもにとって、それは絶対的に必要なものだ。自分だけでは生きていけないので、子どもは大人に愛着を持たなければならない。子宮内での身体的な愛着は、赤ちゃんが生きていけるようになるまで必要だ。それと同じように、子どもは自分の二本の足で立ち、自分で考え、自分自身の生き方を決めることができるようになるまでは、私たちに情緒的な愛着を持たなければならない。

愛着と指向性

前章で紹介した指向性の本能とも非常に関連があるが、愛着は子育て、教育、そして文化の伝承に不可欠なものだ。指向性の本能は、愛着と同じように、ほとんど意識していなくても私たちの基本的性質だ。もっとも具体的で物理的な形は、自分がいる場所と時間を見定めることだ。これができないときに、私たちは不安になる。目が覚めたときに自分がどこにいるのか、またはまだ夢の中にいるのかわからないとしたら、まずは自分がいる場所と時間を見極めることが最優先事項になる。ハイキングをしているときに道に迷ったら、動植物を見て喜んだり、人生の目標を考えたり、ましてや夕食のことなど考えたりはしない。自分の方向を見つけることにすべての注意を向け、大半のエネルギーを費やすであろう。

私たちの指向性の欲求は、単に物理的なものだけではない。人間の発達には心理的な指向性も重要だ。子どもの成長とともに、指向性の欲求は高まり、自分は何者なのか、何が現実なのか、ものごとがなぜ起こるのか、何がよいのか、ものごとにどんな意味があるのかという感覚を求めるようになる。指向性を失うことは、方向感覚を失って心理的に道に迷うことであり、脳はそれを何としても回避するようにプログラムされている。子どもたちは自分自身で指向性を持つことはできない。手助けが必要なのだ。

愛着がその手助けになる。愛着の第一の仕事は、愛着対象の人を「コンパスの基準」(compass point) にすることだ。子どもがこの基準に対して自分の位置を知ることができるかぎりは、道に迷うことはない。子どもは本能的に、きちんとしたコンパスの基準をいつも身近に保とうとする。愛着によって子どもは、少なくとも心の中で自分の位置と進む道を示してくれる、大人の車に乗せてもらうことができる。

身体的危害も含めたどんなことよりも、子どもがいちばん恐れるのは道に迷うことだ。子どもにとって、道に迷うことは、自分のコンパスの基準を失うことだ。**指向性の欠如**（orienting voids）、つまり自分の位置を知る手がかりが何もない状態は、人間の脳にとってまったく耐え難い。自分で位置を把握できる大人であっても、その人にとっての基準となる人と接触できないときには、少し不安になる。

大人でも愛着の対象となる人から離れたときに方向感覚を失うことがあるとすれば、子どもの場合はもっと大変なことになるだろう。私は小学一年生の頃、強い愛着を持っていたアッカーバーグ先生がいなかったときに、とても辛かったことを今でも覚えている。それは切り離され、当てもなくさまよう、失われた魂のようであった。

親、または教師などの大人は、間違いなく子どもの最良のコンパスの基準になれる。しかし、誰が基準になるかは、愛着の働きによって決まる。そして愛着は、誰もが知っているように、気まぐれだ。きわめて重要な指向性を定める役割が、もっともふさわしくない誰か、たとえば子どもの仲間に委ねられることがある。子どもが仲間にとても強い愛着を持ち、仲間と一緒にいたいと思うようになると、仲間は、個人であっても集団であっても、子どものコンパスの基準として機能するようになる。子どもが近くにいたいと思うようになるのは、そのような仲間だ。そして、どのように行動し、何を着て、どのように考え、何を言い、何をするのか、その手がかりを仲間に求めるようになる。仲間は、何がよいことか、何が起きているのか、何が重要か、さらには自分のあり方さえも決める裁定者になる。これこそがシンシアに起こっていたことだ。彼女の感情の宇宙では、仲間が親にかわって彼女の世界の重心になってしまった。彼女はそのまわりを周回するようになり、自然の秩序がまったく破壊された。

最近になって、子どもの心理的な愛着パターンが理解されてきた。はっきりしていることは、子どもは親やしっかりとした大人のまわりを、ちょうど惑星が太陽のまわりを回るように周回するようになっているということだ。にもかかわらず、今日ではますます多くの子どもたちが、子ども同士のまわりを周回するようになっている。

子どもは誰かに指向性を与える能力はなく、さらに現実的な意味で自分の指向性すら持つことができない。仲間は私たちが頼りにしたいと思うような存在ではない。彼らは、私たちの子どもに自分自身の感覚を持たせ、間違ったことと正しいことを判断させ、空想と現実を区別させ、うまく作用することとそうでないものを見分け、どこにどのように行くかを示すような存在ではない。

子どもは仲間同士の指向性から、何を得るのだろうか。もう一度、なじみのない暗い不気味な原野の小径にいる自分を想像してみよう。自分たちだけではとても怖くてパニックになるかもしれない。道を知っていると思われるガイドが先導してくれれば、または私たちがガイドを信頼すれば、自信を持って進んでいけるだろう。もちろん、ガイドが自分自身の不安を漏らさないかぎり、怖がる理由はないだろう。

これと同じように、子どもたちはお互いをコンパスの基準として使うことで、方向感覚を失う悪夢のような不安から身を守っている。気持ちの上では、彼らは迷子になって混乱したり戸惑ったりしなくて済む。仲間指向性の子どもたちには、このような感情がまったくない。まるで目の不自由な人がお互いを導いたり、魚の群れがお互いにまわりを回ったりしていても、まったく大丈夫だと感じているのと同じで、とても皮肉なことだ。使っている基準が不適切で、間違っていて、信頼できないことを、彼らはあまり重要だと思っていないように見える。このような子どもたちは、迷子になっているのに、戸惑いを感じないまま、本当に方向性を見失っている。

大人を仲間に置き換えてしまった子どもたちは、たとえ完全に地図からはずれていても、お互いが一緒にいるだけで十分だ。大人の指示は受け入れず、指導を求めることもない。私たちから見れば明らかに間違った方向に向かっていたり、まったく方向性がなかったりしたとしても、自分たちはまったく大丈夫だと確信していることが、私たちをいらだたせる。多くの親たちは、大混乱の中にいるのに無邪気で何も間違っていないと頑として言い張るティーンエージャーに、現実を指摘しようとしてイライラしている。

表面的に、仲間との愛着が迷子になったり戸惑ったりすることを防ぐとすれば、それは子どもに役立つと主張する人もいるかもしれない。しかし実際には、それは子どもが迷子になることから救うものではなく、ただ迷子になったと感じることから救っているのにすぎない。

愛着形成の六つの方法

子どもをうまく育てようとするならば、または仲間の文化に惑わされた子どもを私たちへの指向性に戻そうとするならば、私たちは愛着と折り合いをつけねばならない。ここからの議論は、親がこの重要な力について役立つ知識を得ることを意図している。この本のためにインタビューしたある母親は、「自分の子どもを理解しなかったら、自分の子どもに向き合うことはできないでしょう」と答えた。愛着の理解は、子どもを徹底的に理解するもっとも重要な要素のひとつだ。さらに、子どもが仲間指向性になろうとしているサインを認識するのにも役立つ。

ここでは愛着形成の六つの方法を示す。それぞれに、子どもの行動や私たち自身の行動に当てはまることが多い情報が含まれている。これらの六つの方法は、単純なものから複雑なものの順に示している。仲間指向性の子どもたちは、他者に愛着を形成するときに、もっとも基本的な形だけを採用する傾向があることに注意する必要がある。

感覚

身体的接近が、愛着形成における第一の方法の目標だ。子どもはにおいや見ること、音や触れることによって愛着する人の感覚を求める。子どもは、その人との接触を維持するためなら何でもする。近くにいることが脅かされたり妨げられたりすると、子どもは恐怖と激しい抵抗を示す。

これは乳幼児期に始まるものだが、身体的接近への渇望は決して消え去ることはない。十分に成熟していない人は、この基本的な愛着形成の様式に大きく依存している。シンシアのような仲間指向性の子どもは、一緒にいること、同じ空間にいること、一緒に出かけること、連絡を取り合うことに夢中になっている。この未熟な愛着の場合、会話はちんぷんかんぷんで意味をなさない。一五歳のピーターは、「友だちと僕は何も言わずに何時間も話しているんだ。『やあ、元気』『どうしてる』『すごいね』『何をする』『何でもいいよ』がすべてさ」と言った。彼らの会話は、コミュニケーションといえるようなものではない。それは単に、聴覚的な接触を目的とした愛着の儀式にすぎない。仲間指向性の子どもは、何が自分を駆り立てるかに関心はない。彼らにとっては、いつも一緒にいたいと思うことはまったく自然であり、差し迫ったものですらある。彼らはただ、歪んだ本能に従って動いているだけだ。

同じであること

第二の愛着形成の方法は、通常、幼児期によく見られる。子どもは、接近したいと思う人のようになろうとする。真似をすることで、同じ形の存在や表現をしようとする。この愛着の形は、言語の習得と文化の伝承に深いかかわりがある。第二次世界大戦以後、平均的な子どもの語彙が明らかに減ってきたことが知られている。なぜだろうか。それは今の子どもたちが、子ども同士で言葉を習得しているからだ。仲間指向性の子どもは子ども同士で行動や会話、好みや身振り、格好や態度を作り上げている。

真似による愛着形成のもうひとつの方法が、**同一化**(identification)だ。ある人や物を同一化することは、その人やその物と同じようになることだ。自己の感覚は同一化の対象と融合する。この実体は親であったり、ヒーロー、グループ、役割、国、スポーツチーム、ロックスター、思想、または仕事であったりする。極端な国家主義や人種主義は、自己の感覚を自分の国や民族に同一化することだ。子どもや人が依存的であるほど、このような同一化が強くなりやすい。私たちの社会では、仲間や仲間の間でのアイドルなどが、親や歴史的・文化的な偉人にかわって、同一化の対象になっている。

一体感と忠誠心

愛着形成の第三の方法も、すべてが順調に進めば幼児期に始まる。誰かに接近することは、その人を自分のものと思うことだ。愛着を求める幼児は、母親であろうが父親であろうが、テディベアであろうがまだ幼い妹であろうが、愛着の対象を自分のものにしようとする。同じように、仲間指向性の子どもは嫉妬深くお互いを所有し合い、失わないように守ろうとする。所有によって生じる対立は、悪質で激しいものになることもある。誰が誰の親友であるのかは、思春期の子どもにとっては生きるか死ぬかの問題になる。この未熟な愛着の形は、仲間指向性の子ども、特に女子の間の対人関係のほとんどを支配している。

一体感に続いて忠誠心が生まれ、選択した愛着対象に忠実で服従的になる。仲間指向性の子どもは、ただ単にこの自然な愛着本能に従って、お互いの秘密を守り、お互いを支持し、相手の指図に従う。忠誠心は非常に強いこともあるが、それは愛着に従っているにすぎない。子どもの愛着が変われば、帰属と忠誠の感覚も変わるだろう。

非常に仲間指向性の強い子どもは、仲間や集団に対する忠誠心が強いことが知られている。ブリティッシュコロンビア州ビクトリア市に住むティーンエージャー、リーナ・バークが仲間に殺害されたことを子どもたちは知っていたが、大人たちがそれを知ったのは数日後だった。この事件は、その後世界中で大きな話題になった。

重要性

接近とつながりを求める第四の方法は、自分が誰かにとって大切だと感じる重要性の追求だ。自分が大切だと思うものを近くに置いておくことは、人間の本性だ。誰かにとって大切であることは、接近とつながりを確保することになる。愛着を追求する幼児は熱烈に気に入られ、受け入れられようとする。そして、不快感や不満の表情に敏感になる。幼児は愛着の対象である人の、嬉しそうな顔のために生きている。仲間指向性の子どもも同じことをするが、彼らが輝かせたいのは自分の仲間の顔だ。彼らが「ナイス」と言う人物は、たとえその人物が仲間以外から嫌われていたとしても、彼らを好きで受け入れている仲間なのだ。

この愛着形成の方法の問題は、子どもたちが傷つきやすくなることだ。誰かにとって重要でありたいと思えば、自分がその人にとって重要ではないと思われたときに苦しむことになる。誰かに好かれようとすることは、好かれていないサインに傷つくことにつながる。感受性の高い子どもは、親や仲間の目の中に、自分に対する温かさと喜びのサインが読み取れないと、簡単にうちひしがれてしまう。ほとんどの親は、このような形で子どもを傷つけることがまったくないわけではないものの、仲間たちよりはずっと少ない。

感情

接近を求める第五の方法は、温かい気持ち、愛情、優しい気持ちなどの感情を介した方法だ。感情はいつも愛着に関連しているが、感受性が高く傷つきやすい幼児では、感情的な親密さは切実なものだ。この方法でつながりを求める子どもは、愛着を求める人に愛情を持つことが多い。親に感情的な親密さがある子どもは、身体的な**分離**（separation）に対する耐性が高くなるが、それでも親のそばにいようとする。この感覚を介した愛着形成が（これは最初の、もっとも原始的な方法だが）愛着のきっかけだとすれば、愛情は愛着を持続させる要素ということになる。その子どもは心の中に愛情深い親のイメージを抱き、そこに支えと慰めを見出す。

しかし、今私たちは危険な世界に入り込んでいる。心を誰かに委ねることは、心が壊れるリスクにつながる。幼少時に拒絶されたり捨てられた感覚を持つと、決して心を開いたり無防備になることができなくなる。十分に愛されていた人が傷つけられると、傷つきにくい愛着形成の形に逃げ込むだろう。後で示すように、仲間指向性の子どもは傷つきやすさから逃れたいと思っている。より深い形の愛着形成があまりにも危険であれば、傷つきにくい形が優勢になるだろう。仲間指向性の子どもは、**親指向性**（parent-oriented）の子どもよりも、情緒的な親密さを持つことはずっと少ない。

知られていること

愛着形成の第六の方法は、知られていることを介したものだ。この最後の愛着形成の方法の最初の兆候は、子どもが学校に入学するまでに観察されるようになる。ある人と親しみを感じることは、その人に知られているということだ。ある意味では、これは感覚による愛着形成の方法の再現でもあるが、ここでは見たり聞いたりすることが心理的に経験されるという点で異なる。親密になろうとして、子どもは自分の秘密を共有する。実際、親密さは秘密の共有によって定義されることもある。親指向性の子どもは、結果的に親密さを失うようなことになりたくないので、親に秘密を持ちたいとは思わない。仲間指向性の子どもたちにとって、最良の友だちは何の秘密も持っていない子だ。自分を心理的にさらけ出すことほど、傷つきやすくなることはない。自分の秘密を他者に打ち明けた後に、誤解されたり拒絶されたりすることは誰もしたくない。結果的に、これが最高の親密さなので、私たちは愛している人に対してさえも、自分自身の最大の関心事や心配ごとを打ち明けるのをためらうものだ。それでも、知られていると感じ、いつも好かれ、受け入れられ、歓迎され、存在が求められている感覚をしのぐ親密さはない。

子どもたちが頻繁にコソコソと秘密を交換していることから、彼らがお互いに無防備に秘密を共有していることが容易に想像できる。実際に、彼らが共有する秘密は他人のゴシップに関するものがほとんどだ。真の心理的親密さは、おそらくもっとも危険性が大きいために、仲間指向性の子どもたちはそれを感じることができない。親に秘密を打ち明ける子どもは、まわりの仲間指向性の子どもからは、少し変なやつと思われることが多い。ある一四歳の少女が、父親と一緒に歩いているときにこう言った。「私の友だちはそんなことまでお父さんに話しているのを信じてくれない。そんなのありえないと言うの」。

愛着形成には六つの方法があるが、その根底にある唯一の動機はつながりだ。健全な発達ではこれらの六本の糸は互いに織り合わされ、たとえどんな過酷な状況になっても親密さを維持することができる、強いつながりのロープとなる。十分な愛着を形成した子どもは、物理的に離れていたとしても、親密さと安定を維持する多くの方法を持っている。乳幼児のように、子どもが幼ければ愛着のスタイルも原始的だ。すべての子どもが自分の愛着の潜在能力を発揮できるわけではないが、仲間指向性の子どもはそれがまったくできない。本書で明らかにするように、仲間指向性の子どもは幼いままに留まり、自分の傷つきやすさを自覚するのを避けるような情緒的関係を持ちやすい（詳しくは第８章と第９章）。仲間指向性の子どもたちは、ひどく限られた表面的な愛着の世界に生きている。同じであることの探求はもっとも傷つきにくい愛着形成の方法なので、仲間とのつながりを求める子どもに採用されやすい。そのため、彼らはできるかぎりお互いが同じであろうとする。容姿、態度、思考、嗜好、価値観を似せようとする。

親への愛着が健全な子どもと比べると、仲間指向性の子どもは、つながりを作り維持する方法がふたつか三つだけに限られていることが多い。愛着形成の方法が限られている子どもは、ちょうど視覚を失った人が外界を把握するのに他者の知覚に頼るように、このわずかな方法に深く依存する。頼れる方法がひとつだけしかない場合、しがみつきは強く激しいものになりやすい。そして、それこそが仲間指向性の子どもがお互いにつながる方法となる。

主たる愛着が競合するとき

愛着が子どもの精神世界でもっとも重要であるとすれば、子どもがもっとも強く愛着を形成している人が、その子どもの人生に重大な影響を持つことになる。

子どもは自分の両親や教師とつながりながら、同時に仲間ともつながることができるものだろうか。いくつもの愛着がお互いに競合していないかぎり、それは可能であるだけでなく望ましいことでもある。うまくいかない、またはうまくいくはずがないものは、競合する主たる愛着の共存、すなわち対立する価値観やメッセージを持った指向性の関係が、同時に存在することだ。主たる愛着が競合すればうまくいかない。その理由は簡単だ。コンパスを頼りに航行している船乗りは、もし磁北極がふたつあったとしたら、自分の進路を見つけられないだろう。子どもが仲間と大人の両方をコンパスの基準として同時に使えば、うまくいくはずがない。子どもは仲間の世界の価値観か親の価値観のどちらかの方向に向かうことはできても、両方に向かうことはできない。仲間の文化が優勢になるか、親の文化が主導権を握るか、どちらかだ。まだ未熟な子どもの愛着脳は、等しい力を持ったふたつの指向性、互いに調和しないふたつのメッセージに対処できない。どちらかひとつを選ばなければならない。そうでなければ、情緒は混乱し、動機は麻痺し、行動は機能しない。子どもはどちらの方向を向けばよいのかわからない。それは乳幼児の両眼が同じ方向を見ることができず物が二重に見えたときに、脳は自動的に片方の眼からの情報を抑制し、無視されたほうの眼の視力は低下していくことと似ている。

大人、つまり成熟した人と比べて、子どもは愛着の欲求に強く動機づけられている。私たちの多くが経験しているように、大人にも強い愛着の欲求があるが、適切に成熟するにつれて、これらの欲求を秩序立てて維持する能力を持つようになる。子どもにはそのような能力はない。子どもが親への愛着に対抗する人間関係にエネルギーを注げば、子どものパーソナリティと行動に劇的な影響が生じる。残念ながら、まさにシンシアの両親が目撃したのは、仲間関係の強力な引力だった。

多くの親たちの怒りと葛藤の下には、裏切られた気持ちに似た傷つき感がある。それでも、私たちはこの内部警告を無視したり、過小評価したりしていることが多い。私たちは問題行動と決めつけたり、ホルモンのせいにしたり、「正常なティーンの反抗」と思うことで、不安を和《やわ》らげようとする。このような偽りの生物学的説明や心理学の仮説は、両立しない対立的な愛着という本当の問題から私たちの目を逸らせる。ホルモンは昔からずっと人間の正常な生理学的構成要素の一部であったが、私たちが今日経験しているような、大規模な親の疎外を招いてきたわけではない。イライラさせる無愛想な行動は、より深い問題の表面にすぎない。その根底にある力動を扱うことなく行動を罰したり抑えたりしようとすることは、医者が原因を見ようとせずに対症療法の処方をするのと同じだ。本書を通して示すように、子どもをより深く理解することで、親は本当に効果的な方法で「悪い行動」に対処することができる。「正常な」ティーンの反抗は、以後の章で説明するように、子どもが自分自身の本当のパーソナリティを犠牲にして仲間集団に所属し、そこに適応しようとする抑え難い欲動であり、健康な成熟や発達とはまったく関係ないものだ。

私たちが親として直面する根本的な問題は、子どもを親の愛情深い世話から離れさせようとする、競合する愛着の問題だ。

子どもの愛着が親に背《そむ》くとき

ここまでで、どのようにシンシアが親を仲間に置き換えたかが理解できたが、まだ難しい疑問が残されている。彼女の父親と母親に対する敵対的な行動は、どのように説明できるのだろうか。今日の思春期、またはもっと年少の子どもの親の多くは、子どもたちの親に対する無愛想で攻撃的な言動に、一様にショックを受けている。なぜ、仲間関係が優勢になると、親から離反していくのだろうか。

その答えは、愛着の両極的な性質にある。人間の愛着は、磁力のような物理的な性質と似ている。磁力には極性があり、一方の極はコンパスの針を引きつけるが、もう一方の極は反発する。このように、両極性(bipolar)という言葉は、ふたつの極性が同時に存在して対立していることを意味する。この両極性は異常でもなんでもなく、それは愛着の本質的な性質だ。

地球の北極に近づけば近づくほど、南極からは遠くなる。人間のパーソナリティも同じで、特に子どもや愛着が未熟な生き物にはよく当てはまる。ある人に接近しようとする子どもは、自分に接近しようとする人に対抗する。それはまるで、大人の女性に新しい恋人ができると、前の恋人を気に食わなくなるのに似ている。しかし、これは前の恋人が変わったのではなく、女性の愛着が変わっただけのことだ。愛着のコンパスが示す方向によって、まったく同じ人が熱望されたり拒絶されたりする。主たる愛着が切り替わると、これまでそばにいた人が突然軽蔑の対象となり、拒絶されることになる。このような転換は、驚くほど急速に起こりうる。たとえば、多くの親たちは、子どもが「親友」に突然拒絶されて、辛い落胆した気持ちで、涙を流して家に帰ってきたことを経験したことがあるだろう。

私たちのほとんどは、愛着の両極的な性質を直観的に理解している。追い求めることから距離を置くことへ、好きから嫌いへ、愛情から軽蔑へ、恋愛から憎しみへと急に変わることを知っている。しかし、このような強い感情と衝動が、実際には同じコインの表と裏だということを理解している人はほとんどいない。

今日の親は、愛着の両極性を絶対に理解しなければならない。仲間指向性が強まるにつれて、親は疎外され、そこからすべての問題が生じる。今日の子どもたちは仲間のほうを向いているだけでなく、シンシアのように、積極的かつ精力的に親から離れていこうとしている。愛着に中立はない。愛着が子どもを支配するほど、人間関係は緊迫してくる。愛着は子どもの好きな世界と無関心な世界、引きつけられる人と追い払う人、近づきたい人と避けたい人を分けてしまう。まるで恋敵《こいがたき》と競合するように、今の世界の親と仲間の愛着は、ますます対立するようになってきている。多くの親が嘆くように、子どもは同時に仲間指向性と親指向性になることはできない。

子どもが親と距離を置くことは、性格的な欠陥や根っからの無作法、または問題行動ではない。それは、愛着の本能が誤った方向に向かった結果だ。

正常な環境では、愛着の両極的な性質は、子どもが養育者への接近を維持する良性のものだ。最初は乳幼児期に現れ、**見知らぬ人への抵抗**（stranger protest）と呼ばれる。幼児の特定の大人への結びつきが強ければ強いほど、愛着を持っていない大人への抵抗は強くなる。子どもがあなたのそばにいたいと思っているところに誰か知らない人が近づいてくると、子どもは侵入者を避けてあなたに寄りかかってくることだろう。それは純粋な本能だ。安心が脅かされるほど近づきすぎた見知らぬ人と距離を置くことは、まったく自然なことだ。しかし、この頃からすでにこのよそよそしい態度を取る幼児を叱り、わが子の「無礼」を詫びる親を非常によく見かける。

大人たちは幼児のこのような反応を快く思わず、年長児の場合はまったく許容されない。仲間指向性は、見知らぬ人への抵抗という本能的な反応を、子ども自身の親に向けるようになる。反転した愛着の思春期での表現は、幼児があかんべをするようなものではないが、同じように相手との距離を開けようとする意味を持つジェスチャーで表されるだろう。たとえば、視線を避け、無表情になり、微笑もうとせず、あきれた表情をうかべ、親を見ようとしない、接触を拒み、つながりに抵抗する、など。

ときどき、本当に極性が反転したように感じることがある。あなたが三年生の女児、レイチェルの親だとしよう。幼稚園以来ずっと手をつないで学校まで一緒に通うのは楽しいことだった。学校に着くといつもハグとキスをして、ひとことふたことそっと言葉をかけた。しかし、最近、レイチェルは仲間に夢中になり、いつも仲間といたがるようになった。学校から帰ってくると、しぐさ、言葉、好みの服、そして笑い方さえ、仲間と同じようになっていた。ある日、あなたはいつものようにレイチェルと手をつないで、お互いに体を寄せ合いながら家を出た。学校までの途中で、彼女の同級生と出会った。そのとき、何かが切り替わった。まだレイチェルと手はつないでいたが、彼女の手からは力が抜けてきた。彼女は半歩前に行ったり後ろに下がったりして、真横に並ぶことはない。さらに子どもたちが増えてくると、隔たりはさらに大きくなる。突然、彼女は手を離して走り出した。学校に着いて、いつものようにハグをしようと手を差し伸べても、彼女は恥ずかしがるように離れていく。愛情を込めて抱きしめるかわりに、彼女はあなたの手の届く範囲に入ることもなく、手を振ってわずかに振り返るだけだ。何か基本的な本能が乱されたような感じだ。ここであなたが実際に経験したものは、愛着の暗い裏側だ。つまり、新しくより価値のある関係の出現によって、これまでの親密な関係が拒絶されたのだ。わかりやすく言えば、子どもは仲間のために、私たちを乱暴に見捨てたのだ。

この愛着のマイナス極は、さまざまな形で現れる。そのひとつが、同じであることの拒否だ。同じようにしようとすることの追求は、子どものパーソナリティと行動の形成に大きな役割を持っている。親に良好な愛着を形成している子どもは、親のようになろうとする。少なくとも思春期までは、同じユーモアのセンス、同じ食べ物の好み、ある話題についての同じ意見、ある映画への同じ感想、同じ音楽の好みなど、子どもたちは親と似ていると誰かから言われると、とても喜ぶ（この表現はあまりにも理想的で時代遅れな感じで、受け入れられない読者もいることだろう。もしそうだとすれば、それは過去数十年の間に、仲間指向性が標準として受け入れられるまでに、大人たちの世代が仲間指向性になったことを示しているにすぎない）。

仲間指向性の子どもは親と似ていることを嫌い、できるだけ親とは違っていたいと思う。同じであることは親密さを意味するので、違いを追求することは離れる方法のひとつになる。このような子どもはわざわざ反対の意見を持とうとしたり、反対の好みを持とうとしたりする。そして反対の意見と判断ばかりになる。

私たちは、この強迫的な親との違いへの欲求を子どもの個性の追求と混同しているかもしれないが、それは間違っている。本当の個性は、大人に対してだけでなく、子どものすべての関係の中に現れてくるものだ。真に自分自身を探し求めている子どもは、順応を求められるすべてのプレッシャーに対して自我を主張する。それとは反対に、多くの「非常に個人主義的な」子どもたちは、仲間集団に混じることに夢中になっているだけで、少しでも仲間と違うことにビクビクしている。大人たちが子どもの個人主義だと思うことで、仲間に順応しようとする激しい欲求が隠されてしまう。

私たち人間の疎外的な行動のひとつとして、遠ざけたいと思う人の真似をしてからかうことが挙げられる。この行動はどの文化でも見られるので、本能に深く根ざしたものと考えられる。このからかう本能は、手本にして模倣することで近づこうとすることの対極だ。手本にされることはとても嬉しいことだが、真似されてからかわれることはとても不愉快なこき下ろしになる。

子どもが同じであることを通じて仲間への接近を求めれば求めるほど、大人をばかにするような行動が増える。自分の生徒や子どもからからかわれることは感情中枢に触れることで、それがすべての火種《ひだね》となる。このような疎外的な行動が子どもを世話する大人に向けられたら、それは仲間指向性の強力な兆候だ。同様に、愛情や世話を求めることの正反対は軽蔑と侮辱だ。子どもが仲間指向性になると、両親は軽蔑とあざけり、侮辱とこき下ろしの対象になることが多い。初めは仲間のポイントを稼ぐ手段として陰で両親の悪口を言うようになるが、仲間指向性が強くなるにつれてあからさまな攻撃となる。このような敵対的なスタンスは本来は敵に向けるものだが、ここでの攻撃の対象はまさに子どもが本当に必要としている人物なのだ。子どもが私たちを敵として扱うことは、私たちにも、子どもにも、親子関係にも、何の役にも立たない。親に牙をむいても、子どもには何の得もない。それでも、仲間指向性の子どもは、本能に従って、まったく自然と思われることをしているだけなのだ。もう一度言うが、それは故障した本能なのだ。その行動は単なる追随にすぎない。これが愛着が競合し、分裂したときに起こることだ。

消極的に親と縁を切ることもある。仲間指向性の子どもは、特に仲間同士でいるときに、まるで両親がいないかのように振る舞うことが多い。両親のことは話題にすらならない。学校行事で両親が無視されることも多い。

キリストは競合する愛着が両立し難いことと、さらに愛着の両極的な性質について次のように述べている。「だれも、ふたりの主人に兼ね仕えることはできない。一方を憎んで他方を愛し、あるいは、一方に親しんで他方をうとんじるからである」（『マタイ伝』第6章24節）。仲間に誠実であれば、子どもは私たちの味方になったり、私たちの指示に従ったりすることを正しいと思わないだろう。子どもたちは私たちに意図的に不誠実になっているのではない。彼らは単に本能、つまり自分ではどうすることもできない理由で破壊された本能に従っているだけだ。

第3章　私たちの間違い

今日の世界で、子どもたちがいとも簡単に愛着を、養育者である大人から仲間に移してしまうのはなぜだろうか。その原因は個々の親の問題ではなく、私たちの本能ではうまく対処できない想定外の文化の破綻だ。

私たちの社会は子どもの発達的ニーズに応えていない。二〇世紀の研究者たちが健全な心理的成長に愛着が重要な役割を持っていることを発見している間にも、社会のわずかな変化が大人指向性の子どもを無防備にしてしまった。過去数十年間の大きな経済と文化の流れが、大人の養育本能と子どもの愛着に対する欲動が自然に働く社会的状況を破壊してしまった。

幼弱な人間は生まれつき持っている愛着の強い欲動で動かされているが、子どもの脳には親や教師の原型が組み込まれているわけではない。子どもの脳は有効なコンパスの基準になる誰かを指向し、愛着を形成し、そして接触を維持するようにプログラムされているだけだ。子どもが母親や父親らしい人や、自分を育ててくれそうな、能力のあるしっかりした人だけを探すように促す仕組みはない。養育してくれる大人の好みを持って生まれてくるわけではなく、原始的な愛着脳は、国家資格を持っている人や育児の専門家であることなど考慮しない。生まれつきの脳の回路は、教師や保育士の役割やケアのことなど知らないし、さらには親が注意深く、尊重し、親密でいてくれると「想定されている」ことさえ気にかけない。

歴史的には、このようなプログラムは必要なかった。すべてのほ乳類とその他の多くの動物のように、生来の愛着の欲動自体が幼い子どもが成熟するまで養育者、すなわち同じ種の成年者との結びつきを築くことは、単に自然の秩序だった。それは、子どもが健康に成人まで生存することを保証する自然な方法だった。そのおかげで子どもは遺伝的な可能性を実現させ、その才能を最大限に発揮することができた。

私たちの社会では、その自然の秩序は覆されてしまった。私たちは、幼児期から子どもを仲間指向性に仕向けるような、さまざまな場所や活動に送り出している。健全な発達の唯一の適切な基盤、すなわち、子どもの養育に責任を持つ大人への子どもの愛着を長期的に蝕むまさにこの現象を、私たちは無意識に助長している。愛着と指向性の本能を仲間に向けるような場に幼い子どもを置くことは、常軌を逸したことだ。この状況に対して私たちはきちんと対処できていない。私たちの脳は、これほどまでに歪んだ状況に太刀打ちできない。

イギリスの精神科医で愛着研究の偉大なるパイオニアのジョン・ボウルビィは、「一つの種の行動的機構は、ある環境内の生活には非常にうまく適合しているが、他の環境内では不妊と死につながるだけである」と書いている。それぞれの種にはボウルビィが「適応性のある環境」と呼んだもの、すなわち、その身体構造、生理的・心理的能力がもっとも適した状況がある。それ以外の状況では、その生物または種はうまく生きていくことは期待できず、「よくて異常、悪くすれば生存にまったく不利な行動」さえも引き起こす〔註1〕。ポスト産業社会の環境は、もはや私たちの子どもが愛着の自然な流れに沿って発達していけるようなものではない。

愛着を失った文化

伝統的な多世代文化と、今日の北米の社会は著しく異なる。現代の都市化された北米、そしてアメリカ的な生活が普及した先進国では、多くの子どもたちが愛着の空白、すなわち養育的な大人との一貫した深いつながりを失っている。この傾向を促進している、多くの要因がある。

第二次世界大戦後の経済変化の結果、子どもは早くから、時には生後すぐの頃から、集団の中で一日のほとんどの時間を過ごすようになった。子どもが接するのは、生きていくために欠かせない大人ではなく、他の子どもばかりだ。子どもが両親や他の大人とふれあう時間はかなり少ない。年長になるにつれ、その傾向はさらに加速する。

子どもが幼いときから両親が働かなければならない経済的圧力が高まり、それによって子どもの情緒的な栄養が十分に満たされなくなった。意外に思われるかもしれないが、医師や精神科医は言うまでもなく、幼稚園や学校の教員や心理学者も、愛着についてほとんど教育を受けていない。保育や教育の制度の中で、愛着関係の重要性についての共通認識は存在していない。経験的に子どもとのつながりの必要性を理解している保育者や教員もたくさんいるが、現在の制度の中では軋轢《あつれき》を経験することも多い。

私たちの社会では幼児の保育は過小評価され、保育にはあまりお金がかけられていない。非血縁者が、個々の子どもの愛着と指向性の欲求を満たすことは難しい。特に、何人もの幼児が、保育者の注目を得ようと競い合っているところでは困難だ。多くの保育所は安い給料にもかかわらず献身的に働くスタッフによって運営されているが、保育基準はすべての人が満足するレベルにはほど遠い。たとえば、ニューヨーク州ではひとりの保育士が担当する幼児は七人以下でなければならないが、これはとてもひとりが扱えるような割合ではない。大人とのつながりの重要性が理解されない状況では、子どもには子ども同士で愛着関係を形成する以外の方法はほとんどない。

両親が働いていることが悪いわけではない。重要なことは、育児の中に愛着が考慮されていないことだ。現在の社会には、保育士や幼稚園教諭はまず親とのつながりを作り、それから親しみやすい形で子どもと出会い、子どもの愛着を育《はぐく》むことがもっとも重要な仕事だと考える文化は残っていない。親も専門家も自分自身の勘に頼るか、または自分の勘すら持っていないことも多い。共通認識の欠如のために、ほとんどの大人たちは愛着を考慮しない現在のやり方に、ただ単に従っているだけだ。かつては、たとえば入園前に幼稚園の教諭が家庭訪問をするなど、多くの場に愛着の習慣があったが、今では比較的裕福な私立学校を除けば、ほとんど廃止されている。財政削減の前に、この習慣の重要性はなかなか理解してもらえない。愛着よりも経済的な理由のほうが、ずっと受け入れられやすい。

問題の核心は社会の変化自体ではなく、その変化への対処がないことだ。みんなで子育てをするのであれば、私が「**愛着の村**」(私たちが失ってしまったものにかわる養育的な大人との関係の集合体)と呼ぶものを創出することで、それにふさわしい状況を築かなければならない。いくつかの方法があるが、それらは第18章で詳しく説明する。

保育所や幼稚園を終えると、子どもたちは小学校に入学する。今の子どもたちは、一日のほとんどを仲間集団の中で過ごす。そこは大人の優位性が低い環境だ。もし意図的に仲間指向性を作り出そうとするなら、今日の学校は間違いなく最良の手段になるだろう。教師の手に負えないほどの大人数のクラスに入れられ、子どもたちはお互いにつながりを作る。規則や規制によって子どもたちは授業が始まるまで教室に入れず、そこで子どもたちは大人とのつながりの少ない、自分たちの世界を作り上げる。子どもたちは、休憩や昼食の時間を子ども集団の中で過ごす。教員の研修では愛着は扱われず、教える教科については学ぶものの、幼弱な人間が学ぶ過程で不可欠なつながりのある人間関係の重要性については学ばない。二〇〜三〇年前とは違い、最近の教員は廊下や校庭で生徒と交流することがなく、個人的な交流をしないように指示されている。伝統的な社会とは対照的に、北米の生徒の大半は、自宅に帰って両親と一緒に昼食を取ることはない。

小学三年生と中学一年生のふたりの子どもの母親であるクリスティーナは、「うちの子どもたちの学校には五〇〇人の生徒がいます。私は毎日お昼ご飯を家で食べるために迎えに行きますが、うちの子どもたちはその五〇〇人の生徒のうちでお昼ご飯を食べるために家に帰る、たった一〇人の中のふたりなんです。それでも、先生からは学校でお昼ご飯を食べさせるようにと言われます。先生たちには、私は奇妙で気難しいおばさんに見えるみたいです。でも、私はこの時間は絶対に必要だと思います。子どもたちは私にたくさんのことを話し、学校であったことやがんばったこと、おもしろかったことを報告してくれます」と話した。かつてお昼ご飯に子どもを迎えに行っていた別の親は、「うちの娘は車に飛び乗ってきたものよ。彼女はその日に起こったこと、どんなふうに感じたか、何か『悪い』ことをしたときや、とてもよいことをしたときの気持ちなどを、一気に話したものよ」と言った。このふたりの母親の話を聞くと、他の子どもたちは誰かに話したり、自分の中で処理したりしないままの経験や感情が、なんと多いことだろうと思う。

一般に、私たちは食事について、子どもとのつながりよりも食べさせることに集中しがちだ。アメリカの詩人ロバート・ブライは、その画期的な著作『未熟なオトナと不遜なコドモ』で、仲間指向性のさまざまな側面を描写し、その原因を示唆している。ブライはこの現象を完全に分析したわけではないが、彼の洞察は大きな注目を集めた。ブライは「家族そろった食事も、語らいも、いっしょに本を読むこともうなくなっているのである」「若者が必要としていること――安定、親の存在、注目、助言、優れた精神の糧、汚染されていない物語――はまさにきょうだい主義社会が与えようとしないものだ」と書いた〔註2〕。

今日の社会は愛着の空白にあふれている。大きな愛着の空白は、拡大家族の喪失によって生じた。今の子どもたちは、これまでの人類のほとんどの歴史の中で情緒的な安全の根幹をなす、無条件の愛情深い受容を両親以上に与えてくれた、年長者との親密なつながりを失っていることが多い。いつも祖父母やおじやおばがいて、家族の暖かい支えがある心強さは、今の子どもたちにとってほとんど享受することができないものになってしまった。

仲間指向性の傾向に強力な影響を及ぼしたのは、社会の流動性だ。人の動きによって文化は遮断される。文化は、同じコミュニティに何代にもわたって生活することで発展する。私たちはもはや村に住まなくなり、そのため隣に住んでいる人とのつながりもなくなっている。ひっきりなしに移住することが人を匿名化し、愛着の村のアンチテーゼを生み出した。私たちは名前さえ知らない人々と一緒に自分の子どもを育てることはできない。

地理的な移動と度重なる転居、そして大人自身の仲間指向性の強まりのおかげで、今日の子どもたちには幸せと発達を支える、年長者とのかかわりが減っている。それは家族の中だけでなく、社会のほとんどすべての関係にも広がっている。社会全般で、子どもに何らかの役割を担うべき大人との愛着が失われている。絶滅危惧種の一例が、家族全員を知っていて、困ったときも嬉しいときもいつも変わらずに家族の心の中に居続ける存在である家庭医だ。外来クリニックの、顔のない、交代制で診療する医者は、家庭医のかわりにはなれない。同様に、近所の小売店主、店員、職人も、営業しているコミュニティと地域的結びつきや個人的つながりのない商業施設に置き換わってしまった。テレビ番組『セサミストリート』の人気者のフーパーさんは、今では心暖まるフィクションにすぎない。それは単に経済的な問題だけでなく、愛着の村の本質に迫る問題でもある〔訳註＝初期の『セサミストリート』には、雑貨屋を営む「フーパーさん」という人間のキャラクターがレギュラー出演していた。一九八二年にフーパーさんを演じた俳優が死去した際、番組では「フーパーさん」の死を悼むエピソードを放送した〕。核家族を補い、過去の拡大家族のかわりになる、代理の祖父母、代理のおじやおばはどこにいるのだろうか。親のかわりになるような、大人の愛着のセーフティネットはどこにあるのだろうか。思春期の子どもたちを指導してくれる、大人のメンターはどこにいるのだろうか。私たちの子どもは、仲間ばかりで大人が欠乏した中で成長している。

愛着の空白を生み出したもうひとつの要因は、社会の脱宗教化だ。宗教そのものとは別に、教会、寺院、モスク、シナゴーグ〔訳註＝ユダヤ教の会堂〕のコミュニティは、親と子どもの愛着の村を支える重要な役割も果たしてきた。脱宗教化は信仰や精神的ルーツの喪失以上の意味があった。それは、この愛着のコミュニティの喪失だ。そのうえ、教会は仲間との交流をより重視するようになってきた。たとえば、多くの教会は家族が入ってくるとすぐに、家族別ではなく年齢別のグループに分けている。そこには、託児室、中学生のグループ、ジュニアチャーチ、さらにはシニアのクラスもある。愛着の重要性と仲間指向性の危険性を知らない人々にとっては、自分と同じ年齢のグループの中に入ることは当たり前のことにしか思えない。大きな宗教団体は子どもだけ、または若い大人だけを扱うようになってきており、知らないうちに世代間のつながりの喪失を助長している。

バラバラに引き裂かれた家族の絆

核家族は社会の基本的単位と言われているが、それ自体にも危機が迫ってきている。離婚率は急上昇している。離婚は愛着の空白に加えて競合する愛着も作り出すので、子どもにとって二重の不運だ。子どもは当然、すべての愛着が、同じ屋根の下にあることを望んでいる。両親の連帯感があることで、子どもは両親への接近と接触の欲求を同時に満たすことができる。さらに、多くの子どもたちは夫婦としての両親に愛着を形成している。両親が離婚すると、両親に対して同時に接近することは、少なくとも物理的には不可能になる。親との愛着を十分に発達させた年長の子どもは、たとえ両親が離婚しても両方の親との関係を維持し、どちらにも同時に所属し、どちらも同時に愛し、どちらとも理解し合うことはできる。しかし、多くの子どもたちは、年長の子どもでさえも、それは難しい。相手と対立したり、相手をこき下ろしたりする親は、子ども（より正確には、その子どもの愛着脳）を、対処不能な状況に追い込む。子どもが一方の親に近づくためには、物理的にも心理的にも、もう一方の親から離れなければならない。

競合する愛着の問題は、親が新しいパートナーを作ったときにさらに悪化する。ここでも、子どもは実親との接近を守るために、本能的に継親を避けることが多い。実親にとっても継親にとっても、競合せず、そしてできれば既存の関係を支持するような新しい愛着を形成することは難しい問題だ。その関係に折り合いをつけることができた場合にのみ、子どもの愛着脳は警戒を解き、両方からのつながりの申し出を受け入れられるようになる。

離婚に先立つ夫婦の対立のために、愛着の空白は離婚のずっと前から始まる。夫婦がお互いの情緒的支えを失ったり、夫婦関係の問題で頭がいっぱいになったりすると、子どもとのかかわりが少なくなる。大人との情緒的接触が奪われると、子どもは仲間のほうを向く。その上、ストレスの高い状況では、子どもの世話を肩がわりしてくれる仲間は、両親にとって魅力的だ。そのいちばん簡単な方法は、仲間との交流を促すことだ。子ども同士でいてくれれば、子どもの親に対する要求は少なくなる。

親が離婚した子どもの研究では、子どもたちは全体的に学校の問題や攻撃性を示すことが多いことが明らかにされている。また、行動上の問題も起こしやすい〔註3〕。しかし、この研究は、なぜこのような問題が起こるのかを明らかにしていない。愛着について理解してきた私たちには、これらの症状は親との情緒的なつながりの喪失と、仲間関係への過度の依存の直接的な影響だということがわかる。

これは、対立を隠したまま結婚生活を続けることが、子どもにとってよいということを言っているのではない〔註4〕。しかしここでも私たちは、両親の不和が子どもの愛着に及ぼす影響をもっと意識する必要がある。両親の対立や離婚のために子どもとかかわれないかどうかにかかわらず、子育ての役割を他の大人に助けてもらうのがいいだろう。子どもの仲間に親の義務の一部を肩がわりしてもらうのではなく、親戚や親の友人にかかわってもらって愛着のセーフティネットを作ってもらうべきだ。

両親の揃った核家族でさえ、愛着の空白は起こりやすい。三〇～四〇年前にひとりの働き手で賄《まかな》えたのと同じ生活水準を確保するためには、今日では両親がフルタイムで働かなければならないことが多い。社会的ストレスの増大と、比較的豊かな時代の中での経済的な不安とが重なり、穏やかでつながりのある子育てがますます難しい環境を生み出している。まさに親や他の大人たちが、これまで以上に強い絆を子どもと持たなければならないときに、そうする時間とエネルギーが減ってきている。

「一九三五年、平均的労働者は土日を含めて週四十時間の自由時間があった。ところが一九九〇年までには十七時間まで減ってしまった。一九三五年から週に二十三時間失われた自由時間こそ、父親が子育てし、生きがいを見出せたはずの時間だ。そして母親はこの時間にこそ自分には夫がいると実感できたはずなのだ」とロバート・ブライは書いている（註5）。これは乳幼児を育てている親の特徴だけでなく、子育て全般に共通した特徴だ。今日の多くの父親たちは子育ての役割を担う意識が高くなっているが、現代生活のストレスと慢性的な時間不足のために、彼らのすばらしい意志は長続きできない。

私たちの社会は、子どもの健全な発達よりも、消費者主義を重視している。経済的な理由によって、子どもの親への自然な愛着が大きく妨げられている。家庭医である本書の共著者（ガボール）は、乳幼児の基本的な生理的要求である母乳育児ができるように育児休暇を数か月延長することを決めた母親のために、その「健康上の」根拠だけでなく、すべてのほ乳類、とりわけ人間の自然な愛着機能の重要性についても、雇用主宛ての手紙に書かなければならない滑稽な立場にある。子育てが本来のように尊重されないのは、経済的な理由なのだ。友人、拡大家族、自分が生まれたコミュニティといった自然な支援に頼れず、自分たちだけで子育てをするようになったのは、経済的な理由によるものだ。たとえば、勤めている工場の操業停止や移転のように、個々の親にはどうしようもない理由も多い。つながりを持てないような大規模な学校を作り、ひとりひとりに注意が向けられないほど大人数の学級を作ったのは、経済的な理由によるものだ。

第三部で見ていくように、仲間指向性は攻撃性や非行を煽り、生徒を教育しにくくし、不健康な生活スタイルの選択を助長することで、社会に莫大なコストを強いている。司法、教育、保健の領域で仲間指向性が社会に与えた真の経済的損失を評価するなら、そこから私たちの現在の近視眼的な考えがはっきりするだろう。このことに気づいている国もある。それらの国では、出産や養子縁組の後、仕事に復帰するまでに長い育児休暇を取る親に、税制優遇措置や直接的な援助を行っている。

急速な変化、技術の暴走

何よりも、拡大家族とつながり、子育ての中で大人と子どもを結びつけるような、そして親の友人を子どもの生活の中に迎えるような、文化的習慣と伝統を私たちは失ってしまった。頼る者と頼られる者のつながりを育て、愛着の空白が生じるのを防ぐのは文化の役割だ。文化が役立たなくなった多くの理由の中に、ふたつの特筆すべきものがある。

ひとつ目は、二〇世紀の工業化社会のあまりにも急速な変化だ。愛着の要求に応える習慣と伝統を築くには時間が必要であり、特定の社会的、地理的環境に合った文化ができあがるには何百年もかかる。私たちの社会があまりに急速に変化したために、文化はそれについていくことができていない。精神分析学者エリク・H・エリクソンは、ピューリッツァー賞を受賞した『幼児期と社会』の中で、アメリカ人のアイデンティティについて考察した。彼は「このきわめて動的な国の住民は、一世代の間に、(中略)他の大国の住民たちが通常経験するよりもはるかに極端な対照と急激な変化の事象に曝されている」と書いた〔註6〕。この傾向は、エリクソンがこの観察を行った一九五〇年以来、加速するばかりだ。いまや、一〇年間の変化はかつての一世紀間の変化以上だ。文化が適応するよりも早く環境が変化すれば、習慣と伝統は崩壊する。今日の文化が、大人と子どもの愛着を支える伝統的な機能を失ったとしても不思議ではない。

急速な変化の一端を担っているのが文化の電子的伝達で、これによって商業的にブレンドされパッケージ化された文化が家庭の中に、そして子どもたちのまさに心の中に送り込まれるようになった。かつて習慣と伝統を通して、世代から世代へと伝承された文化は、インスタント文化に置き換えられてしまった。本書の取材でインタビューした父親は「ほとんど毎日、うちの子どもたちが夢中になっている間抜けな文化と格闘している」とイライラして語った。親の文化とは内容が異質であるだけでなく、その伝達過程で祖父母は蚊帳の外に置かれ、悲しそうに取り残されてしまう。ゲームも電子的なものになった。ゲームは常に人と人とを結びつける、特に子どもと大人を結びつける文化的道具だった。いまやゲームは孤独な活動になり、テレビでスポーツ中継を見ながらするか、ひとりでパソコンに夢中になるかだ。

ふたつ目の最近の目覚ましい変化は、情報技術だ。まず電話に始まり、インターネットを介したメールやチャットへと変化してきた。私たちは、情報技術の主要な機能のひとつが愛着を促すことだと気づかないまま、それに夢中になっている。私たちは無意識的にそれを子どもに与え、当然のように子どもはそれを仲間とのつながりに使っている。彼らの強い愛着欲求のために、連絡を取ることに依存症的になり、そのことで頭がいっぱいになることもある。私たちの文化はこの進歩を取り入れた習慣と伝統にまで進化しておらず、ここでもやはり、みんな好き放題になっている。このすてきな新しい技術が子どもと大人のつながりを促すように使われたとすれば、たとえば、家から遠く離れて住んでいる学生と、親が簡単に話す場合、すばらしく効果的な道具になることだろう。しかし、無制限にしておくと、それは仲間指向性を助長する。

今でも生きている愛着の文化

今でも伝統的な愛着が尊重されている社会を見れば、現在の北米の文化に欠けているものがすぐに納得できる。最近、私は妻と子どもたちと一緒にフランスのプロバンスにあるロニュという村に滞在したときに、そのような経験をした。

プロバンスと聞いてすぐに思い浮かぶのは、時代を超えた文化のイメージだ。陽が降り注ぐ気候、ぶどう畑、昔ながらの雰囲気、そして食べ物は懐かしさを呼び起こす。プロバンスの社会を別な視点から見てみると、私たちがそこから愛着について学ぶことができる。第18章で示すように、まったく異なるポスト産業時代の北米であっても、ここから学ぶことは私たち自身の愛着の村（私はあえてそう呼びたい）に役立てることができる。

私たちが最初にプロバンスに着いたとき、私はてっきり異文化を見ていると思った。しかし、愛着の観点からは、それは異文化どころではなかった。私は、今でも生きている、かつての文化を見ていたのだ。子どもたちは大人たちにあいさつし、大人は子どもにあいさつをしていた。すべての家族を含んだ人間関係があり、大人同士とか子ども同士というものではなかった。村の活動は一度にひとつだけだったので、家族は別々のところに行くことはなかった。日曜日の午後は、家族で田園地帯を散歩する時間だった。村人が集まる村の泉でも、老人たちの中にティーンエージャーが混じっていた。お祭りやお祝いの行事はたくさんあったが、それらはすべて家族みんなの行事だった。音楽とダンスは世代を分離するものではなく、世代を結びつけるものだった。文化が物質主義よりも優位だった。その場にふさわしいあいさつをしてからでなければ、バゲットさえ買うことができない。村の商店は昼間の三時間は閉まっていて、この間は学校は空っぽになり、家族が再集合した。昼食は昔ながらの形で、多世代の家族で食卓を囲み、みんなで会話と食事を楽しんでいた。

村の小学校での愛着の習慣も、同じように印象的だった。子どもたちは親や祖父母に付き添われて登校し、帰りも家族が迎えにきた。学校には門があり、ひとつの入口からしか入れなかった。校門には先生がいて、親が送ってきた子どもたちを迎えた。ここでも、先生と生徒だけでなく、保護者と先生との間でも、その場にふさわしいあいさつでつなぐ文化があった。始業のチャイムが鳴る前にクラス全員が揃ったときには、担任が先頭になって、子どもたちを連れて校庭を横切っていくことがあった。それはさながら、ガチョウの母親の後をヒナがついていくような光景であった。北米の視点からは幼稚園のように見えたり、ばかげているように見えるかもしれないが、プロバンスでは言うまでもなく当たり前のことなのだ。学校が終わるときは、一度に一クラスずつ、担任が先頭になって校舎を出る。担任は、すべての子どもに迎えの大人が来るまで一緒に待っていた。担任は校庭であろうが、村の市場であろうが、お祭りであろうが、子どもたちの担任であった。子どもが落ちるような落とし穴はほとんどなかった。プロバンスの文化は、愛着の空白を最小限に抑えていた。

私は思い切って彼らになぜこれをしたのか、なぜあれをしたのかと尋ねたが、答えが返ってくることはなかった。私の質問は、まるで習慣や伝統を分析することにまつわるある種のタブーであるかのように、場違いな感じがした。文化は従うべきもので、質問するようなものではない。愛着の知恵は言うまでもなく文化自体の中にあり、人々の意識の中にあるわけではない。プロバンスの社会はどのようにして年長者の伝統的な力を保持し、その文化と価値観を子どもたちに伝えているのだろうか。フランスの田舎の子どもたちは、なぜ大人への愛着と競合しないような、仲間との愛着を形成することができるのだろうか。その答えは、どのように仲間への愛着が形成されるかに関連している。

愛着形成の自然な方法

愛着は一般に、ふたつの方法のうちのひとつによって形成される。既存の愛着の自然な結果か、愛着の空白が耐え難くなったときに現れるかのどちらかだ。前者は、すでに乳幼児期から存在する。六か月頃までに、ほとんどの子どもは愛着のない人との接触や接近を嫌がるようになる。これを乗り越えるためには、子どもの愛着と「見知らぬ人」との間で、何らかのやりとりが必要になる。たとえば、子どもには強要せずただ見ていればよいように配慮しながら、母親がしばらく見知らぬ人と親しそうに接触すれば、子どもの抵抗は少しずつ和らぎ、新しい人とのつながりを受け入れられるようになる。いわば「祝福」のような、友好的な紹介が不可欠だ。子どもの愛着本能が作動し、そばにいる時間を楽しめるようになれば、子どもは新しい人に近づき、かかわりを受け入れられるようになるだろう。かつての「見知らぬ」大人、たとえば家族の友人やベビーシッターは、こうして子どもから世話をすることが許される。

この仕組みは巧妙だ。すでに子どもが持っている人間関係から新しい愛着が生まれる場合は、競合する力が生じる可能性は少ない。親との愛着が尊重される。親はそのままで究極のコンパスの基準であり、親との関係は最優先であり続けるだろう。きょうだい、祖父母、拡大家族との接触は、たとえそこに仲間が加わったとしても、子どもを親から遠ざけることはない。

愛着が新しい人間関係を作る能力によって、私が自然な「愛着の村」と呼んでいるものが作られる。それは本質的に親に由来するものだ。親の愛着が最終的に子どもの愛着となり、子どもが育つ状況が提供される。これが、ロニュの子どもたちの仲間への愛着が親への愛着と対立していないように見えた理由であり、ロニュの子どもたちが村のほとんどすべての大人たちによる世話を受け入れていた理由だ。

空白から生まれる愛着

アメリカ社会、そしてアメリカのモデルを取り入れているその他の社会では、仲間への愛着は自然に生まれたものではない。それは子どもが愛着の空白、すなわち伝統的な絆が破壊されて、子どもが自然なコンパスの基準を奪われたときに生じる空白に耐えられなくなって飛び出してくるものだ。このような状況では、脳はかわりのもの、つまり、今すぐ使える愛着を探すようにプログラムされている。困っている子どもにとって、これは最優先の課題となる。

物語や伝説が教えているように、困窮から形成された愛着は基本的に無差別で偶発的なもので、偶然と混乱の産物だ。神話上の古代ローマの創立者、双子のロムルスとレムスは人間の愛着の深淵に投げ込まれた後、雌オオカミに育てられた。ターザンも同じような運命をたどり、サルに育てられた。マジョーリ・キナン・ローリングスの名作『子鹿物語』では、母を失った子鹿が少年に育てられた。ガゼルはライオンに愛着を形成することができる。ネコはイヌに愛着を形成することができる。私のペットのチャボには、私の兄のハーレー・ダビッドソンが刷り込まれている。

愛着の空白、つまり子どもの自然な愛着が失われた状況は、その結果があまりにも無差別であるからこそ危険だ。すでに指摘したように、カモが孵化したときに母ガモが近くにいなければ、その幼い生き物は、いちばん近くにある動くものに愛着を形成する。人間の子どもの刷り込みのプロセスはもっと複雑だが、愛着の空白から最初に救い出してくれた人物が、コンパスの基準になる可能性がもっとも高い。人間の愛着は、信頼性、責任、安全、成熟度、愛情のある世話などの要因に関係なくプログラムされている。かわりの愛着対象を選ぶことに対して、私たちは無力だ。大人であっても、私たちの愛着の多くは、まさにこの悲しい事実の証拠だ。子どもには相手に質問する機会はなく、自分の中で疑うことすらない。そのコンパスの基準は僕の両親のものと一致しているのか、僕はどちらとも同時に親しくなれるか、僕はこの人に頼ってよいのか、この人間関係は無条件に愛情深く僕を受け入れてくれるか、僕はこの人の言うことや指導を信じてよいか、僕は僕のままでいて本当の自分自身を表現してもよいか——そんな重大な愛着の問題を考えることすらない。多くの場合、仲間集団が選ばれて、養育的な大人が駆逐される。指向性の空白が起きている特別な状況での一時的な交代から始まり、最終的には永続的な交代になる。

愛着が両親への競合と対立する「もつれ」になる可能性は、既存の愛着ではなく空白から生まれたものである場合にずっと高くなる。仲間関係は、もしそれが両親への愛着から自然に生まれたものであれば、非常に安全なものだ。残念ながらたいていの場合は、それは親とのつながりから生まれるのではなく、断裂から生まれたものだ。

子どもが私たちとつながりのない仲間との愛着を形成すればするほど、両立し難い可能性が高くなる。その結果は、仲間指向性がどんどんと強まるスパイラルだ。私たちの親は私たちよりも仲間指向性が弱く、私たちの子どもは、私たちが何らかの対処をしないかぎり、かつての私たちよりも仲間指向性が強くなりやすい。

現在の北米への移民は、由緒ある文化的つながりを蝕む仲間指向性の劇的な実例だ。移民の子どもたちが経験する愛着の空白は深刻だ。勤勉な両親は経済的に家族を支えることに集中し、新しい社会の言葉と習慣に慣れていないため、権威と自信を持って子どもを方向づけることができない。そんな子どもたちが、唯一頼ることができるのが仲間だ。仲間指向性の文化に適合することで、移民の家族は急速に崩壊する。子どもと親の間の隔たりは、橋渡しができないほどに広がりかねない。このような子どもたちの親は、威厳、権力、指導力を失う。最終的に仲間が親に取ってかわり、ギャングが次第に家族に取ってかわる。ここでも、移民、または戦争や経済的困窮によるやむを得ない移住が問題なのではない。仲間指向性の強い北米社会への移住が、伝統的な文化を圧倒したのだ。私たちの社会が親子関係を保持することに失敗したために、移民の家族も崩壊してきている。

北米のある地区では、たいていはアジア系だが、今でも多世代が一緒になって外出する家族を見かけることがある。両親、祖父母、さらには弱々しい曾祖父母さえも、子どもや孫たちと一緒になって、笑ったり話したりしている。残念ながら、これは比較的日の浅い移民にしか見られない。子どもたちが北米社会に溶け込んでいくにつれて、彼らの年長者とのつながりは弱くなっていく。彼らは家族との距離を置くようになる。彼らが夢中になるのは、ハリウッドやアメリカの音楽産業が大々的に売り出す、人工的に作り出され過度に性愛化した人物だ。彼らは、何代にもわたって祖先が維持してきた文化から、急速に疎遠になる。仲間指向性の社会の影響を受けて移民の家族が急速に解体していくのを見るのは、私たちがこの半世紀の間に経験してきた文化のメルトダウンを、まるで早送りでビデオを見て目撃しているかのようだ。

世界には仲間指向性の傾向にうまく抵抗できる地域もあるだろうが、その反対に、経済のグローバル化が他の大陸の伝統的文化を浸食することも大いにありうる。ティーンエージャーの離反の問題は、アメリカのモデルにもっとも近くで追随している国々、イギリス、オーストラリア、日本でも広く認められている。他の地域でも、経済の変化と人口の移動の結果として、同じようなパターンが起こる可能性がある。たとえば、ロシアの子どもたちの間にはストレス関連障害が増えている。「ニューヨーク・タイムズ」の記事によれば、一九九一年のソビエト連邦の崩壊以来、ロシアの人口推計一億四三〇〇万人のほぼ三分の一に当たる、四五〇〇万人が住居を変えている。仲間指向性はすべてのアメリカ文化の輸出品の中で、もっとも歓迎されないもののひとつになりかねない。


〈註1〉J・ボウルビィ『【新版】愛着行動（母子関係の理論・1）』（黒田実郎・大羽蓁・岡田洋子・黒田聖一訳、岩崎学術出版社、一九九一年）五四頁。

〈註2〉ロバート・ブライ『未熟なオトナと不遜なコドモ――「きょうだい主義社会」への処方箋』（荒木文枝訳、柏書房、一九九八年）一八七頁。

〈註3〉これらの所見は、ふたりの研究者が一万三〇〇〇人の子どもたちを対象とした、九二の研究結果を調査したものだ。より多くの学校と行動の問題に加えて、子どもたちは否定的な自己概念と親とのトラブルも多かった。この所見は、*Psychological Bulletin* 110 (1990) : 26-46 に発表されている。この論文は "Parental Divorce and the Well-being of Children: A Meta-analysis." というタイトルだ。間接的な関連ではあるが、一九九六年のカナダ統計局の調査では、ひとり親の子どもたちは、留年、素行症の診断、不安、抑うつ、攻撃性の問題が多かった。

〈註4〉イギリスの精神科医であるサー・マイケル・ラターによる研究は、このことを強く感じさせる。彼は、両親は離婚しているが対立の少ない家庭で生活している子どもよりも、離婚はしていないが両親が対立している家庭の子どものほうが、問題行動が多いことを示した（Michael Rutter, "Parent-Child Separation: Psychological Effects on the Children," *Journal of Child Psychology and Psychiatry* 12 [1971]: 233-256）。

〈註5〉ロバート・ブライ『未熟なオトナと不遜なコドモ』（前出）六一頁。

〈註6〉E・H・エリクソン『幼児期と社会（2）』（仁科弥生訳、みすず書房、一九八〇年）一七頁。

――第二部

仲間指向性は、どのように親の子育てを妨げるのか

第4章　子育ての力が衰えている

突然の娘の変わりように動揺して、心配になった母親と父親が初めて私のところに相談に来たのは、カースティンが七歳のときだった。彼女は特に友だちがいるときに、親に対して無愛想になったり、親がしてほしくないと思っていることをする傾向があった。両親はどうしたらいいのかわからなくなっていた。小学二年に上がる前のカースティンは、三人姉妹の長女として自分から手伝いをする、優しく、愛らしい子どもだった。「カースティンの子育ては、いつも楽しかった」と母親は思い出を語った。今ではその子どもは反抗的で、とても扱いにくくなっていた。カースティンは親のたわいもない求めに目くじらを立て、どんなことでも口げんかになった。母親はいつしか、娘に腹を立て、時には怒りさえ感じるようになった。母親は娘に向かって大声で罵倒する自分に驚き、自分自身を恐ろしく思った。父親はあまりにも緊迫したけんかばかりの家庭にうんざりして、だんだん仕事に没頭するようになった。このような状況の中で多くの親がするように、両親は娘を懲らしめたり、脅かしたり、叱ったりしたが、何の効果もなかった。

こう言うと意外に思われるかもしれないが、子育ては比較的楽なことのはずだった。親が子どもに合図を送り、指示に従わせ、親の価値観を尊重させることに、懸命に努力したり、がんばったり、強制したり、ましてやご褒美をちらつかせる必要などなかった。もし圧力をかける必要があるとすれば、何かが間違っている。カースティンの両親は親の力を失ったために、知らないうちに強制力に頼るようになっていった。

子育てはもともとパワーアシストが必要なものだ。これは、今日の自動車のハンドル、ブレーキ、窓ガラスにパワーアシストが使われていることに似ている。もし、このパワーがなくなれば、多くの自動車は非常に運転しにくくなる。同じように、親の力がなくなった状態で子どもをうまく操縦することも不可能に近いことなのに、多くの親たちはそれをしようとしている。しかし、自動車を直してくれるよい修理工は簡単に見つけられるのに、親からの子育ての相談に対して正しい判断ができる専門家はほとんどいない。往々にして、子どもが扱いにくいことは子どものせいにされたり、親の能力不足や子育てのしかたが悪いと責められたりする。問題の根源が親の能力不足ではなく、十分な力がないという意味での親の無力化であることは、親にも専門家にもあまり知られていない。

欠けているものは力であり、愛情や知識や献身やスキルではない。私たちの前の世代の親は、今の親よりも強力な力を持っていた。子どもに言うことを聞かせるのに、祖父母は私たちの親が私たちに及ぼした力より、または私たちが自分の子どもに及ぼしている力より、ずっと強い力を持っていた。もしこの傾向が続くようであれば、私たちの子どもが子育てをする番となったときには、さらに大きな問題となるだろう。親の力は衰えてきている。

自然な親の権威

親の無力化を理解するのは難しく、それを認めることも苦しい。私たちの意識は、「子どもはもう私たちを必要としていない」「私たちの子どもは特に難しい」「私たちの子育てのスキルが足りない」といった、より受け入れやすい解釈に飛びついてしまう。

今の時代、多くの人々は「力」という概念に抵抗がある。私たちの中には、子どもの頃に親の力を嫌というほど思い知らされ、それは虐待的にさえなることが、痛いほど身にしみている人もいる。私たちは力の誘惑に警戒し、力で他者を支配しようとする人は信用できないことを経験的に知っている。ともすれば「力をほしがる」「力に飢える」など、力という言葉は悪い意味で使われる。私が出会う多くの親や教育者が、力という言葉を避けようとするのも、不思議ではない。

また、多くの人たちは力と強制力を混同している。それは、私たちが本書の中で使う力という言葉の意味とは違う。本書の子育てと愛着の議論では、力とは自然な親の権力を意味している。その自然の権力は、威圧や強制からではなく、子どもとの関係においてふさわしく調整されて生まれるものだ。ものごとが自然の秩序に沿っていれば、努力しなくても、気取らなくても、気合を入れなくても親の力は得られる。私たちは、そのような力を失ったときに、強制に頼りがちになる。親が力を十分に持っていれば、毎日の子育てで強制する必要はない。反対に、力がなければ、声を荒らげ、態度を厳しくし、脅迫し、子どもを従わせる手段を探そうとする。力を失った今の親たちは、子育て以外の場面では買収や脅迫と受け止められるようなテクニックが載っている育児書に夢中になっている。私たちは無力化の現実を、ご褒美と「当然の報《むく》い」という曖昧な言い回しでごまかしている。

子育てに力は絶対に必要だ。どうして力が必要なのだろうか。それは、私たちには責任があるからだ。子育てでは、その責任を果たすための力がなくてはありえない。力について理解しなければ、子育ての力動を理解することはできない。

私たちが失った力は、子どもの注意を引きつけたり、善意を求めたり、個性を引き出したり、協力できるようにしたりする力だ。これら四つの能力がなければ、私たちに残された方法は強制か買収しかない。

娘が手に負えなくなったことを心配して、私のところに相談に来たカースティンの両親が直面していたのは、この問題だった。ここでは、自然な親の権威を失った親の例として、カースティンと両親との関係を使用し、さらにもう二組のケースと合わせて親の力の意味について説明する。ということで、本章には六人の親と三人の子ども、合わせて九人の人物が登場することになる。彼らのストーリーは、今日の多くの家族が直面しているジレンマを象徴している。

九歳のショーンの両親は離婚している。どちらも再婚はせず、お互いに協力的で、一緒に相談に来ることができた。ショーンの子育ての大変さは、離婚の一因であった。初めの頃はとても育てやすかったが、ここ二年ほどは恐ろしい状態だった。彼は両親にひどい言葉をぶつけ、妹にも暴力的だった。彼の知能は高かったが、どんなに説明しても言うことを聞かせることはできなかった。両親は何人かの専門家に相談に行き、さまざまなテクニックや方法を紹介している専門書を何冊も読んだ。どれもショーンには効果がなかった。ふつうの制裁は、事態をますます悪くするだけだった。タイムアウトで彼を部屋に追い込んでも、何の効果もなかった。母親は叩いてもだめなことはわかっていたが、どうしようもなくなって手を上げることもあった。夕食の食卓に座るような簡単なことでさえ、両親はショーンを従わせるのをあきらめてしまった。彼に宿題をさせることもまったくできなかった。結婚が破綻する前は、ショーンの不機嫌な抵抗が、家庭の雰囲気を荒廃させた。感情をぼろぼろにすり減らし、両親とも息子に対しての愛情や優しさを持つことさえもできなくなっていた。

メラニーは一三歳だった。父親は、娘のことを話し始めると、怒りを抑えることができなかった。メラニーが六年生のときに祖母が亡くなってから、彼女の生活は変わってしまった。それまでのメラニーは家では協力的で、学校でもよい生徒で、三歳年上の兄のかわいい妹だった。今では授業をサボり、宿題もまったくしなくなった。彼女は日常的に家を抜け出すようになった。親と話すことを拒み、親を嫌い、ひとりにしてほしいと言い切った。彼女も両親と一緒に食事をすることを拒否し、自分の部屋でひとりで食べるようになった。母親の心はとても傷ついた。母親は娘に、「よい子」になって、時間どおりに帰ってきて、家を抜け出さないでと懇願してばかりだった。父親は、メラニーの横柄な態度に我慢がならなかった。父親の対応は、思春期の子どもに「決して忘れないような教訓」を、頭ごなしに押しつけることだった。父親は、強硬な対応をしなければメラニーの受け入れ難い行動は増長して、さらに状況を悪くするという考え方だった。それまでは「お父さんっ子」でかわいい素直なメラニーだったが、彼女の性格が急に変わってからは、父親はますます怒りっぽくなってしまった。

三つのシナリオには、三つそれぞれの背景がある。それぞれ違う子どもではあるが、どれも特別な子どもではない。これらの親たちが経験している子育ての葛藤は、多くの父親や母親に共通するものだ。問題の現れ方は子どもによって違うが、どの親も「子育ては、思っていたよりも本当に大変だ」と口を揃えて言う。「今どきの子どもは、私たちが子どもの頃のように、親の権威に敬意を示さない。子どもに宿題をさせることも、就寝時間を守らせることも、手伝いをさせることも、自分の部屋の掃除をさせることもできない」という子育ての嘆きが繰り返される。時折、あまりの失望に「子育てがそんなに大切なら、子どもはマニュアルつきで生まれてくるべきだ」というあざけりを聞くこともある。

親の力の秘密

「きちんとした研修も受けずに、親が何をしたらいいかがわかるはずがない」と言う人は多い。今では本当に多くの子育て講座があり、童話の読み聞かせを教える教室まである。それでも専門家は、効果的な子育ての、もっとも根本的なことを教えることができていない。子育ての力は、どんなものであれテクニックから生まれるものではなく、愛着関係からしか生まれない。先述の三例は、すべてこの力が欠けていた。

親の力の秘密は、子どもの依存性の中にある。子どもは完全に依存的な状態で生まれ、この世界でひとりでは生きていけない。独立した存在として生きる能力がないために、世話を受け、助言や指導、支援や承認、家庭や所属感を得るために、他者に完全に依存しなければならない。子どもの依存状態のために、子育てが必要になる。もし子どもが私たちを必要としないのなら、親の力も必要ない。

一見すると、子どもの依存性はまったくわかりやすいように思える。しかし、困ったことに、依存的であることが適切な養育者に依存することを保証するわけではない。すべての子どもは養育されることが必要な状態で生まれてくるが、乳幼児期を過ぎれば、必ずしもすべての子どもが親からの養育を受けられるとはかぎらない。親の子育ての力は、子どもがどのくらい依存的であるかではなく、子どもが親にどのくらい依存しているかにかかっている。親としての責任を果たすための力は、子どもがどれだけ必要としているかではなく、子どもが親のことを、欲求を満たしてくれる人だと見なすところに存在する。

私たちからの世話を期待しない子ども、または衣食住やその他の物質的な欲求だけを私たちに依存している子どもに、本当の世話をすることはできない。心理的な欲求を求めようとしない子どもを、情緒的に支援することはできない。私たちの助言を歓迎しない子どもを指導するのはイライラするし、私たちに助けを求めない子どもを援助することは、やっかいで自己矛盾的だ。

それが、カースティンとショーン、メラニーの両親が直面した状況だった。カースティンはもはや愛着を親に求めたり、何をどうすればいいかと親に助けを求めたりしなくなった。わずか七歳にして、彼女は両親に安らぎと愛情のこもった養育を求めることをやめてしまった。ショーンの場合はさらにひどく、彼は父親と母親に頼ることを頑《かたく》なに拒むようになってしまった。ショーンとメラニーの抵抗は食べることに、正確に言うと、家族で食卓を囲む儀式にまで及んだ。メラニーは思春期に入ると、両親に家庭やつながりの感覚を持たなくなった。彼女は、親から理解されたいとか、受け入れられたいとは思わなくなった。これら三人の子どもたちは誰も親に依存しているとは思っておらず、そのことがすべての母親と父親のいらだち、困難、失敗の根源であった。

もちろん、すべての子どもは親に依存することから人生が始まる。今日の多くの子どもたちもそうだが、この三人の子どもたちは成長とともに何かが変わった。それは、彼らがもう世話を必要としなくなったということではない。子どもは独立して生活することができないかぎり、誰かに頼る必要がある。子どもがどんな考えや感情を持とうが、まだ自分の力だけで生きていくのは不可能に近い。彼らはまだ依存している状態だが、単に親を必要としていると思っていないだけだ。彼らの依存欲求は消えてはいない。変わったのは、依存する相手だけだ。親の力は、本当に依存できる、適切で、責任感がある、思いやりのある人であろうがなかろうが――つまりは大人であろうがなかろうが、子どもが依存する人なら誰にでも移行する。

三人の子どもたちの生活では、情緒的に依存する相手が親から仲間に置き換えられた。カースティンには彼女のコンパスの基準になり、生活の本拠地となる、強く結びついた三人の友だちがいた。ショーンは、仲間が親にかわる、実質的な愛着の対象になっていた。彼の価値観、興味、動機は、仲間と仲間の文化に向けられた。メラニーは、祖母が亡くなって生じた愛着の空白を、女友だちによって埋めた。三ケースとも仲間の関係が親の愛着と競合し、仲間とのつながりが優勢になっていた。

このような力の移行は、私たち親には二重の苦しみとなる。私たちが子どもをうまく扱う力を失うだけでなく、無責任で能力のない仲間が、私たちの子どもを誤った道に導く力を握ってしまう。仲間たちがこの力を積極的に求めたわけではなく、それは依存の縄張りの変化の結果にすぎない。この不吉な親の力の消失は、私たちが予想もしないうちに、自然な権力がもっとも必要なときに起こることが多い。仲間への依存の種は小学生の頃に根づき始めるが、仲間と親への愛着の対立が激しくなって、親の力に大きな被害が生じるのは中学生の頃だ。まさに、今まで以上にうまく管理しなければならないが、親の体力的な優位さが小さくなり始める思春期に、親の力が私たちの手からこぼれ落ちていく。

子どもが独立したように見えても、実際は依存が移行しただけだ。子どもが実際にどのくらい依存的であるかを考えずに、私たちは早く何でも自分でできるようになってほしいと思う。力と同じように、依存という言葉のイメージは悪い。私たちは子どもに、自分の意志、やる気、自制心、指向性、自信、確信を持ってほしいと思う。私たちは子ども期が何であるかを忘れ、独立を重視してきた。親は子どもの反抗的な困った行動に文句を言うが、子どもが養育、安心感、援助を求める相手として親を見なくなったことに、ほとんど気づかない。親は子どもが親の合理的な期待に従わないことに当惑するが、子どもはすでに親の愛情、支持、評価を求めなくなっていることに気づいていない。親は、子どもが仲間に支援や愛情、つながり、一体感を求めるようになったことに気づかない。愛着が置き換わると、依存性も置き換わる。だから、親の力も同じように置き換わる。

カースティン、ショーン、メラニーの親たちの最大の課題は、規則を守らせることでも、要求に従わせることでも、あれやこれやの行動をやめさせることでもなかった。それは、子どもの愛着が親の側へ向くように、子どもを取り戻すことだった。親の力の根源である、依存心を子どもたちに育まなければならなかった。自然な親の権威を取り戻すために、思いもよらない目立たない敵（つまりは子どもの友だち）の不法な権限を駆逐し、奪わなければならなかった。実際に子どもと愛着を作り直すことは頭で考えるより難しいが、親の権威を取り戻すためには、この方法しかない。私が実際に家族に支援していることや、本書のアドバイスのほとんどは、親の自然な権威を再び手に入れることを手助けしようとするものだ。

子どもが必要としていることの反対であるように思われるのに、そもそもどうして仲間が親に取ってかわることができるのだろうか。例のごとく、ものごとの自然の摂理には論理がある。人生では必ずしも生みの親がいることは保証されていないので、子どもが血のつながった親ではない人に愛着を持つ能力には、重要な役割がある。生みの親は、死んでしまったり、いなくなってしまったりすることもある。愛着のプログラムには、かわりに愛着を持ったり、依存したりする柔軟性が求められる。愛着が移行できることは、人間だけの特別なことではない。動物がすばらしいペットになれるのは、私たちが世話をしたり相手をしたりすることができるように、本当の親から私たちにあらためて愛着を持つようになれるからだ。

人間は依存的な期間が長いので、愛着は人から人へ、親から親族、隣人、部族や村の年長者へと移行できるものでなければならない。これらの人たちが、子どもが完全に成長するまで、次々に愛着の役割を果たすようになっている。このすばらしい順応性は、親子の間で何千年もの間受け継がれてきたが、最近はあまりうまくいっていない。現状は、その順応性によって、親が仲間に置き換えられている。

多くの親は、たとえ仲間指向性が何であるかを理解できなくても、子どもが仲間指向性になると、力の喪失を感じることはできる。子どもの注意を引くことが難しくなり、服従することが減り、親の権威が衰退する。詳しく見ていくと、本章で示した三ケースの親たちが、いつから親の力を失い始めたかがわかる。

自然の権威の衰退は、親が何かおかしいと感じ出したところから始まっている。

どうすれば親の役割を果たせるか

子育ての作業がうまくいく要素は三つある。それらは、世話を求める依存的な存在、責任を負うつもりがある大人、子どもから大人への良好な愛着だ。そのうちもっとも重要なものは、いちばん見過ごされ無視されてきたものでもあるが、子どもの大人への愛着だ。多くの親も、これから親になろうとしている人も、養親《ようしん》、里親、継親であろうが実の親であろうが、簡単に親の役割が果たせると勘違いして苦しんでいる。子どもには世話が必要であり、親に育てる意欲があれば十分だと思われている。だから、子どもが親に抵抗するようになると、私たちは驚き、腹立たしくなる。

親の責任だけではうまく子育てができないことはわかっても、愛着の役割に気づかないために、専門家たちは子育ての方法に問題があると考える。子育てがうまくいかないのは、親が正しい子育てをしていないためだ。このように考えると、子育てには親という役割だけでは不十分で、効果的なスキルが必要だということになる。親の役割は、あらゆる種類の子育てのテクニックで補完されなければならない。多くの専門家はそんなふうに思っているようだ。

多くの親もまた、もし他の親が子どもに言うことを聞かせることができるのに、自分はそれができないとすれば、自分には必要なスキルがないからに違いないと考えることが多い。問題は単に知識不足によるものであり、どうしたら子どもが話を聴けるようになるか、どうしたら宿題をさせることができるか、部屋の掃除をさせるためにはどうしたらいいのか、手伝いをさせるにはどんな秘訣があるのか、どうしたら食卓につかせることができるのか、といった想定されるあらゆる問題に対して、「ハウツー」型のアドバイスで解決できると思われている。私たちの先輩はそんなことを質問したり、これらの問題のために子育ての教室に出向いたりすることを、恥ずかしいと思っただろう。今では、親のスキル不足は都合よく訓練の不足や自分自身の子ども時代に適切なモデルがなかったことのせいにされるので、親たちは無力化、というより無能力を簡単に認めるようになった。その結果、タイムアウトや冷蔵庫にご褒美のシールを貼ることを推奨する専門家から、効果的な育児のハウツー本まで、子育てのアドバイスは数十億ドルもの市場になっている。子育ての専門家と出版社は、親がもっとも必要とする洞察のかわりに、ただ親の質問に答えているだけだ。親への莫大な量のアドバイスは、親の不全感と準備不足の気持ちをさらに強める。それらの方法が役に立っていないという事実にもかかわらず、スキルを教える激流が弱まる気配はない。

子育てはスキルを学ぶことだと思うようになると、違う見方をすることが難しくなる。問題が起こるたびに、何か読むべき本があるに違いない、講座を受けなければならない、新しいスキルを習得しなければならない、と決めてかかるようになる。その一方で、子どもにかかわる人たちは、親はきちんと子どもを指導できるものと思い込んでいる。教師たちは、親が子どもに宿題をやらせるように仕向ける。近所の人たちは、子どもに我慢させることを期待する。祖父母たちは、厳しい態度を取るようにたしなめる。専門家たちは、子どもを服従させる別なスキルが必要だと指摘する。裁判所は、子どもの行動に対して親に責任を負わせる。親が子どもを引き寄せることができていない事実を、誰もわかっていない。

子育てがスキルの集まりであることの理由はかなり論理的と思われるが、それは後から恐ろしい間違いだとわかる。それは専門家への見せかけの信頼を作り、親の自然な自信を奪い、親は自分が愚かで不適格者であるかのような感情を持たされる。子どもが言うことを聞かないのは親が言うことを聞かせる方法を知らないからだ、子どもが規則を守らないのは親が正しい秘訣を知らないからだ、子どもが権威を尊重しないのは親が子どもに尊重するように教えていなかったからだ、と私たちはすぐに思い込む。大切なことは親のスキルではなく、子どもと責任を持った大人との関係であるという、重要なことが見逃されている。親のすべきことばかりに注意を向けると、子どもとの愛着関係とその問題が見えなくなる。親であることとは何をおいても関係であり、習得するスキルではない。愛着は学ぶべき行動ではなく、求めるべきつながりだ。

親がかつて持っていた力はそれ自体自覚するものではなかったので、子育ての無力化に気づくことは難しい。それは自動的で、目に見えない、家族生活と伝統に根ざした文化に組み込まれたものだ。往年の親は概して、当たり前に持っている力だけで、たいていは親の役割を十分に果たすことができた。私たちがこの問題を考えるようになったのは、いまやそれができなくなったからだ。うまくいっていた要因を理解しなければ、問題の根源は理解できない。全体的な愛着の無知、親の無力化を認識することの難しさ、力そのものに対する嫌悪感のために、もっとも一般的な子育ての苦悩の理解が進まないままになっている。

ラベルにすがりつく親

親の非難のいちばんわかりやすいすり替えは、子どもに何か問題があるか欠けているものがあると決めつけることだ。もし私たちの子育てに問題がなければ、原因は子どもの側にあることになる。子どもの非難に逃げ込むことで、私たちは失敗していないが、子どもが標準的なところまで成長していなかったことになる。その考え方は、「もっと集中しなさい」「言うことを聞きなさい」「言われたとおりにしなさい」、という言い方に表れている。

子育てに困ると、親は子どもの悪いところを探求するようになる。最近、必死になって子どもの悪いところを説明する「ラベル」を探し求めている親を目撃することがある。親は専門家の正式な診断名を求めたり、「扱いにくい」、または「活発すぎる」子どもの育て方に関する本に出てくる、非公式なラベルにすがりついたりする。子育てのいらだちが強くなると、子どもはさらに難しい存在だと感じるようになり、それを明確にするために、ラベルを求める気持ちが強くなる。社会に仲間指向性が広がっていることと、診断への没頭が並行して起こっているのは偶然ではない。子どもの行動の問題は、「反抗挑戦性障害」や「注意欠如障害」といった、医学的症状として説明されることがますます増えてきている。これらの診断は少なくとも子どもの責任を免除し、親は非難から免れる利点を持っているが、それらは子どもに問題行動を引き起こした要因を修復する力を隠してしまう。医学的説明は罪の意識を取り除くことで有用だが、問題を過度に単純化された概念に還元することで有害となる。多くの子どもたちの複雑な行動の問題は、遺伝や脳の回線の接続ミスで説明できると考えられている。しかしそれは、人間の脳は誕生してからの環境によって形成され、愛着関係は子どもの環境のもっとも重要な側面であるという、科学的根拠を無視している。さらには、子どもの仲間や大人の世界との関係を考えないで、薬物療法のような限定的な解決策を押しつけている。実際、それは親の力をさらに弱めている。

私たちは脳生理学が子どもの障害に関係なく、薬物療法がまったく効果がないと言っているのではない。たとえば共著者のガボールは、脳の生理学的機能に異常がある状態であるＡＤＤ（注意欠如障害）の子どもと成人を数多く診療し、たしかに必要と判断されれば治療薬を処方している。私たちが異議を申し立てているのは、子どもの問題を医学的診断と薬物療法に単純化することで、その問題を引き起こした多くの心理的、情緒的、社会的要因を排除することだ。医学診断や治療が役立つ可能性があるADDやその他の子どもの障害でさえ、親との愛着関係は重大な問題であり、治癒には欠かせない経路だ［原註＝詳しくはGabor Maté, *Scattered Minds: A New Look at the Origins of Attention Deficit Disorder* (Toronto: Vintage Canada, 1999) を参照］。

ショーンの両親はすでにラベルを探し求める道に進み、三人の専門家（ふたりは心理学者で、ひとりは精神科医）から三つの異なる診断を受けた。ひとりの専門家は強迫性障害、もうひとりは反抗挑戦性障害、さらに別の専門家は注意欠如障害と診断した。「ショーンには、実際にどこか悪いところがある」のを見つけてもらうことは、両親にとって救いになった。子育てが難しいのは両親のせいではないのだ。さらに、医師の診断はショーンも窮地から救った。彼はどうしようもなかったのだ。ラベルによって非難されることがなくなった。それは彼にとってよいことだった。

私はこれらのラベルにケチをつけるつもりはない。それらは本当に、かなりうまく彼の行動を説明していると思う。彼はかなり強迫的で、抵抗が強く、不注意だ。さらに、これら三つの症候群に共通していることは、このようにラベルがつけられた子どもたちは衝動的で不適応的でもあることだ。衝動的な子ども（または成人）は活動と衝動を区別できない。彼らは心に浮かんだ衝動のままに行動する。不適応的であることとは、ものごとがうまくいかないときに適応できず、逆境からの恩恵を受けられず、否定的な結果から学ぶことができない。これらの失敗のために、親は子どもの行為を操作する道具が使いにくくなるのと同時に、より不適切な対応をすることになる。たとえば、警告、恥、制裁、責任、罰などの否定的なテクニックは、そこから学ぶことができない子どもには無意味だ。それでもある意味では、ショーンの両親は息子にどこか悪いところがあるために、子育てに大変苦労していたと言えるかもしれない。ここにはいくらかの真実もあるが、往々にしてひとつの真実がさらに重大な真実を隠すこともある。この場合は、関係の問題だ。

医学的なラベルによって、ショーンの両親は専門家に依存するようになった。彼らは自分たちの直感を信頼し、自らの失敗から学び、そして自分のやり方を見つけるかわりに、子育ての手がかりを他者に求め始めた。彼らは他者のアドバイスに機械的に従い、愛着関係を踏みにじる行動コントロールの嘘っぽい方法を取り入れた。人間よりも症状にかかわっているような感じがすると、彼らはときどき言っていた。答えを見つけるかわりに、彼らはそれを提唱する専門家の数と同じだけの意見を聞いただけだった。

「扱いにくい子ども」という非公式なラベルにせよ、「敏感な子ども」という無難なラベルにせよ、ラベルのさらに心配な問題は、それで問題の原因がわかったような印象を与えることだ。ラベルは問題の本当の原因を覆い隠してしまう。問題の評価で基本的な関係の要因を無視すれば、真の解決の追求を遅らせることになる。

ショーンが手に負えなかったことは疑う余地がない。衝動性のために彼が扱いにくかったのは確かだ。しかし、ほとんどの衝動は愛着によって誘発されるもので、ショーンの愛着は正道を踏みはずしていた。彼がどうすることもできなくなったのは、彼の衝動性のためではなく、これらの衝動が両親に向けられたためだった。それは、親に依存し、接近し、合図をもらおうとするショーンの自然な本能と対立するようになった。それは仲間指向性のためであり、病気によるものではない。彼の反抗的な行動は歪んだ愛着本能から説明することができ、そこから治療の方向性が見えてくる。仲間指向性の問題で彼の注意の問題をすべて説明することはできないが、両親との健全な愛着を回復することが、この問題に対処する基盤となる。両親が受け入れなければならなかったもっとも重要なことは、ショーンに何か問題があるということではなくて、ショーンの両親との関係で失われたものだった。

カースティンとメラニーの親は正式な診断名を探し求めることはなかったが、彼らもまた自分の子どもが正常なのかどうか、または自分たちのスキルに問題がないか心配した。詳しく調べていくと、メラニーは年齢よりも幼いところがあったが、だからといってこの場合も、それで子育ての難しさが説明できたわけではない。重大な問題は彼女が仲間に依存していたことで、彼女の心理的な幼さのために、それが子育てに破壊的な一撃を加えていたと考えられた。

幸いにも、仲間指向性は予防できるだけでなく、ほとんどの場合、元に戻すこともできる。その方法は、本書の第四部と第五部で説明する。しかしその前に、私たちは何が問題なのかを完全に理解しなければならない。もともと子育ては自然で直感的なものであったが、それは子どもが私たちに愛着を持っているときだけのことだ。私たちが親の力を取り戻すためには、身体的な依存だけでなく、心理的または情緒的な依存も含めて、自然が意図したとおりに、子どもを私たちに全面的に依存させるようにしなければならない。

第5章　愛着が親と対立するとき

四七歳で初めて父親になったコメディアンのジェリー・サインフィールドは、無邪気にあなたの目を見ながら、同時にオムツにウンチをする同じ人間がいるのは、なんと落ち着かないことでしょうと語っている。「想像してみてくださいよ。彼はあなたをじっと見つめながら、（ウンチを）しているんですよ」とサインフィールドは言う。親業を続けさせているのは愛着だ。献身と価値観は重要であるが、それだけであれば子育ては本当に仕事になってしまう。もし愛着がなければ、多くの親は腹を立てずにオムツを換えたり、夜中に起こされるのを許したり、騒がれたり泣かれたりすることを我慢したり、感謝もされないすべての作業をしたりすることはできないだろう。また、やがて子どもたちがぶつけてくる腹立たしい、そして憎らしくさえ思う行動に耐えられないだろう。

すでに述べたように、愛着の働きは目に見えない。直観的に子どもと良好な愛着を持つことができた人たちは、一度も子育ての「スキル」を習わなかったとしても、よい親になることができる。

愛着は、これから説明する七つの方法で、効果的な子育てを支援する。それは親の力の根本である、子どもの親への依存をゆるぎないものにすることで達成される。不幸にも、子どもの愛着が他に逸れると、同じ七つの方法が親の権威を損なうように作用する。読者の皆さんも、自分の子どもとのつながりを再確認する作業をするときにこの章を読み返してみると、何かと役立つことだろう。

何をすべきかというアドバイスを切望する親たちには、私はもう一度愛着について、辛抱強く心から理解することがまず必要であると言いたい。何千人もの親と子どもを支援してきた経験から、どうしてものごとがうまくいかないのか、そしてどのようにものごとが作用するのかを完全に理解しないかぎり、どんなに洗練された解決策を試みたとしても、それは問題を複雑にするだけだと私は確信している。

愛着は親と子どもの階層を作る

愛着の最初の仕事は、親と子どもに階層的《ヒエラルキー》な序列を作ることだ。対人関係に入るときに、愛着脳は自動的にそこに参加する人たちを優位な順にランクづけする。私たちの生まれながらの脳の仕組みには、支配する側と依存する側、世話をする側と世話を受ける側、与える側と受ける側に分ける、原型的な位置づけが埋め込まれている。これは結婚のような大人の愛着にも当てはまり、まったく健康な相互関係であるが、状況に応じて、さらには結婚相手とどのように責任を分担するかに応じて、与える側と受ける側は入れ替わったりする。大人にとって、子どもは依存する側であり、世話を求める立場だ。

子どもは、自分が依存的な立場であると思っている間は、世話を受けたり指示されたりすることを受け入れる。本能的に愛着の階層に正しく位置づけられた子どもは、世話を受けることを求める。子どもは自発的に親を尊敬し、親に答えを求め、それに従う。この力動こそが愛着の本質だ。それが私たちの役割の遂行を可能にする。依存の感覚がないまま、行動を扱うのは難しい。

仲間指向性もこれと同じプログラムを起動させるが、この場合は悪い結果になる。それは、子どもと大人のために作られた、愛着脳の本能的な働きを破壊する。子どもが世話をしてくれる人との健全な関係を維持するかわりに、支配―依存の力動を、未熟な仲間との支配と服従という不健全な状況にしてしまう。

愛着脳がより支配的な立場を選んだ子どもは、仲間に対して主導権を握り、威張り散らす。もし、この支配的な子どもが、他の子どもに思いやりがあり責任感を持っていれば、優しく世話をすることもできるだろう。もし、その子どもがイライラして攻撃的で自己中心的であれば、弱い者をいじめるようになるだろう（攻撃性といじめの問題はこの後の章で詳しく述べる）。しかし、仲間指向性に起因する最大の問題は、自然な親と子どもの階層を平等にしてしまうことだ。親は支配する立場に、当たり前に付随している敬意と権威を失うことになる。

仲間指向性の子どもは順序や序列の感覚がなく、親が自分より大きく優位であってほしいとは思わない。それどころか、そのような親の態度は、仲間指向性の子どもには、まるで親が子どもに威張ったり支配したりしようとしているかのように、わざとらしく不自然に受け止められてしまう。

前章で登場した三人の子どもたちは、仲間指向性によって親との愛着から離れてしまった。カースティンはまだ七歳なのに、両親は愛着の序列の中で支配する地位を失ってしまった。それは特に仲間がまわりにいるときの彼女の無作法や、敬意のない態度の原因だった。ショーンもメラニーも同じだ。親との愛着が弱まるにつれて、子育てをしやすくする階層構造が崩壊した。それをメラニーの父親は敏感に感じ取り、激しく反応した。メラニーは両親を、威張って生活に指図をする権利はない対等の関係であるかのように扱った。メラニーの父親は、本能的に彼女を本来の位置に留《とど》めようとした。残念ながら、それは親が愛着の手助けなしでできることではない。愛着なしでせいぜい親ができることは、親子関係と子どもの長期的な発達に深刻なダメージを与える代償を払って、子どもを脅して服従させることくらいだ。

愛着の順序を逆転させるのは、仲間指向性だけではない。たとえば、親が自分の未解決の欲求を子どもに投影することでも起こることがある。それぞれカウンセラーと医師として臨床をしている私たち著者は、配偶者の不満を自分の子どもに漏らしている親に出会うことがある。その子どもは、親の感情的な苦悩の聞き役になる。自分自身の悩みを親に相談するかわりに、その子どもは自分の欲求を抑圧し、他者の感情的な欲求を満たすようになる。このような愛着階層の逆転は、健全な成長の妨げになる。親子関係のパーソナリティ発達に及ぼす影響を探求した精神科医ジョン・ボウルビィの古典的な三部作の第一巻『愛着行動』の中で、彼は「子どもあるいは青年期の若者と両親との間の役割の逆転は、一時的なものでないかぎり、それは両親の病理の信号であるばかりか子どもの病理の徴候でもある」と書いている〔註1〕。親との役割の逆転は、子どものすべての人間関係を歪める。それは後の精神的、身体的なストレスの重大な要因になる可能性がある。

要約すると、大人指向性の子どもの愛着脳は、子どもの主導権を握り責任を持つ親を受け入れようとする。このような子どもは、親が支配的な地位につくことを正しいと感じる。もし、配置が逆になったり、仲間指向性によって平等になったりすると、どんなに必要性があっても、子どもの本能は親に育てられることに逆らうだろう。

愛着は子育ての本能を呼び起こす

ジェリー・サインフィールドが面白おかしく話しているように、愛着は子どもが世話を受け入れるようにするだけでなく、大人に世話をする本能を呼び起こす。世話をする本能を引き出す愛着の機能は、訓練や教育で獲得できるものではない。さらに愛着は、子どもを他のどんな方法よりも愛《いと》しく思えるようにすることができる。それは私たちが子育てで経験する困難と、意図せず受ける傷つきに対する忍耐を高める。

じっと見つめる目、心を和ませる微笑み、両腕を差し出し、抱き上げたときに寄りかかる赤ちゃんの愛着行動は、何物にもかえられないほど魅力的なものだ。愛着のスイッチが押されないようにするには、完全に心を鬼にしなければならない。愛着行動には、私たちの中にある「親」を目覚めさせる役割がある。それは赤ちゃんによってではなく、自動的で自発的な愛着反射によってもたらされる。それが親の本能を刺激すると、子どもを近くに引き寄せ、抱きしめたくなり、責任感が芽生える。赤ちゃんの衝動的な愛着行動が、親になる人の愛着本能を誘発することで、愛着は機能する。

このような、かわいらしく人を引きつける行動は子どもが成長するにつれて少なくなるが、親に対する子どもの愛着行動の影響は、子どものうちは強力に持続する。子どもが動作や言葉で親への愛着願望を表しているときは、子どもはかわいく従順になる。すべては無意識的なものだが、私たちを優しくして近くに引き寄せるような、ちょっとしたしぐさや表現は何百もある。私たちは子どもに操作されているのではなく、愛着の力で動かされているのであり、それはまったく正しいことだ。子育てには苦労が多いので、私たちにはその負担を少しでも軽くしてくれるものが必要だ。

仲間指向性はすべてを変えてしまう。魔法の力を生む愛着のボディランゲージは、もはや私たちには向けられない。その目は私たちを魅了しない。その顔に愛しい表情はない。かつて私たちの心を温めた微笑みは凍りつき、今では私たちの気持ちを寒々とさせ苦しめる。子どもはもはや私たちの誘いに応じない。抱擁はおざなりで一方的になる。子どもを好きになることも難しくなる。子どもの私たちへの愛着がなければ、私たちは自分の愛と献身と親としての義務感だけに頼らざるをえない。それだけで十分な人もいるが、多くの人はそうではない。

メラニーの父親は、それだけでは十分でなかった。メラニーはお父さんっ子だったが、彼女の気持ちが仲間に向くと、父親の気持ちは冷ややかになった。彼はふつうの親以上に娘のために一生懸命にがんばる人だったが、それは彼自身のもともとの性格よりも愛着によって動かされていた部分のほうが多かった。「もううんざりだ、これ以上我慢できない」「こんなくだらないことに付き合っていられない」という言葉が、彼の心変わりを表していた。最後通告も飛び始めた。彼は、利用され、虐待され、感謝されず、騙《だま》されたように感じた。

実際に、すべての親は利用され、虐待され、感謝されず、騙されている。私たちが通常そんなふうに思わないのは、やはり愛着が作用しているからだ。子猫を育てている母猫を例に取ってみよう。母猫は子猫たちに踏まれたり、咬まれたり、引っかかれたり、突っつかれたりするが、たいていはまったく寛容で、されるがままだ。しかし、その母猫が産んでいない子猫が加わると、愛着が形成されないかぎり、寛大さはまったくなくなるだろう。子猫にはどうしようもないことであっても、ちょっとしたことで母猫は子猫を攻撃するだろう。私たちは、親としての成熟と責任感でそのような本能的な反応を抑えることはできるが、愛着については他の生き物と多くの共通性を持っている。愛着が弱まれば、私たちも簡単に攻撃的になるだろう。おとぎ話に出てくる継親があれほど評判が悪いのは、たぶん自然な相互的愛着が欠如しているためだ。

私たちの多くは、親の責任を果たす間に経験する苦労に耐えるために、愛着の助けが必要だ。子どもはふつう、私たちへの影響、私たちが被《こうむ》る苦痛や犠牲を知る由《よし》もない。また、少なくとも子どもが成長して、親からしてもらったことを思い出して理解できるようになるまでは、それを知る必要もない。当たり前と思われることも、子育ての仕事の一部だ。私たちにそうさせるのは、愛情の仕草、つながりの誘い、親密さへの欲求だ。それらは必ずしも私たちの献身と努力への感謝からくるものではなく、純粋で素直な愛着からくるものだ。その反対に、愛着が他に逸れてしまうと、負担に耐えられなくなる。仲間指向性の子どもに向き合うと、私たちの多くは子育ての本能が鈍るのがわかる。私たちが子どもに対して持ちたいと思う自然な温かさは冷え込み、子どもを「愛していない」ことに罪悪感を抱くことすらあるだろう。

仲間指向性の不自然な人間関係の舞台では、不当な扱いにも我慢ができるこの同じ愛着の力が逆に作用する。子育ての負担を和らげ、子育てに踏みとどまらせるはずのものが、仲間の間では虐待を助長する。子どもは、仲間たちから侵害される経験を大目に見るようになるかもしれない。家庭ではちょっとした注意や制限にさえ反抗的になる子どもが、仲間からの理不尽な要求を我慢し、不当な扱いを受け入れさえすることに、親は戸惑うことがよくある。友だちや同級生が自分の気持ちを理解して心配していないことも知らず、仲間指向性の子どもは見て見ぬふりをするか、愛着を保つ口実を見つけ出そうとする。

愛着は子どもの注意を集める

私たちに注意を向けない子どもの世話は、とてもイライラする。子どもに私たちのほうを見させ、話を聞かせるようにすることは、すべての子育ての基本だ。本書で取り上げた九人の登場人物のうち、親たちは皆、子どもの注意を集めるのに苦労していた。メラニーの母親は、まるで自分がいないように感じることがあると漏らした。ショーンの両親は、無視されることにうんざりしていた。カースティンの両親は、七歳の子どもに話をまじめに聞かせることに苦労していた。

彼らが経験したような、子どもたちの注意を集める問題は珍しいものではない。実際、本当に他者の注意を集めることができる人などいない。子どもの脳は、ほとんどは無意識的な力によって、注意を向ける優先順位を決めている。お腹が空いていれば、食べ物が子どもの注意を引くだろう。どちらに行くかを急いで見つけたいなら、道を知っている人を探すだろう。警戒していれば、何か悪いことが起きないか、周囲に注意を向けるだろう。しかし、愛着は子どもの世界でもっとも重要であり、そのため注意の統率の中心となる。

基本的に、注意は愛着に従う。愛着が強ければ、子どもの注意を集めることは簡単になる。愛着が弱いと、それに応じて子どもに集中させることも難しくなる。子どもが注意を向けていないことをはっきりと示す兆候のひとつは、絶えず大声を上げたり同じことを繰り返したりする親だ。「私の言うことを聞きなさい」「話しているときはちゃんとこっちを見なさい」「ここを見なさい」「今なんて言われたの」またはズバリ「集中して」など、親がいちばんよく出す命令は、注意に関するものだ。

子どもが仲間指向性になると、彼らの注意は本能的に仲間に向くようになる。親や教師に注意を向けることは、仲間指向性の子どもの自然な本能に反することになる。大人の声は、子どもの注意のメカニズムでは雑音や邪魔物と認識され、子どもの感情生活を支配する愛着の欲求と無関係で無意味なものだ。

仲間指向性の子どもの注意の階層では大人は最上位に位置づけられないので、仲間指向性は大人に対する子どもの注意の欠如を生み出す。もともと注意欠如障害（ADD）が、学校で教師に注意を向けられない問題と考えられたのは、決して偶然ではない。ADDと診断されるケースの爆発的な増加が、私たちの社会における仲間指向性の出現と同時であったことや、仲間指向性がもっとも優勢な大都市の中心部やスラム街でひどかったことも、偶然ではない。これは、注意の障害はすべてここに原因があるとか、ADDに関連する要因は他にはないと言っているのではない。しかし、注意を統率する愛着の基本的な役割を認識しないことは、ADDと診断される多くの子どもたちの真実を無視することになる。大人への愛着の欠如は、大人に注意を向けなくなる大きな要因だ。愛着が障害されれば、注意も障害される。

愛着は子どもを親に近づける

おそらく、愛着のもっとも明らかな働きは、子どもを親に近づけることだろう。幼い子どもがそうであるように、子どもが物理的に近くにいたいという欲求があれば、愛着は目に見えない綱として作用する。人間の子どもも他の愛着の生き物と同じように、親の姿、声、においを求め続ける。

ときどき私たちは、特にトイレのドアを閉めただけで幼児がパニックになるようなときには、子どもがそばにいたがる欲求に息が詰まる感じがする。しかし、この愛着のプログラムは、私たちに多くの自由を与えてくれることのほうが多い。私たちがいつも子どもを監視するかわりに、子どもを先導すれば、子どもの本能がちゃんとついてこさせてくれる。子熊を連れた母熊のように、または子猫と一緒にいる母猫や子ガモを連れた母ガモのように、私たちは愛着があれば子どもを集合させたり囲いに入れたりしなくても、近くに留めて見守ることができる。

私たちの近くにいたいという子どもの本能は、私たちの邪魔をして、私たちをイライラさせたりすることもある。目的が仕事、学校、セックス、休息、睡眠など何であれ、私たちが子どもと離れていたいと望んでいるときには、愛着の働きは歓迎されない。北米の社会では、近くにいたいという子どもの本能よりも、子どもを分離することが尊重される混乱状態にある。残念ながら、私たちは両方を同時にかなえることができない。うまく愛着を形成できていない子どもの親には、常に子どもを目の届く範囲に置いておかなければならない悪夢が待ち構えている。愛着によって子どもが私たちの近くに居続けられることで、私たちはとても助かっている。もし私たちだけの力で子どもが離れないようにしなければならないのであれば、子育てにかかわる他のさまざまな仕事をすることはできないだろう。力ずくでがんばるよりも、この仕組みをうまく利用していけるようにする必要がある。

すべてが順調にいけば、親への接近を求める欲動は、徐々に情緒的なつながりと接触に発展していく。いつでも親が見えていなければならない衝動は、親がどこにいるかを知りたいという欲求に変わる。思春期の子どもでさえ、愛着が良好であれば、「お父さんはどこにいるの」とか、「お母さんは何時に帰るの」と尋ね、連絡がないと心配することがよくある。

仲間指向性はこれらの本能を台無しにする。仲間指向性の子どもたちにも同じようなつながりと接触の欲求があるが、それは今度はお互い同士に向けられ、仲間がどこにいるかを心配するようになる。私たちの社会には、携帯電話からEメール、インターネットのチャットまで、接触を維持する強力なテクノロジーが発達してきた。一三歳のメラニーは、仲間との接触に必死になって、一日中これらの手段に没頭していた。仲間と連絡を取り続けようとするこの切迫した欲求は、家族との時間だけでなく、子どもの勉強、能力の発達、そして成熟にとってもっとも大切な創造的孤独の妨げとなる（成熟と創造的孤独の詳細については、第9章を参照）。

愛着は親からモデルを創り出す

大人たちは、自分が世話をしている子どもが行儀や生活の指導に従わないことに驚き、時には傷つくことさえある。そのような失望は、親と教師は自動的に子どものモデルになっているという誤解から生じる。実際は、強い愛着の対象である人だけを、モデルとして子どもは受け入れる。私たちがモデルになれるのは、どんなに立派であろうと私たちの生き様ではなく、子どもに対する責任感でも、子どもの生活の中での親の役割でもない。子どもに「その人のようになりたい」「その人の特徴を獲得したい」と思わせるのは愛着だ。つまり、モデルを作るのは愛着の力なのだ。子どもが愛着を持っている人を真似ることで、子どもはその人と心理的な親密さを維持する。

重要な愛着対象の人と同じようになりたいという願望は、学習ではなく親密さが基本的な動機であったとしても、子どもにとってもっとも大切で自発的な学びの体験につながる。このような学びは、親が教えることを強く意識していなくても、子どもが勉強する気がなくても体験できる。愛着がなければ、学習は労働であり、教育は強制になる。もし、子どもが習得するすべての言葉が親が丹念に教えたものであり、すべての行動が意識的に作られたものであり、すべての態度が意図的に繰り返し教え込まれたものであるとしたら、そのために必要な作業を想像してみてほしい。子育ての負担は大変なものになるだろう。愛着はこれらの仕事を、親にも子どもにも比較的少ない労力で、自動的に成し遂げる。愛着はパワーアシストつきの学習を可能にする。魅力的な外国語の講師に恋をしたとき、新しい言語を学習するのがどんなに楽しいことかは、多くの人が理解できることだろう。気づいているかどうかにかかわらず、親や教師として私たちは、大いに愛着に頼ってモデルを作っている。

仲間が優勢な愛着対象として親に取ってかわると、当然どんな結果になっても責任を負うことはないが、仲間が子どものモデルになる。子どもたちはお互いの言葉、身振り、行動、態度、好みを真似る。学習はまさに目覚ましいが、その内容には私たちの支配は及ばない。校庭が、このパワーアシストつきの学習がもっともよく行われる場所だ。このようにして学んだことは、そのモデルが私たちの好きな子どもであれば受け入れられるが、モデルになった子どもの行動や価値観に問題があれば、まったく悲惨なことだ。さらに悪いことに、私たちが子どもに伝えたいことを教えることは、骨の折れる、手間ひまのかかる、恐ろしいほど時間のかかることになってしまう。子育ての仕事は、子どもが見習おうとするモデルに私たちがなれなければ、計り知れないほど難しいものになる。

愛着は親を重要なガイドに指名する

子育ての基本的な仕事のひとつは、子どもに方向を示し指導することだ。私たちは毎日、どうすればうまくいき、どうすればうまくいかないか、何がよくて何が悪いのか、何が期待されていて何が不適切なのか、何を目標として何を避けるべきなのかを示している。子どもが自己決定ができるようになり、そこからの合図に従うことができるようになるまで、道を示してくれる人が必要だ。子どもはいつも、どうあるべきか、何をすべきかという合図を探している。

重要なことは、私たちがいかに抜け目なく教えるかではなく、子どもの愛着プログラムが、誰を従うべきガイドに指名するかということだ。指示を出すのがうまいことは重要であるが、子どもが私たちからの合図を頼りにしていなければ、知識や話のわかりやすさも関係ない。この点が、子育て本が間違っているところだ。もはやそんなことはないのに、子どもたちは大人指向性であり、親と教師からの合図を受けていることが、暗黙の前提になっている。したがってこれらの子育て本は、たとえば「期待を明確にする」「明確に定義した合理的な限界を設定する」「ルールをはっきり伝える」「結果に対して一貫した態度を取る」「曖昧なメッセージを避ける」というような、指導と指示に焦点を当てている。子どもが合図に従わないときは、私たちの期待の伝え方か、子どもが私たちのメッセージを受け取る能力か、どちらかが問題と考えがちだ。そういうこともあるかもしれないが、問題はもっと根深いところにある可能性がずっと高い。それは愛着が失われた結果、子どもは私たちについてこなくなったということだ。

指示や指導をすることは、困難で不満に満ちた仕事であってはならない。自発的にできるものであり、そうあるべきだ。子どものコンパスの基準になる人は誰でも、子どものガイドになる。それらはすべて愛着反射の一部だ。子どもの脳は、主たる愛着の対象である人からの合図を自動的に読み取る。子どもの愛着脳が親を指向していれば、親の表情、親の反応、親の価値観、コミュニケーション、身振りから、子どもはこれらの合図を受け取るだろう。求められていることや期待されていることを示すサインが、注意深く観察され、読み取られる。愛着があれば指示は簡単になる。

私たちが最善を尽くしておらず、あまり褒められたものでない行動や話し方をしたときには、子どもがそれを自動的に、そして正確に真似をしないでほしいと思うだろう。その力は時には重荷と感じられるかもしれないが、誰かがガイドにならなければならない。私たち親でなければ、それを誰がするのだろう。少なくとも、大人であり責任のある親である私たちには、自分の行動を反省し、必要に応じて自分が引き起こした被害を回復する能力と責任感がある。仲間が力を持つと、彼らは責任を持たず、どんな悪影響を及ぼしても悪いと思わない。親とは異なり、彼らは愛着が求める役割を果たせるように必死になって努力をしない。たとえ私たちが未熟で不十分であったとしても、モデルになりガイドになるすばらしい責任が与えられることは、精一杯がんばり成長する強力な誘因となる。

親が仲間に置き換えられると、子どもは仲間をガイドと受け止め、彼らの期待に応えようとするようになる。そのような子どもは、大人指向性の子どもが親の指示に従うのと同じように、仲間の要求に応えるだろう。

子どもが自分の中にガイドを作る余地を残さなければならないという単純な考えで、指示を出すことを避ける親もいる。それはうまくいかない。心理的な成熟によってのみ、本当に自己決定ができるようになる。子どもの年齢と成熟にふさわしい選択をさせることは重要であるが、自分の主義として指示を与えない親は、結局子育ての役割を放棄することになる。親の指示がないと、ほとんどの子どもは親のかわりに、仲間からの指示を求めるようになる。

私たちの指示に従わない子どもを指導するのはとても難しいことだが、他の誰かの命令に従っている子どもをコントロールすることは不可能に近い。私たちが置き換えなければならないものは、命令を出す誰かではなく、成熟、つまり、自己決定と自分にとって最善の行動を選ぶことができる成長した人間の能力だ。

愛着は子どもに、親にとっての「よい子」でありたいと思わせる

私たちに対する子どもの愛着が私たちを助ける最後の重要な方法は——それはすべての中でもっとも重要なものであるが——子どもが親にとってのよい子でありたいという願望だ。少し詳しく見ていこう。

親の期待に応えようとする子どもの熱意は、親に恐るべき力を与える。それがないことによってもたらされる問題は、同じように恐るべきものだ。飼い犬が一生懸命に、飼い主に対してよくあろうとするのに、見知らぬ人にはまったく違う態度を示すことからも、その力の勢いがよくわかる。私たちにとってのよい

子でありたいと思っていない犬を扱おうとすることは、人間の子どものような、情緒的にもっと複雑で弱い存在にこの動機がないときに私たちが直面する問題を、どことなく暗示している。

よい子でありたいという願望は、親が子育ての問題に直面したときに、私が子どもの中に最初に探すもののひとつである。子どもがよい子になりたいと思わない理由はいくつもあるが、もっとも重要なのはこの願望自体の欠如だ。残念なことに、親が要求する基準が絶望的に非現実的であるために、親の期待に沿うことができない子どももいる。しかし、子どもの願望自体が欠如しているとすれば、期待が現実的であるかないかは大した問題にはならない。私がショーン、メラニー、カースティンの親たちに尋ねたとき、全員が自分の子どもにはこの動機が足りないと答えた。それでも、それぞれの親はそれほど遠くない過去に、よい子でありたいと思う動機がはっきりとあったことを思い出すことはできた。

子どもを養育する上で、愛着の最大の目標は、「よい子でありたい」という願望を、子どもにしっかりと持たせることだ。ある子どもを「よい子だ」と言う場合、私たちはその子どもの内面的な性質を表現している。その子どもをよくさせる大人への愛着は、外からは見えない。このように、愛着の力は目には見えない。よい子でありたいという願望は子どもの内面的な性格がもたらすものと考えると、子どもにこの願望が足りないとすれば私たちはその子どもを「悪い子」と思い、非難して傷つける危険がある。よい子でありたいという衝動は、子どもの性格よりも、子どもの関係の本質に由来するものだ。もしその子どもが「悪い」とすれば、私たちが修正すべきものは関係であり、子どもではない。

愛着はさまざまな方法でよい子でありたい願望を誘発するが、そのいずれもが重要なものだ。それらが一緒になって、許容される行動の基準と価値観を世代から世代へと伝えることを可能にする。子どものよい子でありたい願望の起源のひとつは、私が「愛着の良心」と呼んでいるもので、それは子どもに生まれつき備わっている一種の警報だ。それは、子どもが親の嫌がるような行為をすると警告を発する。良心(conscience)という言葉の語源は、「知る」という意味のラテン語の動詞だ。私はこの言葉を、道徳的な基準ではなく、親との亀裂から保護する内面的な知識という、より基本的な意味として使うことにする。

愛着の良心の本質は分離不安だ。愛着は非常に重要なので、愛着脳の重要な神経中枢は警報器のように作動し、愛着対象からの分離に直面すると、不快な動揺感を引き起こす。初めのうちは、子どもにこの反応を引き起こすのは身体的な分離の予期だ。愛着が心理的なものになっていくと、情緒的な分離体験が、不安を引き起こすようになる。親の不満や失望を予期したり経験したりすると、子どもは悪いと感じるようになる。親を怒らせたり、親を追いやったり、遠ざけたりする可能性のある行為は、子どもの心の中に不安を引き起こす。愛着の良心によって、子どもは親の期待する範囲の中に留まろうとする。

愛着の良心は最終的には子どもの道徳心に発展するものではあるが、もともとの機能は、主たる愛着の対象になる人とのつながりを維持することだ。子どもの実際の愛着が変化すると、愛着の良心は、新しい関係の中で邪魔になると思う人を避けるように再調整するだろう。子どもに独立した価値観と判断を持つ強い個性が発達するまでは、すべての状況や関係において、一貫した、強固で、自律的な良心を持つことはできない。

子どもが自分の幸福と発達に献身的な人とのつながりを失いそうなときに不安になることは有益だが、親にとってもこの良心を生かさないのは愚かなことだということを、しっかりと理解しておくことが重要だ。子どもによい行いをさせるために、意図的に「子どもが悪い」と思わせたり、罪悪感や羞恥心を持たせたりしてはならない。愛着の良心を乱用すると、子どもをひどく不安定にする。子どもは不安や傷つきを恐れて、悪い行為をすぐにやめるかもしれない。しかしその結果は、たとえ短期であっても、何の成果も期待できないだろう。

愛着の良心は、仲間指向性以外にもさまざまな理由で機能しなくなることがあるが、良心の対象が仲間のほうに偏り、親から離れてしまうことがいちばん多い原因だ。このような状況では、愛着の良心はまだ残っているが、本来の目的は損なわれている。ふたつの好ましくない結果が生じる。親は子どもの行動に影響を及ぼすこの良心の助けを失い、同時に、愛着の良心は、仲間との関係に向けてリセットされる。私たちが仲間指向性になった子どもの行動の変化にショックを受けるとすれば、それは仲間に許容されることが親に許容されることとあまりにも違うことであり、仲間から見放されることが、親から見放されるよりもずっと辛いということだ。愛着の良心は、新しい飼い主に仕えるようになってしまったのだ。

子どもが親ではなく仲間から好かれたいと思うようになると、親にとってのよい子でありたいという動機は低下する。仲間の価値観が親のものと異なれば、子どもの行動はそれに伴って変化する。この行動の変化は、親の価値観を内在化することなく、完全に子ども自身の価値観を持つようになったことを示している。それはほとんど、気に入られることだけを求める器械のように作用する。

子どもは思春期になるまで、価値観を自分のものとして内在化することができない。だから、仲間指向性の子どもに見られる行動の変化は、その子どもの価値観が変化したのではなく、愛着本能の方向が変わったにすぎない。勉強する、目標に向かってがんばる、よいところを伸ばす、社会を尊重する、将来の夢を実現する、才能を開発する、情熱を追求する、文化へ敬意をはらう、などの親の価値観は、即時的で短期的な仲間の価値観に置き換えられる。容姿、娯楽、仲間への忠誠心、一緒に過ごすこと、サブカルチャーに属すること、お互いに仲良くすることが、教育や自分の夢を実現することよりも重んじられる。仲間指向性の子どもの価値観が、仲間から受け入れられるために満たさなければならない標準以外の何物でもないこととは知らず、親は子どもと価値観について言い争っていることが多い。

つまり、子どもに私たちの価値観をはっきり伝え、私たちの信念を身につけてもらうべき、まさにもっとも適切で重要な人生の時期に、親の影響力の低下が起こることになる。価値観を育てるには、時間と対話が必要だ。仲間指向性は親からその機会を奪う。このようにして、仲間指向性は道徳心の発達を停止させる。

「悪くなりたい」という衝動は、よい子でありたい願望の裏面だ。どういうことが私たちを喜ばせ、誇りに思い、幸せを感じるかを示すことが、逆効果になることもある。第2章で論じたように、愛着の両極性という性質は、悪い面が現れたときに、望まれるのとは反対の行動を引き起こすことがある。これは、メラニーと彼女の母親で実際に見られたことだ。子どもが私たちを喜ばせたいと思うかわりにつながりを避ければ、愛着の本能は親に反発し、イライラさせるように作用する。まさにメラニーは、母親を困らせるためならどんなことでもした。仲間指向性の子どもは、私たちの怒りを挑発しようとしているように見えることがある。それはある意味では正しいが、それは本能的なもので意図的なものではない。愛着の生き物は、本能と衝動の生き物である。離れようとしている人に好かれても、よいとか、正しいとか、適切という感覚はない。仲間の承認を求めているときには、大人に好かれようとすることは、ほとんど耐え難いことになる。

ここで最後の警告だ。親にとってのよい子でありたいという子どもの願望は、子育てを楽にする強力な動機だ。それは大切に育て、信頼する必要がある。子どものその願望を信頼しないこと、たとえば、よくないことをした子どもに悪意があったと非難することは、子どもとの関係の冒瀆《ぼうとく》になる。そのような非難によって、子どもは簡単に防衛的になり、関係を損ない、悪い子になりたいと思わせることになる。子どもがよい子でありたいと思う意志を信頼していない、したがってその子どもはご褒美で釣るか制裁で脅さなければならないと考えている親や教師に対して、子どもがよい子でありたいと思い続けることは危険である。それは悪循環になる。飴と鞭《むち》のような、行動に対する外部からの動機づけは、よい子でありたいと思う貴重な内なる動機づけを破壊し、初めから人工的な方法で強制しなければならなくしてしまう。楽に子育てができるようにするためには、私たちにとってのよい子でありたいという、子どもの願望を信頼することがいちばん大切だ。

最近の行動管理の多くの方法は、外部からの動機づけに頼ることで、この繊細な動機を踏みにじっている。いわゆる「当然の報い」という教義がその一例だ。このしつけの方法は、子どもが特定の悪いことをしたら、親は当然だと思うが子どもには納得できない理屈に従って、親が選んだ罰を受けることを教え込むというものだ。親にとって当然なことが、子どもには親が勝手に決めたことに見える。もし本当に当然の報いであるなら、なぜ親が子どもにそれを押しつけなければならないのだろうか。

信頼は基本的な動機ではなく、最終的な結果だと理解している親がいる。そのような親の目には、信頼は与えられるものではなく、自分で獲得すべきものと映っている。彼らは「自分がやると言ったことをやらないあなたや、嘘をつくようなあなたを、どうすれば信頼できるの」と言うだろう。たとえ子どもがまったく私たちの期待に沿うことができず、思ったようにできなかったとしても、それでも私たちにとってのよい子でありたいという願望を信頼することは重要だ。信頼を撤回することは、子どもの船の帆に風を送らないことであり、子どもを深く傷つけることになる。私たちにとってのよい子でありたいという願望が大切にされ育まれなければ、私たちの期待に沿い続ける動機が失われるだろう。私たちの信頼を保証するのは、私たちにとってのよい子でありたいと思う子どもの願望であって、子どもが私たちの期待に沿う能力ではない。

〔註1〕J・ボウルビィ『【新版】愛着行動（母子関係の理論・1）』（黒田実郎・大羽蓁・岡田洋子・黒田聖一訳、岩崎学術出版社、一九九一年）四四四頁。

第6章　子どもはなぜ反抗するのか

「うるさいわよ！」困惑した両親が頼みごとをするたびに、七歳のカースティンは、突然大声を上げた。九歳のショーンも徐々に反抗的になり、部屋のドアに大きく「立入禁止」と書いた張り紙を貼った。思春期に入ったメラニーと両親とのコミュニケーションは反抗以外の何物でもなくなり、メラニーは不機嫌な表情や肩すくめ、薄ら笑いを見せるだけで、父親が怒っても無意味だとわかっていても、「その笑いをやめろ」と言えば、いっそう軽蔑的になるばかりだった。

前章で示したように、いったん子どもが仲間指向性になると、愛着は私たちに逆らい、親の力が失われる。ツーストライクを取られ、カースティン、メラニー、ショーンの親たちはすでに大変な時期を過ごしているが、話はここで終わらない。仲間指向性に歪められたとき、親子関係に大惨事をもたらし、かかわる大人たちの生活を惨めにするもうひとつの本能がある。それはオットー・ランクという聡明なオーストリアの精神分析家が「反抗心（counterwill）」と名づけたものだ。

反抗心は、強制される感覚に対する本能的で自動的な抵抗だ。それは誰かにコントロールされたり、命令に従うように圧力をかけられたりしていると感じると誘発される。それがもっとも劇的に現れるのが二歳のときで、いわゆる「魔の二歳児」というやつだ（もし二歳児にこのラベルがつけられるとすれば、彼らは両親に「魔の三十代」というラベルをつけるかもしれない）。反抗心は思春期に再び激しく表れるが、どんな年齢でも活性化するもので、多くの大人にも見られる。

二〇世紀の初めにランクは、反抗心に対処することはもっとも手強《ごわ》い親の課題であるとすでに言及していた。まだ子どもの愛着が概して大人に向いていた時代に、彼はそれを書いた。だから、子どもの反抗心は決して異常ではないが、この後に簡単に説明するように、仲間指向性の影響を受けて、それは異常に強くなってきている。

子どもも含めて誰も、より正確に言えば、特に子どもは、手荒い扱いを受けたいと思う者はいない。それは本能的な反応だとわかっていても、子どもと向き合うと、それがわからなくなってしまう。反抗心を理解すれば、仲間指向性の子どもの態度や行動がわかるようになり、親は不必要に戸惑い葛藤することを防ぐことができる。

反抗心は何千とおりもの形で表れる。幼児の反応的なイヤイヤ、年少児の「うるさい」、急いでいるときに動かない、不服従や挑戦的な態度などとして表れたりする。それは、思春期の若者のボディランゲージに見ることもできる。優柔不断や、期待と反対のことをするような、消極的な形で反抗心が表現されることもある。怠慢や、やる気のなさという表れ方もある。否定的、けんか腰、論争的という形で表現され、大人からは横柄と受け止められることもある。反抗心に駆り立てられた子どもたちの中には、破戒的なタブーや反社会的な態度に魅了されている子どもも見られる。どのように見えたとしても、根底にある力動は単純明快で、強制されることに対する本能的な抵抗だ。

その力動の単純さは、親や教師、そして子どもにかかわるすべての人たちに引き起こされる問題の多様性と複雑さとは、まったく対照的だ。まさに私たちにとって重要なことが、子どものやる気をなくしているのだ。「野菜を食べなさい」「部屋を片づけなさい」「歯を磨きなさい」「宿題をしなさい」「行儀よくしなさい」「きょうだいと仲良くしなさい」と言えば言うほど、子どもは言うことを聞かなくなる。ジャンクフードを食べないように強く言えば言うほど、子どもはそれを食べようとする。一四歳の男の子は、「野菜を食べるように言われるたびに、そうしたくなくなる」と自分の気持ちを父親に話した。私たちの期待が明確であるほど、子どもたちは反抗的になる。これらはすべて、まったく正常で当たり前の状態、つまり、世話をしてくれる大人に子どもが愛着を持っている場合でさえ、ありうることだ。子どもが責任のある人に対して積極的な愛着を持っていない場合は、子どもは「威張り散らす」ことで権威を維持する大人のようにふるまうだろう。子どもの自然な愛着を置き換えることで、仲間指向性はあらゆることに対する抵抗を助長する。反抗心の本能は、まったく手に負えなくなる可能性がある。

愛着が衰えると反抗心が強くなる

強制に対する基本的な人間の抵抗は、先手を打って阻止しなくても、ふつうは愛着によって和らげられる。これもまた、私たちは経験から知っている。恋をしているときは、愛する人から何を期待されてもまったく迷惑に思わない。私たちは、つながりを感じない人の要求には応じないことが多い。私たちと親しくしたいと思う子どもは、私たちから期待されることは、それを達成する機会として受け止めることができる。そのような子どもは、どのようにあるべきか、何をすべきかという合図を受け止めて、親の期待に応えることができる。

愛着の力動から切り離されると、特に自分の気持ちが理解できるほどに成熟していない子どもでは、まったく違った話になる。この場合、期待はプレッシャーの源になる。何かをするように言われることは、命令されているように感じられる。命令に従うことは、降伏したように感じられる。成長途上の子どもは言うまでもなく、比較的成熟した大人でさえ、そのように反応することがある。何の関係もない就学前の幼児に命令をしても、拒否されるか、せいぜい無視されるだけだ。小さい子どもは、つながりを感じない人には従おうとはしない。それは、子どもは自分の愛着のサークルの外にいる、知らない人の命令に従うことを正しいと思わないからにすぎない。

未熟な思春期の子どもでも、その表現にかわいらしさも無邪気さもないが、まったく同じ力動がある。愛着を持たない人からいつもあれこれするように言われていれば、反抗心は大人の世界への基本的な反応として、簡単に定着する。非常に仲間指向性が強くなった一四歳の女子は、反抗心のために手に負えなくなって全寮制の学校に入れられたが、同じ理由のために退学させられることになった。私は、彼女にどうしてそんなひどいことをしたのかと尋ねた。彼女は肩をすくめながら淡々と「そんなつもりじゃなかったのに」と答えた。それは彼女にとって不可抗力なことだったので、私の質問は答えるに値しないようだった。

子どもたちに何がもっとも重要なことかと尋ねると、仲間指向性や反抗心の影響を受けた子どもたちは、「誰にも命令されないこと」と答えることが多い。彼らの反抗心は広く蔓延し強力であるために、大人には手に負えず、扱うのは不可能に見える。臨床家は、そのような子どもを、反抗挑戦症と診断する。しかし、問題なのは反抗的であること、つまりは反抗心ではなく、子どもの愛着だ。これらの子どもたちは、つながりを感じない人たちに逆らう本能に忠実なだけだ。仲間指向性が強い子どもほど、養育に責任を持つ大人への抵抗が強くなる。私たちが子どもの行動障害と言っているものは、実は社会の機能不全の兆候なのだ。

反抗心の本能は、子どもがどうあるべきかという私たちの考えにはおかまいなしだ。私たちは、子どもは信頼できる大人の指示は何でも受け入れるものとして行動している。子どもたちはたしかに従順であるが、それはつながりがあり、愛着の力が十分な場合だけだ。

仲間指向性は子どもの親への愛着を損なうことで、子どもが指導や指示を求めるべき人に対して、反抗心の本能を向けさせる。仲間指向性の子どもは、親のきわめて合理的な期待にさえ本能的に抵抗する。彼らは、難癖をつけ、「順法闘争」を行い、反論し、反対し、求められることと反対のことをする。

親が何も言わなくても、仲間指向性の子どもには反抗心が生じる。もし、私たちが子どもにしてほしいと思っていることを読み取ることができる人がいるとすれば、それは私たちの子どもだ。親が仲間に置き換えられても、子どもが親の気持ちを理解する意志が失われることはない。失われたものは、私たちの意図を受け入れさせていた、私たちへの愛着だ。親に従う願望は、その反対の願望に変わる。親からひとことも言われなくても、仲間指向性の子どもは、押しつけられたり、圧力をかけられたり、利用されているように感じる。

カースティン、ショーン、メラニーの親たちが直面していた問題の根底には、仲間指向性によって歪んで強まった、反抗心の力動があった。簡単な要求をするだけで、子どもたちはいらだちを見せた。ああ言えばこう言う。期待は裏目に出た。親にとって大切なことは、子どもにはどうでもいいことになった。メラニーの父親が威圧的になればなるほど、娘は反抗的になった。それは親が何か間違ったことをしたからではなく、子どもの反抗心の本能が、仲間指向性によって強くなり、そして手に負えなくなったからだ。

反抗心の本来の目的

反抗的な子どもへの対処は大人にとって厄介なことかもしれないが、自然環境におけるすべての自然な本能と同じように、反抗心も適切な文脈においては、役に立つ、そして必要とされる目的がある。そこには二重の発達的機能がある。その主な役割は、子どもの愛着の範囲外の人たちからの命令や影響をはね返す防衛だ。それによって、子どもは見知らぬ人に騙されたり、無理強いされたりすることから守られる。

反抗心は、子どもの内面の意志と自律性の成長も促す。私たちは皆まったく無力で依存的な状態から人生が始まるが、自然な発達の結果として、正真正銘の自分の意志を持った、自発的で自制的な個人に成熟する。子どもから大人への長い移行は、幼い子どもが親から離れようとするためらいがちな動きから始まる。反抗心は、まず幼児の個体化の課題を助けるために現れる。その本質は、「イヤ」の壁を作ることだ。この壁の後ろで、子どもは親のはるかに強力な意志に圧倒されることなく、自分の好き嫌い、嫌なことやしたいことを理解するようになる。反抗心は、新たに芝生を植えたところを誰かに踏まれないように守る柵のようなものだ。新しく始まった成長はか弱く頼りないので、子どもが自分の考え、意味、主導、見通しが、踏みつけられても耐えられるくらいにしっかりと根づいて強くなるまで、保護柵がなくてはならない。その保護柵なしでは、子どもの最初の意志は生き残れない。思春期にも反抗心は同じ目的のために働き、子どもの家族への心理的な依存を弱めるのに役立つ。それは自我が芽生えて、家族という繭から出ようとするときに作用する。自分がしたいことを見つけるためには、まずしたくないことから自由にならなければならない。親の期待と要求を追い出すことで、反抗心は子ども自身の自発的な動機と意向を成長させる余地を作る。このように、反抗心は適切な愛着を持っている子どもであっても、すべての子どもが持っている、正常な人間の心の動きだ。

非常に良好な愛着を持つ子どもの場合、反抗心は繰り返し現れてはすぐに消えていくものだ。子どもに何かをさせようとして、その状況で大人が持っている愛着の力よりも強い力を加えたときにだけ、反抗心が現れる。子育てにはそういう場面は避けられない。賢く直感のある親は、子どものために親の意志を明確に示す必要があるときにだけ、必要最小限の力を加える。もし、愛着と反抗心の力動を自覚しなければ、反抗心が現れる力の程度がわからなくなり、あまり必要性がないのに不用意に力を加えて反抗心を出させてしまうことにもなる。

たとえば、子どもが頑固でわがままだと思ったり、反抗的な態度をやめさせなければならないと思ったりすることがある。しかし、もし意志というものが失敗や妨げに負けず自分の求めているものを知り、目標に向かっていく能力だとすれば、幼い子どもが意志を持っているとは言えないだろう。「でも、うちの子どもは強い意志を持っています。自分がしたいと思ったことは、私がやめるように言うか、私が怒り出すまでやり続けるのよ」と主張する親も多い。この発言が本当に表しているのは意志ではなく、やっていることや願望に対する融通の利かない、強迫的な執着だ。執着はその粘り強さという点で意志と似ているかもしれないが、まったく別物だ。執着の力は無意識的に人を支配するのに対し、本当の意志を持つ人は、自分の意図を統率している。子どもの反抗は意志の表現ではない。それが表しているものは意志の欠如だ。それは人を反応させるだけで、自由で意識的に選択した行動をさせるものではない。

反抗心は、子どもが断固として自分の思いどおりにしようとするような、子どもの長所のひとつと誤解されることが多い。強いのは防衛的な反応であり、子どもではない。意志が弱いほど、反抗心は強くなる。本当に自我の強い子どもは、親に怯えることはない。子どもは精力的なのではなく、むしろひどい扱いをされていると感じている。子どもの厚かましさは本当の自立からくるものではなく、その欠如のために現れるものだ。

反抗心は子どもが仕向けるものではなく、子どもに生じるものだ。それは親と同じように子どもを驚かせるかもしれない。それはどんな力にも対抗する力があるという普遍的な原則を見事に表している。これは、たとえば求心力には必ず遠心力があるという、物理学の法則と同じようなことだ。反抗心は対抗する力なので、それは子どもが私たちにつながりたいと思う気持ち以上に何かをさせたいと思うときに、いつも誘発される。

自動的な反抗としてではなく、自立に向けた健康な動機として、子どもに反抗心が現れるのがもっとも望ましい。子どもの意志は、自分でやろうとして手助けを拒む、そして、何のためにするのかを自分で見つけるために、教えられることを拒む。自分のしたいことを見つけるために、自分の気持ちを見つけるために、自分の意欲と動機を見つけるために、指示を拒む。子どもの意志は、自分の好みを発見するために親からの「すべき」を拒む。しかし、後に説明するように、そのような本当の自立への移行が達成できるのは、子どもの生活の中で大人への愛着が絶対的に安定しているときだけだ（第9章を参照）。

両親と安定した関係ができている五歳児が、「空は青い」といったわかりきった話に、断固として「違う」と言い返すことがある。親には子どもがあからさまに反対のことを言って、ごねているように見えるだろう。実際は、子どもの脳は、ただ自分の中から発生したもの以外の思いや考えを遮断しているだけだ。自分自身の考えを思いつく余地を残すために、自分の考えではないものはすべて拒絶される。最終的な内容は同じ、つまり「空は青い」となることが多いが、それを自分のものにするときには、独創性こそが重要なのだ。

反抗心が自律性の探求に使われるときには、それは心理的な免疫システムのような働きをして、子どもの中から生まれたもの以外には、すべて防衛的に反応する。子どもが自分らしくなり、愛着に加えて自律性も育めるような余地を親が残していれば、子どもは発達していくことができる。オットー・ランクが言ったように、この反抗心を扱うのは簡単ではないが、あらゆるところに広がるものではなく、親子関係のほとんどを歪めているのではない。たしかに、よい目的のためにあるものであり、成熟した自立という究極的な発達の課題に役立つものだ。

発達が順調に展開し、自分らしい人間に向かって前進していけば、愛着の欲求は弱まる。そんなふうに成長していく子どもは強制されることにさらに敏感になり、命令にはさらに従わなくなる。そして、自分の考えや意見、境界、価値観と目標、判断と抱負がないかのように扱われると、侮辱されたように感じる。ひとりの独立した人間として認められないときには、断固として抵抗する。もう一度言うが、これはよいことだ。反抗心は、たとえ親であっても、他者に支配されることから守る働きをしている。そして、自律的で新たに生まれた独立した存在になり、活力に満ちて、愛着の外側でも機能できるように子どもを援助している。

本当の自律性が発達して成熟していくと、反抗心は弱まる。成熟した人間には、入り混じった感情に耐える能力が身につく。対立した気持ちが同時に出てきても対応することができるようになり、独立したいと思いながら愛着関係を維持することもできるようになる。最終的に、自分自身の本物の意志を持つ真に成熟した人は、他者の意志に自動的に抵抗する必要はなく、それが理にかなっていれば聞き入れ、そうでなければ自分の考えで進むことができるようになる。

仲間指向性の子どもの「偽りの自立」

ここでも、仲間指向性は自然な発達パターンを邪魔する。反抗心は自律性のためというよりも、子どもが親しくしたいと思わない人から命令されないようにする、より原始的な目的のために働くようになる。仲間指向性の子どもにとって、それらの人々とは私たち、つまり親と教師だ。反抗心は本当の自立を進めるよりも、仲間への依存を守ろうとする。ここに究極的な皮肉がある。もともと独立して機能するための余地を作り出すための力動が、仲間指向性の影響によって、子どもの親との健全な関係という、まさに独立の基盤を破壊している。

私たちの社会では、このように仲間によって歪められた反抗心が、自律性を追求する健康な人間の努力という、よいものに誤解されることが多い。私たちは仲間指向性の若者の反抗的な反応を、自然なティーンの反抗の表現だと思っている。両者は混同されやすい。口答え、非協力、絶え間ない口論、不服従、縄張り争い、親を排除するためのバリケード、反社会的態度、「あなたの言うとおりになんかしない」というメッセージなど、抵抗のサインはたくさんある。しかし、仲間指向性に見られる反抗心は、本当の自立を支援する自然な反抗心とは、まったく異なる。成熟していく子どもの場合は、愛着への願望と自律性の探求は混在し、そこが入り混じった感情が生まれる場になる。反応的な反抗心があるときは、親への接近を求めるときがあることでバランスが取れる。反抗心が仲間指向性によるものである場合は、抵抗はさらに露骨で、親に近づこうとすることでは収まらない。子どもは対立する衝動に気づかない。意識は一方通行で、常に仲間に向いている。

仲間に歪められた反抗心と、本物の自律性の欲動を区別する、絶対確実な方法がある。成熟し、個体化しつつある子どもは、仲間からのプレッシャーも含めて、どんな強制にも抵抗する。健康な反抗では、真の自立が目標になる。他者の影響や命令に屈しないためだけに、他者からの自由を模索する人はいない。反抗心が歪んだ愛着の結果であれば、その子どもが求める自由は、本当の自分になるための自由ではなく、仲間に従う機会にしかならない。そうするために、もし自分の感情や意見が仲間と違っているとすれば、自分自身の感情を抑制し、自分の意見を隠すだろう。

たとえば、私たちは「ティーンエージャーが友だちと遅くまで外で遊んでいたいと思うのは、自然なことではない」と言うだろうか。そうではない。仲間指向性に駆り立てられなくても、ティーンはときどきそういう気分になって、ただ友だちと付き合いたいと思うことがあるものだ。問題は、子どもがそのことを両親と話し合う気があり、両親の見通しを尊重しているかということだ。その子どもは、他にしなければならないことや家族の行事があるとき、またはただ単にひとりでいたいと思うときに、友だちからの誘いに「ノー」と言うことができるだろうか。仲間指向性のティーンエージャーは仲間と会いたい欲求が妨げられるどんな妨害にも耐えられず、激しい欲求不満を感じる。仲間の期待や求めに対して自己主張することができず、そのかわりに親の要求に腹を立て反抗する。

この未熟で歪んだ形の反抗心を健康なティーンエージャーの自己主張と誤解する大人たちは、親の役割から早々に身を引く可能性がある。子どもが自分自身でいられるスペースを与え、失敗から学ぶことを経験させることは賢明であるが、多くの親たちはあっさりとそれをあきらめてしまっている。ちょっとした怒りや不満から、たいていは予告も何のセレモニーもなく、親はさっさと身を引いてしまう。しかし、あまりにも早く身を引くことは、まだ私たちを本当に必要としているが自分ではそれに気づいていない子どもを、そうとは知らず見捨てることになる。もし私たちが仲間指向性の子どもは本当に依存的な存在であり、どれほど私たちの養育を必要としているかを理解すれば、私たちは子育ての力を回復する決心をするだろう。私たちは、そのような子どもを、仲間から必死になって取り戻さなければならない。

「万能な子ども」という神話

もうひとつの誤解は、子どもの反抗を、力試しや全能の追求と解釈することだ〔原註＝ある児童精神科医はその名も『万能な子ども』（*The Omnipotent Child*）という本を書くまでにいたった。そこでの対象は幼児であった！〕。私たちが自分の力不足を感じたときに、権力の意志を子どもに投影することは理解できる。私が支配できないのなら、子どもが支配しなければならない。私に力がないのなら、子どもが力を持っていなければならない。私が運転席に座らないのなら、子どもが座らなければならない。自分自身の弱さの感覚に対する責任を負うかわりに、子どもが懸命に支配しようとしていると思い込む。あげくの果ては、赤ちゃんでさえ、人のスケジュールを管理し、人の計画を妨害し、人の睡眠を奪い、人を牛耳るといった、すべての力を持っているように思い込んでしまう。

子どもに力があると思うことの問題は、子どもが私たちを本当に必要としていることを見落とすことだ。たとえ子どもが私たちをコントロールしようとしていたとしても、それは親への欲求と依存から生じた行動にすぎない。本当に子どもに力があるのであれば、私たちを命令に従わせる必要はないだろう。

要求の多い子どもに直面すると、防衛的になり保身的になる親がいる。大人として、私たちは強制されていると感じたときに、文句を言う、抵抗する、反抗する、反論するなど、子どもがするのと同じように反応する。私たち自身の反抗心が誘発され、子どもとの権力闘争となり、まさに意志の闘いというよりも、反抗心の闘いの様相となる。この闘いの悲しい側面は、子どもが絶対的に必要な親を失うことだ。私たちの抵抗は子どもの要求を増大させるだけで、私たちにとって最善で唯一の望みである、愛着関係を損なうだけだ。

反抗心を力の誇示と受け止めると、心理的な力の行使を誘発し、正当化する。私たちは、自覚的な強さに応じて行動しようとする。私たちの態度は横柄になり、大声になり、使える力は何でも使って圧力をかける。私たちがより強い力を加えれば、より強い反抗心を引き起こす。私たちの反応によって、重要な愛着関係が脅かされていることを示す心理的な警報の役割をする不安が子どもに引き起こされるとすれば、親密さを保つことが子どもの最大の目標になる。怯えた子どもは、急いで私たちと仲直りをして、またよい子に戻ろうとする。私たちは「よい行動」という目的が達成されたように思うかもしれないが、そのような降伏は代償なしにはありえない。私たちの怒りと脅しに起因する不安定によって、関係が弱まる。力を使えば使うほど、関係はすり減っていく。関係が弱まれば、私たちが取ってかわられる可能性が高くなる。今日では、仲間に取ってかわられることがほとんどだ。仲間指向性は反抗心の主要な原因であるだけでなく、逆に反抗心への私たちの反応が仲間指向性を促している可能性もある。

子どもへの力の行使は逆効果になる

岩を動かすことであれ、子どもを動かすことであれ、目の前の仕事をするのに力が足りないときには、私たちは本能的に何らかの影響力（leverage）の活用を模索する。親がこのような影響力を得る方法は一般に、わいろと強制のふたつだ。「食卓の準備をしてくれないかな」というような簡単な指示であれば、たとえば「食卓を準備してくれたら、あなたの大好きなデザートをあげるわよ」というご褒美をつけたりする。また、子どもがなかなか宿題をしようとしなければ、子どもの特権を取り上げると脅すかもしれない。または、威圧的な言い方をしたり、権威的な態度を取ったりするかもしれない。影響力の探求に終わりはない。制裁、報酬、特権の破棄、パソコンやおもちゃの禁止、小遣いを止める、親や友だちとの分離、テレビを見る時間や車の使用の制限や廃止などなど、きりがない。さらに何を取り上げたらいいのか思いつかない、と嘆く親も珍しくない。

親としての力が低下すると、影響力への依存が高まる。婉曲的な表現がたくさんある。わいろは報酬、インセンティブ、正の強化子などと呼ばれ、脅しと罰は、警告、当然の報い、負の強化子と再命名され、心理的な力の行使は、「行動を修正する」とか「教訓を教える」と言われることがある。これらの婉曲的な表現は、子どもの内面からの動機づけは不十分だとして、外部の圧力によって子どもを動機づけようとする意図を隠すものだ。愛着は自然なもので内部から生じるが、影響力は企てるもので外部から加えられる。どんな領域においても、影響力を使うことは、操作と見なされる。子育てにおいて、子どもを親の意志に従わせようとするこのような方法は、正常で適切なものとして多くの親に受け入れられてきた。

力を報酬のように「肯定的」に使うにせよ、罰のように「否定的」に使うにせよ、子どもを動機づけるために影響力を使うすべての試みには、心理的な力が使われている。私たちは子どもの好きなことを取引材料にしたり、嫌いなことを利用したりして、私たちの意志に従わせるときにはいつも力を加える。引き出す内面的な動機もなく、私たちに寄りかかる愛着もなく、効果が期待できるものが何もなくなると、私たちは最後に影響力に頼るようになる。そのようなやり方は、それがどうしても必要であったとしても、最初の対応ではなく最後の手段でなければならず、決して操作手段であってはならない。残念なことに、子どもが仲間指向性になると、親は死に物狂いで影響力を探し回るようになる。

報酬であろうが罰であろうが、操作によって一時的に子どもが言うことを聞くようになるかもしれないが、この方法では望ましい行動を内在的なパーソナリティの一部にすることはできない。「ありがとう」

「ごめんなさい」と言うこと、人と分け合うこと、プレゼントやカードを送ること、部屋をきれいにすること、人に感謝すること、宿題をすること、ピアノの練習をすること。いずれの行動も、強制されたものであれば、自発的な行動にはなりにくい。そして、行動が自発的なものでなければ、親や教師は影響力をうまく使おうとする傾向が強くなる。こうして力と反抗心のスパイラルが始まり、ますます多くの影響力が必要になる。そして、子育ての本当の力の基盤が蝕まれていく。

反抗心には心理的な力や操作によって追求される表面的な行動目標を妨害する力があることが、研究においても、実際の生活の中でも証明されている。マジックマーカーで遊ぶことが大好きな幼稚園児を対象とした、ひとつの実験がある。子どもたちはいくつかのグループに分けられた。ひとつ目のグループは「マーカーを使えたら、魅力的なカードがもらえる」という約束をし、ふたつ目のグループでは、特に約束はしないがマーカーを使ったらカードがもらえた。もうひとつのグループは約束もご褒美もなかった。数週間後に、今度はカードについては何も言わずに同じテストをしたとき、はっきりした条件を加えたふたつのグループは、マジックマーカーで遊ぶことがかなり少なかった〔註1〕。反抗心の本能によって、力の行使は必ず逆効果をもたらす。心理学者エドワード・デシは同じような実験を行い、対面して遊ぶパズルゲームに同じ程度に興味を持った、大学生の二グループの行動を観察した。ひとつのグループはパズルを解決するたびに報奨金がもらえることになっていて、もうひとつのグループには特別な報酬はなかった。お金が支払われなくなると、報奨金が出ていたグループは、報酬のなかったグループよりもゲームをやめてしまうことが、はるかに多かった。「報酬は行動の出現率を高めるかもしれないが、それは報酬が提供され続ける範囲内での話である。（中略）報酬の支払いがなければ、パズル解きという活動もなくなってしまったのである」とデシ博士は書いている〔註2〕。

子どもの反抗心は、力を求める動因と誤解されやすい。私たちは自分の状況を完全にコントロールすることはできないが、子どもを育てることと毎日子どもの反抗心に直面することの中で、いつも無力感を痛感する。現在の社会では、親が虐《しいた》げられ無力を感じることは、驚くことでもないし珍しいことでもない。子どもと大人の愛着が十分に強くないときに私たちが抱く無力感によって、私たちは子どもを操作的、支配的、さらには力強い存在と見なし始めている。

私たちはこの症状を克服しなければならない。私たちがすべてを抵抗や横柄と受け止めれば、子どもはそれに対して怒り、落胆し、力で反応する。私たちは、子どもは強制されたり影響を加えられたと感じたりしたときに、本能的に反応しているだけだということを理解しなければならない。反抗心の向こう側に、弱体化した愛着があることを認識しなければならない。反抗が問題の本質ではない。その根本的な原因は、反抗心を大人に向け、本来の目的を奪い取る仲間指向性だ。

第四部で説明するように、子どもの反抗心へのいちばんよい反応は、より強い親との関係を築き、力への依存を少なくすることだ。

〔註1〕 M. R. Lepper, D. Greene, and R. E. Nisbett, "Undermining Children's Intrinsic Interest with Extrinsic Rewards: A Test of the Over-justification Hypothesis," *Journal of Personality and Social Psychology* 28 (1973): 129-137.

〔註2〕 エドワード・L・デシ、リチャード・フラスト『人を伸ばす力――内発と自律のすすめ』(桜井茂男監訳、新曜社、一九九九年) 二二頁、三二頁。

第7章　仲間文化には深みがない

以下は、ふたりのティーンエージャーの、ＭＳＮメッセンジャーでのやりとりの逐語録だ（斜体の表記は、彼らのＭＳＮでのハンドルネーム）。

then she said RECTUM!! that's my sons name：「ヘイ」
Crontasaurus and Rippitar Join The BarnyardTai Chi Club：「どう？」
then she said RECTUM!! that's my sons name：「??」
Crontasaurus and Rippitar Join The BarnyardTai Chi Club：「ヘイ」
then she said RECTUM!! that's my sons name：「どう？」

今日の若者たちの間でやりとりされている典型的な電子的な対話には、三つの驚くべき特徴がある。ひとつ目は、冷笑と軽蔑をほんのりにじませて慎重に組み立てられた、長くて無意味なハンドルネーム。それは内容よりもイメージを重視している（訳註＝日本ではこのようなハンドルネームは一般に使用されないが、ＭＳＮメッセンジャーでは最大一二九文字のハンドルネームを設定できる）。ふたつ目は、まったく対照的に、ほとんど発音できないほど言葉が短い。三つ目は、言っていることにほとんど意味がなく、本当のコミュニケーションのない連絡ということだ。「ヘイ」はどこでも使えるあいさつだ。「どう（Sup）？」は「What's up?」の省略形で、「どうしてる」とか「調子はどう」のかわりに使われるが、どちらにしても特別な意味があるものでもない。若者たちはこのような「会話」を意味もなく長時間続けることができ、実際に行われている。それは大人にはなじみのない部族内言語のようなもので、自分の価値観を隠したままつながりを持つ、潜在的な目的がある。

「今のティーンは別な部族だ」とアメリカ人ジャーナリスト、パトリシア・ハーシュは、一九九九年に上梓したアメリカの思春期に関する著書に書いている。部族にふさわしく、ティーンたちは自らの言語、価値、意味、音楽、服装、ボディピアスやタトゥーなどの識別マークを持っている。かつての親たちもティーンエージャーには手を焼いてきたが、今日のような思春期の部族行動はなかった。たとえば、『ロミオとジュリエット』の、若いキャピュレットとモンタギューの街頭での決闘やけんかは、部族闘争だと思うかもしれない。しかし、シェークスピアの若いヒーローと今日のティーンとの間には、ひとつの決定的な違いがある。シェークスピアの登場人物は彼らの親の部族、つまり家族集団であり、家系の間の敵対だった。劇の中心的な対立は、世代間の対立でもなかった。若い恋人たちは彼らの親に従わなかったが、親を拒絶することはなく、お互いに対する彼ら自身の愛情のために、親たちを和解させたいと思っていただけだった。彼らは、たとえば秘密の結婚式を挙行した修道士のような、支えとなる大人に助けられていた。今日のティーン部族は、大人社会とのつながりがない。レナード・バーンスタインの『ウエスト・サイド物語《ストーリー》』は、『ロミオとジュリエット』の現代アメリカ版であるが、抗争しているティーンのギャングたちは大人の世界から完全に独立し、激しく敵対している。

私たちは、若者たちの部族化は無害なプロセスだと信じることで自分を落ち着かせてきたが、それは社会生活に対する破壊的な影響を及ぼす、歴史的に新しい現象だ。それは、多くの親が自分たちの伝統を子どもに伝えることができないことで感じる、失望の根底にあるものだ。

私たちの子どもの多くが属する部族では、価値観と文化は、無知で未熟な者から次の者へ、水平に流れる。この深みのない文化とでもいうべきプロセスが、まさに私たちの目の前で、文化的な社会活動の基盤のひとつを蝕んでいる。世代間のある程度の緊張は自然な発達の一部であるが、通常は子どもたちが、年長者の文化と調和する成熟プロセスで解決される。若者たちは、世代から世代へと垂直に伝えられる普遍的な価値観を忘れたり軽視したりせずに、自由に自己表現することができる。それは今日私たちが見ているものではない。

「西洋文明の中にいる子どもたちは、親や祖父母よりも、外見や行動がお互いに似通っている」とMTVのアナウンサーが言明したのはそれほど昔の話ではない。この発言は特別番組の中で誇張した表現かもしれないが、そこには気がかりな真実の要素が暗示されていた。

文化を伝達することで、私たちは人間としての私たちの存在と、表現に与えられた特定の形を存続させることができる。それは、身振りや言語による表現のしかた、服装や装飾品での身の飾り方、何をどのようにいつ祝うかなどの習慣、伝統、象徴が含まれる。文化はまた、交流と人々のつながり、人と会うとき・別れるときのあいさつ、帰属と忠誠、愛情と親密に関連する儀式を定める。どんな文化でも、調理のしかた、食事に対する態度、食事を提供する会合など、文化の中心は食べ物だ。また人々が作る音楽、人々が聴く音楽は、どの文化でも人々を統合する要素だ。

文化の伝達は、通常は子育ての中に、無意識的に含まれている。依存を促し、外部のストレスから保護し、自立を生み出すのに加えて、愛着は文化を伝える役割も果たす。子どもが責任のある大人に適切な愛着を持つかぎり、文化は子どもの中に流れ込む。言い換えれば、愛着のある子どもは、大人の文化の形を吸収するという意味で、自然に情報を得ることができる。アメリカの指導的な発達学者であるハワード・ガードナーによれば、人生の最初の四年間に親から自然に吸収することのほうが、残りの人生すべての公式な教育で吸収することよりも多い〔註1〕。

愛着が機能していれば、文化を伝達するために、大人側が意図的に指導したり教えたりすることや、子ども側が意識的に学習する必要はない。子どもがつながりを切望し、大人からの合図を探そうとする傾向があればなんとかなる。子どもが真の個性と成熟した自立心を獲得できるように支援するとすれば、世代から世代への文化の伝承はやみくもな模倣や盲目的な服従の過程ではない。文化は真の自己表現の手段だ。個人の創造力は、文化があるところに開花する。

子どもが仲間指向性になると、文化を伝えるパイプが途切れる。彼らが見習う新しいモデルは、他の子どもや仲間集団、または最新の人気歌手になる。それに応じて、外見、態度、服装、振る舞いも変わる。子どもたちの言葉も変わり、より貧弱になり、見たことや経験したことを話さなくなり、微妙な意味やニュアンスを表現しなくなる。

仲間指向性の子どもたちは、文化を持たないのではない。彼らは仲間指向性から発生した文化を持っている。この文化は大人が支配しているメディアによって広められるが、それは子どもと若者の感覚と好みに合うものでなければならない。若者たちが使うお金が親の収入から来るものであったとしても、彼らには文化産業の収益を左右する消費力がある。広告主は仲間を真似る力を巧妙に利用して、電子的なマスメディアを使って、若い顧客たちに大々的に宣伝をしている。こうして、いまや髪型やファッションを決めるのは私たちの子どもであり、音楽を売り込んだり、チケット売り場に並んだりするのも私たちの子どもになっている。若者たちが時代の文化的象徴を決めている。仲間指向性の若者たちの期待に応える大人は市場を支配して収益を上げるが、文化を伝えることに関しては、健全な大人とのつながりが途切れた、子どもの低俗な文化的な好みに迎合しているにすぎない。仲間文化は子どもから生まれ、彼らの成長とともに発展する。仲間指向性は、第三部で説明するように、攻撃性と不健康で早すぎる性的活動を引き起こすが、その結果が激しく敵対的で性的な若者文化であり、それがマスメディアによって広められ、子どもたちは思春期の早くからそれにさらされる。今日のロック・ビデオは、「性の革命」の影響を受けて育った大人たちにさえ衝撃を与える。仲間指向性の始まりがどんどん早くなるにつれて、そこから文化が生まれるのも早くなってきている。一九九〇年代後半にお尻を振っておへそを出していたスパイス・ガールズの流行は、本書執筆時点（ゼロ年代初頭）には急速に消退した。振り返って、今日の前思春期の子どもたちが目にするポルノまがいの官能的なアイドルと比べれば、懐かしい無邪気な文化的表現だったように思える。

若者文化は一九五〇年代までにはっきりしてきたが、仲間指向性が生んだ最初の明白で劇的な文化的現象は、一九六〇年代から七〇年代にかけてのヒッピーの反体制文化だった。カナダのメディア理論家マーシャル・マクルーハンは、それを「電子時代の新しい部族主義」と呼んだ。髪型と服装と音楽はこの文化を形成する重要な要素であったが、何よりもそれを際立たせたものは、それを生み出した仲間指向性への称賛だった。友だちが家族よりも上位になった。身体的な接触とつながりが追い求められた。「ウッドストック国」の世代は、自分たちをポップ部族のきょうだいと宣言した。仲間集団が実際的な家庭だった。「ドント・トラスト・エニイワン・オーバー・サーティ（三〇歳以上の人間は誰も信じるな）」は、健全な年長者の批判を超えて、伝統を過激に拒絶するようになった若者たちの決まり文句になった。その文化が疎外感と薬物使用に退廃していく一方で、それまで反抗してきた主流の社会と営利目的で結託するのは、十分に予見できた。

熟成した文化の知恵は、何百年、時には何千年もかかって蓄積されてきた。健全な文化には、私たち自身を守り、私たちが意識していなくても人間の生活に重要な価値観を保護する、儀式、習慣、ものごとのやり方も含まれている。発展した文化には、人を成長させる芸術や音楽、存在の深い意味を伝えるシンボル、偉大だと思えるモデルが必要だ。中でももっとも重要なことは、文化はその本質とそれ自体を再生産する能力、つまり子どもの親への愛着を守らなければならないことだ。仲間指向性によって生まれた文化には知恵はなく、自分自身を守ることができず、はかない流行を生み出し、価値や意味のないアイドルを崇拝しているだけだ。それは未熟な若者の未発達な自我の象徴にすぎず、親子の愛着を破壊する。新しい仲間指向性の世代の文化的価値はどんどん下がっている、と思う人もいるかもしれない。その自己欺瞞と大人社会からの独善的な孤立にもかかわらず、それでもウッドストック「部族」は平和、自由、兄弟愛という普遍的な価値観を信奉した。今日の大規模なライブイベントは、スタイル、自我、部族の勢い、そしてお金のためだけのものだ。

仲間指向性から生まれた文化は、文字どおり不毛だ。再生産することができず、将来の世代に役立つ価値観を伝えることもできない。ヒッピーの三代目はほとんどいない。どんなに懐かしく思っても、その文化にはまったく持久力がなかった。仲間文化は、刹那的で、一過性で、日々生まれる、いわば「今日《きょう》の文化」だ。仲間文化の内容は、仲間指向性の子どもと、途中で発達が止まってしまった大人の心理に共鳴する。ある意味では、仲間文化は一〇年ごとに一新されることが唯一の救いなので、次の世代に受け継がれないことは、むしろ都合がよいかもしれない。それは親や子どものいちばんよいところを啓発し、育て、うまく引き出すことはない。

現時点で流行していることにしか関心がない仲間文化には、伝統や歴史の感覚がまったく欠けている。仲間指向性が進むにつれて、若者の歴史に対する認識は、ごく最近の歴史ですら低下してきた。彼らにとって、現在と未来は、過去とのつながりがない真空地帯に存在している。そのような歴史的無知は、十分な情報に基づく政治的、社会的な意志決定の行く末への不安を暗示している。最近の南アフリカがよい例だ。そこでは、人種隔離制度の廃止が政治的自由だけでなく、マイナスの側面として、急速で猛烈な西洋化と国際化された仲間文化を招来した。世代間の緊張はすでに高まっている。ひとりの南アフリカのティーンエージャーが、カナダの新聞記者に「親たちは過去を私たちに教えようとしている。私たちは人種差別主義者と政治の話を強制的に聞かされている……」と話した。その記者は、三六歳の歴史家でかつて人種差別闘争にかかわったスティーヴ・モクウェナについて、「彼は、現在一緒に活動している若者たちからしてみれば別世界からきた」ような存在と書いた。モクウェナはまだ三十代半ばにもかかわらず、まるで白髪の長老のように「彼らはアメリカン・ポップのくずを無理矢理詰め込まれようとしている。それは非常に心配なことだ」と語った〔註2〕。

仲間指向性が、文化の真の国際化、世界を「自分とあいつ」に分けることのないユニバーサルな文化をもたらすことができるのではないか、という反論があるかもしれない。MTVのキャスターは、テレビ時代の子どもは、彼らの両親や祖父母よりもみんなお互いに似通ってきていると自慢していたではないか。これが、私たちを隔てている文化を越えて、世界的なつながりと平和の文化を確立するための、今後の道筋なのだろうか。私たちはそう思わない。

世界的なテクノロジーによって作られた表面的な類似性にもかかわらず、仲間指向性の力動は、健全な普遍性よりもむしろ分裂を促進する可能性が高い。仲間指向性の強い子どもが入っていく社会形態である、若いギャングの極端な部族化を見るだけでもそれはわかる。他の誰かと同じであろうとすると、すぐにそれ以外の者とは異なりたい欲求が生じる。選択したグループの中での類似性が強くなると、そのグループ以外の人たちとの違いは、敵意を持つほどまでに増強する。各グループは、お互いに空気を読んで見習うことで結束が強化される。大昔から、部族はこのように自然に形成されてきた。決定的な違いは、伝統的な部族の文化が次の世代へと継承されていったのに対し、今日のそれらは部族世代間の壁によって規定され、制限されていることだ。

学校という環境には、そのような力動が満ちあふれている。大人のもとから切り離された未熟な子どもたちが混じり合うと、たいていは学年とか性別とか人種といったはっきりした区別をもとに、すぐに自然にグループが形成される。このような比較的大きなグループ内に、特定のサブカルチャーが生まれる。それは服装や外見に沿ったものであったり、運動が好きな子、頭のよい子、パソコンおたくのグループのように、共通の興味、考え方、能力に沿ったものだったりする。スケートボーダー、暴走族、スキンヘッドのような、仲間指向性のサブカルチャーができることもある。これらのサブカルチャーの多くはメディアによって強化されて形作られ、カルト的な衣装、象徴、映画、音楽、言語でサポートされる。仲間指向性の氷山の一角がギャングとギャング志望の若者であるとすれば、水面下には排他的な多くの小グループがある。本章の冒頭でMSNのやりとりをしていたふたりのように、お互いの中だけで活動している未熟な人間は、自分たちだけの言葉と表現を作り出し、それによって自己表現は貧困になり他者から切り離されていく。もちろん、そのような現象は以前にもあったかもしれないが、今私たちが目撃しているほどのものではなかった。

その結果が、パトリシア・ハーシュが指摘した部族化だ。家族から飛び出し、教師とのつながりがなく、それでもまだお互いに別個の存在として付き合うことができない未熟な子どもたちは、愛着に対する本能的な欲動を満たすために、自動的に再編される。そのグループの文化が新たに作られるか、一般的な仲間文化が取り入れられる。子どもは自分がどんな部族に所属していて、どんなルールがあるのか、誰と話すことができて、誰と距離を置かなければならないのかを、すぐに理解する。私たちが子どもに個人差を尊重するように教え、人を結びつける文化を植えつけようとしても、私たちは驚くべき速さで、部族の混乱に分断されている。それを、まさに私たちの子どもが主導している。親や教育者は、子どもに社会的な許容範囲やエチケットを教えるのに時間を使うよりも、彼らとのつながりを育てることに力を注ぐほうがずっとよいだろう。愛着の伝統的な階層の中で育てられた子どもは、自然発生的な部族化の力にはほとんど影響を受けない。私たちが教え込みたい社会的価値は、愛着の関係がなければ伝えられない。

仲間指向性によって生まれた文化は、他の文化とうまく混じり合わない。仲間指向性はそれ自体のために存在するので、それが生み出す文化も同じことになる。それは文化というより、カルトに近い。仲間指向性によって生まれた文化を取り込む未熟な存在は、他の文化の人々から切り離される。仲間指向性の若者は、実際に伝統的価値観やつながりを排除して喜んでいる。世代を超えて伝承されてきた文化に属する人々は、歴史的または政治的紛争に抑圧されることもあるが、お互いを尊重しながら交流する能力が保たれている。特定の文化的な表現の下で、お互いに人間の価値観の普遍性を認め合い、豊かな多様性を大事にすることができる。しかし、仲間指向性の子どもたちは、自分たちだけで一緒にいたいと思う。自分たちを好きではない人たちとは離れていたいと思う。仲間指向性の子どもが思春期に入ると、部族の音楽、衣装、言語、儀式、身体の装飾によって、多くの親は自分の子どもがほとんど理解できないように感じることがある。二〇〇三年に、カナダのあるジャーナリストは「タトゥーやピアスはかつては衝撃的だったが、許容される行動とされない行動の境界が常に変わる文化の中で、今では単なる世代の標識になっている」と指摘した〔註3〕。

私たちの子どもの多くは、時代を超えた人類の普遍的な創作――たとえばバガバッドギーター〔訳註＝インドの宗教叙事詩〕、ルーミー〔訳註＝ペルシャの神秘主義詩人〕やダンテ、シェークスピアやセルバンテスやフォークナーの著作、または現存の作家たちの良質で創造的な作品、ベートーベンやマーラーの音楽、さらには聖書でさえ――とは無縁なままに成長している。彼らは今流行っていることだけしか知らず、仲間と共有できるものだけを大切にしている。

仲間指向性から生まれたグローバルな文化は、相互尊重、好奇心、共通の人間の価値観を大切にする真の普遍性を必要としない。真の普遍性には心理的成熟が必要だ。それは教室で教えられるものではなく、健全な発達によってのみ獲得できるものだ。この後で論じるように、このように子どもを育てられるのは大人だけだ。そして、親、教師、年長者、美術や音楽や知性の創作者など、大人のメンターとの健全な関係の中でのみ、子どもは生まれながら持つ権利、すなわち、人間としての普遍的で時代を超えた文化的遺産を受け取ることができる。そのような関係があってこそ、彼らは自由で個性的な新しい文化的な表現を可能にする能力を、最大限に発達させることができる。

〔註1〕Howard Gardner, *Developmental Psychology*, 2nd ed. (New York: Little, Brown & Company, 1982).
〔註2〕*The Globe and Mail*, April 12, 2004.
〔註3〕*Vancouver Sun*, August 30, 2003.

——第三部

仲間指向性は、どのように子どもの健全な発達を妨げるのか

第8章　感情からの危険な逃避

　先日、昼休みの時間に息子が通う高校の中を歩いていたときに、私はあたかもかつて仕事をした少年刑務所の廊下や食堂にいるかのような感じがして驚いた。私が見たこのティーンの群衆の姿勢、身振り、声、言葉、仲間とのやりとりには、不気味な傷つきにくさ（invulnerability）が表れていた。彼らには、傷つく能力がないように見えた。彼らの振る舞いは自信たっぷりだったが、手強いけれど同時に薄っぺらな虚勢も示していた。

　仲間文化の究極的な価値観は「クール（cool）」、つまりまったく感情を外に出さないことだ。仲間集団の中でもっとも尊敬されるのは、当惑させるほどに冷静な態度を取り、ほとんど、またはまったく恐怖を見せず、恥ずかしがることがなく、何か言われても「関係ないよ」「かまうもんか」「どうでもいいよ」というタイプだ。

　現実はまったく違う。人間は、あらゆる生き物の中でもっとも傷つきやすい。私たちは身体的に傷つくだけでなく、心理的にも傷つく。この食い違いは、どうやって理解したらいいのだろうか。実際にはとても弱い若者が、まったく反対の姿を見せるのはなぜなのだろうか。彼らの強さ、彼らの「クール」な振る舞いは演技なのか、それとも本当なのか。安全なところでは脱ぐことができる仮面なのか、それとも仲間指向性の本当の顔なのだろうか。

私が初めてこの思春期の「傷つきにくい」サブカルチャーに遭遇したとき、それは演技だと思った。人間の精神は傷つく気持ちに対して強力な防衛を発達させ、それは脳の情動回路に染み込んでいる。私は機会さえあれば、彼らの鎧《よろい》を取り除き、彼らの優しい、より人間的な面を表に出したいと思っている。この期待が正しいこともあるが、思春期の傷つきにくさは演技でも見せかけでもないと思い知らされることも多い。これらの子どもたちの多くは傷ついた気持ちがなく、痛みを感じていない。それは彼らが傷つかないということではなく、少なくとも彼らの感情体験においては、脱ぐべき仮面はなかった。

悲しみ、恐怖、喪失、拒絶などの感情を感じることができる子どもは、からかわれたり攻撃されたりすることを避けるために、そのような感情を仲間に知られないように隠すことが多い。傷つきにくさは彼らが仲間に溶け込むために使うカモフラージュであるが、本当の自分が脅かされることがない安全な人と一緒にいるときには、それはすぐになくなる。このような子どもたちはあまり心配ないが、それでも周囲の子どもたちの傷つきにくさが、学習や発達に影響することがある。このような環境では、本当の好奇心が育たず、自由に質問ができず、純粋な学びへの情熱が出てこない。このような環境では危険を冒すことができないし、人生と創造性への情熱の矛先《ほこさき》を見つけられない。

もっとも強く影響を受け、心理的に傷つくリスクが高い子どもは、学校だけでなくどんな場面でも、強くて傷つきにくくありたいと切望する子どもだ。これらの子どもたちは、必要に応じて鎧を着たり脱いだりすることができない。彼らは「防衛する」というより、彼らが防衛そのものなのだ。この感情の硬化は、非行少年やギャングのメンバー、ストリートチルドレンで顕著であるが、ふつうのアメリカの家庭に存在する仲間指向性の日常的なパターンに見られる、重要な力動でもある。

仲間指向性の子どもは傷つきやすい

子どもが自分の傷つきやすさを意識しない唯一の理由は、それが耐え難いことであり、辛すぎて感じることができないためだ。言い換えると、過去に感情的に傷ついて苦しんだことがある子どもは、その後同じような体験に慣れが生じやすい。

心理的な傷と傷つきやすさからの逃避（flight from vulnerability）との関係は、強い情緒的な苦痛を経験した子どもではっきりしている。この、極端な形での防御的な感情の硬化は、深刻な喪失や虐待・ネグレクトを経験した乳児院の子どもや、いくつもの里親ホームを転々とした子どもたちに見られる。彼らが受けたトラウマを考えれば、これらの子どもたちが無意識的に強力な防衛を発達させることは、容易に理解できる。

意外なことに、しばらくの間仲間指向性であった子どもたちの多くは、そのようなトラウマがなくても同じレベルの防衛を示すことがある。仲間指向性の子どもは、トラウマを受けた子どもと同じくらいに、傷つきやすさから自分を守る必要があるように見える。明らかなトラウマに相当する経験がないのに、なぜそうなるのだろうか。

仲間指向性の子どもたちの傷つきやすさと感情の硬化の理由を検討する前に、傷つきやすさへの防衛（defended against vulnerability）という言葉と、それとほぼ同意語の傷つきやすさからの逃避という言葉の意味を明確にしておく必要がある。これらの言葉は、傷つきやすさを強く感じることへの、脳の本能的な防衛反応を意味している。これらの無意識的な防衛反応は、実際の傷つきやすさではなく、「傷つきやすい」

という意識によって引き起こされる。人間の脳は子どもを傷つくことから守ることはできず、守れるのは傷ついた気持ちだけだ。傷つきやすさへの防衛と傷つきやすさからの逃避という言葉には、そのような意味が含まれている。それらは、子どもが傷ついたと感じさせる思考や感情と切り離され、情緒的に傷つく感受性を低下させる状態を表している。誰でもこのような感情遮断を経験することがある。この遮断が一時的なものではなく持続的なものになったとき、子どもは傷つきやすさから守られる。

仲間指向性の子どもが、大人指向性の子どもよりも感情的に傷を負いやすいのには、四つの理由がある。傷つきやすさからの逃避の全体的な影響は、トラウマを受けた子どもの感情の硬化と、驚くほど似ている。

仲間指向性の子どもはストレスに対する耐性を失う

仲間指向性の子どもたちの感情が防衛的にならなければならない第一の理由は、彼らが自然な力と自信の源を失い、同時に耐え難い傷と痛みに対する自然の盾を失ったことだ。

至る所で起こっている悲劇やトラウマの絶え間ない猛攻撃とは別に、子どもの個人的な世界には、傷つく可能性のある強烈な人間関係がある。子どもは、無視されたり、大切にされなかったり、排除されたり、期待に応えられなかったり、認めてもらえなかったり、気に入られなかったり、好まれなかったり、恥をかかされたり、からかわれたりする。このすべてのストレスの攻撃から子どもを守るものが、親との愛着だ。大切なのは愛着だ。自分をからかう人物に愛着がなければ、子どもが受けるダメージは比較的軽い。ばかにされたときには傷つき、涙を流すことはあっても、その影響が長期間続くことはない。親がコンパスの基準になっていれば、親のかける言葉が子どもを助けるだろう。悲劇やトラウマを経験すると、子どもはそれが大変なことかどうかを知るために、親からの合図を探す。愛着が安定しているかぎり、天が落ち世界が滅亡したとしても、子どもは恐ろしいほど傷つきやすく感じることからは守られる。息子を人種差別と大虐殺から守ろうとしたユダヤ人の父親を描いた、ロベルト・ベニーニ監督の映画『ライフ・イズ・ビューティフル』は、このことを感動的に描いている。愛着は子どもを外界から守る。

　ある父親は、息子（ここではブラーデンと呼ぶことにする）が五歳のときに、愛着の力が子どもの安全を守るのを目《ま》の当たりにした経験を話してくれた。「ブラーデンは、地元のチームでサッカーをしたがっていました。初めて練習に行ったとき、何人かの年上の子どもが彼に意地悪をし始めました。彼らが息子をばかにしたりからかったりする声が聞こえた瞬間に、私は子どもを守る親熊に変わりました。ブラーデンが思いっきり背伸びして腰に手をやり、胸を張って彼らと対決しているのを見たときに、私はこの小さないじめっ子たちの根性をたたき直してやらねばと思いました。そのとき、彼が『僕はばかな子どもなんかじゃないぞ。パパは僕のことをサッカー選手だと言っている』というようなことを言ったのが聞こえました。私には、本当にそのように見えました」。父親が自分のことをどのように思っているかというブラーデンの考えが、父親がしようとした直接的な介入より、効果的に彼を守ることができた。父親の息子への気持ちに勝るものはないということだ。ブラーデンは仲間からの侮辱をかわすことができた。対照的に、大人に自分の評価を期待しなくなった仲間指向性の子どもには、このような保護がない。

　もちろん、この力動には裏側もある。この男の子の父親に対する愛着が、他者からのひどい仕打ちから守ることができるほどの強さがあると、今度はそれが子どもを父親自身の言葉や身振りに敏感にさせる。もしこの父親がブラーデンをけなし、恥をかかせ、侮辱したとすれば、彼は打ちのめされることだろう。彼の親への愛着は、親との関係において彼を非常に傷つきやすくするが、他者との関係においては傷つきにくくなる。愛着には内側と外側がある。傷つきやすさは内側で、傷つきにくさは外側だ。愛着は盾でもあり剣でもある。愛着は世界を傷つける人々と、そうでない人々に分ける。愛着と傷つきやすさは人間の存在の二大テーマであり、互いに密接に関連している。

子どもが身体的な傷を負わないように守ることは、親としての私たちの当然の仕事だ。傷は常に目に見えるわけではないが、傷つく可能性は心理的な領域でずっと高い。比較的成熟している私たち大人でさえ、愛着が破綻すれば心の痛みで打ちのめされて、身動きできなくなることもある。大人でもこのように傷つくことがあるとすれば、より依存的で、愛着の欲求が高い子どもたちは、どんなに傷つくことだろう。

愛着は子どものもっとも差し迫った欲求であり、もっとも強力な動因であるが、子どもが傷つく状況を作るのも愛着だ。コインの両面のように、どちらか一方だけというわけにはいかない。子どもが愛着を持てば、傷つく可能性も高くなる。愛着は繊細な領域だ。このことが、仲間指向性の子どもたちが情緒的な防衛を強くする、ふたつ目の理由につながる。

仲間指向性の子どもは無神経な子どもとの付き合いに敏感になる

大人指向性の子どもが両親や教師との関係で傷つきやすいのと同じように、仲間指向性の子どもも仲間との関係で傷つきやすい。親の愛着の盾を失うことで、彼らは他の子どもの行動やコミュニケーションに非常に敏感になる。問題は、子どもたちの自然な付き合いは、優しく、思いやりがあり、上品なものではないということだ。仲間が親に取ってかわると、この不用意で無責任な付き合いが、まったく想定していなかったような力を持つようになる。敏感さと感受性は、すぐに圧倒される。私たちが、もし自分の友人から、子どもたちが毎日のように耐えている仕打ち——たとえば、ちょっとした裏切り、無視、軽蔑、信頼を失うようなことなど——を受けたら、どうなるかと想像するだけで十分だ。仲間指向性の子どもたちが、傷つきやすいにもかかわらず心を閉ざしてしまうのも、不思議ではない。

仲間からの拒絶が子どもに及ぼす影響を調べた研究論文は、壊滅的、大打撃、破壊的、屈辱的な言葉を使って、はっきりと悪い結果を示している〔註1〕。子どもの自殺は増加しており、調査研究によれば、仲間からの拒絶を原因とするものが増えている。私は、仲間からのひどい扱いによって苦しめられた、多くの大人と子どもを直接見てきた。私が心理臨床を始めた頃に出会ったクライアントは、小学校のときに仲間からの虐待を受けていた。彼は、彼にはまったく理解できない何らかの理由で、欲求不満を持った多くの子どもたちから、絶えずいじめられるスケープゴートにされた。彼はひどい強迫症状があり、通常の生活ができなくなっていた。たとえば、「五七」という数字が入ったものを一切受け入れられなかった。というのも、一九五七年は、仲間からの虐待が最悪の年だったからだ。もしその数に汚染されたら、複雑な浄化の儀式をしなければならなくなり、ふつうの生活ができなくなった。仲間からの排除と虐待は、子ども時代にスケープゴートにされた、多くの人々の人生を損なっている（最近の研究は、そのような現象が仲間指向性の影響を受けて急速に拡大していることを証明している。攻撃性といじめについては、第10章と第11章で説明する）。

重要な原因は、避ける、排除する、恥をかかせる、愚弄《ぐろう》する、ばかにする、いじめるなど、仲間から拒絶されることだ。専門家たちは、仲間から受容されることが子どもの情緒的な健康と安定には絶対に必要であり、仲間から好かれないことほど悪いことはないと言っている。仲間からの拒絶は、そのまま生涯にわたる自信喪失の宣告のようなものだ。今日の多くの親たちは、子どもに友だちができないことや、仲間たちから大切にされないことを心配しながら生活している。この考え方には、ふたつの基本的な疑問がある。そもそも何が子どもをこれほど傷つきやすくしているのか、そして、なぜこの傷つきやすさが増えているのか、という疑問だ。

子どもが人をばかにしたり、無視したり、避けたり、恥をかかせたり、愚弄したり、からかったりするのはよくあることだ。子どもたちがこのようなことをするのは、いつも責任ある大人が十分に監督していないときだ。しかし、傷つきやすさは、仲間の無神経な行動や言葉からではなく、愛着から生まれる。仲間からの拒絶や受容の影響に対する現在の考え方は、愛着の役割を完全に見落としている。もし子どもが親に基本的な愛着を持っていれば、親からの受容は子どもの情緒的な健康と安定に不可欠なものとなり、親から好かれないことは子どもの自尊心に決定的な打撃を加えることになる。研究が示しているように、子どもたちの残虐さはたぶん変わっていないのに、子どもの仲間からの傷つきはひどくなっている。今日、多くの子どもたちが仲間の無神経さのためにダメージを受けているとすれば、それは必ずしも今の子どもが昔よりも残酷になったからではなく、仲間指向性が仲間からの愚弄と情緒的な攻撃に対する感受性を高めたためだ。子どもが親やその他の責任ある大人に愛着を持たなくなったことで、子どもは盾を奪われただけでなく、剣を仲間に与えてしまった。仲間が親に取ってかわると、子どもは他者からの思いやりのない行為に対する保護を失うことになる。このような状況では、子どもの傷つきやすさは簡単に圧倒される結果として生じる痛みは、ほとんどの子どもが耐えられないほど激しい。

大人との強力な愛着は、思春期になっても、子どもにとって最高の保護となることが、研究によって明確に示されている。もっとも印象的な研究は、できるかぎりアメリカの若者を代表するように、八〇のコミュニティから九万人のサンプル集団を選んだものだ。その主な所見は、親との強い情緒的つながりがあるティーンエージャーは、アルコールや薬物の問題、自殺未遂、暴力的な行動、早期からの性行動が少ないことだった〔註2〕。言い換えると、このような若者たちは、傷つきやすさへの防衛に由来する問題を起こすリスクが低かったということだ。彼らをストレスから守り、情緒的な健康と機能を保護したのは、親との強力な愛着だった。これは、若者のレジリエンス〔訳註＝回復力／復元力〕研究の第一人者であるアメリカの心理学者ジュリアス・シーガルの結論とも一致している。彼は世界中の研究をまとめて、子どもがストレスに圧倒されることから守るもっとも重要な要因は「生活の中にカリスマ的人物、つまり一体感があり、そこから力をもらえる人物が存在していること」という結論を出した〔註3〕。さらにシーガル博士は「親子の間に決して壊れない温かい関係がなければ何もうまくいかない」とも言っている。

仲間があまりにも重要になってはならない。親や教師、その他の愛着の対象となる大人よりも、重要になってはならない。もちろん、仲間からの愚弄や拒絶は子どもには辛いことだが、それほどひどく傷つけるものではなく、破壊的なものではない。仲間はずれにされた子どもの深い落胆は、仲間から拒絶されたことよりも、もっと深刻な愛着の問題があることを示している。

子どもたちの残虐性がひどくなってきたことに対応して、北米のすべての学校では、子どもたちに社会的責任を教え込むプログラムを急いで推進している。しかし子どもに責任を持たせようとするのは、見当違いだ。私の考えでは、このような方法で仲間からの拒絶や侮辱的なコミュニケーションを根絶することができるという思い込みは、まったく非現実的だ。それよりも、私たちは、子どもを自分自身や他の子どもから守る大人の力を取り戻すことによって、このような未熟さの自然な兆候から、痛みを取り除くように努力しなければならない。

傷つきやすさを見せることは恥であり仲間につけこまれる

こうして仲間指向性の子どもは、傷つきやすさに耐えられず、脳に防衛行動を引き起こさせるふたつの重大な心理的リスク、すなわち親の愛着の盾を失うことと、強力な愛着の剣を、無頓着で無責任な子どもたちに渡してしまうことに直面する。感情に対する深くてあからさまな第三の打撃、そして仲間指向性の子どもが感情を遮断する第三の理由は、子どもが少しでも傷つきやすさの兆しを見せると、すでに傷つきやすさを遮断した子どもから攻撃されやすくなることだ。

この問題の極端な例として、私がかかわった暴力的な加害者たちを挙げてみよう。私の主な目標のひとつは、彼らの防衛を和らげて、自分の傷の痛みを感じ始めることができるようにすることだった。面接がうまくいって心の奥の痛みに対する防衛が克服されると、彼らの顔と声はやわらかくなり、目に涙を浮かべる。それは、彼らのほとんどが長い間忘れていたものだ。特に、今まで泣いたことがなかった若者の場合、表情やまなざしは劇的に変わる。このような面接を始めた頃は、面接後に他の受刑者の中に戻すことへの配慮が十分ではなかった。そこで何が起こったかは、容易に想像できる。彼らは傷つきやすさが顔に出たままだったので、それが他の受刑者の注意を引きつけた。自分自身の傷つきやすさを防衛している若者は、攻撃したくてしかたがない。彼らは傷つきやすさを、まるで敵のように攻撃した。私はすぐに対抗策を考え、クライアントに傷つきやすさを見せないように指導した。幸いにも、刑務所の面接室の隣には洗面所があった。彼らはそこで、時には一時間ほどを費やして、冷たい水で顔を洗い、感情が表れるあらゆる痕跡を消した。彼らの防衛がいくぶん和らいだとしても、さらに傷つかないようにするためには、まだ傷つきにくさの仮面を着けなければならなかった。私の役割は、被害を受けないように気をつける場所で着けなければならない傷つきにくさの仮面と、その反対に、彼らがしっかりと深い感情を持てるようにする、傷つきやすさに対する内在化された防衛とを、区別できるように援助することだった。

これほど極端ではないが、同じ力動が、仲間指向性の子どもたちが支配する世界で働いている。傷つきやすさはふつう、握り拳《こぶし》ではなく、羞恥心によって攻撃される。多くの子どもたちは、警戒心、恐怖心、熱意、困窮、さらには好奇心に加えて、あらゆる弱さ、敏感さ、もろさの兆候を隠すことをすぐに覚える。とりわけ、からかいの標的になるものは、絶対見せようとしない。

私たちは自分のいちばん嫌な部分を持っている他者を攻撃する傾向がある、とカール・ユングは説明している。傷つきやすさが敵であれば、たとえ親友であっても、それを持つ人は攻撃されることになる。警戒しているように見えると、「弱虫」とか「臆病者」となじられる。涙を見せればからかわれる。好奇心が表れると目をキョロキョロさせ、それが「変わり者」とか「オタク」とばかにされる原因になる。優しさを見せれば、執拗なからかいにつながることがある。自分の傷つきやすさを気にしている人たちが周囲にいるところでは、苦痛を感じることや、本当に心配していることを表に出すことは危険だ。感受性を失った仲間の中では、感情を外に出せば攻撃の対象になる可能性がある。

仲間関係はもともと不安定なもの

仲間指向性の子どもを感情的な傷つきやすさから逃避させる、第四の、そして非常に基本的な原因が残されている。

仲間指向性によって生じる傷つきやすさは、子どもたちがお互いに傷つけ合っていないときでも、圧倒的になることがある。この傷つきやすさは、仲間指向性の関係の、非常に不安定な性質に組み込まれている。傷つきやすさは、起きていることだけでなく起きうること、すなわち、もともとの愛着の不安定さに関係している。持っているものは失う可能性があり、持っているものの価値が高いほど、潜在的な損失は大きくなる。私たちは親密な関係を築くことはできるかもしれないが、それをしっかりつなぎ止めておくという意味で、安定させることはできない。それはロープでつないだボートや、固定金利の国債のように安定したものではない。私たちが明日も求められ愛されているかどうかわからないし、人間関係で何が起きるかを制御することはできない。

どんな関係においても失う可能性はあるが、私たち親は、子どもが仲間からは決して得られないもの、すなわち子どもが私たちを喜ばせたり、気分をよくしたり、何かのお返しとしてではないつながりを与えようと努力している。言い換えると、私たちは仲間の愛着に欠けているもの、つまり無条件の受容を提供している。

人間は、傷つきやすさにどこまで耐えられるかを、直観的に知っている。失うことを恐れる傷つきやすさが、仲間関係には内在している。仲間関係には、寄りかかれるほどの強さはなく、頼れるような献身もなく、相手への責任感もない。子どもは不安定な愛着の、過酷な現実の中に取り残される。「友だちとのつながりがなくなったらどうしよう」「友だちとの関係がうまくいかなくなったらどうしよう」「親友がすることを一緒にしたくないとき、ママが行かせてくれないとき、友だちが私よりも他の誰かを好きだったら、私はどうすればいいの」。これらは仲間指向性の子どもがいつも抱いている不安であり、いつ表に出てきてもおかしくない感情だ。仲間指向性の子どもは、誰が誰を好きで、誰が誰に好意を持っていて、誰が誰と一緒にいたいという考えに取り憑かれている。ここで少しでも間違いを犯せば、裏切り、異議、不一致、不服従と取られかねない。どんな犠牲を払ってでも関係を維持しようとすることで、本当の個性は押しつぶされる。子どもがどんなにがんばったとしても、仲間が親に取ってかわると、不安感は子どもが持ちこたえられなくなるまでエスカレートする。そのようなときに子どもは無感覚になり、防衛的な遮断が起こって傷つきやすく見えなくなる。子どもは実際に喪失を体験する前からでさえ、喪失の痛みを防衛するために感情を凍りつかせるようになる。年長のティーンエージャーの性的な「愛情」関係でも、同じような力動が強力に作用する（第12章を参照）。

愛着に関する三部作の第二巻である『分離不安』の中で、ジョン・ボウルビィは、一二日から二一週までの期間の分離の後に母親と再会した、一〇人の乳児院の子どもの観察について記述している。ここでの分離は、家族の緊急事態や世話をする人がいないためで、親が意図的に子どもを捨てたケースはなかった。

母親がいなくなった最初の数日間、子どもたちは落ち着かない様子で、いなくなった親を探し回った。次の段階では、子どもはあきらめた様子で、抑うつ的には見えたが、ふつうの生活に戻ったかのようだった。子どもたちは遊び始め、保育士に反応し、食事や世話を受け入れるようになった。喪失によるトラウマの本当の情緒的な代償は、母親が戻ったときに初めて明らかになった。数日から数週間の分離後に初めて母親に会ったとき、一〇人の子どもたち全員が母親を疎外する態度を見せた。ふたりは母親を認識していないかのように見えた。それ以外の八人は、母親に背を向けたり、離れていったりした。ほとんどの子どもは泣いたり泣きそうになったりしたが、涙を流したり無表情になることを繰り返したりする子どもも多かった。

この退却の力動を、ジョン・ボウルビィは「**脱愛着**（detachment）」と呼んだ〔註4〕。このような脱愛着は、防衛のためのものだ。それは次のような気持ちを表している。「あなたがいなくてとても辛かったので、もう一度そのような苦しみを味わうことを避けるために、私は殻に入って心を閉ざし、愛情にも反応せず、したがって痛みにも反応しない。私はあんな辛さを、二度と味わいたくない」。

ボウルビィは、親がそこにいたとしても、ストレス、不安、抑うつのために、または他の問題に没頭して、情緒的に不在になることも指摘した。それは、子どもからすればどうでもいい問題だ。子どもにとって本当の問題は単に母親がいるかどうかではなく、情緒的な応答があることなので、母親がいるかいないかだけで子どもの反応は変わらない。親との関係が不安定な子どもは、自分が存在していく方法として、防衛的な脱愛着による傷つきにくさを取り入れるだろう。親が子どもの愛着の対象として機能していれば、親の愛情と責任感によって、子どもがこのような絶望的な手段を取り入れなくても済む。仲間にはそのような認識や良心の呵責や責任がない。仲間指向の関係では捨てられる脅威が常に存在し、子どもたちは自動的に情緒的な脱愛着で反応している。

そうなると、仲間文化を支配する価値観では、クールが究極的な美徳であることがよくわかるだろう。クールという言葉にはさまざまな意味があるが、圧倒的に傷つきにくい雰囲気を漂わせている。仲間指向性が強い状況では、会話、歩き方、服装、態度のどこにも傷つきやすさの兆候は見られない。

本書の共著者であるガボールは、医者になる前は高校教師だった。彼は高校一年生の授業でジョン・スタインベックの『二十日鼠と人間』を読んだとき、その物語の主役であるふたりの貧困に苦しむ肉体労働者に、生徒たちがまったく共感しなかったことを覚えている。「それにしても、彼らはまったくばかだ。こんなのは自業自得だ」と多くの生徒は言った。このティーンエージャーたちは、悲劇をほとんど理解することなく、苦しみに耐えている人間の尊厳に対する敬意を表すこともなかった。

子どもたちが人の苦しみや暴力、さらには死にさえ無感覚になったのを、テレビや映画やラップ音楽のせいにするのは簡単なことだ。商業主義的な文化が、子どもたちの感情の硬化と未熟さにつけ込んで利用していることは非難されるべきだが、傷つきにくさは根本的にそこから由来するものではない。仲間指向性の子どもの傷つきにくさは、内面から活性化されているものだ。直接影響を及ぼす映画やテレビ番組がなかったとしても、彼らの傷つきやすさは、仲間指向性の若者の手口として、自然に湧き出てくることだろう。仲間指向性の子どもは世界中にいて、無数のサブカルチャーに属しているが、傷つきにくさというテーマはすべての若者文化に普遍的だ。ファッションは現れては消え、音楽のスタイルは変わり、言葉も変化するが、クールな脱愛着と情緒的遮断は、すべてに浸透しているように思われる。このような文化の広がりは、この文化に属する若者たちが傷つきやすさから必死で逃れようとしていることを示す強力な証拠だ。

傷つきやすさを和らげるドラッグの氾濫も、仲間指向性の子どもたちの傷つきやすさが耐え難い性質のものであることを示す証拠だ。仲間指向性の子どもたちは、孤独、苦しみ、痛みといった人間の感情を避け、傷つき、暴露、警戒、不安定、不適切、自意識の感覚から逃れるためなら、どんなことでもする。年長で仲間指向性の強い子どもほど、ドラッグが生活スタイルに入り込みやすい。仲間指向性は、傷つきやすさを和らげるものなら、何にでも飛びつく。ドラッグは情緒的な鎮痛剤だ。そしてドラッグは、若者が防衛的な脱愛着のもたらした無感覚から抜け出すことを助ける、もうひとつの方法になる。感情遮断によって、退屈と疎外が生じる。ドラッグは疲弊した感情に人工的な刺激を加える。ドラッグは真の姿の解放のリスクにおかまいなしに、高揚した感覚と偽りの集中感を与える。実際、同じドラッグが、一見すると逆の効果を示すことがある。たとえば、アルコールとマリファナは感覚を麻痺させる一方で、脳と心を社会的な抑制から解放することもできる。他にもコカイン、アンフェタミン、エクスタシーなどは刺激薬だ。「エクスタシー」という名前は、まさに今の情緒的に無力化した若者たちの精神生活に欠けているものを、見事に表現している。

若者たちの問題は仲間からのプレッシャーや若者文化など、外部からの影響によるものだと考えている良識的な大人たちは、これらのドラッグがもたらす心理面への影響を見過ごしている。それはただ単に、子どもがノーと言えるようにすればよいという問題ではない。問題はもっと根深い。私たちが子どもの仲間指向性に直面し、それを覆さないかぎり、これらのドラッグに対する飽くことのない欲求を誘い続けることになる。傷つきやすさを和らげる薬物への親近感は、防衛的な魂の奥深くから発生する。子どもの情緒的な安全感は、私たちからしか得られない。それがあれば、彼らは自分の感情から逃げたいとは思わないし、ドラッグの麻酔作用に頼りたいとも思わないだろう。元気に楽しく生きたいという子どもの欲求は、自分自身の中にある、人々とかかわって生きていくために持って生まれた無限の能力から生まれるものであり、そうでなければならない。

ここで、話は愛着の基本的な階層的性質に戻ることになる。子どもが愛着を必要とすればするほど、子どもが責任のある大人に愛着を持つことが重要になる。そうすることでのみ、情緒的な愛着にもともと内在している、傷つきやすさに耐えられるようになる。子どもには友だちではなく、親や祖父母、子どもをしっかりと支える責任がある大人たちが必要だ。子どもが世話をしてくれる大人に愛着を持てば、傷つきやすさに困惑することなく仲間と付き合えるようになる。仲間が大切でなくなれば、仲間関係での傷つきやすさに耐えられるようになる。深い感情と傷つきやすさを持つ能力を失わずに友だちを持つことができる子どもは、まさに友だちを必要としない子どもなのだ。

それにしても、私たちは子どもを傷つきやすいままにしておきたいとでも思っているのだろうか。子どもを守るために脱愛着が感情を凍らせることの、いったい何が間違っているというのだろうか。私たちは直観的に、「感じない」よりも「感じる」ほうがよいと思っている。感情は私たちにとって、あったほうがよいものではなく、なくてはならないものだ。感情はただ喜びを感じるためだけのものではなく、生きていくために重要な価値があるから必要なのだ。感情は私たちを方向づけ、世界を理解させ、成長するために欠かせない情報をもたらしてくれる。何が危険で何が安全か、何が自分の存在の脅威となり、何が自分の成長に役立つかを教えてくれる。もし、見たり、聞いたり、味を感じたり、熱さや寒さや痛みを感じたりすることができなかったとしたら、どんなに困ることだろう。感情の遮断は、私たちの感覚装置の不可欠な部分を失うことであり、それは私たちの存在の不可欠な部分を失うことにもなる。感情は人生を価値あるもの、わくわくするもの、挑戦的で、意義のあるものにする。世界を探索し、発見の原動力になり、成長を加速させる。まさに細胞レベルに至るまで、人間というものは「防御モード」と「成長モード」のどちらかの状態にあるが、同時に両方の状態はありえない。子どもが傷つきにくくなると、人生には無限の可能性があり、自分自身には果てしない可能性があり、世界は自己表現を受け入れ育ててくれる場であると考えることをやめてしまう。仲間指向性がもたらす傷つきにくさは、子どもたちを自分の限界と不安の中に閉じ込めてしまう。そのような子どもたちの多くが、最近はうつ病、不安障害、その他の障害として治療されているのも、不思議ではない。

大人だけが与えることができる愛情、思いやり、安全は、子どもが傷つきにくくなる必要性から解放し、子どもに危険な活動や極限的《エクストリーム》なスポーツ、またはドラッグからは決して得られない人生の可能性と冒険を取り戻させることができる。このような安全性がなければ、成長して心理的に成熟し、意義のある人間関係を持ち、心の底から強く求める自己表現を追求する能力を、犠牲にせざるをえなくなる。結局、傷つきやすさからの逃避は、自己からの逃避なのだ。私たちが子どもをしっかりと近くに引き寄せなければ、最終的には、子どもが本当の自己を持ち続ける能力を喪失する犠牲を払うことになる。

〔註1〕たとえば、次のような論文がある。
J. D. Coie and A. N. Gillessen, "Peer Rejection: Origins and Effects on Children's Development," *Current Directions in Psychological Science* 2 (1993): 89-92.
P. L. East, L. E. Hess, and R. M. Lerner, "Peer Social Support and Adjustment of Early Adolescent Peer Groups," *Journal of Early Adolescence* 7 (1987): 153-163.
K. A. Dodge, G. S. Pettit, C. L. McClaskey, and M. M. Brown, "Social Competence in Children," *Monographs of the Society for Research in Child Development* 51 (1986).

〔註2〕もっとも大規模な研究は、アメリカの「若者の健康に関する全米追跡調査（National Longitudinal Study of Adolescent Health）」で、約九万人のアメリカのティーンが参加した。心理学者のマイケル・レズニックらは、この結果を"Protecting Adolescents from Harm: Findings from the National Longitudinal Study on Adolescent Health"という論文として、*Journal of the American Medical Association* の一九九七年九月号に発表した。これは、レジリエンス研究の第一人者である故ジュリアス・シーガル、『アメリカに学ぶいじめ・逆境に強い子を育てる10の心得——「立ち直り力」の成長を阻む事例一挙97紹介』（カニングハム久子訳、学研プラス、二〇〇二年）の著者であるロバート・ブルックスと、サム・ゴールドスティーンの結論でもあった。

〔註3〕シーガルは、ハーバード大学医学部のロバート・ブルックス博士の論文"Self-worth, Resilience and Hope: The Search for Islands of Competence"に引用されている。

〔註4〕J・ボウルビィ『【新版】分離不安（母子関係の理論・2）』（黒田実郎・岡田洋子・吉田恒子訳、岩崎学術出版社、一九九一年）四頁。

第9章　未熟さから抜け出せない

「まったくうんざりだわ！」サラの母親は、言われたことをしないいい加減な娘に腹を立てて言った。「どんなに一生懸命やらせようとしても、いつも最後までちゃんとできない」。いつも繰り返される状況に、サラの両親はまったく困っていた。彼らは、娘がどうしてもしたいということをさせようと全力を尽くしてきたが、結局何か不満や失敗があると、彼女はすぐにやめてしまった。せっかくフィギュアスケートを習わせるために計画的にお金を貯めて、仕事の予定も調整したのに、彼女は二回目のレッスンが終わった後にやめてしまった。サラは非常に衝動的で、辛抱がなく、すぐにカッとなりやすかった。彼女はよい子になると約束し続けたが、なかなかそのとおりにはできなかった。

ピーターの両親も心配していた。彼らの息子はいつもせっかちでイライラしていて、ときどき両親だけでなく、妹にも意地悪になることがあった。ピーターの父親は、「彼は自分が言ったことや、他の家族にどんな影響があるかをまったく気にしていないみたいだ」と私に話した。ピーターは理屈っぽく反抗的だった。彼には長期的な目標などなかった。彼は、テレビゲームやコンピュータゲーム以外に、熱心になれるものは何もなかった。学校の授業も、宿題も、家の手伝いも、彼にはどうでもいいことだった。父親は「私がいちばん悩んでいることは、ピーターが何も心配していないことです」と言った。この男の子は、自分の将来の方向性や具体的な目標がないことを、まったく気にしていなかった。

少しの違いはあるが、ピーターとサラは類似した特性を示している。どちらも衝動的だった。どちらも自分が何をしなければならないのかはわかっていても、実際にはそれに従って行動できなかった。どちらも軽率で、行動する前に考えることができず、行動が目まぐるしく変化した。どちらの両親も、子どもに何か問題があるのかどうかを知りたかった。サラの両親に対しては、私はたぶん大丈夫だと答えるだろう。サラはまだ四歳で、このような特徴はよく見られるものだ。ふつうに発達していけば、数年後にはサラの態度と行動はすっかり変わるだろう。しかし、ピーターの両親には心配する理由があった。彼は一四歳であり、少なくともこんな調子で、彼のパーソナリティは小学校に入る前から変わっていなかった。

サラとピーターは、私が**就学前幼児症候群**（preschooler syndrome）と呼んでいる、就学前の幼児によく見られる行動を示していた。この発達段階では、まだ子どもは多くの心理的機能が統合されていない。したがって、統合機能の欠如は、心理的な未熟を警告する赤旗を意味する。もちろん、就学前幼児のように振舞う「権利」があるのは就学前幼児だけだ。年長の子どもや大人にこのような機能の欠如があれば、それは年齢不相応な未熟さを示していることになる。

身体的な成長と大人の生理的機能が、心理的および情緒的な成熟に自動的に連動しているわけではない。ロバート・ブライは著書『未熟なオトナと不遜なコドモ』の中で、私たちの社会に未熟さが流行していることを指摘した。彼は「人々はわざわざ大人になろうとはしない。われわれは皆、半大人ばかりの水槽で泳ぐ魚なのだ」と書いた〔註1〕。現代社会では、就学前幼児症候群はすでに就学した多くの子どもたちにも見られ、多くのティーンエージャーや大人にも見られるようになっている。多くの大人たちが成熟できず、自分自身の情緒的ニーズを求めつつ他者のニーズを尊重する能力を持った、自立した存在になれていない。

今日、私たちがますます成熟しにくくなったいくつかの理由の中でも、おそらく仲間指向性が最大の原因だと思われる。未熟さと仲間指向性には密接な関連がある。早くから仲間指向性になるほど、仲間への関心が高いほど永遠に子どもっぽいままになる可能性が高くなる。

ピーターは仲間指向性が強かった。彼の未熟さが仲間指向性になりやすくしたのか、早くからの仲間指向性が発達を停止させたのか、どちらが先だったかはよくわからない。どちら向きの因果関係もあるが、いったん仲間指向性ができあがると、問題は固定化する。いずれにしても、仲間指向性の子どもは成長できなくなる。

未熟さの意味

私たちが成長するにつれて、脳はものごとを混ぜ合わせる能力が発達し、思考が混乱したり、行動が麻痺したりすることなく、さまざまな理解、感覚、思考、感情、衝動を同時に保持できるようになる。これは、ちょうど前節の就学前幼児症候群のところで「統合機能」と呼んだ能力だ。この段階まで発達すると、パーソナリティと行動に、おびただしい変化と社会性への影響が現れる。衝動性や利己主義のような子どもっぽい特性が消えて、バランスの取れたパーソナリティが現れる。これは教え込んでできることではない。統合機能は発達するものであり、成長によって獲得されるものだ。古代のローマ人は、このような混合を意味する *temper* という言葉を持っていた。この動詞は、現在「調節する」とか「和らげる」という意味で使われているが、もともとは粘土を作るために、異なる原料を混ぜることを意味していた。サラとピーターは、経験と表現が「*temper* されていない」状態だった。この、入り混じった感情を同時に処理できない状態が、未熟さの特徴だ。

たとえば、サラは両親への愛情を持っているが、ほとんどの子どもと同じように、ときどき欲求不満になる。不満が溜まってくると、彼女はかんしゃくを起こして、母親に「お母さんなんて大嫌いだ」と言うまでになる。彼女の発達レベルでは、ちょうど氷の上で転んだ不満がフィギュアスケートをしたい気持ちで和らげられなかったのと同じように、サラの母親への不満は愛情によって和らげられることはなかった。それが彼女の衝動性だ。同じように、ピーターが激怒するのは侮辱と中傷のせいだろう。彼は相変わらず繰り返し問題を起こすが、どんな悪い結果になるかはわかっていても、その瞬間の強い不満がそれをかき消してしまう。彼も、やはり感情を混合することができなかった。どちらの子どもも、この言葉の本当の意味のように *temper* を失い、結果的に、彼らの反応はどぎつく、横柄で、容赦ないものになった。

同じように、ピーターが勉強することを身につけられないのは、これも感情の混合が必要だからだ。勉強はまったく面白くないときもあるが、それでも私たちが勉強するのは、そのときに勉強したくない気持ちと、先のことまで考えた責任や目的を混合することができるからだ。ピーターはとても未熟だったので、目先の欲求を抑えて目標を持つことができず、気が向けば勉強したが、それは本当にまれなことだった。彼は一度にひとつの感情だけしか意識できなかった。この意味で、彼は就学前の幼児と少しも変わらなかった。自分の意識の中で矛盾する思考、感情、目的を持ち続けられないことは、仲間指向性がもたらしたものだ。

成長への自然の設計図

私たちはあれこれの問題に、がむしゃらに急いで答えを求めることが多いが、その中で、「よく見て、考えて、理解する」という最初の基本的なステップを忘れてしまうことが多い。しかし今日の混沌とした世界の子育てでは、このステップを省略するわけにはいかない。何がうまくいくかを知らなければ、何がうまくいかないかを理解できない。それは予防、または必要があれば、治療に不可欠なことだ。この後に成熟の概要を説明するが、それはすべての親と教師が知っておく必要がある、子どもの成長プロセスだ。多くの人にとっては、すでに直感的にわかっていることのおさらいになるだろう。

子どもはどのように成熟するのだろうか。一九五〇年代に科学者たちが、成熟のプロセスには一貫した予測可能な普遍的な順序があることを発見したことで、発達理論は大きく発展した。第一段階には一種の分裂または分化が含まれ、その分離された要素を徐々に統合する第二段階に続く。この流れは、その有機体が植物であろうが動物であろうが、その領域が生物学的であろうが心理学的であろうが、その単位がひとつの細胞であろうが、私たちが自我と呼んでいる複雑な単位であろうが、まったく同じだ。

成熟はまず分割のプロセスから始まり、ものごとをバラバラになるまで細かくする。それができたら、次にそのバラバラにした要素を混ぜ合わせる。それは単純であると同時に奥の深いもので、もっとも基礎的なレベルでも見ることができるプロセスだ。胚はまず細胞分裂によって成長し、それぞれの細胞は核と明確な境界を持っている。次に、個々の細胞が十分に分離して融合する危険がなくなると、発達の焦点は細胞間の相互作用になる。細胞のグループは、機能的な臓器に統合される。同じように、個々の臓器が別々に発達し、それらが組織化されて体に統合される。たとえば、心臓と血管が心血管系を形成する。脳のふたつの半球も同じパターンで発達する。発育中の脳領域は、初めは生理学的にも電気的にもお互いに完全に独立して機能するが、その後次第に統合されていく。そのプロセスが進むにつれて、子どもは新しいスキルと行動を示す〔註2〕。このプロセスは、思春期を越えてもさらに続いていく。

心理的な領域の成熟には、思考、感情、衝動、価値、意見、好み、関心、意図、抱負といった意識の要素の分化が必要だ。この分化は、これらの意識の要素が混合され、調和のある体験や表現ができるようになる前に起こる必要がある。それは対人関係の領域でも同じだ。成熟するためには、子どもはまず他の子どもとは違う、分離した独自の存在になる必要がある。うまく分化できれば、自分らしさを失うことなく、他の子どもたちと混じり合うことができるようになる。

より基本的には、自己の感覚がまず内的経験から分離される必要があるが、この能力は幼い子どもにはまったく備わっていない。子どもは、自分が、ある瞬間にたまたま生じたどんな感情とも同一ではないことがわかるようにならなければならない。そうすると、自分の行動が必ずしもその感情に支配されることなく、何かを感じることができるようになる。他の相反する感情や、その瞬間の感情に反する可能性のある思考、価値、意志に気づき、それを選択することができるようになる。

ピーターとサラは、まだこの前提条件である分離ができていなかったので、自分との関係ができていなかった。彼らは自分の内面的な体験をじっくり考え、自分自身に同意したり反対したり、その中で見たものを認めたり否定したりすることができなかった。彼らの感情と思考は、まだ混ぜ合わせることができるほどに十分に分化していなかったので、一度にひとつの感情や衝動しか持つことができなかった。どちらの子どもも「私のある部分はこう感じ、別な部分はこう感じる」というようなことを言えなかった。また、

「別な見方をすれば」というような経験はなく、欲求不満を爆発させるかどうか、ものごとを避けるかどうかという相反する感情を持つこともなかった。じっくりと考える力がないために、彼らはそのときの内面的な経験だけで判断していた。感情は生じるとすぐに行動化された。それは彼らの内面的な経験かもしれないが、彼らはそれを見ることができなかった。それができないために、衝動的で、自己中心的で、反応的で、わがままになっていた。欲求不満と思いやりを混在させることができないために、彼らはまったく我慢ができなかった。怒りと不安または愛情を混在させることができないために、怒りを爆発させた。つまり、彼らは成熟していなかったということだ。

サラに混合した感情を持つ能力を求めたり、自分の表現をうまく調節することを求めたりするのはばかげたことだ。彼女はまだ幼すぎる。ピーターに内省することと、混合した衝動と感情に耐える能力を期待することはもっともだが、やはりまったく非現実的だ。彼はサラと同じ程度にしか成熟していなかった。

私は自信を持ってサラの両親に、彼女はしっかりと成熟プロセスが進んでいる証拠がいくつもあることを伝えた。彼女には、分化のプロセスが働いている有望な兆候が見られた。彼女は何でも自分でしようとしたがり、自分で考えて答えを出すことが好きだった。彼女は自分らしさを求めていて、自分の考え、アイデア、自分がすることの理由を持っていた。彼女はまた、すばらしい前向きなエネルギーを持っていた。たとえば、知らないことへの好奇心、未知の世界への探求心、新しいものへの興味があった。さらに彼女は、想像力に富み、創造的で、自己満足に浸りきるひとり遊びに夢中だった。これら成熟プロセスのまぎれもない兆候が見られたことで、サラの発達への懸念は解消できた。彼女のパーソナリティは成熟しつつあり、やがてその成果が見えてくることだろう。今は忍耐が必要ということになる。

ピーターには、同じような有望な兆候が見つけられなかった。彼には創造的な単独活動、自分で解決しようとすること、自己達成へのプライド、自分らしさの追求がなかった。彼は両親との境界に執着したが、これは本当の個体化でなく、単に両親を自分の生活の中に入れたくないだけのことだった。彼の両親に頼ることに対する抵抗は、自分でしたいという動機から来るものではなかった。彼は反抗的で、反対のことばかりしたが、第6章で述べたように、それは彼の強い仲間への愛着から生じたものにすぎず、本物の独立心に動機づけられたものではなかった。

成熟は自発的ではあるが、必然的ではない。それは、ハードディスクの中にプレインストールされているが、必ずしもすぐに使えるようになっていないコンピュータソフトのようなものだ。ピーターをこの状態から救い出さないかぎり、彼は就学前幼児症候群から抜け出せない大人のひとりになる道を進んでいくことになるだろう。それにしても、ピーターのような子どもを救い出す方法はあるのだろうか。どうすれば、成熟プロセスを起動させられるのだろうか。

成熟を促す方法

親や教師は、いつも「もっと成長しなさい」と子どもたちに言うが、成熟は命令されてできることでもない。子どもの個性や自分らしさは、教えることも訓練することもできない。これは成熟によってできることであり、成熟だけにしかできないことだ。私たちは適切な状況を作り、障害物を取り除くことでこのプロセスを促すことはできるが、庭に植えた植物を命令で育てられないのと同じように、私たちが子どもを大人にすることはできない。

未熟な子どもたちを扱うには、どのように行動するかを示し、許容される限度を設定し、私たちの期待をはっきりと伝える必要があるかもしれない。公平性を理解していない子どもには、順番を待つことを教えなければならない。未熟なために自分のしたことの影響が理解できない子どもには、許容される行動の規則や指示を示さなければならない。しかし、シナリオどおりにしただけの行動を、本物の行動と混同してはならない。本当の自分よりも成熟することはありえず、適切な合図に従って動いているにすぎない。順番を待つことは、当然で礼儀正しいことだが、本当の公平性から順番を待つことは、成熟してからでなければできないことだ。場にふさわしく「ごめんなさい」と言えたとしても、自分の行動に対して責任が持てるようになるのは、個体化のプロセスからだけだ。本当の成熟にかわるものはなく、そこに到達する近道もない。行動は指示したり命令したりすることはできるが、成熟は心の中から生まれるものだ。親の本当の課題は子どもの成長を助けることであって、見かけだけ大人のようにすることではない。

もし、しつけは未熟さを治療できず、シナリオは役立つが十分ではないとすれば、私たちはどうやって子どもの成熟を助ければよいのだろうか。長い間、発達理論家たちは、成熟を促す状況について頭を悩ましてきた。解決の糸口は、研究者が愛着の基本的な重要性を発見したことだった。

こんな言い方をすると驚くかもしれないが、成熟のストーリーはまったく単純でわかりやすい。他のさまざまな子どもの発達と同じように、それは愛着から始まる。第2章で説明したように、愛着は生き物の最優先事項だ。成熟が起こりうるのは、愛着へのとらわれからいくぶんでも解放されたときだけだ。植物は、成長して将来果実を実らせるためには、まずしっかりと根を張らなければならない。子どもの場合、独立した存在として生きていけるようになるための最終的な課題は、愛着に対する欲求、養育者と接触する欲求、そして無条件に依存する欲求が満たされたときにだけ達成できる。ほとんどの親と、そして専門家ですら、このことを直感的には理解していない。このことを理解したひとりの思慮深い父親は、私に次のように語った。「親になったとき、子どもは親が作り上げなければならないと、誰もが信じていたように思います。子どもが発達して成長していけるような環境を作るだけでなく、積極的に子どもを作り上げなければと思っていました。子どもが必要とする愛情のこもったつながりを与えるだけで、子どもが十分に育つとは、誰も思っていませんでした」。

成熟を起動させるための鍵は、子どもの愛着の欲求を引き受けることだ。自立を育むためには、まず依存を誘わなければならない。個体化を促すためには、帰属意識と一体感を与えなければならない。子どもの分離を援助するために、私たちは子どもを近くに留める責任を負わなければならない。私たちは子どもが求める以上の接触とつながりを提供することで、子どもが解放される手助けをする。子どもがハグを求めてくれれば、子どもからのハグよりももっと温かく抱きしめる。子どもを私たちの愛情のために行動させるのではなく、その中でくつろげるようにすることで子どもを解放する。子どもの親密さへの欲求を満たすことで、夜眠るときや、学校に行くときに、子どもが私たちから離れられるように援助する。このように、成熟のストーリーにはひとつの逆説がある――依存と愛着は、自立と本当の分離を促進する。

愛着は、成熟のための子宮のようなものだ。生物学的な子宮が身体的な意味での別な存在を産むように、愛着は心理的な意味で別な存在を産む。身体が生まれた後の成長の課題は、愛着の動機づけがなくても機能していけるような、自律的な人としてもう一度生まれてくるための、情緒的な愛着の子宮を作ることだ。人間は他者とつながる欲求から決して逃れられないし、逃れるべきでもない。それは成熟によって乗り越えることができ、本当に独立した個人は、これらの欲求に支配されることはない。このような個別の存在になるには、子ども期のすべてが必要だが、今の時代ではそれは十代の終わり頃か、さらに長くかかるようになっている。

私たちは、子どもが自律的な成熟に向けた自然な課題に取り組めるように、子どもを愛着への執着から解放する必要がある。そのための秘訣は、子どもが自分の方向性を見定める方向感覚を持つために、接触と親密さを求める努力をする必要がないことを明確にすることだ。子どもは愛着の欲求が満たされなければならない。そうすることで、本当のひとりの人間になり始めるプロセスである、個体化の方向にエネルギーを転換させることができる。そうすることで、情緒的に成長するために、自由に思い切って進んでいくことができるようになる。

愛着の飢餓は、身体的な飢餓と非常に似ている。食べ物に対する欲求が決してなくならないのと同じように、子どもの愛着に対する欲求もなくなることはない。親は、子どもが身体的に飢えないように育てている。私たちには子どもにしっかりと食べさせる責任だけでなく、食べさせてもらえる安心感も与える責任がある。子どもは、今どんなにたくさんの食べ物があったとしても、十分に供給される確信がなければ、食べ物を確保することが最優先であり続ける。子どもは食料の問題が解決されるまで、自由に学習や人生を続けることはできないので、当然のことながら親は子どもに食べ物の心配をさせないようにしなければならない。愛着の飢餓を満たすことでも、私たちの義務は同じように明白だ。

心理療法家のカール・ロジャーズは、著書『ロジャーズが語る自己実現の道』で、温かく配慮する態度について「何ら価値的な条件を持つものではない」と書き、無条件の肯定的配慮というフレーズで説明した。ロジャーズは、配慮とは「相手を支配するようなものでもなければ、個人的な満足を求めようとするものでもない。それは、もしもあなたがこのようにしたら、私はあなたのことを気にかけるというものではなく、ただ気にしていることを示すような雰囲気のことである」と書いている〔註3〕。ロジャーズは、クライアントとの関係において、よいセラピストの資質をまとめている。ここで、親をセラピストに、子どもをクライアントに置き換えれば、そこから親子関係に求められているものがよくわかるだろう。無条件の親の愛情は、子どもの健全な情緒的発達のために欠かすことができない栄養素だ。親が最初にすべき仕事は、子どもの心の中に自分はたしかに親が望んで愛している人物だという確信を持つだけのスペースを作ることだ。子どもは親の愛情を得るために何もする必要はなく、何か特別なことをする必要もない。実際に、親の愛情は獲得したり失ったりすることができるものではないので、子どもにはどうすることもできない。それは条件つきではない。子どもの振る舞いが「よい」か「悪い」かに関係なく、ただそこにあるものだ。子どもが強情、不愉快、不機嫌、非協力的、まったく無礼であったとしても、それでも親は子どもを愛そうとする。子どもに「受け入れられていない」と感じさせることなく、特定の行動は受け入れられないことを伝える方法を見つけなければならない。子どもは、親から好かれない部分があることを心配したとしても、それでも親の絶対的な満足と安全感をもたらす、無条件の愛情を受けられなければならない。

子どもに求められるエネルギーの転換を起こすためには、十分な安全と、十分な無条件の愛情が得られなければならない。それはあたかも「どうもありがとう。それが私のほしかったものです。これで、独立した存在になるための、本当の発達課題に取りかかることができます。燃料タンクは満タンになったので、もう燃料を探し続ける必要はなくなりました。それでは、これからまた出発します」と脳に言わせるようなものだ。発達の枠組みほど大切なものはない。

一一歳のエヴァンの父親は本書の共著者（ガボール）の友人で、家族関係についての週末のセミナーを受講し終えたある月曜日の朝、息子と一緒に学校に向かって歩いていた。彼はエヴァンが嫌がっていた空手を習い続けさせたかった。父親は、息子に「いいか、エヴァン」と話しかけた。「もし、君が空手を続けたら、パパは君のことが大好きだよ。でも、君には他にしたいこともあるかもしれない。もし、君が空手をやめたとしても、パパはまったく同じように君が大好きだよ」。子どもはしばらく何も言わなかったが、突然、彼は雲に覆われた空を見上げて父親に微笑み、「パパ、今日はいい日だね。きれいな雲だよね」と言った。さらにしばらくの沈黙の後、彼は「僕、きっと黒帯を取るよ」と言い足した。そして、彼は空手を習い続けることにした。

大人でさえ、この発達のギアチェンジがよいタイミングで起こると、大きな効果が現れる。新たなエネルギーが湧き起こるのは、深い愛情があり、その愛情が非常に安定していると感じられる状況だ。恋をするとすぐに興味と好奇心が一新され、独自性と個性の鋭い感覚を持ち、新たな発見の喜びを経験する。それは、私たちを成長させ独立させようと後押しする人によってではなく、私たちの愛着への欲求が十分に満たされて満足することによってもたらされることだ。

多くの子どもたちの発達を妨げているのは、愛着の飢餓を満たすことの探求から、独立した存在になって自分の世界でしっかりと活躍することに転換する力がないことだ。親と教育者が知っておく必要のある、仲間指向性が子どもたちが満足する能力を奪う、五つの理由がある。

仲間指向性が成長を妨げる五つの理由

親の養育が届かない

仲間指向性の影響のひとつは、子どもたちへの愛情と養育が届かないことだ。これがまさにピーターに当てはまる状況であり、私が相談を受ける多くの親の置かれた状況だ。ピーターの両親が彼を愛していて、全力を尽くし、どんな犠牲でも払おうとする気持ちに疑いはなかった。しかし、彼らは、同じ問題を抱えた多くの親たちのように、息子から何の見返りもないまま愛情を与え続けるのは難しくなり、さらに、親の申し出を強く拒否し、親の愛情をはね返し、子どもが興味のあることを話しかけても不機嫌にされると、さらに気力が失われた。ピーターは、とにかく両親の温かさと世話を受け入れようとしなかった。

目の前に大変なごちそうが並べられているような豊かさの中にいながら、仲間指向性の問題のために心理的な栄養不良状態に陥っている子どもたちを、私はたくさん見てきた。食卓につかない人を食べさせることはできない。世界中のすべての愛をもってしても、子どもを自立への分岐点に連れていくには十分ではない。親子は栄養を送るための臍帯でつながっていなければならない。子どもの欲求を満たす意欲と能力のある人でも、積極的につながろうとしない子どもの愛着の欲求を満たすことは不可能だ。子どもが主たる愛着対象を親から仲間に変えると、その子どもが情緒的な養育を求める相手は仲間になる。言うまでもなく、愛着の飢餓が仲間によって満たされることはありえない。エネルギーの発達への転換は決して起こらない。愛着から個体化への移行が起こらないので、仲間指向性によって子どもは未熟なままに留まることになる。

仲間への愛着は不安定で、子どもに休息を与えない

仲間関係は未熟な者たちをつなぐ。前章で指摘したように、仲間関係は本質的に不安定だ。仲間関係は、承認、愛情、重要性を必死で探し回ることから、子どもが休息を取ることを許さない。子どもは親密さの追求から逃れられない。休息のかわりに、仲間指向性は動揺をもたらす。仲間指向性が強いほど、子どもの落ち着きのなさが強く持続的になる。どんなに仲間とのつながりが強くても、親近感は得られず、また

は長続きしない。仲間から人気のある子どもも、またはそれがなくて苦しんでいる子どもは、あらゆるニュアンスに敏感で、あらゆる批判的な言葉、視線、身振りに怯えている。仲間と一緒にいても、自立への分岐点には決して到達しない。親密さの追求は、独立した存在に向かって乗り出すことに移行しない。仲間指向性は多くの条件を要求する性質があるので、ほんのわずかな例外を除いて、子どもが自我を獲得するような成長を促すことはできない。安定した大人との愛着がある子どもたちとの友だち関係は、ひとつの例外だ。その場合は、仲間からの受容と交友は、子どもの安全感を高めることができる。大人との関係で基本的な安全感があると、友だち関係からさらなる成長ができる。つまり、必ずしも仲間に頼らなくても、自分の中の不安定性に脅かされないで済む。

仲間指向性の子どもたちは満足しない

仲間指向性の子どもたちが満足しない、もうひとつの理由がある。分岐点に到達するためには、子どもは欲求が満たされるだけでなく、満足感が十分に得られなければならない。どうにかして親密さとつながりの欲求が満たされたことを、子どもの脳に刻み込まなければならない。この作業は認知的でも意識的でもなく、きわめて情緒的なものだ。ひとつの発達課題から次の課題へ、そして愛着から個体化へと、子どもを動かしエネルギーを転換させるのは感情だ。満足感を持つためには、子どもがしっかりと傷つきやすさを感じることができなければならないが、問題は、それは仲間指向性の子どもがもっとも強く防衛しているということだ。前の章で説明した理由で、仲間指向性の子どもたちは、自分の傷つきやすさを決して認めようとしない。

満足を感じることが、傷つきやすさを感じる寛大さを必要とするということは、奇妙に思われるかもしれない。満足には痛みも苦しみもない。そうではなく、その正反対だ。この現象には、感情的な論理がある。子どもが満足を感じるためには、まず空虚を感じなければならない。助かったと感じるためには、まず助けが必要だと感じなければならない。完全だと感じるためには、まず不完全だと感じなければならない。再会の喜びを経験するためには、まず別れの痛みを経験しなければならない。安らぎを経験するためには、まず苦悩を経験しなければならない。満足することはとても嬉しい経験だが、その前提条件は傷つきやすさを感じられることだ。子どもが愛着の空白を感じる能力を失えば、その子どもは養育され満たされた気持ちを感じる能力も失う。私が子どもとの面接で最初にチェックすることのひとつは、喪失感の存在だ。何を失い、空虚感が何であるかを理解できることは、子どもの情緒的な健康の指標になる。子どもは、自分の気持ちを話せるようになるとすぐに、「パパがいなくて寂しい」「おばあちゃんが私に気づいてくれなくて辛かった」「私の話には興味を持ってくれたようには思えなかった」「○○さんが私を好きだとは思わない」と言うようになる。

今日の多くの子どもたちは、このような傷つきやすさを感じることに非常に防衛的で、心を閉ざしている。それを感じようが感じまいが、何かを失うことに子どもは影響を受ける。だが、何を失ったかを感じて理解できなければ、子どもは愛着の追求から解放されない。このような子どもの親は、子どもを分岐点に連れていくことや、休息できる場所に連れていくことはできない。子どもが仲間指向性のために、傷つきやすさに対して防衛的になれば、その子どもは親との関係においても満足することができなくなる。それが仲間指向性の悲劇だ。それは私たちの愛情を、あまりにも無益で無力なものにしてしまう。

どん欲になった子どもは、何に対しても満足はしない。何をしてやっても、どんなに努力して手助けをしても、どんなに注意を払って認めてあげても、決して分岐点には到達しない。親にとっては、まったく落胆して疲れることだ。子どもを満足させることほど、親にとって嬉しいことはない。子どもたちが他の人からの世話を求め、満足を感じるための傷つきやすさに対してあまりにも防衛的になったために、何百万人もの親たちはこの喜びを奪われている。満足できないために、子どもは発達の第一段階から抜け出せず、未熟さから抜け出せず、基本的な本能を越えられないままでいる。彼らはずっと休息を見つけることができず、満足感を求めて、誰か他の人や自分の外部の何かにずっと頼り続けている。親からのしつけも、親からの愛情も、この状態を治すことはできない。残された唯一の方法は、子どもをあるべき愛着の中に呼び戻し、私たちの愛情が本当に浸透して届くように、子どもの気持ちをほぐすことだ。

どん欲さが人の感情を支配したら、どんなことが起こるだろうか。成熟のプロセスは、強迫や依存に乗っ取られる。この場合は仲間とのつながりだ。仲間との接触が、栄養にならない食欲を刺激する。それは心地よいが満足はしない。仲間関係の最終的な結果は、さらにそれを求めるようになることだ。仲間と多く会えば会うほど、もっと会いたくなる。八歳の女の子の母親は、「私にはわからないわ。娘が友だちと過ごす時間が長ければ長いほど、彼女はもっと友だちと一緒にいたいと要求するのです。とにかく、彼女はどれだけの時間、友だちと遊べば気が済むのでしょうか」としみじみと話した。また、思春期の子どもを持つ親は「息子はキャンプから帰ってきたと思ったらすぐに、さっきまで一緒にいた友だちに電話をするのよ。彼と二週間も会っていなかったのは家族だっていうのに」と不平を漏らした。それが学校であろうと、遊び時間、お泊まり会、クラスの集まり、外出、またはキャンプであろうと、仲間との付き合いへの強迫は、仲間と会った後に必ずひどくなる。もし仲間との付き合いに満足すれば、仲間との付き合いの時間は、自動的に自発的な遊び、創造的な単独活動、ひとりで考えごとをする時間に変わっていくことだろう。

多くの親は、この飽くなき行動を、仲間付き合いに対する妥当な欲求と混同する。「でも、うちの子どもは友だちと一緒にいることに夢中になっているのよ。それをやめさせるのはかわいそうだわ」というようなことを、私は繰り返し聞かされている。実際は、これほど明確に執着を煽るものを、したいようにさせることのほうがずっと残酷で無責任だ。子どもが本当に必要としている唯一の愛着は、子どもを育み、満足と休息を与えることができるような愛着だ。子どもの要求が激しいほど、仲間への執着が強いことを示している。それは子どもの強さではなく、さらに仲間との接触を求める飢餓の苦しみだ。

仲間指向性の子どもは、あきらめることができない

本章ではここまで、愛着の飢餓を満たすことが、子どもの愛着への没頭から解放する鍵になることに焦点を当ててきた。それでも、子どものときに大人との養育的な愛着を楽しむことがなくても、立派に成熟した人々もいる。どうしてそんなことができるのだろうか。そのわけは、成熟プロセスには第二の鍵があるからだ。それは全然目立たず、多くの点で満足とは正反対であるため、それを「成熟への裏口」と呼ぶことができる。この情緒的な分岐点は、うまくいくことで達成されるのではなく、現状または現時点で愛着の飢餓が満たされていないことを子どもの脳が認識したときに現れる。父親から注目してもらえない、おばあちゃんにかわいがられない、友だちができない、誰も遊んでくれないなど、願望がかなえられなかったときに、**無益さ**（futility）が理解できるようになる。または、孤独から逃れたり、偉くなったり一番になったり、誰かに大切に思われたり、迷子になったペットを見つけたり、ママに家にいてもらったり、家族が引っ越すのをやめさせたりすることができないことで、子どもは無益さを理解するかもしれない。無益になりうる願望は、誰かと親しくなることに失敗するような日常的なことから、深刻な愛着の喪失まで

幅広い。

私たちの感情回路は、愛着の飢餓が満たされるときだけでなく、それを満たす願望が完全に無駄だとわかったときにも、接触と親密さの追求から解放するようにプログラムされている。みんなが自分を好きになってほしい願望であれ、特定の人が自分を好きになってほしい願望であれ、自分が政治的な力を持ちたいという願望であれ、私たちが抱く願望をあきらめることは、大人であっても非常に難しい。しようとしていたことができないと完全に理解し、その失望と悲しみをしっかりと感じなければ、私たちは人生を前に進めることができない。愛着の未熟な生き物である子どもは、しがみつく、接触する、注目してもらう、愛着する人を持つ、といった衝動を当たり前に持っている。この願望が、生活を支配するまでに夢中になる子どももいる。無益さが感情脳の奥深くに刻み込まれたときに、初めてこの切迫した気持ちが緩和され、しがみつきが終わる。その一方で、無益さが理解できなければ、その子どもは強迫的な愛着の欲求にとらわれ続け、達成不可能なことを追い続けていくことになる。

エネルギーの転換が起こるためには、満足と同じように、無益さも理解されなければならない。その転換によって、欲求不満からものごとのあり方に対する平和な感覚の受容につながる変化が起きる。それは知識として刻み込むだけでは不十分で、脳の情動回路の中核である辺縁系の、まさに中心で深く繊細に感じられなければならない。無益さは繊細な感覚であり、私たちが制御できることの限界と、私たちが変えられないことに直面させるものだ。無益感は、子どもが傷つきやすさに防衛するようになるときに、最初に切り捨てられるものだ。そのため、仲間指向性の子どもには、この感覚が極端に欠けている。彼らの仲間関係には欲求不満と喪失が満ちあふれているにもかかわらず、彼らは失望、悲しみ、いらだちといった感情についてほとんど話さない。この後の章で見ていくように、欲求不満から無益さへ、「怒りから悲し

み へ」 変えることができないことが、攻撃性と暴力の主要な要因になる。

子どもの場合、無益さを理解しているもっともはっきりしたサインは涙だ。目は脳とつながっていて、人の内面をさらけ出す小さな器官だ。私たちは大人になると涙を隠すことができるようになるが、泣きたい衝動は無益さの感覚に組み込まれているものだ。もちろん、何かが目に入ったとき、タマネギ、体の痛み、欲求不満など、別な体験によっても涙が出ることはある。無益さの涙は、異なる神経回路によって発生し、すぐれて心理的なものだ。同じ涙でも感じ方は違うものだ。涙にはエネルギーの転換が伴う。健康な悲しみは、ものごとを変えようとすることから撤退させる。無益さの涙は、実際に何かが終わったという感覚をもたらし、気持ちを楽にさせる。その涙は何かがうまくいかず、あきらめなければならないことを、脳が本当に理解したことを表している。たとえばアイスクリームのカップを落としてしまっても、優しい大人の腕の中で涙を流して悲しむことができる幼児は、この喪失を受け止めてすぐに気を取り直し、次の冒険に繰り出すことができるだろう。

愛着がうまくいっていないために子どもが涙を流すことは、まったく自然なことだ。この点に関しても、仲間指向性の子どもはまったく自然ではない。彼らは無益だとわかっても涙を流すことがなく、さらに悪いことには、仲間関係が強くなると、無益さを受け止めることへの無意識的な抵抗がさらに強くなる。泣くのをやめると、通常はとてもしなやかで応答性のある脳の感情処理能力が硬直するようになる。柔軟性を失い、発達する力も失われる。無益さなしでは、満足感がないのと同じように、成熟は不可能だ。

仲間指向性は個性を押しつぶす

仲間指向性は、もうひとつの強力なやり方で成熟を脅かす。それは個性を押しつぶすやり方だ。その理由を探る前に、個性と個人主義の重要な違いについて、簡単に説明しておかなければならない。個性(individuality)は、心理的に分離した存在になるプロセスの成果であり、その結果、独自性が完全に開花する。心理学者は、このプロセスを分化、または個体化と呼ぶ。個人であることは、自分の存在意義を持ち、自分自身の考えと境界があることだ。その人自身の好み、主義、意志、見通し、目標が尊重される。それは誰にも占領されない領域だ。**個人主義**(individualism)は、コミュニティの権利と利益よりも、自分の権利と利益を優先する哲学だ。それとは反対に、個性は真のコミュニティの基盤になるものだ。なぜなら、真に成熟した個人だけが、他者の独自性を尊重し称賛する形で完全に協力することができるからだ。皮肉にも、仲間指向性は個人主義を増長し、同時に真の個性を損なっていくものだ。

個性が芽生え独立し始めるためには、他者からの反応と、必死になって他者につながろうとする自分自身の強い力の両方から守る必要がある。興味、好奇心、独自性、創造性、独創性、純真な驚き、新しい考え、自分でする、実験する、探索するなど、新しく始まるあらゆる面での心理的成長は、とてもか弱いものだ。この始まりは、ちょうど亀が甲羅から頭を突き出すように、ためらいがちで臆病なものだ。この、まったく丸裸の独創性を持って成長していく時期には、必ず他者の反応にさらされる。その反応があまりにも厳しく否定的であれば、この試みはすぐに消えてなくなってしまう。思考、存在、行動の独立性を認識または評価しない人たちの反応に立ち向かえるのは、十分に成熟した人だけだ。

子どもが他の子どもの成熟のサインを歓迎することは期待できない。それは彼らの責任ではなく、とにかく彼らはあまりにも愛着で動かされていて個性を尊重することができない。個人の意志を発展させることが将来の価値観の種であることを、子どもたちは知る由もない。彼らは、世界を「自分のもの」と「自分のものでない」に分けることはわがままでなく、個体化を始めるのに必須なことであることも、自分で何かを始めたり自分の考えを持ちたいと思うことが、自己形成の方法であることも知らない。子どもは他者のこのような問題を気にすることはない。成熟の種を認識し、個体化を進める場を作り、自立の初期の兆候を評価するためには大人が必要だ。個性は神聖な授かり物だと理解し、それが必要とするあらゆる保護を与えるためには、大人が必要だ。

しかし、お互いの個性を励まし祝福することができないことだけが問題であるとすれば、仲間関係は個性の成長をそれほど困難にすることはないだろう。残念なことに、問題はそれよりさらに深刻だ。未熟な人々は、思い切って表れた個性をことごとく踏みつける傾向がある。子どもの世界では、変に思われたり恥の原因になったりするのは、未熟さではなく成熟のプロセスだ。成熟し始めた子ども、つまり、自主的で仲間と付き合う欲求で動かされていない子どもは、異常で、ふつうではなく、ちょっと風変わりなように思われる。仲間指向性の子どもたちがそのような子どもに対して使う言葉は、「変わり者」「ばか」「間抜け」「奇人」「変態」など、かなりひどい言葉だ。未熟な子どもたちは、なぜこれらの成熟しつつある人が一生懸命うまくやっていこうとしているのか、なぜときどき仲間と一緒にいるよりもひとりになりたがるのか、なぜ他の人たちがしないことに好奇心や興味を持つのか、なぜ授業中に質問するのかが理解できない。きっと問題があるに違いない。だから恥をかかせてやろう。そして、仲間指向性が強い子どもほど、より激しく他の子どもの個性に腹を立て、攻撃する。

個体化が仲間の反応によって外部から脅かされるのと同時に、仲間指向性の子どもは内部の力動からも攻撃される。個性は仲間への愛着に対立する。仲間指向性の関係は、子どもが自分の好みを持ち、自分の気持ちを話し、自分の考えを表明し、自分の判断ができるひとりの人間になっていく重みには耐えられない。仲間への愛着がいちばんの心配ごとであれば、個性を犠牲にしなければならない。未熟な子どもには、この犠牲は正しいように見える。自分のパーソナリティを編集し、本当の自己表現を減らし、対立する意見や価値観を抑制することは、きわめて自然な行為に見える。自分と仲間の間では、そのままのパーソナリティを出すわけにはいかない。未熟な存在にとっては、友情（それは、彼らにとっては仲間への愛着を意味する）は、常に自己よりも優先されなければならない。愛着の生き物は、彼らがまさに犯している発達への冒瀆に気づかないまま、仲間から受け入れてもらう見返りに、生まれながらに持つ個性の権利を喜んで売り渡す。独立した存在として生きる力がない間は、自己保存の本能さえ発現しない。

ケイトは、家庭で教育を受けている七歳のクレアの母親だ。ケイトは娘のことを「七歳にしてはきちんとした個性のある子どもで、独立心もあります。でも二、三時間以上友だちと遊んだ後は、別人のようになって戻ってきます。彼女が話すのは自分の言葉ではなく、友だちの言い方の真似ばかりになります。二時間くらいすると、やっとクレアらしさが戻ります。でも、成長とともに、彼女が自分自身を保てる時間が長くなってきました」と話した。

私の娘のタマラが仲間指向性だった頃は、彼女は自分の意見を言うことも、友だちと対立する可能性のあることを考えることさえもできなかった。私には、彼女が守ろうとしていた人間関係の条件に必死に合わせているのが、手に取るようにわかった。私が娘に、彼女の主要な指向性の対象になっていたシャノンと離れて自分の時間を持つようにすすめたとき、彼女は私の言ったことの意味さえ理解できないほど困惑した。タマラは学力的には優秀だったが、自分の成績のよさを恥ずかしがり、必死になって仲間に点数を隠した。仲間指向性の子どもたちは、みんな次のような協定を知っている。人に悪い印象を持たれたり、人から排除される恐れのあることは、言ったりしたりしてはならない。彼女は直観的に、これらの関係が自分の力量には合っていないことはわかっていたが、それでも、ありのままの発達の経過をたどるかかわりに、彼女は自分自身をこの関係に合わせて小さくしようとしていた。

今の子どもたちが生きている世界は、自然な成熟プロセスとますますなじまないようになってきている。仲間指向性の世界では、成熟と個体化は愛着の敵と見なされる。独自性と個性は、仲間文化での成功の障害になる。

個体化の場となる子どもとの愛着を育むのは、親としての私たちの仕事だ。温かさと親密さを求めるために、子どもの個性が犠牲になることがあってはならない。私たちは、子どもたちがお互いで与え合うことができないものを与えなければならない。それは、愛情のこもった受容的な状況で、自分らしくいられる自由だ。未熟な仲間たちにはこのような受容はできないが、これこそが私たち大人にできることであり、しなければならないことだ。

〔註1〕ロバート・ブライ『未熟なオトナと不遜なコドモ』五頁。
〔註2〕人間の脳の発達の生理学的側面とその心理的成長との関連の詳細については、Geraldine Dawson and Kurt W. Fischer, *Human Behavior and the Developing Brain* (New York: Guilford Press, 1994)、特に第10章を参照。
〔註3〕カール・ロジャーズ『ロジャーズが語る自己実現の道（ロジャーズ主要著作集・3）』（諸富祥彦ほか訳、岩崎学術出版社、二〇〇五年）二五〇頁。

第10章　攻撃性の遺産

ある日、九歳のヘレンは鏡の前に立って、前髪を乱雑にカットし、彼女の前髪はほとんどなくなってしまった。困惑し恐ろしくなったヘレンの母は、どうしてそんなことをしたのかと問いただすと、その子どもはハサミの先を母親に向けて大声で罵声を浴びせた。

一五歳のエミリーはカッターで自傷したことで母親に私のところに連れてこられた。彼女の攻撃衝動は自分自身にだけ向けられたものではなかった。彼女の友人以外は、何であろうが誰であろうが、彼女の激しいあざけりと敵意から逃れることはできなかった。彼女は私の面接室の本棚にあった本のタイトルにさえ難癖をつけた。彼女は颯爽として知性的ではあったが、彼女の両親や弟たちへの罵りは耐え難いものだった。容赦なく批判し、絶え間なく悪態をついた。彼女の敵意には際限がなかった。

ヘレンの両親は私の友人であった。娘の突然の攻撃的な爆発が起こる前の年に、両親の結婚生活は危機的だった。彼らの時間とエネルギーは夫婦関係の問題に費やされ、しかたなくヘレンは仲間に情緒的なつながりを求めたが、仲間関係はうまくいっていなかった。

エミリーの経験が示すように、ヘレンが仲間に受け入れられる目標を達成したとしても、彼女の情緒的欲求は満たされないままだっただろう。エミリーは一〇歳のときに母親が癌の治療を始めてから仲間指向性が強くなった。母親を失うかもしれない不安に対処できず、エミリーは母を遠ざけるようになった。母親の愛着から身を引くことで生じた空白は仲間で埋め合わされた。仲間たちが今や彼女のすべてになった。そして彼女の行動、言葉、態度は攻撃的になった。家族への攻撃は仲間指向性の子どもたちには非常によく見られ、親やきょうだいが傷つけられる。ほとんどの場合、攻撃は身体的なものではないが、言葉による攻撃と感情的な敵意は、非常にうんざりさせられ、よそよそしく、傷つけるものだ。

最近では、親や教師からのもっとも多い相談は攻撃性に関することだ。クリスティン、メラニー、ショーンの親たちの一番の心配も攻撃性だった。攻撃性が必ずしも仲間指向性に関連しているわけではないが、仲間指向性の強い子どもほど、攻撃性が見られることが多い。

社会で仲間指向性が高まるにつれて、子どもの攻撃性も高まる。一九九三年にニューヨーク市教育委員会は六〇〇〇件の暴力事件を報告したが、一九六一年には一件だけだった〔註1〕。カナダの若者による重大な傷害事件は過去五〇年間で五倍になり、アメリカでは七倍に増えている〔註2〕。最近のカナダ保健省のコットレル報告では、子どもの親への虐待の増加が話題になった〔註3〕。ある調査では、五人中四人の教師が、身体的でないとしても脅迫や言葉の暴力も含めて、生徒から攻撃されたと報告している〔註4〕。攻撃性に自己攻撃も含めて定義を拡大すると、自殺の統計が非常に気がかりになる。致死的な可能性のある自殺企図は過去五〇年間で三倍になった。一〇～一四歳の自殺は急速に増加している〔註5〕。

今日の多くの大人たちは、攻撃されることを恐れ、面識のない若者のグループと直面することをためらう。このような不安は、一、二世代前まではほとんどなかった。ちょっとあたりを見回してみれば、ここ二、三〇年間での変化に気づくことができるだろう。

子どもの攻撃性の報道は多い。「交際を断られたティーンが銃を持ってパーティーに戻り三人を殺害」、「若者がティーンに襲われ重体」、「一〇～一三歳の子どものギャングによる暴力犯罪」、「落第した学生が学校に戻り教師を殺害」。二〇〇二年一〇月に、シカゴで三六歳の男性が一〇歳から一八歳の若者の一団によって致命的な暴力を受けた事件を報じたAP通信の記事は、「彼らは（くま手、牛乳缶、バットで）被害者を叩きながら、『ヘイ、俺にもやらせろよ』と叫んでいました。彼らはゲームをしているようでした」という目撃者のコメントを掲載していた。その血生臭い事件から二、三週間もたたないうちに、西隣の州で起こったティーンエージャーによる二件の殺人事件はカナダの市民に衝撃を与えた。ブリティッシュコロンビア州メイプルリッジで、放火で全焼した自宅の焼け跡から三人の子どもを持つ三九歳の母親の遺体が発見された。二、三時間後、警察は死亡した女性の自動車を運転していた一五歳の少年を見つけた。「彼はタバコを吸いながら運転していた。車には他に五人の若者が乗っていた」。この少年は第一級殺人の容疑で逮捕された。この記事で特筆すべき点は、仲間と一緒にいるときのこの若い殺人者のあからさまな無関心さだ〔原註＝この少年はその後有罪判決を受けた。彼は幼い頃親に捨てられ、何度も大人との愛着を失い、その結果仲間グループに定着した生育歴があった〕。

コロラド州のコロンバイン高校、アルバータ州テイバー、英国のリバプールで発生したティーンエージャーによる暴力的な凶悪事件が新聞の見出しを賑わせてきた。しかし、ぞっとするような統計や血生臭い暴力事件の報道に注目するだけでは、私たちの社会での子どもの攻撃性の重大な影響を見落としかねない。攻撃性と暴力の高まりをもっともはっきりと表す兆候は、新聞の見出しではなく、言語、音楽、ゲーム、芸術、さまざまなエンターテイメントなどの仲間文化の中にある。文化はそこに含まれる人々の力動を反映し、仲間指向性の子どもたちの文化はますます攻撃性と暴力の文化になってきている。暴力への欲求は音楽や映画の中だけでなく校庭や学校の廊下でも、暴力的な表現を楽しむことに表れている。子どもたちは仲間の敵意を鎮めるよりもそれを煽り、けんかを制止するよりもそれを助長する。加害者は氷山の一角にすぎない。ある学校の調査によると、生徒たちはいじめと攻撃的な行為を受動的に支持するか積極的に助長する傾向があり、介入しようとしたのは八人に一人以下だった。このことから、仲間たちには全般的にいじめの犠牲者よりも加害者のほうに好意的な気持ちを持つことが多い暴力の文化と心理が深く染みこんでいることが示された〔註6〕。

子どもの攻撃性でもっとも多い形は、研究や統計が扱っているようなけんかや暴力ではなく、仲間指向性の子どもたちの日常生活に見られる攻撃的な態度、言葉、行動だ。怒りの発散、敵対、侮辱のように感情的に表現されるものだ。あるいは、横柄な態度、目をつり上げる表情、侮辱的な言葉で表現されることもある。声のトーン、ばかにしたような態度、にらみつけるような目、体の姿勢、皮肉なコメント、反応の冷たさに表れることもある。攻撃性は他者に向けられることもあるが、かんしゃくや興奮で表れることもある。また、「私はばかだ」のような自己卑下、「自分が嫌いだ」のような自己への敵意、頭をぶつける、自傷、自殺念慮や衝動といった形で自己に向かうこともある。攻撃は、「おまえを殺す」とか「自殺する」など、存在自体に向けられることもある。存在への攻撃には、仲間はずれにする、相手がいないように振る舞う、ある人の存在を認めることを拒否するといった心理的なものもある。例を挙げればきりがない。

言い換えると、攻撃性の本質は、現在学校や多くの子どもたちがかかわる施設で採用され、広く普及しているが何の効果もない「ゼロ・トレランス（絶対容認しない）」ポリシーの対象となるあからさまな暴力の形を超越したものだ。攻撃性の幅広さを考えると、ゼロ・トレランスは概念的に浅いもので、本当に実現するのは不可能だ。

愛情と同じように、攻撃性の本質は、もともと潜在的な動機、つまり人を動かすものだ。攻撃性の場合、それは襲撃の衝動だ。この攻撃性はどこから来るのだろうか。何が子どもたちの攻撃性をこれまでになく高めているのだろうか。なぜ仲間指向性の子どもたちは暴力的になりやすいのだろうか。その答えは統計からではなく、攻撃性の起源を理解し、仲間指向性がそれをどのように助長するのかを理解することから得られる。攻撃性を理解しなければ、子どもたちが生きている世界で攻撃性がエスカレートしていることを本当に理解することはできない。

仲間指向性は攻撃性の根本的な原因ではない。まだほとんど仲間指向性になっていない幼児や子どもでも攻撃的になりうる。攻撃性と暴力は太古からの人間の歴史の一部だった。攻撃性は人間のもっとも古く、もっとも難しい問題のひとつであるが、仲間指向性は比較的新しいものだ。しかし、仲間指向性は強力に攻撃性の火をかき立て、暴力を助長する。

攻撃性の原動力

何が人を攻撃へ向かわせるのか。欲求不満。欲求不満は攻撃性の燃料だ。当然のことながら、酸素を供給すれば自動的に火が燃えるのではないのと同様に、欲求不満が自動的に攻撃性を生じさせるのではない。これから説明するように、欲求不満はまったく攻撃性とは異なる別の結果にもつながることがある。適切な解決がない場合のみ、欲求不満の増加が攻撃性につながる。仲間指向性は子どもの欲求不満を高めるだけでなく、攻撃性に対する平和な代替手段を見つける可能性も下げる。

欲求不満は何かがうまくいかないときに私たちが感じる感情だ。うまくいかないものは、おもちゃ、仕事、身体、会話、要求、対人関係、コーヒーメーカー、はさみなど、さまざまだ。それが何であろうとも、「それ」がうまくいかなければならないと思うほど、うまくいかないときに私たちは感情的になる。欲求不満は深くて原始的な感情だ。実際、他の動物にも存在するほど原始的だ。欲求不満は必ずしも意識されるものではないが、それでも他の感情と同じように、私たちを動かす力がある。

欲求不満の誘因はたくさんあるが、子どもにとって（多くの大人も同じだが）もっとも大切なものは愛着なので、欲求不満の最大の原因は、会えないこと、付き合いの妨害、長すぎる分離、拒絶感、愛する人を失うこと、一体感や理解の欠如など、愛着がうまくいかないことだ。一般的に愛着は意識されないので、欲求不満と愛着が機能していないこととの関連性にも気づかないことが多い。

愛着の欲求不満と攻撃性との緊密な関連を、私は息子のシェイが三歳のときに痛感させられた。シェイは私にとてもなついていたが、私が教育者を対象にした五日間の研修の依頼を引き受けたことにより、今までよりも少し長い分離を経験した。私が戻ってくると、シェイの攻撃的な行動は、彼の年齢の標準である一日二〜三回のレベルから、二〇〜三〇回に増加した。彼がなぜかんしゃくを起こしているのか、噛んだり、叩いたり、ものを放り投げたりするのかを尋ねるまでもなかった――たまたま私がセミナーで講義したテーマが攻撃性と暴力の起源だった。彼も何も話すことはなかった。それは彼の深い内面から湧き起こった愛着への欲求不満に他ならなかった。本章の初めに紹介したヘレンの母親は、ヘレンが三歳の頃、重いうつ病にかかっていた。母親が気分障害の長く暗い月日を送る間、両親は娘の欲求に応えることができなかった。それから突然、表向きには何の理由もなく、ヘレンは遊び場でまったく面識のない子どもを叩くようになった。それは彼女の愛着の欲求不満による攻撃的行動の爆発だった。

仲間が親に取ってかわると、彼らの欲求不満の源も変わり、ほとんどの場合、欲求不満は減少というよりむしろ増加する。お互いに愛着を持つ仲間は、近くに居続けられないと欲求不満になる。彼らは一緒に住んでいないので、いつも分離に苦しんでいる。確実に仲間に気に入られるのは無理なことだ。今日選ばれたことは、明日選ばれることを保証するものではない。仲間に大切だと思われることがもっとも大切だとすれば、電話をかけてこなかったり、見過ごされたり、無視されたり、誰かに取ってかわられたり、軽く見られたり、けなされたりしたときなど、いろんなところで欲求不満を感じる。子どもは仲間から受け入れられたり特別だと思われたりするという意味で、けっして安心することはない。さらに、仲間指向性は子どもの本当の心理的な重みにほとんど耐えることができない。子どもは絶えず自分を取り繕い、違いを見せないようにして、あまりはっきりと異論を出さないようにしなければならない。親密さを保つためには、怒りと憤りは飲み込まなければならない。仲間関係には、安全な本拠地はなく、ストレスに対する防御もなく、寛大な愛もなく、信頼できる約束もなく、親密な感覚もない。このような環境では、たとえものごとが比較的うまくいっていても欲求不満は強い。そこに少しでも拒絶や仲間はずれが加われば、欲求不満は頂点に達する。仲間指向性の子どもたちの言葉が汚くなり、彼らの音楽やエンターテイメントのテーマが攻撃的になるのも不思議ではない。また、これらの子どもたちが自分自身を攻撃し、身体を傷つけたり自殺を考えたりすることが非常に多いのも不思議ではない。あまり目立たないが、より広い範囲で、多くの子どもたちは自分自身に満足していない。意識的あるいは無意識的に、彼らは自分白身の特徴に非常に批判的だ。それも自分に対する攻撃性のひとつの形だ。

欲求不満から抜け出せない子どもたちは、攻撃の機会を探し求め、音楽、文学、芸術、エンターテイメントの攻撃的なテーマに強い関心を示す。本書の共著者は、ちょうど思春期に入った息子がテレビで乱暴なプロレスの番組を見るようになり、ホラー映画の主人公である、鉄の爪を持つ殺人鬼フレディー・クルーガーのような衣装を着るようになって驚いた。彼はその頃の生活で両親との愛着が十分に安定しておらず、非常にストレスの高い仲間関係に巻き込まれていた。

多くの親たちが痛ましく経験するように、いったん子どもの愛着脳が仲間に捕まると、それを阻止しようとすれば激しい欲求不満が生じるようになる。親が押しつける限界と規制は、まったく酷い攻撃的な言葉と行動の嵐を引き起こす。一一歳のマシューはまさにその実例だ。彼は両親をひとりの仲間、ジェイソンに置き換えた。ふたりは離れることができなくなった。マシューはジェイソンの家にハロウィンのオールナイト・パーティーに行きたいと言い出した。両親がだめだと言うと、彼は何かしでかすのではないかと心配になるほど激しい敵対的な感情と言葉の攻撃を爆発させた。このことがあって両親は私に相談し、彼の基本的な問題として仲間指向性があることがわかった。マシューが両親に書いた怒りのメモは、彼の欲求不満とその結果生じた攻撃性の一部を表現している。

> ねえ、お願いだから、今の状況をちょっと考えて。ジェイソンが誰かと何かをしたいとすれば、いつもは彼は僕に電話するんだ。でも、親が行かせてくれなくなったら、彼は僕のことなんか気にもしなくなってしまう。そのかわりに、彼は他の子と仲良くなってしまう。いつもならそれでかまわないけど、今はもう僕の友だちではなくなってしまう。そう思うとメチャクチャ頭にくる！！！！！！！誰かをぶん殴って、本当にやつらをボコボコにしてやりたいくらい頭にくる。神に誓って、あなたたちがとても愛しているかわいい子どもにはならない。そうしなければならないのなら、死んでもいいくらいだ！　たぶん、手首を切って…友だちがいなくなったら、死んだも同然だ。

仲間指向性の子どもの攻撃性の燃料は尽きることがない。

欲求不満が必ず攻撃性につながるというわけではない。健全な欲求不満への反応は、ものごとを変えようとすることだ。それが不可能だとわかると、ありのままを受け入れ、その状況に対して工夫して適応できるようになる。このような適応ができない場合でも、攻撃の衝動は、それを和らげる思考と感情、言い換えると、成熟した自制心によって抑制することができる。強い欲求不満があっても攻撃的にならない可能性は十分にある。仲間指向性の子どもたちは、以下に説明するような理由のために、欲求不満に対する望ましい結果が阻止されやすい。このような子どもたちはどうしても攻撃的になってしまう。

仲間指向性には、攻撃性を爆発するまで欲求不満をため込むようになる、三つの大きな問題がある。

仲間指向性はどのように攻撃性を助長するのか

仲間指向性の子どもたちは変化をもたらすことができない

欲求不満が生じたときに、私たちはまずうまくいっていないことを変えようとする。他の人に要求したり、自分自身の行動を変えてみたり、さまざまな方法でこの状況を変えようとする。このような行動に向けることで、欲求不満はその役割を果たす。

問題は、人生は私たちにはどうしようもない多くの欲求不満をもたらすということだ。私たちは時間を変えることや、過去を変えたり、したことを元に戻したりすることはできない。死を避けたり、よい経験がいつまでも続くようにしたり、現実をごまかしたり、うまくいかないものをできるようにしたり、他の人がしたくないと思うことに協力してもらうことはできない。常に公平であったり、自分や他者の安全が保証されたりすることはない。これらすべての避けられない欲求不満の中で、子どもたちにとってもっとも脅威となるのは、心理的、情緒的な安全を自分で確保できないことだ。求められ、招かれ、好かれ、愛され、大切にされるという、これらのきわめて重要な欲求は、子どもたちがどうすることもできないものだ。

私たち親が子どもをうまく引き寄せているかぎりは、子どもたちは人間の存在の基本である、この深い無益さに直面しないで済む。私たちが子どもを永遠に現実から保護できるわけではないが、子どもたちをまだ対処できないような問題に直面させる必要はない。仲間指向性の子どもたちはあまり幸運ではない。彼らは欲求不満が高まると、ものごとを変えて、なんとか愛着を確保するのに必死になる。仲間との関係を強迫的に求める子どももいる。また、仲間からもっと魅力的に見られようと夢中になる子どももいる。その結果、美容整形を希望する若者の急増やおしゃれへのこだわりがどんどん低年齢化してきている。ボス的になったり、人気者やお調子者になる子もいる。また、仲間たちの親密さを保持するために、必死になって心理的な結び目になろうとする子もいる。永遠に満足することなく、これらの子どもたちは不満の原因を知らないまま、自分たちではどうしようもない現実に逆らっている。もちろん同じ力動は子どもたちの大人との関係でも生じることがあり、それはよくあることだが、それは仲間指向性には間違いなく存在するものだ。

仲間指向性の子どもたちが、要求したり、容姿を変えたり、他の人のために頑張ったりすることで、どんなにものごとを変えようとしても、どんなに本当のパーソナリティを抑えて自分自身に妥協しても、それはつかの間の救済にしかならない。容赦のない愛着への欲求不満から永続的に救済されることはなく、さらにこの不可能の壁に絶えずぶつかり続ける欲求不満が加わる。本章の初めに紹介したヘレンとエミリーの場合のように、彼女たちの欲求不満は終わりを迎えるというよりも、むしろ一歩ずつ攻撃性に近づいていく。

仲間指向性の子どもたちは適応できない

どうしても切り抜けられない障害物に直面した欲求不満は、無益さの感情に変わっていかなければならない。このようにして欲求不満は適応を生み出し、自分を脅かす状況が変えられないときには自分を変えるようにする。このような適応に向かう子どもは攻撃的にならない。適応と攻撃性はどちらも欲求不満の結果であるが、互いに相容れないものだ。

この欲求不満から無益さへの力動は、幼児ではわかりやすい。幼児は、親には正当な理由で聞き入れない、あるいは聞き入れてやれない要求をするものだ。何度か手を変えてもうまくいかないと、幼児は無益さの涙を流す。これは非常によい反応だ。ものごとを変えようとすることから諦めることへエネルギーがシフトしたのだ。すでに一部の欲求不満が攻撃として噴出していても、それらの感情も怒りから悲しみに変わる。いったん無益さの感情への変化が起これば、子どもは落ち着く。欲求不満がこのような形で変換されないと、子どもはいつまでもやり方を変えないだろう。他のことに注意を逸らしたり、甘やかされたりしないかぎり、子どもは無益さと対決し続け、疲れ果てるまで攻撃性を爆発させ続けることが多い。無益さの感情だけが、うまくいかない一連の行動を止め、それによる欲求不満を解消させることができる。

脳はうまくいかないことをきちんと刻み込んでいかなければならない。なにがうまくいかないかを考えるだけでは不十分で、それを感じなければならない。私たちは皆、うまくいかないことをわかっていても、何度も同じ行動を繰り返し続けた経験がある。たとえば、親として私たちは子どもに「何度言ったらわかるの、もう一〇〇〇回も言っているのよ」とよく言う。もしそのかわりに、私たちが自分の無益さの感覚を十分に受け止めることができれば、何回も繰り返して言ってもまったく効果がないとわかっているやり方に固執しないだろう。

適応は、大脳皮質の思考の領域ではなく、脳の感情機能を司る辺縁系によって調節される、まったく無意識的で感情的なプロセスだ。たとえば、私たちが愛する人を失ったとき、それが死別であろうが恋人との破局であろうが、適応が起こるためには、彼らがいなくなったことを知るだけでは十分ではない。繰り返し無益さを感じることで、この事実を感情的に受け入れなければならない。無益さが受け入れられ、人生で永遠にその人と身体的にも感情的にも会えなくなったことを心の底から理解して初めて涙が出て、適応が始まる。このプロセスには何年もかかることがある。幼児の場合は、夕食前のおやつ禁止という無益さの壁には、数分で怒りから悲しみに変わり、適応するだろう。きょうだいで母親を取り合うような場合は、このような適応にはもう少し時間がかかるだろう。しかし、無益の涙を流すことがなければ適応は起こらない。涙が出ても出なくても、無益さのもっとも基本的な感情は悲しみ、失望、悲嘆だ。幸いにも、涙はがまんできるようになっても、内面的に無益さを感じることができれば、悲しみと失望が適応を促す役割を果たしてくれる。仲間指向性の子どもたちのジレンマは、無益さの感情には傷つきやすさが伴うことだ。無益さを感じることは自分の力とコントロールの限界を受け入れることになる。仲間指向性の子どもが傷つきやすさから逃避すると、まず無益さを感じることを抑える。クールな文化では、無益さの涙は恥になる。無益さの感情が欠けているために、仲間指向性の子どもたちは攻撃的になりやすくなる。

仲間指向性は欲求不満を引き起こすとともに、それに対抗する涙を奪う。たとえば、ヘレンは涙を流すことがなくなり、今では母親に対する敵意に満ちていた。エミリーは母親の癌に対して涙を流したことがない。無益さの涙のかわりに、彼女は自傷によって血のしずくを流した。悲しみと失望のかわりに、彼女は皮肉と軽蔑をあらわにした。彼女は、苦悩に向き合い心を鎮めるようなもの悲しい音楽ではなく、ヘビーメタルの暴力を選んだ。ますます多くの子どもたちが仲間たちとうまく付き合う無益さに直面しているが、無益さを受け止めることができないために、結局自己や他者を攻撃するようになっている。無益さを受け止めることができないと、あきらめることも、実際の限界を受け入れることもできない。適応がなければ、逆境から立ち直る力、指示がないときの判断力、過去のトラウマから回復する能力を持つことができない。

仲間指向性の子どもたちは、自分では変えられないものと自分自身の心の間で板挟みになっている。

仲間指向性の子どもたちは攻撃に対して混じり合った気持ちがない

攻撃の衝動が反対の衝動や思考、意志、感情によってチェックされれば、欲求不満は攻撃性に変わらない。攻撃性に関しては、両価性は非常によいものになる。仲間指向性の子どもたちは攻撃に対して両価的な感情を持つことが少ない。

通常、攻撃衝動を抑えているのは、傷つけてはいけない意志、よい子でいたい願望、復讐への恐れ、結果に対する不安だ。愛着を持つ人や愛情、さらには自制心を失うことへの警戒も攻撃性を緩和する。攻撃衝動が生じると、子どもの良心がそれを打ち消そうとするように働く。この対立する動機が、自制を可能にする社会性を引き出す。両価性が欠如したところに攻撃衝動が前面に出てくると、不適切な衝動が行動化されることを止めることはできない。

なぜ仲間指向性の子どもたちは、攻撃に対して両価的な感情を持ちにくいのだろうか。ひとつの理由として、彼らの発達が停止しているために、混じり合った感情と対立する衝動がうまく制御できないままでいる可能性が高い。これは第9章で説明した就学前幼児症候群であり、心理的な未熟さに起因する衝動性だ。衝動的な子どもが何を知っていたとしても、善意があったとしても、何回教えられたとしても、何度結果に対して罰を加えられたとしても、関係ないことだ。欲求不満が高まれば、それらはすべて攻撃への衝動によって打ち消されてしまうだろう。

仲間指向性の子どもたちが両価的な感情を持ちにくいふたつ目の理由は、愛着による緩和作用がないことだ。第2章で説明したように、原始的な愛着の双極性の性質は、愛着を持たない人を拒絶させる。子どもが愛着の飢餓を満たすために、つながりと親密さを仲間に求めると、きょうだい、親、教師など、ほとんどすべての人たちは攻撃の対象になる可能性がある。さらに、その子どもが愛着を向けない仲間も攻撃の対象になる。ここでもやはり、攻撃性は身体的な攻撃以外に、悪口、嘲笑、無視、陰口、感情的な敵意、中傷、こき下ろし、敵意、軽蔑など、さまざまな形を取る。

このように、仲間指向性は攻撃衝動のきっかけになると同時に、家族や子どもに責任を持つ大人たちの自然な免疫を取り去ってしまう。その結果、子どもによる親への虐待と生徒による教師への虐待が増えている。

もうひとつの強力な緩和因子は、心理的な警報だ。脳の多くの部分が、複雑な警報システムを担っている。不安は、攻撃からであろうが大切な人と離される脅威であろうが、私たちに危険が迫っていることを知らせる情緒的な警報だ。トラブルに巻き込まれる心配、傷つけられる恐怖、結果への懸念、愛する人と別れる不安は、子どもに警戒心を引き起こす。攻撃は危険な仕事だ。混じり合った感情を持てる子どもは、それを考えるだけで警戒心を抱き、自分の攻撃性を抑えることが可能になる。

警戒心を持つことの難しさは、それが傷つきやすさを感じさせてしまうことだ。実際、何か悪いことが起こるかもしれないという認識は、まさに傷つきやすさの本質だ。仲間指向性の子どもたちは傷つきやすさから逃避しているために恐怖心を失っている。生理的なレベルでは警戒できるかもしれないが、彼らの意識の中では警戒心やそれに伴う傷つきやすさを感じることはない。彼らは、驚いたり、緊張したり、怖かったりしたことを話すことがない。

警戒心が麻痺すると、警戒に関係する化学物質であるアドレナリンに取り憑かれ、依存症のような状態にさえなる。傷つきやすさに対する防衛として感情を遮断した子どもたちは、実際にアドレナリンを上昇させる危険を求めるようになる。彼らの間で「極限《エクストリーム》のスポーツ」への人気は間違いなく急上昇している。

子どもの仲間指向性がさらに強くなると、心配したり警戒したりしなくなる。脳研究では、非行少年の最大三分の一は警報に関与する脳領域で正常な活動が見られないことを明らかにしている。脳内の警報を作動させるスイッチがなければ、人の攻撃衝動は暴力的な形で噴出しやすくなる。

アルコールの影響はこの関係をうまく説明してくれる。傷つけられることへの警戒心であろうが、トラブルに巻き込まれる警戒心であろうが、大切な人から離れることへの警戒心であろうが、アルコールは攻撃衝動を抑える警戒心を麻痺させる。アルコールを摂取すると、通常、攻撃性を阻止する脳の領域が抑制される。暴力犯罪にはアルコールが高率に関与しているのも不思議ではない〔註7〕。子どもたちはアルコールを飲むと「度胸」がつくと思っている。実際は、恐怖心を取り去っているだけだ。しかし、脳にはアルコールや他のドラッグの力を借りなくても警戒心を麻痺させる能力がきちんと備わっていて、あまりにも圧倒される状況ではそのようにしている。多くの仲間指向性の子どもたちは自分自身で感情を麻痺させようとしている。もちろん、仲間指向性の子どもが思春期に到達すると、彼らはアルコールを飲む可能性が高くなり、攻撃的になる可能性も高くなる。

仲間指向性の子どもたちの攻撃性の火を消そうとすることは、それ自体無益な行動だ。しかし、私たちがこの無益さを理解し、この事態に対する自分自身の悲しみに気づくまでは、私たちは自分のやり方を変えないだろう。私たちは仲間指向性の子どもたちと窮地に立たされている。彼らがそうなればなるほど攻撃的になり、私たちのしつけに反応しなくなる。彼らが攻撃的になればなるほど、私たちは疎外され不在になり、彼らが仲間で埋める空白をさらに拡げている。このような状況では、私たちは知らず知らずのうちに、子どもの間違った方向に向かった愛着の問題よりも、攻撃性に注意と努力を集中させてしまう。どんなに動揺しようが疎外されようが、攻撃性に注目している余裕はない。この流れを変える唯一の希望は、子どもたちを取り戻して、私たちへの愛着を修復することだ。

〔註1〕この統計は、第一〇四回アメリカ心理学会でのニューヨーク市教育委員会のリンダ・クラーク氏の講演から引用した。

〔註2〕これらの統計は、二〇〇一年二月一九日にブリティッシュコロンビア州バーナビーで開催された学校安全に関する全国会議で、*Building Moral Intelligence* の著者であるミシェル・ボルバ氏の講演から引用した。

〔註3〕バーバラ・コットレル氏の報告書のタイトルは *Parent Abuse: The Abuse of Parents by Their Teenage Children* で、二〇〇一年に Health Canada が発行した。

〔註4〕この調査は、ブリティッシュコロンビア州にあるサイモン・フレーザー大学のデイビッド・リオンとケビン・ダグラスによって行われ、一九九九年一〇月に発表された。

〔註5〕自殺統計は、アメリカの国立疾病予防管理センターのものとカナダのマクレアリーセンター協会によるもの。

〔註6〕W. Craig and D. Pepler, *Naturalistic Observations of Bullying and Victimization on the Playground* (1997), LaMarsh Center for Research on Violence and Conflict Resolution, York University, Barbara Coloroso, *The Bully, the Bullied, and the Bystander* (Toronto: HarperCollins, 2002), p. 66より引用。

〔註7〕アメリカ政府の統計によると、過失致死事件の六八パーセント、暴行事件の六二パーセント、殺人または殺人未遂事件の五四パーセント、強盗事件の四八パーセント、窃盗事件の四四パーセント、強制性交事件の四二パーセントにアルコールが関係している。これらの政府統計については、www.health.org/govpubs/m1002 を参照した。

第11章　いじめの加害者と犠牲者

ビクトリア時代の少年小説『トム・ブラウンの学校生活』に出てくる、威張っているが臆病者の上級生フラッシュマンのように、いじめはいつの時代にも存在していた。私たちは誰でも——いじめの加害者にせよ、目撃者にせよ、被害者にせよ、子ども時代のいじめに何かしらの記憶がある。にもかかわらず、いじめが大きな社会問題にまでなったのは、つい最近のことだ。「ニューヨーク・タイムズ」によれば、「アメリカ国立衛生研究所の研究者が行った子どもの発達に関する大規模な研究で、すべての中学生のおよそ四分の一が、深刻で慢性的ないじめ、すなわち、脅し、からかい、中傷、殴打、平手打ち、冷やかし、軽蔑などの行動の加害者か被害者（一部は両方）であったことが報告された」（註1）。

現在北米では、いじめ防止プログラムを始めたり、いじめに対して「ゼロ・トレランス」を宣言したりする必要がないと考えている学校区はほとんどない。しかし、いじめの原因については、ほとんど理解されていない。現在提唱されているいじめへの対応策は、相変わらず原因ではなく行動に対処しようとしているので、おそらく効果はないと思われる。たとえば、二〇〇一年に「ニューヨーク・タイムズ」は、カリフォルニア州サンティーでいじめが原因で起こった高校銃乱射事件を受けて、ワシントン州の上院がいじめを取り締まる州法を可決したと報じた。記事によれば、「法案の支持者はこれまで以上に暴力を減らすのに役立つだろうと言っているが、懐疑論者たちはその銃撃事件が起こったカリフォルニア州の高校では、すでに、脅迫している生徒を匿名で通報するなどのいじめ防止プログラムや、『言葉だけでも傷つける』というようなティーンエージャー向けのプログラムが行われていたことを指摘していた」〔註2〕。

前章で示したヨーク大学の研究では、小学生の子どもたちの遊び場でのいじめを記録した五三本のビデオを分析し、半分以上の時間は受動的にいじめを見ている傍観者がいて、ほぼ四分の一の時間はそのうちの何人かが、犠牲者へのいじめに加わっていた〔註3〕。

一九九七年に国際的な注目を集めた、ブリティッシュコロンビア州ビクトリアのティーンエージャー、リーナ・バークが仲間に殺害された事件は、小説『蝿の王』を悪夢のように思い出させた。リーナは亡くなったとき一四歳で、殺人犯も彼女と同年代で、一、二歳違うだけだった。ウィリアム・ゴールディングの小説のように、思春期の集団はその中でもっとも弱い者を攻撃し、彼らの欲求不満と怒りは、彼女がめった打ちにされ溺死するまで収まることがなかった。殺人犯のひとりは、平然とタバコを吸いながら犠牲者の頭を水中に沈めていたと報じられた。直接参加しなかった多くの仲間は殴られるのを目撃したが、誰も積極的に止めようとはせず、殺害した後に警察に届けようともしなかった。大人たちは数日間、この殺人に気づかなかった。

『蝿の王』では、イギリスの少年聖歌隊員が熱帯の島に置き去りにされた。子どもたちだけになると、彼らは自然といじめる側といじめられる側に分かれていき、それが殺人にまでつながった。多くの人たちのゴールディングの小説の解釈は、子どもたちは薄っぺらな文明の皮の下に荒々しい凶暴性を隠していて、彼らの生来の残忍な衝動を抑えることができるのは権威的な力だけだ、ということだ。この考え方は、増え続ける子ども同士の殺人事件の報道で、さらに強化されてきた。子どもたちの生活の中に大人がいないことがいじめの重要な原因であることは確かだが、実際の力動は、大人の権威がないことよりも、大人の愛着の不足のほうが重要だ。より正確に言うと、大人の権威の不足は、大人との愛着が弱まり、仲間への愛着に置き換えられることと直接的に関連している。一般的な暴力と同じように、いじめについても仲間指向性の影響がある。同じ現象は、動物の世界でも、実際に観察することができる。

アメリカ国立衛生研究所のサルの研究では、子ザルのグループが親ザルから分離され、子ザルたちだけで育てられた。親ザルに育てられたサルと違って、これらの仲間指向性のサルの多くはいじめ行動を示し、衝動的、攻撃的、自己破壊的になった〔註4〕。

南アフリカの野生動物保護区で、公園管理官たちは珍しい白いサイが虐殺されたのを見つけた。当初は密猟が疑われたが、その後、若いはぐれゾウの集団の仕業であることが明らかになった。この話は大きな注目を集め、『60ミニッツ』というテレビ番組で放送された。ウェブサイトにも、以下のように詳しく紹介されている。

> この物語の始まりは、公園がゾウの増加に耐えられなくなった一〇年前にさかのぼる。公園管理者は、親を必要としないところまで成長した子ゾウを持つ親ゾウを殺すことを決めた。それが実行され、若いゾウは父親なしで育っていった。
>
> 時が過ぎ、これらの若いゾウたちはギャングのように群れになって歩きまわり、ふつうのゾウがしないことをするようになった。彼らはサイに木の枝や水を投げつけ、近所のいじめっ子のような振る舞いをし始めた。（中略）何頭かの若い雄のゾウは特に狂暴で、サイを押し倒して足や膝で踏みつけ、ついには圧死させた。
>
> 解決策として、大きな雄ゾウを連れてきて若ゾウを統率させ、いじめ行動をさせないようにした。

新しい雄ゾウがすぐに若ゾウを支配するようになり、若いいじめっ子のゾウたちは本来の姿に戻った。殺しはなくなった。

どちらの場合も、動物たちのいじめは、自然な世代間の階層の破壊に引き続いて起こっていることがわかる。人間の子どもたちでも、いじめ現象は自然な階層の破壊の直接の結果であり、大人との関係の喪失に引き続いて発生している。『蝿の王』では、大人たちがひとりも生き残れなかった飛行機の墜落事故によって、子どもたちだけの生活が始まった。ビクトリアでのリーナ・バークの殺害事件は、被害者も加害者も複雑な家族背景を持つ若者で、仲間指向性が強く、大人との情緒的な愛着を失っていた。ビクトリア時代のいじめっ子のフラッシュマンですら、小さな男の子を家庭から離して、仲間の価値観が生活と対人関係を支配する施設に入れる制度の産物だった。イギリスの男子校では、いじめはいつもふつうの光景だった。

根底にある問題は、行動そのものでなく、責任のある大人との自然な愛着の階層の喪失だ。若者が親をもはや導き手と見なくなったとき、彼らは本能的で衝動的な状態に陥る。これから説明するように、適切な愛着が失われると、支配する本能が現れてくる。残念ながら、本能と感情に深く根ざしたいじめ行動の力動は、見逃されていることが多い。私たちが直《じか》に見ていること、つまりいじめ行動や犠牲者の悲惨な姿だけが注目される。

特に関心が高まっているのは、学校でのいじめの増加だ。いじめっ子は社会のはみ出し者で、恵まれない子で、弱い者を喰いものにするが主流からは仲間はずれにされるという、北米の固定観念はもはや通用しない。今の子どもたちの世界では、いじめっ子は仲間はずれにされない。彼らは、少なくとも学校では、大勢の支持者に囲まれている。アメリカ心理学会が二〇〇〇年に発表した研究は、「小学校で、かなり攻撃的で反社会的な男の子たちが人気者になっている」ことを報告した。この研究のリーダーで、ノースカロライナにあるデューク大学のフィリップ・ロドキン教授は、「私たちは攻撃的な子どもたちのことを、敗者とか、かわいそうな子とか、手に負えない子などと考える傾向がある。しかし、攻撃的な子どもたちのおよそ三分の一は、同級生グループのボスなのです。このような子どもは、たとえマイノリティの子どもであったとしても、地位が高いため、仲間たちとクラス全体に大きな影響力を持つことができます」と語っている〔註5〕。

モラルの欠如、家庭での虐待、しつけの不足、エンターテイメントからの暴力への曝露《ばくろ》などがいじめの原因と考えられることが多いが、それは間違っている。たしかに、これらの原因から発生するいじめもあるが、いじめ自体は基本的に愛着の問題の結果だと私は確信している。さきほど示した例でも、子どもたちも動物たちも、物理的または情緒的、あるいは心理的に孤児の状態であった。仲間による生育の影響を研究するために、子ザルは親から分離され、ゾウの親は間引きのために殺された。『蝿の王』の大人たちは事故で亡くなり、ビクトリア時代のティーンは親から引き離された。動物たちも子どもたちもすべて同じように、耐え難い愛着の空白に苦しんでいた。彼らのいじめ行動は、未熟な存在が、愛着の自然な階層の中に安定できていないことの現れだった。それは最近の研究結果からも支持されている。「ニューヨーク・タイムズ」に掲載されたある研究では、親から離れて仲間と一緒にいる時間が長い子どもほど、いじめをすることが多いことが示唆された。同紙の記事によれば、「週に三〇時間以上母親から離れて保育された幼児は、ありふれたいじめっ子やトラブルメーカーになる可能性が一七パーセントであったのに対し、週一〇時間未満保育の幼児では六パーセントだけだった」〔註6〕。

世話なき支配

なぜ、子どもの愛着の崩壊がいじめっ子を生む要因になり、さらにはいじめの犠牲者を生む要因になるのだろうか。私は本書の中で、人間の生活における愛着の基本的な役割は、成熟した養育的な大人が、未熟で手のかかる幼児を世話することができるようにすることだと説明してきた。そのために、どんな愛着関係でも最初にしなければならない仕事は、作業のための階層を確立することだ。第5章で説明したように、通常の状態では愛着脳は子どもを依存モードにし、大人が支配する役割になる。しかし、支配する立場か依存する立場かを決める本能は、どちらの側も未熟で相手の世話をするような立場ではないような愛着関係であったとしても、作動してしまう。依存する側は相手からの世話を期待し、支配する側は相手を幸せにする責任を持つことが求められる。子どもと大人の間では、適切な役割分担は明らかであり、またそうでなければならない。子どもと子どもとなると、結果は最悪だ。自分に従う子どもに責任を持たずに支配しようとする子どもが現れる一方で、自分を世話してくれない子どもに従おうとする子どもも出てくる。仲間指向性の結果は、強力な愛着の衝動がお互いに平等な関係であるべき未熟な子どもたちを、支配と服従の不自然な階層に無理矢理押し込んでしまう。

支配的な子どもたちの中には実際によく面倒を見る子どももいて、小さい子どもたちを見守り、世話をし、弱さをかばい、弱者を保護したりしている。大人がいないところで子どもが子どもの世話をしている、心暖まる物語もある。最上位の子どもは威張って、指示的で、やたらと命令する傾向があるが、それは依存的な子どもたちの世話をするためであり、責任を果たすための行動だ。それは誰かがしなければならないことであり、それをこれらの子どもたちは立派にこなしている。それは横柄なやり方かもしれないが、彼らはいじめっ子ではない。彼らは弱い者を選んでいるのではなく、世話をしている子どもたちにちょっかいを出す者を選んでいる。彼らは弱みを見つけても攻撃することはなく、それにつけ込む者を攻撃する。彼らは何の下心もなく、ただ強い保護本能で動いているだけだ。彼らはけんかや言い争いをすることもあるが、それは自分の地位を上げるためではなく、か弱い者を守るためだけだ。多くの人たちに読まれてきたアメリカの古典文学であるガートルード・チャンドラー・ウォーナーの『ボックスカー・チルドレン』は、子ども同士が互いに責任を持って助け合う物語だ。親を失った四人のきょうだいは、誰も会ったこともない祖父を頼るよりも、自分たちで生きていくことに決めた。最年長のヘンリーは、きょうだいを養うために仕事も見つけた。

支配する努力が、自分よりも序列が低い者に対する本能的な責任感を伴わないときに、子どもたち（またはおとな）はいじめるようになる。他者の欲求は満たされるのではなくばかにされ、傷つきやすさは守られるのではなくつけ込まれ、弱さは助けられるかわりにからかわれ、障害は配慮されるかわりにあざけりを誘発する。

いじめっ子は、必死に傷つきやすさから逃避するために、思いやりの気持ちや責任感を閉ざすので、支配はしても世話をすることはない。とりわけ、いじめっ子は傷つきやすい気持ちが強まるようなこと、つまり彼らの情緒的に傷つく能力を目覚めさせるようなことに対して、心を閉ざしている。いじめっ子は自分の短所や失敗が見えない。彼らにとって、涙を見せず怖がらない傷つきにくさは美徳だ。世話をするということは、誰かや何かに感情を持つことだ。責任を感じることは、不十分なところや罪悪感を受け入れることだ。「そんなこと知らない」「オレのせいじゃない」は、いじめっ子の呪文のようなものだ。

いじめは、仲間を支配しようとする愛着に駆られた欲求が、支配する役割に伴っていなければならない思いやりの気持ちと責任感を閉ざすことと組み合わさると起こる。いじめっ子の傷つきやすさへの防衛が、支配を破壊的な方向にねじ曲げてしまう。

今の子どもの間で、いじめが急増したのも不思議ではない。

何が支配に駆り立てるのか

支配する者は依存する立場の者よりもはるかに傷つきにくく、したがって完全に情緒的に遮断している子どもたちは、他者を支配しようとする傾向がもっとも強くなる。

たしかに、仲間指向性になる前からいじめっ子になるような心理的な特性を持っている子どももいる。そのような場合、仲間指向性は、それがたとえ原因ではないとしても、その子どものいじめの衝動が行動に現れる可能性を高める役割を果たす。

支配への衝動の起源をたどると、その子どもが依存する立場にいたときの、辛い体験にたどり着くことがある。親や養育者が責任のある地位を乱用して、子どもに君臨し、尊厳を踏みにじり、子どもを傷つければ、その子どもはあらゆる犠牲を払ってでも、依存する立場から逃げ出したいと願うのは当たり前のことだ。どのような新しい愛着状況でも、その子どもは本能的に最上位になることを望む。フランクは、いつも彼を叩く継父と一緒に暮らす男の子だった。彼にとって重要だった親との愛着が仲間に置き換わったとき、この一二歳の男の子は最上位になりたくてしかたがなかった。彼は自分がされたことをそのまま真似た。このようにして、遺伝子を介してではなく、いじめがいじめを生み出す。

有能で、親切で、力強い大人が責任を持っている安心感を親から得られない場合も、子どもはいじめっ子になりやすくなる。そのような子どもは、親の指示に抵抗し自分の能力以上の自主性を求める一方で、自分の世話をしてくれる強くて賢い人の手に委ねられることをあこがれる。現代の子育ての傾向や親の直感の低下もあって、親が愛着の支配を確立できないことが増えてきている。多くの親たちは子どもに先導され、子どもから子育ての合図をもらおうとしているように見える。うまくいくためなら子どもに何でも全力でしてあげることで、腹を立てたり失望したりすることを避けている親もいる。このように育てられた子どもたちは、不可能なことに直面したときに感じる必要がある欲求不満を持つことがない。それは、欲求不満を無益さ、あきらめ、適応の感覚に変えるための経験を、子どもから奪うことになる。また、子どもを尊重することと、子どもの欲求を満たすのではなく何でもほしいものを与えることとを混同している親もいる。本来なら、子どもがしたかったことが実現できなかったときにがっかりした気持ちを表現したり、してもらえなかったことに文句を言う限度を教えたりしなければならないときに、子どもに代案を示したり説明をすることで子どもを力づけようとする親もいる。さらには、自分自身の愛着の欲求を満たすことを子どもに求める親もいる。今日の非常に不安定な社会経済状況の中で、多くの親たちは、子どもの目の前に存在していたとしても自分たちの生活のストレスに圧倒されて、十分に感情的なかかわりを持つことができていない。

親があまりにも依存的で、受動的で、自信がないためにしっかりと子どもを支配できなければ、愛着の本能は子どもを自動的に支配的な立場に移動させる。そのような子どもたちは、傲慢で支配的になる。ある五歳の子どもは、母親に「どうしてぼくのしてほしいこともしてくれないのに、ママはぼくを愛していると言えるの」と言った。別の幼児は、「ママがぼくの言うことをきいてくれなかったら、ぼくは大きくなったらママを殺しちゃうよ」と母親の耳元でささやいた。親が子どもとの関係で正しい立場を確保できないと、愛着が反転する。私自身の臨床でも、子どもたちが親をいじめることが増えつつある。このような子どもたちが仲間指向性になれば、彼らの脳は自然に支配モードを選択するだろう。そして彼らは仲間をいじめ続けるだろう。

どうやって他者を支配しようとするか

支配はさまざまな形で確立される。自分の立場を上げるもっとも直接的な方法は、自分がいちばん偉大で、最高で、重要だと自慢したり誇示したりすることだ。しかし、自分の立場を上げるもっとも一般的な方法は、他者をこき下ろすことで、いじめっ子はいつも他者に自分がボスであることを示し、支配しようと必死になっている。取引の道具はたくさんある——見下す、軽蔑、侮辱、過小評価や卑しめ、謙遜、あざけりとからかい、恥をかかせるなど。いじめっ子は本能的に他者の不安を検知し、それを悪用しようとする。いじめっ子は他者をばかで間抜けのように見せたり、恥ずかしい思いをさせたりすることに、大変な喜びを感じる。自分を大きく見せるために、本能的に他者をへこませる。彼らはこの目的を達成する方法を学ぶ必要はない。必要なテクニックは、いじめっ子の心の中から自然に発生する。

もちろん、いじめっ子がほしいものは、すべての子どもがほしいものだ。それは愛着の飢餓を満たすものだ。いじめっ子の場合は、それはできるかぎり傷つく可能性の低い方法で満たされなければならない。第2章で示した愛着の六つの方法のうち、もっとも傷つきにくいのは、他者と同じであることだ［原註＝第2章の「愛着形成の六つの方法」を参照。心を委ねることや親密さのような、傷つきやすい愛着の方法は、いじめっ子には受け入れ難い］。

その反対に、他者との違いは、侮辱の主要な標的になる。何か目立つことや、その子どもの独自性、仲間文化で評価されないものがあると、その子どもはいじめの標的になる。いじめっ子は違いに強い嫌悪感を抱き、他者の違いを攻撃することで支配しようとする。もうひとつのあまり傷つきやすくない愛着の方法は、重要性、つまり他者の目から重要だと見られることだ。優位性をつかむために、いじめっ子は他者の劣っているところは何でも利用し、他者が優れていると思われるところをばかにしたりけなしたりする。いじめっ子は、自分より重要な人物がいることに耐えられない。

もうひとつの支配の方法は脅しだ。怖がらせることで、いじめっ子は優位になろうとする。だから、脅迫、挑発、噂、脅しによって、他者を怖がらせることに没頭する。自分の地位を強固にするためには、いじめっ子は怖がっているように見られてはならない。大胆不敵さを証明するために、自分の体に火傷や傷を作ったり、その瘢痕を見せたりするような、ばかげたことまでする若者もいる。このような本能の力をあなどってはならない。彼らは私たちの言うことをまったく理解しないので、言い聞かせようとしても何の効果もない。

もちろん、優位を確立するもっとも原始的な方法のひとつは、身体的な力による支配だ。トロントの裁判所で、三人の仲間とともに一五歳の少年を殴り殺したティーンエージャーは、殺害した後に仲間たちが自慢話をしていたと証言した。彼は「みんなすごいやつだった」と話した。

かつてこの支配の争いには性差があり、文化的に規定されたルールがあった。ところが仲間指向性はこの性差を小さくし、この争いから社会的に認められてきたルールを取り去り、支配の追求をこれまで以上に絶望的なものにした。今では、女子も他者を身体的に攻撃して支配するようになった。この女子のけんかは、女子が昔よりも上品さや女らしさを失い、抑制がなくなったためと解釈されることがある。または

「女子の力」と表現されることもある。それはまったく事実とは違う。女子同士のいじめは、情緒的な劣化の兆候であって、女性の解放ではない。

優位を獲得するさらにもうひとつの方法は、敬意を求めることで、これはいじめっ子に特徴的な行動だ。子どもたちはいじめっ子のことを、自分の思ったとおりにしなければ気が済まず、目的を達成するためなら何でもすると思っている。何がいじめっ子をそこまでわがままにするのだろうか。ここでもやはり、愛着と傷つきやすさに目を向ける必要がある。自分では気づいていないが、いじめっ子は大人との愛着の喪失と仲間との貧弱な愛着のために、欲求不満に満ちている。自分の不満の原因を知ることに対する心理的な防衛が強すぎるために、彼らは欲求不満とはまったく関係のないような要求をして、抜き差しならない状況に陥る。彼らは本当に望んでいるもの、すなわち、温かさ、愛情、つながりを求めることができない。その不十分な代替手段として服従を求める。したがって、たとえいじめっ子が要求したものが得られたとしても、いかに欲求が満たされたとしても、情緒的な栄養に対する根本的な飢餓は決して満たされることはない。渇望を満たそうとする試みが実を結ぶことはないものの、彼らはそれらの真の無益さを認めることができないので、決してあきらめることができない。いじめっ子の要求には終わりがない。

服従は忠誠と従順の強力な兆候なので、それをほしがる。いじめっ子にとって、服従は心からではなく、ただ要求されたり脅迫されたりしただけのものであったとしても、大した問題ではない。いじめっ子は自分で扱えないようなことや、簡単には得られないものを要求することをためらわない。このような努力の無益さは決して理解されることはなく、いじめっ子はうわべだけの服従と本物の服従との違いを区別できず、要求して得られた親密さやつながりは本物ではなく、決して満足させるものではないことがわからない。強要した服従で満たされることはないので、いじめっ子の愛着の飢餓と欲求不満はさらに激しくなる。

彼が本当に望む情緒的に満たされる関係は、このような方法では決して得ることができない。

攻撃のきっかけ

いじめっ子は、たとえ何も言わなくても、自分の要求がかなえられなかったときに攻撃的になる。たとえば、いじめっ子は服従がないことに敏感に反応する。間違った見方をされるだけでも反応することがある。いじめっ子がいる廊下を歩くことは、地雷原を歩くようなもので、何かを触発するような間違った行動をしないように、非常に慎重にならなければならない。残念ながら、何が間違った行動になるのかは、問題が起こってからでなければわからない。ジャスティンの場合は、カフェテリアでいじめっ子のトレイに軽く接触したことであった。フランカの場合は、クラスのいじめっ子が自分のものとしてマークしていた男の子とダンスをしたことだった。このふたりの女の子はどちらも機転の利く子で、それまでは危険から身を守ることができていたのに、この不注意のためにそれから何か月も脅されたり嫌がらせを受けたりするようになり、悲惨な生活が続き、成績も下がってしまった。

多くの子どもたちにとって、いじめっ子が君臨する世界でトラブルに巻き込まれることなく生きていくことは不可能だ。不運なことに、仲間指向性の主要な影響のひとつは、敵意と拒絶のサインを読み取るために必要な傷つきやすさに対する防衛を誘発することだ。警戒システムが弱まると、子どもたちは警戒しなければならない合図を読み取ることができなくなる。このようにして、仲間指向性はいじめっ子を生み出すだけでなく、犠牲者を生み出す役割も果たす。このような不運な子どもたちは、常に危険な状況に置かれることになる。ビクトリアで殴られて溺死させられたリーナ・バークの場合もそうだった。彼女は非常に仲間指向性が強かったが、自分が拒絶されて傷ついた気持ちを防衛していた。彼女は拒絶されればされるほど、必死に仲間に入れてもらおうとした。殺される直前でさえ、彼女は敵たちに親切にしてほしいと懇願し、彼らに愛していると訴えていたと言われている。警戒して用心するかわりに、彼女は自分自身の最期に向かって突き進んで行ってしまった。ここまでひどくはないにしても、この力動は学校の中で毎日何百回も繰り返されている。子どもたちは、拒絶を意味する社会的な合図や、明示的・暗示的に示される警戒のメッセージをキャッチできず、危険にさらされている。

尊敬されないことと不服従に加えて、もうひとつのいじめの重要なきっかけは、傷つきやすさを見せることだ。子どもはいじめっ子に、どんなことで傷つくかを見せてはならない。そうしないと、自分の失敗に対して代償を払うことになる。痛みを見せてしまうと、いじめっ子はそこを攻撃する。大切なものを見せてしまうと、いじめっ子はそこにつけ込む。ほしがったり、切望したり、夢中になったりすると、標的にされる。ほとんどの子どもたちはこのことを知っていて、攻撃を誘うかもしれない傷つきやすさを、うまく隠している。「親と会えなくて寂しい」などと言えば、たちまち仲間の物笑いの種になる。何か言われたことで傷ついたと認めれば、とことんばかにされるだろう。思いやりを示せば、ずっとからかわれるだろう。不安を隠し、警戒心を見せず、傷つきやすさを否定することを身につけなければならない。いじめっ子が君臨する世界で生き残るためには、子どもたちは傷つきやすさの痕跡を完全に隠し、すべての思いやりの仕草を消さなければならない。多くの子どもたちがいじめの犠牲者への共感を抑圧しているのは、間違いなくこのためだ。

仲間指向性が生み出した歪んだ階層では、一部の子どもは従順になる。この場合も、支配しようとする子どもと同じように、彼らは本能で動かされている。支配的な仲間に直面すると、従順な子どもたちは自動的に服従を示す。服従を示すひとつの方法は、オオカミが群れの中でいちばん強いリーダーの前で仰向けになって喉元を見せるように、自分の弱点を見せることだ。オオカミは、自分のもっとも弱い部分を見せることで服従を示す。この行動は、愛着本能に深く根ざしている。自然状況では、弱さを見せることで世話が引き出される。何か辛いことがあると言えば、優しさを引き出すことができる。しかし、いじめっ子の目には、このような臆面もない弱さは闘牛にとっての赤い布のようなものに映り、攻撃衝動を煽るものになる。いじめの犠牲者も加害者も、彼らの無意識的な本能に従っているだけだが、犠牲者は忌まわしい結果を被ることになる。

裏側からの愛着

いじめの暗い性質のひとつに、私が「裏側からの愛着」と呼ぶ、独特のプロセスがある。情緒的に健康な人はまっすぐに、いわば真正面から愛着を求める。率直に欲求や要望を表明し、弱さも見せる。いじめっ子にとっては、率直に親しさを求めることはあまりにも危険だ。仲間指向性のいじめっ子は、「あなたが好き」「あなたは大切です」「あなたがここにいないと寂しい」「友だちになってほしい」などとは怖くて言えない。いじめっ子は飽くなきつながりの渇望を認めることができず、ほとんどの場合、それを意識することもできない。

それでは、いじめっ子はどうやって愛着を持つのだろうか。愛着には、プラス面とマイナス面があることを思い出してほしい。これは第2章で、愛着の両極性として説明した。ここでは、つながりを作る第二のマイナス側の方法について説明する。いじめっ子は、自分が接触したくない人たちを排除することで、接近したい人に近づこうとする。この方法は間接的であまり効果的ではないが、傷ついたり拒絶されたりする危険はずっと低い。いじめっ子は結果を気にしているように見えず、求める人間関係のための情緒的な努力に裏切られずに済む。求める人に直接接触したい思いを表明するかわりに、いじめっ子は、特に本当に一緒にいたいと思う人の前では、他の人との接触を拒否し、これ見よがしに無視したり遠ざけたりする。密かに一緒にいたいと思っている人と同じようなことをするかわりに、他の人をばかにしたり、真似をしてからかったりする。いじめっ子は感情的に凍りついて大切な人に心を開くことができず、大切でない人たちの秘密を守り、さらに秘密を作ろうとさえする。

　こうして、いじめっ子のパーソナリティができあがる。ある人に近づくために、別な人を遠ざける、ある人との関係を築くために他者を軽蔑する、ある人との関係を強固にするために誰かを遠ざけたり排除したりする。愛することには危険があるが、嫌いになることにはない。認めることには危険があるが、軽蔑にはない。誰かのようになりたいと思うことは傷つく危険があるが、他者の違いをばかにすることで傷つくことはない。いじめっ子は本能的に、もっとも傷つきにくい方法を選択する。

　この本能に基づいた行動の対象となる人たちにとっては、この行動の意味がわからないことが多い。「どうして私なの」「こんな扱いをされるようなことをした覚えはない」「人のことに口出ししないようにしているのに、どうして私がいじめられなければならないの」。彼らが混乱し、当惑するのも無理はない。事の真相は、彼らとはめったに関係がない。標的は目的のための手段にすぎない。誰かがいじめっ子の目的のために、犠牲にならなければならない。その人とはまったく関係ないことだ。いじめの対象になる唯一の必要条件は、いじめっ子の愛着の対象ではないことだけだ。残念なことに、偶然この愛着の策略にとらわれた人がそのような扱いを深刻に受け止めると、彼らの心理的な被害は計り知れないものになる。自分に何か悪いところがあったからいじめの標的にされた、またはいじめられた側にも何らかの責任があると思い込む子どもたちもいる。標的にされた子どもたちは、大人への強い愛着によって守られなければ、ひどく防衛的に心を閉ざしたり、抑うつ的になったり、もっとひどく情緒的に傷つくリスクが非常に高くなる。

いじめっ子が増えれば、標的にされる子どもたちも増える。二、三人の仲間指向性の子どもが集まれば、彼らは他の子どもたちを仲間はずれにすることで、お互いの愛着に裏側から入り込む。「ちょっと彼女は嫌な感じだな」「負け犬が通っていくぜ」「彼女は気取っているよ」「あいつは間抜けだよな」。こんなくだらない話ばかりになる。これらの子どもたちも別な場面では礼儀正しく、かわいく、魅力的なので、大人たちはこのような行動に驚かされる。たまたま誰と一緒にいるか、愛着の磁石のプラスかマイナスのどちらの極に引かれるかによって、子どものパーソナリティは大きく変わることがある。

いじめっ子を元に戻すには

いじめは決して意図的ではない。どの文化でもいじめは自然に発生するもので、子どもたちはなりたくていじめっ子になっているわけではないし、誰かに習っているわけでもない。いじめっ子の攻撃的な行動が、その子どもの本当のパーソナリティを反映していると思うのは間違っている。いじめっ子は単に悪い卵ではなく、むしろ固い殻を持つ卵で、親も教師も孵化させることができなかった卵だ。いじめは、人間の感情脳のふたつのもっとも重要な心理的力動である、愛着と防衛の相互作用の結果だ。これらの強力な力動が、子どもの本来のパーソナリティをカモフラージュする。

いじめっ子を救い出そうとするなら、教訓を教えたり、罰したり、けなしたりすることを考えるのではなく、自然な愛着の階層に再統合しなければならない。いじめっ子にとっての唯一の希望は、そのいじめっ子の情緒的な欲求をかなえる責任があると思われる大人と、愛着を持つことだ。乱暴な外見の下には、深く傷ついたまったく孤独な子どもが隠れていて、そのうわべだけの強靭さは、本当に思いやりのある大人の前では簡単に蒸発する。ある中学校のカウンセラーは、私にこんなふうに言った。「いじめをしていた生徒に、みんなが怖がっているのをどんなふうに感じていたかを聞いてみたら、その生徒は『僕にはたくさんの友だちがいる。でも、本当はひとりも友だちはいない』と答え、話しながら彼はすすり泣きを始めました」。

いじめっ子がもはや心を閉ざす必要がなくなり、愛着の飢餓を満たすことを気にしなくてもよくなれば、いじめる必要はなくなるだろう。映画「ロード・オブ・ザ・リング」三部作の第二作『二つの塔』は、いったん愛着の欲求が満たされれば、もはや攻撃的な行動は必要がなくなることを強烈に描いている。ぬるぬるして、ねじれた、感情に飢えた生き物であるゴラムは、恨みと憎しみに満ちあふれていたが、彼が「マスター」と呼んだ小さなフロドに愛着を持つようになると、次のような内なる声と対話をする。彼は、疑い深く、ずるく、そして残忍ですらあるもうひとりの自分に、「もうおまえは必要ない。これからはマスターが世話をしてくれる」と言った。

いじめっ子の本質を手短《てみじか》に言い表すとすれば、非常に未熟で依存的で支配的な立場を求める、非常に繊細な愛着の生き物を保護している、硬化した感情という固い殻について話すことになる。いじめは他の状況でも起きうるものだが、今日の子どもたちの間では、仲間指向性の当然の結果として始まって増悪するものがもっとも多い。いじめのすべての特徴は、激しく、反転し、置き換えられた愛着と、傷つきやすさからの必死の逃避という、ふたつの強力な力動の組み合わせに由来している。これが合体して生まれたのがいじめっ子であり、乱暴で、意地悪で、非常にわがままで、他者をいじめ、あざけり、からかい、脅して怖がらせる子どもだ。そのかわりに、いじめっ子は軽視されることに敏感で、すぐに怒り、大胆不敵で涙を見せず、弱い者や傷つきやすい者を食いものにする。

仲間指向性は、いじめの加害者と犠牲者の両方を育てる。私たちは、子どもたちを一緒にしておけば平等主義の価値観と対人関係が育つという、恐ろしいほど甘い考え方をしてきた。さらに私たちは、新しい有害な愛着階層を形成する道を開いてしまった。私たちは、『蝿の王』のような状況の舞台となるコミュニティを作っている。仲間指向性は、いわば私たちの子どもを孤児にし、学校を孤児院のように変えるものだ。いまや学校は、仲間指向性の子どもたちが、ランチルーム、廊下、校庭で、大人の監視を逃れて集まることができる場になっている。仲間指向性の出現によって起こった強力な愛着の再編のために、学校はいじめっ子の生産工場になってしまった。それは意図的でも故意でもないが、やはり悲劇だ。

いじめに対するほとんどのアプローチは、その根底にある力動への洞察に欠けた、不十分なものだ。いじめを行動の問題だと思っている人たちは、制裁を加えたり結果から学ばせることで、この行動をなくすことができると考えている。その方法では悪い結果を受け止められないだけでなく、欲求不満をさらに高め、いじめっ子をさらに遠ざけることにもなる。強いのはいじめっ子ではなく、いじめっ子を作る力動だ。仲間文化は、これから犠牲者になる子どもたちも無尽蔵に供給する。

いじめっ子を元に戻す唯一の方法は、最初にいじめっ子を作った力動を逆転させることで、子どもを適切な愛着の階層に再統合し、それから子どもの防衛を和らげ、愛着の飢餓を満たすことだ。これは気が重い仕事かもしれないが、成功する可能性のある唯一の解決策だ。現在行われているような、いじめ行動をやめさせたり、またはそのかわりに、子どもによい行動をさせようとしたりする方法は、養育的な大人への傷つきやすい依存の欠如という根本的な問題を見逃している。いじめを愛着の障害と見なさないかぎり、私たちの解決策が成果を見ることはないだろう。

同じように、犠牲者を保護する最善の方法も、子どもが責任のある大人に依存できるように再統合し、自分の傷つきやすさを感じて、うまくいかないことに対して涙を流すことができるようにすることだ。もっともリスクが高いのは、仲間指向性が強すぎて大人に頼ることができない子どもたちだ。

私は最近、いじめを受けて自殺した子どもたちの親が参加した、カナダ国営テレビの特別番組に出演した。この番組には、いじめのために生活がめちゃくちゃになってしまった少女も出演した。その少女の母親は、娘が毎日学校から帰ってくると泣き出し、辛い経験を話していたことを語った。番組が終わった後に、司会者が私に、彼女も自殺する心配はないのかと尋ねてきた。その心配とは対照的に私は、彼女の母親に対する信頼と、安全な関係の中で話した言葉と流した涙が、彼女を救ってくれると答えた。親たちは、自分の子どもがなぜ自らの命を絶ったのか、理解できなかった。彼らの自殺は、まったく思いもかけないことだった。これらの悲しい犠牲者たちは、非常に仲間指向性が強くなっていて何が起きていたのかを話すことができず、傷つきやすさに対してあまりにも防衛的になっていて、自分が経験したトラウマに涙を流すことができなかった。子どもたちの欲求不満は、もはや持ちこたえられないところまで高まっていた。このような状況で、彼らは他者ではなく、自分自身を攻撃してしまった。このように、やはりいじめの加害者と犠牲者は、どちらも養育的な大人との適切な愛着が欠けているという、同じ生地から仕立てられたものであることが多い。子どもたちが時に、どんなに惨めに感じることがあったとしても、彼らが親を頼りにすることができ、辛いことを話すことができ、適切な無益の感情を持つことができるかぎり、彼らには自分自身や他者を攻撃する危険はない。

専門家と言われる人も含めた一部の人々は、いじめの問題は道徳的な価値観を伝えることの失敗だと考えている。それはたしかに正しいかもしれないが、ふつう考えられているような意味とは少し違うかもしれない。それは、子どもに思いやりと心遣いの価値観を教えることの失敗ということだけではない。そのような人間の価値観は、十分に繊細な感受性のある子どもには、自然に現れてくる。いじめに関する道徳教育の崩壊が問題なのではなく、今の主流の社会における、愛着と傷つきやすさという基本的な価値観の崩壊が問題なのだ。これらの中核的な価値観をしっかり受け止めることができれば、仲間指向性は増殖せず、いじめの加害者と被害者を生み出すこともなくなるだろう。

〔註1〕Natalie Angier, "When Push Comes to Shove," New York Times, May 20, 2001.
〔註2〕S.H. Verhovek, "Can Bullying Be Outlawed," New York Times, March 11, 2001.
〔註3〕W. Craig and D. Pepler, *Naturalistic Observations of Bullying and Victimization on the Playground* (1977), LaMarsh Centre for Research on Violence and Conflict Resolution, York University. バーバラ・コロローソ『いじめの根を絶ち子どもを守るガイド—親と教師は暴力のサイクルをいかに断ち切るか』（冨永星訳、東京書籍、二〇〇六年）より引用。
〔註4〕スティーヴン・スオミは、メリーランド州にある国立小児保健発達研究所の霊長類学者。彼はここで若いアカゲザルの行動に及ぼす養育環境の研究を行った。その所見については、S. J. Suomi, "Early Determinants of Behaviour. Evidence from Primate Studies," *British Medical Bulletin* 53 (1997): 170-184に発表されている。彼の研究は、Karen Wright, "Babies, Bonds and Brains," *Discover Magazine*, October 1997でも紹介されている。
〔註5〕Natalie Armstrong, "Study Finds Boys Get Rewards for Poor Behaviour," *Vancouver Sun*, January 17, 2000.
〔註6〕Angier, "When Push Comes to Shove."

第12章　性的活動の始まり

一三歳のジェシカは、今度のパーティーでクラスの男子とオーラルセックスをするように同級生たちからプレッシャーをかけられていると、友人のステーシーに打ち明けた。「みんなはそれが私がグループの一員であることを証明する方法だと言っている」と彼女は言った。ジェシカは自分でもこの問題をどうしたらいいかよくわからなかった。彼女はその男子に性的な関心はなかったが、みんなの話題の中心にされてまんざらでもなく思っていた。彼女がそれをするのかしないのかという問題は、学校中の興味をそそる推測の対象となった。彼女はかなり太っていて、いかすグループのメンバーではなかった。ステーシーはこのとても悩ましい問題についてジェシカに助言する責任に当惑して、自分の父親に相談した。父親はいろいろ考えた末に、ジェシカの両親に知らせるのがベストだと考えた。ジェシカの両親は、娘が危険な人間関係に置かれていることも、性的活動に直面するプレッシャーを感じていることも知らなかったので、大きなショックを受けた。彼らが心配してジェシカに話しかけたときには、その行為は終わっていた。彼女はプレッシャーに屈した。この場合は、彼女が喜ばせようとした、あるいは付き合いたいと期待した男子の性的要求に従ったわけではなく、ただ仲間グループの説得に従っただけだった。

誰もが理解しているように、セックスがただのセックスであることはまれで、ジェシカの場合は確実にそうではなかった。それは望まれることへの飢餓のようなものだ。退屈や孤独からの逃避の場合もある。

また、縄張りや所有を主張する方法や、独占的な関係を確保する手段であるかもしれない。セックスは地位と評価の強力な象徴になりうる。それは、うまく手に入れたり、ふさわしかったり、なじんだり、しがみついたり、すがりついたり、持続したりするものだ。それは支配するか服従するかというものであり、誰かを喜ばせるものでもあるかもしれない。セックスは境界の欠如とノーと言えないことの結果であることもある。もちろん、愛情、心からの情熱、本当の親密さの表現でもある。ほとんどの場合、セックスは何らかの形で愛着に関係している。思春期の子どもたちの生活においては、満たされない愛着欲求の表現であることが非常に多い。

初めての性行動の年齢はますます低下している。一九九七年のアメリカ疾病対策センターの調査によると、一三歳までにセックスをしたことがあると答えた中学三年生の女子（六・五パーセント）は高校三年生の二倍以上だった。アメリカの中学三年生の男子のうち、ほぼ一五パーセントが一三歳までに性行為があったことを認めていて、こちらもやはり高校三年生の二倍以上だった。カナダも同じで、二〇〇〇年に報告された調査によれば、一九九〇年代の女子の一三パーセントは一五歳になる前にセックスを経験しており、それは一九八〇年代前半の調査データの二倍だった（註1）。アメリカとカナダでは大勢のティーンエージャーが、セックスが何かもわからないまま性交のかわりにオーラルセックスをしているという報告がある。ウィンザー大学の社会学教授であるエレノア・マティカ＝ティンダルは「オーラルセックス、肛門性交、ありとあらゆるものが気がかりな変化を示している」と言っている。

二〇〇三年のドラフトでロサンジェルス・ドジャースが指名した一九歳の有望な野球選手は、未成年者に性的な接触を求めたということで有罪となり、四五日間の懲役刑が言い渡された。あるとき、この若いスポーツ選手は、一二歳と一三歳の少女にオーラルセックスをさせた。彼が勝訴した控訴審で、彼は自分から誘ったのではなくて、少女たちが誘ったと主張した。どうしてか。被害者とされたふたりは裁判で、中学一年生の彼女たちの仲間の中では男の子にオーラルセックスをするのが当たり前になっていたと話をした。少女のひとりは「他の子たちがみんなしているので、取り残されたくなかった」と参加した理由を話した〈註2〉。

性的早熟の問題とともに、性の質的な低下もある。本当の親密さの表現としての性的接触と、原始的な愛着の力動としての性的接触との間には大きな違いがある。後者の結果は、必然的に、一七歳のニコラスが経験したような、満足することのない嗜癖的な乱交になる。

「何かがおかしい」とニコラスは切り出した。「すべてがうまくいっていて、僕はたくさんセックスをしている。でも僕は本当に愛し合ったことがないように思うんだ。僕の友だちは、僕が女の子にモテることを尊敬してくれるけど、いわゆる親密な付き合いというのはぜんぜん得意じゃないんだ。朝になって、女の子に何を言ったらいいのかまったくわからないんだ。僕がしたいと思うのは、仲のよい友だちに電話して自慢話をすることとぐらいなんだ」。ニコラスのジレンマは多くの男性が苦しむ昔からのドンファン症候群かもしれないが、それは仲間文化の中で性的活動を始める最近の若い男性が直面している問題だ。

ニコラスとジェシカはどちらも仲間指向性が強かった。ニコラスは「僕は家族とつながっている感じがない。実際に、僕にとっては友だちのほうが本当の家族よりも家族のように思える。僕はあまり家族と一緒にいたいと思わない」と言った。私はニコラスも彼の家族もよく知っていた。彼には三人の姉妹と、彼をこの上なく愛している両親がいた。しかし、彼は家族の食卓につくことはなく、愛着の飢餓を満たすために仲間を求めた。彼が思春期になってからの二年間、専門職の父親は仕事に没頭するようになり、母親はストレスからうつ病になっていた。ニコラスの人生で重要な時期に、このような比較的短い時間でも、やがて仲間グループによって満たされることになる愛着の空白を作るのには十分だった。もはやかかわりの大人の愛着がない文化の中で、いかなる理由であっても、家族の絆が一時的に弱くなると、今日の子どもたちは敏感に反応する。

ジェシカも両親から感情的に離れてしまっていた。私は彼女からほとんど家族についての話を聞き出すことができず、わずかに聞けたのは、彼女の仲間中心の生活に対する両親からの干渉のことだけだった。彼女の仲間指向性は、受け入れられることに対する飽くなき渇望、SNSへの没頭、宿題や勉強などの大人の価値観に対する完全な軽蔑にはっきりと現れていた。彼女によれば、友人から好かれて、必要とされ、求められることほど重要なことはなかった。

ニコラスにとって、セックスは征服と戦利品、先頭を走ること、仲間の中での地位を上げることを意味していた。彼にすぐついてくる女子にとっては、セックスは自分の魅力の確認、欲求の対象として承認された証《あかし》、親密な関係の経験、所属と排他性の象徴だった。ジェシカにとって、オーラルセックスは入会の儀式で、彼女が入会したいと願った社交クラブに入るために払わなければならなかった入会金だった。

一四歳のヘザーにとって、セックスは男友だちを自分のものにすることであり、彼らの注意と愛情を引きつけ、競争に勝つことだった。ヘザーも非常に仲間指向性が強く、とても人気者で、男子から興味を持たれることに得意になっていた。彼女は一二歳のときに初めて性的体験をしたが、両親にはうまく隠していた。両親の手に負えなくなって私のところに連れてこられたときには、彼女は年齢のわりにはとてもしっかりした感じだった。彼女は、高校に入るまでに、同時に三つの小学校で「働き」、そこで「いちばんかっこいい男の子」をスカウトし、自分の性的な腕前と魅力で自分の男にした武勇伝を話した。彼女の言い方には自分のようにできなかった女子に対する軽蔑があふれており、彼女たちは愚かで敗者以外の何ものでもないと言っているようなものだった。彼女は現在のセックスパートナーのひとりをボーイフレンドと呼んだが、彼に対する背信行為には少しも罪の意識を持っていなかった。「私たちはあまり話をしないし、彼が知らなければ彼は傷つかないわ」と彼女は言い、彼女の本当の悩みは彼が彼女より半インチ背が低いことだとつけ加えた。「でも、他の男とのセックスは体だけのことよ」。彼女はボーイフレンドを世界でもっとも親密な人だと思っていたが、この親密さは情緒的な要素も心理的な要素もないように見えた。

ティーンエージャーのセックスが親密さといかにかけ離れているかは、思春期外来をしている医師エレイン・ワイン先生のエピソードからもうかがえる。「ある一五歳の女子が健康診断と癌検診のために受診しました。内診をしていたときに、彼女はさりげなく、ボーイフレンドとセックスをした際に彼が射精したかどうかがわからないと言うんです。彼女はそのことをとても心配しているようだったので、『彼に聞いてみようと思わないの』と言うと、彼女は『冗談じゃないわ。そんな個人的なこと聞けるわけないでしょ』と答えた」とワイン先生が私に話してくれた。

仲間指向性の子どもたちにとってセックスが何であるのか、そして仲間指向性は性にどう影響するのかを見ていくのは悩ましいことだ。もちろん、仲間指向性の子どもたちがすべて性的な活動をしているわけでも、同じように性の表出をしているわけでもないが、彼らが没頭する文化は、異様にゆがめられた性に向かっている。それは、成熟を伴わずうわべだけ洗練された、結果に対処する心理的な能力がないままに行われる親密さの身体的遊びになっている。

生理的な成熟と「怒りのホルモン」のような身体的な要因だけでは十代の性は説明できない。子どもたちの早期からの性行動を完全に理解するためには、ここまでの章で紹介してきた、愛着、傷つきやすさ、成熟という三つの概念を思い出さなければならない。いつものように、その中心は愛着だ。重要な要因は思春期の性への目覚めではなく、仲間指向性の子どもたちは愛着の欲求を満たすためなら何でも利用する性的存在であることだ。傷つきやすさと成熟がないほど、愛着の衝動は性的に表現されることが多くなる。

愛着の飢餓の表現としてのセックス

自然の万物の法則において、セックスは子どもと子どもに責任を持つ者との間のものではなく、成熟した存在の間のものだ。子どもが大人に情緒的な親密さを求めるとき、性的関係を持つことはほとんどない。しかし、同じ子どもでも仲間指向性になると、まさに同じ接触への飢餓が性的なものになる。セックスは仲間との愛着の道具になる。親を仲間に置き換えた子どもたちは、性のことで頭がいっぱいになるか性的行動をするようになる。親との親密さに欠ける子どもたちは、仲間に親密さを求める欲求が強くなるが、それは気持ちや言葉ではなくセックスを介したものになる。ニコラス、ヘザー、ジェシカがまさにそうで、彼らは仲間指向性によって親の愛情から切り離されていた。彼らは仲間とのセックスでつながりと愛情の飢餓を満たそうとしていた。

セックスは原始的な愛着欲求を満たそうとする人のための既製の道具だ。第2章で示した愛着形成の六つの方法のリストのうち、最初のものは身体的な感覚を介したものだった。子どもが主として身体的な接触によって親密さを求めるとすれば、セックスは非常に効果的だ。同じであることを介して愛着を求めるのであれば、子どもたちはジェシカや野球選手とオーラルセックスをしたふたりの少女のように、仲間グループの価値観に合うように行動するだろう。愛着の第三の方法、すなわち排他的な一体感と忠誠を求めている子どもには、性交渉は非常に魅惑的である。第四の方法、すなわち誰かにとって重要であることを求める子どもは、地位や魅力を確認することが最優先の目的になり、セックスは得点を確保する便利な道具になる。もちろん、性的な接触は温かい気持ちと本当の親密さを表すこともあるが、未熟な仲間指向性のティーンエージャーがそう思うことは滅多にない。彼らには、本章の最後に説明するふたつの最高の愛着の形に到達するための、性行動に対する傷つきやすさと成熟が欠如している。

今流行の服装、化粧、態度は、まだ性的活動の準備ができていない年少の女の子の性を刺激している。コーネル大学の歴史学者で、アメリカの少女の歴史に関する *The Body Project* の著者ジョアン・ジェイコブズ・ブルムバーグは、容姿は性的エネルギーと相まって、自尊心を高める基本的な手段になっているという。ブルムバーグは「ニューズウィーク」誌の中で、五〇年前の女子が自己向上について話すときには、学校の成績や社会貢献を念頭に置いていたが、現在では外見がいちばん重要になり、「思春期の女の子の個人的な日記には、いちばん気にしていることは常に体のことで、あとは友だち関係だけ」と言っている〔註3〕。もちろん、「あとは」という言葉によって見落とすかもしれないが、身体イメージへのこだわりは仲間指向性の直接的な産物であり、その副産物が思春期の性的行動だ。

そうとは知らず、ティーンエージャーは愛着を性的なものにして火遊びを続けている。セックスは個人的な目的のための単純な道具ではない。若者は無傷で簡単にセックスから逃れることはできず、必ず人間としての何か重要なことの混乱が伴う。セックスは強力な接合剤であり、人のつながりを固め、一体感と融合感を高め、ひとつの肉体を作る。性的な関係がどんなに短くても無邪気なものでも、セックスはそこからカップルを作る作用がある。そのつもりがあろうがなかろうが、自発的であろうがなかろうが、気づいていようがなかろうが、セックスはお互いを結びつける。愛し合うことは自然な絆を作る効果があり、強力な愛着の感情を脳に生じさせるという、私たちのほとんどが経験していることが研究で明らかにされている〔註4〕。

仲間指向性の子どもたちの性的な愛着の飢餓が、「カジュアルな」セックスにもある重大な絆への効果と結びついたときの結果は言うまでもないだろう。性教育や避妊の努力にもかかわらず、仲間指向性がはびこる国々では十代の望まない妊娠が増え続けている。統計によると、十代の妊娠率はアメリカがもっとも高く、次いでイギリスとカナダが高い〔註5〕。仲間指向性の子どもたちの性行動は、愛し合うことでも子どもを作ることでもなく、彼らが本来は両親との関係に求めるべき接触とつながりを、仲間同士の腕の中で探すことにすぎない。仲間同士のセックスでは、赤ちゃんは歓迎されない結果であり、そして多くの場合、情緒的にも身体的にも養育する用意のない未熟な両親のもとに生まれた、不幸な犠牲者になる。

性的活動と傷つきやすさからの逃避

セックスはお互いを結びつけるのと同じくらいに、感情が傷つき心が折れるような非常に傷つきやすい領域に導くものでもある。セックスが結びつけた関係は、何の痛みもなく離すことはできない。セックスによって結びついた後には、どんな形の別れであっても激しい悲しみと心理的な混乱を経験する。それはほとんどの大人たちがよく知っていることだろう。セックスによって強力な愛着が作られた後の別れや拒絶を繰り返し経験すると、耐え難い傷つきやすさが生じる。そのような経験は、感情的な傷痕になり、感情を硬化させる。

当然のことながら、思春期の子どもたちが性的に活発になればなるほど、彼らの感情は硬化する。この感受性の低下は、火遊びをしてもけがをしなくする神のご加護のように見えるかもしれない。しかし前章で論じたように、傷つきやすさからの逃避の代償は、彼らの人間としての可能性と生きていくために本当に大切な感情の自由と深さを奪うことだ。

短い期間であってもセックスに耽ることは、感情的に防衛しているティーンエージャーを無傷のままにしておかない。子どもが傷ついているように見えないからといって、その結果に苦しんでいないというわけではない。意識的な影響が少ないほど、無意識的なレベルでは傷つく可能性が高くなる。ヘザーは私にデートでレイプされたことを話してくれたが、あまり気にしていないような話し方で、それが彼女には何の影響もなかったと言った。この虚勢が隠そうとしている傷つきやすさを見つけるのは簡単で、このような表面的な硬化を反転させないかぎり、彼女をますます危険なところに追い込むことも容易に想像できた。若者をより傷つきやすくすることができない性的関係は、そのような傷つきやすさに対する防衛をさらに強める方向に導いてしまう。ある若い女性クライアントに、どうして女友だちとパーティーでそんなに飲んだのかと尋ねたとき、彼女は何のためらいもなく「酔っ払えば殴られたとしてもそんなに痛くないからよ」と答えた。

感情の硬化の最終的な代償のひとつは、セックスが接合剤としての力を失うことだ。長期的には魂が鈍麻し、本当のふれあいと親密さのある関係を持つ能力が妨げられる。最終的にはセックスは傷つかない愛着の活動となる。それは欲求を満たすことなく一時的に愛着の飢餓を和らげるので、嗜癖的になることさえありうる。セックスを傷つきやすさから切り離すことは、性行動を解放する効果があるかもしれないが、それは感情的な感度が低い闇の世界に由来している。

ヘザーは聡明で、かわいい、人を惹きつける、おしゃべりな女の子であったが、彼女の話すことや感じていることは傷つきやすさを微塵も感じさせなかった。彼女は怖さを感じず、誰かがいなくなって寂しいとも思わず、不安定にならず、自分のしたことをまったく悪いと思っていなかった。ニコラスも傷つきやすさから逃避していて、退屈で、批判的で、横柄で、卑劣だった。彼もまた不安がなく、危険を感じることがまったくなかった。彼は弱いものを軽蔑し、敗者を嫌った。ヘザーもニコラスも深く感動することはなかった。ふたりとも、セックスの愛着の作用には影響されなかった。ふたりとも性的活動を始める前から傷つきやすさに耐えてきたが、性的活動をするようになってからは彼らの感情はさらに硬化した。

ヘザーとニコラスは、仲間たちにも私にも、自分たちの性的体験を話すことを特に恥ずかしがらなかった。このような気さくさは興味深いが、ふつうは秘密にするような個人的なことを開示してしまうことをもためらわない、傷つきやすさからの逃避の紛らわしい副産物だ。多くの大人たちは性的な問題に関する今日の若者のあからさまな率直さに驚き、秘密にしてこそそしていた昔から大きく進歩したと思っている。非常に仲間指向性の強いある一五歳の子どもの母親は「私たちはこのような問題をそんなに率直に話すことはなかった。私たちがそのくらいの歳のときは、セックスについて話すことはとても恥ずかしかったものよ」と称賛した。この母親が見落としているのは、性行為についてずけずけと恥ずかしがらず話すことは、勇気や透明性とはまったく関係なく、傷つきやすさへの防衛と関係しているということだ。まったく親密さのないことを見せるのに勇気はいらない。さらけ出すという感覚がなければ、慎重になる必要はない。傷つきやすさから分離されると、セックスは私たちに傷つけるほどの影響を与えなくなる。非常に個人的で内輪な問題が、俗っぽいテレビ番組で放送されて、世間に広められたりしている。

セックスが及ぼす作用を深く繊細に感じることができる子どもたちにとって、セックスをすることは、強力な感情の中へ、不可解な、そしてしばしば抜け出せない愛着の中へ、怖くて触れないくらいの傷つきやすさの中へ飛び込むようなことだ。若者たちはふつう、より親密になるためにセックスをするが、その関係から抜け出せなくなることまでは考えていない。カップルになることで、わけがわからなくなることがある。相手に必死でしがみついて、しつこく追い回し、しっかりとつかまえておくことで、別れの耐え難い痛みを回避しようとする人もいるかもしれない。また、思ってもみなかった親密さに息が詰まり囚われた感じになって、一刻も早くそこから抜け出そうとする人もいるかもしれない。カップルであることが両者に影響すると、同化する力によってまだ不確かな個性は押さえ込まれ、新たに生まれる個性はカップルに飲み込まれてしまうかもしれない。まずパートナーと相談しなければ、自分の好きなこともわからなくなり、何かを決めることもできなくなることもある。ある一七歳の女子は今のパートナーについて「私たちはまだボーイフレンドとガールフレンドなのかわかりません。彼はまだそう言ってくれないんです」と話した。

自分のしたいことを少しもわかっていない子どもたちがセックスをするようになった。彼らはもはや感情的なつながりを持つこともできず、痛みを感じることもできないので、もっとも防衛的な子どもはその場をうまく切り抜けようとする。彼らの傷つきにくさのために、セックスはとてもさりげなくて簡単で楽しく見える。深く繊細に感じることができる子どもは多くの問題に直面する。まず、そうしたいと思っても思わなくても相手から抜け出せなくなり、それから関係が続かなくなったときに心は引き裂かれる。

結びつける効果と、それが作用するために必要な傷つきやすさと、それが実際に作用したときに生まれる傷つきやすさを考えると、セックスに対する安全対策について検討しなければならないように思われる。それは道徳的な観点からではなく、早すぎる性的活動が子どもの健全な情緒的発達に及ぼす悪影響を理解することから直接的に発せられる警告だ。人間の強力接着剤は子どもの遊び道具ではない。

傷つきやすさというレンズを通して見ると、安全なセックスの概念はまったく違う意味のものになる。

それは病気や望まない妊娠に対する安全ではなく、傷つきや感情の硬化に対する安全だ。もちろん、どんな愛着にも、成熟した大人が作る愛着であっても、安全の保証はない。私たちは子どもが傷つくことから守ることができるわけではないが、子どもを満足させたり支えたりしないような性的な人間関係にかかわるリスクを下げることはできる。思春期のセックスには、交際の保証、相手を独占する約束、配慮的な優しさ、コミュニティの支援がほとんどない。それはもっとも深い感覚で、心理的に保護されていないセックスだ。人は、少なくとも重大な悲しみが起こらないかぎり、硬化したり感受性を下げたりせずに「結婚」と「離婚」を繰り返すことはできない。性交後の別れはあまりにも辛い。思春期の子どもたちも私たちと同じように、そのような自然の力動から逃れられない。実際、彼らの年齢相応の優しさ、見通しのなさ、自然な未熟さのために、彼らは大人よりも性的体験によって傷つきやすい。

成熟のない性

愛着と傷つきやすさの観点からもっとも安全なセックスは、関係を築く方法としてではなく、すでに満足して安定した関係の中で生じるものだ。私たちはできるかぎりそれがあるべきところで関係を持ちたいと思う。セックスは最終的な愛着行為であって、独占権の始まりであり、カップルとして終結させるものだ。セックスはその人の賢さのぶんだけ安全だ。何よりも必要なものは、まさしく仲間指向性の子どもたちに欠けているもの、つまり成熟だ。大人指向性である未熟な子どもは、少なくとも性的関係について親からの合図に頼ろうとする。仲間指向性の子どもたちは二重に呪われている。彼らには健全な性的関係や意志決定に必要な成熟がなく、すでに苦労をして教訓を学んでいる私たち大人からアドバイスを求められるほどの大人への指向性がない。

成熟はさまざまな意味でセックスの前提条件だ。

成熟の最初の成果は、個人としての分離だ。健全な関係を作るにはある程度の分離が必要だ。他者を招待したり、招待を断ったりするためには自分自身の気持ちを知らなければならない。自律性を大切にし、個人の境界を持ち、ノーと言えるためには、自己保存の本能が必要だ。健全な性的関係のためには、性的活動に巻き込まれない、あるいは少なくともいかなる代償を払ってでもものごとを強引に進めようと思わない自由が必要だ。誰かのものになるとか、誰かを所有することよりも、自分自身であることが大切だと思えるところまで到達していない思春期の子どもたちは、危険な影響を受けやすい。

おそらく性的な領域ほど他者の分離を尊重する分野はないだろう。相手を尊重することは成熟した性的関係では不可欠だ。心理的に未熟な人にとって、セックスは相互的なダンスではない。早熟な性的関係では、傷ついたり利用されたりする運命が待っている。

前章で論じたように、仲間指向性はいじめの加害者と被害者の両方を生み出す。セックスに関しては、いじめっ子はやはり自分の思いどおりにできないものを要求する。セックスには、いじめっ子のほしがる象徴性が豊富にある——地位、望ましさ、勝利、得点、敬意、所属、魅力、サービス、忠誠、など。残念なことに、いじめっ子はあまりにも心理的に閉ざしているので、自由に手に入らないものを要求する無益さを認識できない。いじめっ子のファンタジーは、招かれることではなく支配であり、相互関係でなく優越だ。自分の欲求を満たすために弱い者を利用するという意味において、ヘザーとニコラスはセックスに関してまさにいじめっ子だった。彼らはパートナーのことなどほとんど気にしなかった。ヘザーの場合、無差別な性的行動化によって、デートレイプの被害者になるいじめを受けた。残念なことに、仲間指向性は餌食となる純真で哀れな犠牲者を豊富に生み出す。デートレイプのような攻撃行動がティーンの間で増加しているのはまったく不思議なことではない。

成熟は、さらに別な意味で健全な性的活動のために必要とされる。よい判断ができるために必要な知恵は、成熟だけが授けることができる二次元的で統合的な処理能力を必要とする。私たちは、混合した感情、思考、衝動を扱うことができなければならない。相手に受け入れられたいという切望は自分自身でありたいという願望と共存しなければならない。自分の境界を維持することは相手と融合したい思いと混じり合わなければならない。もちろん、現在と未来の両方を考慮する能力も必要とされる。心理的に未熟な人間は、その瞬間の喜び以外は何も考えることができない。よい判断をするためには、恐怖と欲望を同時に感じる能力がなければならない。性が解き放つ強力な感情が理解できれば、それを始めるときに適切な緊張感を持つだろう。セックスは畏敬と恐怖のどちらでもあり、期待と不安が誘発され、よろこびと警戒を招くものだ。

思春期の子どもたちには、このような判断を彼らだけに任せられるほどの知恵や洞察や衝動制御がない。もちろん、私たちは大人の知恵をもって、子どもたちの性的活動を安全な範囲に留めておくような構造や制限を設定することができるし、セックスについての判断のコンサルタントになることもできるが、仲間指向性の子どもたちに対しては、私たちはそうする力とつながりがない。もし子どもたちが私たちに相談を求めてくれれば、私たちは間違いなくセックスについての判断と関係についての判断を切り離すことができないと伝えるだろう。私たちは彼らに、その関係が情緒的に安定し、性的な関係を超えるところまで本当の親密さができたことがはっきりするまで待つように助言するだろう。問題は、私たちの助言がどんなによいものであったとしても、仲間指向性の子どもたちは私たちのほうを見向きもしないことだ。

今日の多くの親や教育者は、思春期の性的活動は探索と実験であることを強調し、それは思春期本来の性質だと思っている。実験という考え方は、発見する雰囲気と疑問の存在を示唆する。しかし、もっとも性的活動が活発なティーンエージャーは疑問を持とうとしない。思春期のセックスは情緒的な自暴自棄と愛情の飢餓の問題であり、性の実験などではない。

大人たちは一般的に、仲間指向性の子どもたちの過剰な性的活動に対して、いじめや攻撃性と同じように、子ども同士の関係を中心に対処しようとする。私たちは、警告、指導、報酬、罰によって行動を変化させようとする。ここでもやはり私たちの努力の方向は誤っている。仲間指向性の子どもたちの異常な性的活動を修正しようとしても、彼らが仲間指向性であるかぎりは、私たちにできることはほとんどない。しかし、少なくとも彼らが私たち自身の子どもであれば、性的に早熟な子どもの誤った指向性に対してできることはたくさんある。私たちが子どもの性的活動を変えようとするのであれば、まずは彼らを、本来の居場所、すなわち私たちのところに連れ戻さなければならない。

〔註1〕この研究は、*Canadian Journal of Human Sexuality* で報告され、二〇〇一年四月九日の *Maclean's Magazine* に掲載された。

〔註2〕*The Globe and Mail*, April 24, 2004, p.A6.

〔註3〕Barbara Kantrowitz and Pat Wingert, "The Truth About Tweens," *Newsweek*, October 18, 1999.

〔註4〕原典は、ヘレン・フィッシャー博士の著書 *Anatomy of Love*, New York: Ballantine Books, 1992)。フィッシャー博士はアメリカ自然史博物館の人類学者で、その業績に対して数々の栄誉を受賞している。

〔註5〕これらはマクマスター大学のアルバ・ディセンソ博士と共同研究者（G・ガヤット、A・ウィラン、L・グリフィス）が、一九七〇年から二〇〇〇年までに報告された二六研究の結果を集めて評価したときの結論だった。この研究内容については、二〇〇二年の *British Medical Journal*（三二四巻）に "Intervention to Reduce Unintended Pregnancies Among Adolescents: Systematic Review of Randomized Controlled Trials" というタイトルで掲載された。

第13章　教えにくい生徒たち

イーサンは、小学校のときは、あまり目立たないがよい生徒だった。彼はとても頭がよかった。彼はあまり向上心がないように見えたが、両親と教師たちは、彼の学習と行動の課題をきちんとさせることができた。教師たちは、彼を愛嬌のあるよい子だと思っていた。イーサンの両親が私のところに来たのは六年生が終わろうとしていた頃で、そのときには大人に従順であったイーサンは、過去の話になっていた。イーサンに宿題をさせることは、いつも戦いだった。教師たちは、彼は集中することができず、教えを受け入れようとしないと訴えた。口答えやおしゃべりが多く、彼は能力に合ったレベルの成績を取ることができなかった。このような彼の学習態度の変化は、最近始まった仲間への没頭と並行していた。数か月前からイーサンは次々と友だちを作り、彼らの癖を真似したり、同じこだわりを持ったりした。ひとりの友だちとの関係が悪くなり始めると、彼は別の友だちとうまくやれるように必死になった。

ミアの場合、成績の低下は一学年早く始まった。五年生になるまでは、彼女はとても勉強熱心で、何にでも興味を持ち、たくさんの知的な質問をしていた。今では、彼女はどの教科もくだらないと文句を言っている。彼女がいくつかの課題を提出せず、提出したものはいつもよりも出来が悪かったことを知って、両親はびっくりした。教師たちは両親に、ミアは集中力とやる気に欠けていることと、授業中に絶え間なく友だちと話をしていることを報告したが、両親にとってはいずれも聞き慣れないことばかりだった。両親の心配をよそに、ミアは平然としているように見えた。さらに、彼女はほとんど教師と話をしなくなり、話したとしても軽蔑的な言葉を言うだけだった。宿題は彼女にとってはどうでもいいことになってしまい、今では電話をしたりインターネットで、友だちとつながることのほうが大切になっていた。両親がこれらの活動をやめさせようとすると、今まで見たことがないような横柄さと悪態で反抗してきた。

これらのふたつのケースは、今日私たちの文化の中で蔓延している現象を表している。子どもたちは能力はあるがやる気がない、知能は高いが学力が低い、利口だが飽きっぽいという現象だ。同じ現象を別の視点で見ると、教師は一、二世代前よりもずっとストレスの高い職業になっている。多くの教師たちが証言しているように、最近は教えることはますます大変になり、生徒たちは敬意を示さず、受け入れようとしなくなっている。クラスをまとめることが難しくなり、学力も低下してきている。最近、多くの学校が読み書きに重点を置くようになったにもかかわらず、生徒たちの読解力は低下している〔註1〕。私たちの時代の教師たちは現在ほど研修を受けておらず、カリキュラムも開発されず、洗練されたテクノロジーもなかったのに、こんなことはなかった。

何が変わったのだろうか。もう一度、私たちは愛着の重要な影響に戻ることになる。子どもたちの愛着パターンの転換は、教育に重大な悪影響を及ぼした。多くの親と教師は、有能な生徒をよい教師と一緒にすればよい結果が出るはずだと、いまだに信じている。決してそんなことはないが、勉強さえしていればうまくいくと甘く考えてきた。比較的最近まで、教師たちは文化と社会が生む、強力な大人指向性の恩恵を受けてきた。そんな時代はもう終わった。今私たちが子どもの教育に関して直面している問題は、お金で解決することができるものではなく、カリキュラムで対処できるものでもなく、情報テクノロジーで治すことができるものでもない。それよりもはるかに大きな問題であるが、とてもシンプルでもある。

ゲーテは、知識を身につけることは、コインを財布に入れるようにはいかないと言った。ひとりの学生の学習能力は、学びと理解の願望、未知なことへの好奇心、いくらかの危険を冒す覚悟、影響を受けたり修正されたりすることを許容する率直さなど、多くの要因の結果だ。さらに、教師とのつながり、集中力、助けを求める意欲、目的を達成する願望や勤勉さも必要だ。これらすべての要因は、愛着に根ざしているか、影響を受けている。

もっと詳しく見ていくと、自然な好奇心、統合的な知力、修正する能力、教師との関係という四つの基本的な資質が、子どもの学習能力を決めている。健全な愛着がこれらの要因を強化するのに対し、仲間指向性はこれらを損なう。

仲間指向性は好奇心を消す

理想的には、子どもを学習に導くものは、世界に対する何でも受け入れる好奇心だ。子どもは答えを出す前に質問し、真実を発見する前に探索し、はっきりした結論に到達する前に実験しなければならない。しかし、好奇心は子どものパーソナリティに初めから備わっているものではない。それは発達過程の成果であり、言い換えれば、子どもが独立した存在として自立し、愛着から離れても機能して生きていけるようにさせる、発達のたまものだ。

学習に目覚めた子どもたちには、強い関心を持つ領域があり、本能的に学ぼうとするものだ。彼らは、ものごとがどうなっているのかについて洞察したり理解したりすることで、強い満足感を得る。彼らは学習について、自分自身の目標を作る。独創性と主体性を持とうとする。学習に目覚めた子どもたちは自分ですることを喜び、自発的に自分の可能性に向かっていく。

好奇心を大切にし、質問を歓迎し、子どもの興味を引き出す教師たちにとって、学習に目覚めた子どもたちを教えることは喜びだ。そのような子どもたちにとって最高の教師は、彼らのメンターとなり、興味を広げ、情熱に火をつけ、自発的な学習に取り組ませてくれる教師たちだ。もし学校で子どもたちがうまく学習しないとすれば、それはたぶん、自分が学びたいことを持っているため、教師のカリキュラムが望まない押しつけだと思っているからだろう。

発達的な観点から言えば、好奇心は贅沢品だ。愛着はもっとも重要だ。安全で安定した愛着の追求から若干のエネルギーが解放されるまでは、未知への探求は発達的な課題にはならない。それが、仲間指向性の子どもたちが好奇心を殺している理由だ。仲間指向性の生徒たちは、愛着のことで頭がいっぱいになっている。未知のものに興味を持つかわりに、彼らは仲間への愛着に関係ないすべてのことに飽きてしまう。仲間指向性の子どもたちには、退屈が蔓延している。

好奇心に関して、もうひとつの問題がある。好奇心は仲間たちの「クール」な世界では、人を非常に傷つきやすくする。目を丸くするような驚き、ひとつのことへの熱狂、ものごとの仕組みについての質問、独創的な発想――これらはすべて仲間からの嘲笑やからかいの対象になる。仲間指向性の子どもたちは傷つきやすさから逃避することで、自分の好奇心を消し去り、さらに周囲の子どもたちの好奇心も抑制している。子どもたちの仲間指向性にとって、好奇心は非常に危険なものだ。

仲間指向性は統合的な知力を鈍らせる

自主性には統合的な知力、すなわち、矛盾する衝動や思考を処理できる能力が役立つ。統合能力がよく発達した子どもは、学校に行きたくないと思うと学校を休むことが心配になり、朝起きたくないと思うと遅刻する不安が起こる。教師の話を聞きたくない気持ちは、その場をうまく切り抜ける気持ちで和らげられ、言われたことをしたくない気持ちは、言うことを聞かないと嫌なことが待っているという気持ちで弱められる。

統合的な学習のためには、ふたつの気持ちがあることに耐えられるところまで、成熟しなければならない。混じり合った気持ちを同時に持ち、代案を考え、対立する感情を持てるようにならなければならない。緩和要因、つまり学習を妨げる衝動に打ち克つ要素が存在するためにも、子どもには適切な愛着が求められる。子どもは深く、繊細に感じることができなければならない。たとえば、親や教師などの大人が何を考えているのか、どんな期待をしているのか、怒ったり嫌ったりしていないか気にするようになるためには、十分な愛着が必要だ。生徒は何かを発見することに興奮し、学びに心を躍らせる必要がある。傷つきやすさがないことは「気にしない」ことであり、学習を麻痺させ、学習能力を破壊する。

丸暗記や反復のようなものよりも複雑な学習では、統合的な知性を必要とする。問題を解決するためには、一次元的ではないプロセスが必要になる。単なる事実だけでなく、テーマを発見し、深い意味を認識し、比喩を理解し、根本的な原則を見つけなければならない。物質のかたまりから本質を抜き取ることと、部分を合わせて全体を作ることができるようにならなければならない。統合的な知力には、具体的な思考以上のものが必要とされる。遠近感がわかるためにはふたつの眼が必要であるのと同じように、深い学習には、ものごとを少なくともふたつの視点から見る能力が必要になる。知力の眼がひとつであれば、深さや遠近感はなく、合成と抽出はなく、より深い意味と真実に迫ることはできない。状況が考慮されず、図形と背景は区別されない。

残念なことに、生《なま》の知性は、統合された知性に自動的には変わらない。第9章で説明したように、統合機能は成熟の成果であり、まさに仲間指向性が停止させてしまうプロセスだ。未熟な人たちは、統合能力を発達させることができない。

教育学やカリキュラムは、子どもたちの統合能力を当然のものと考えている。教育者は何が失われているのかを認識できなければ、子どもたちの思考や行動を鍛えるために何が問題になっているのかを気づけない。私たちは、子どもたちの知力ではできないことをさせようとし、それがうまくいかないと失敗した子どもたちに罰を与えている。統合的な知力を持つ人たちは、誰もが同じように考えることができると思い込んでいる。しかし、この考えは、今日私たちが教室で向き合っているような子どもたちには通用しない。統合的な知性のない子どもたちは、このような形の教育では修正できず、異なる方法が必要になる。仲間指向性の生徒たちは、思考、感情、行動を伸ばすことができず、学習が障害される可能性が高い。

仲間指向性は試行錯誤による学習を脅かす

ほとんどの学習は、試行錯誤のプロセスによって適応的に起こる。私たちは新しい課題を試みて、間違って、壁にぶつかり、失敗する。そこから適切な結論が導かれるか、誰かがそれを示してくれる。失敗は学習プロセスに不可欠であり、修正はもっとも重要な教育の手段だ。仲間指向性による傷つきやすさからの逃避は、学習のこの主要経路に三発の破壊的な打撃を加える。

まずはこの、プロセスの試行の部分への打撃だ。新しいことへの挑戦には危険が伴う。声に出して読み、意見を述べ、見慣れない領域に入り、アイデアを実験する。このような実験は、間違う可能性、想定外の反応、否定的な反応などの危険が潜む地雷原のようなものだ。多くの仲間指向性の子どもたちのように、すでに傷つきやすさが耐えられないほどになっていれば、このような危険はもはや受け止められない。

ふたつ目は仲間指向性の子どもたちの、間違いから学ぶ能力への打撃だ。間違いから学ぶことができる以前に、間違いを認識し、失敗を認めることができなければならない。間違いから何かを得ようとすれば責任感を持つ必要があり、援助、助言、修正を受け入れることができなければならない。ここでもやはり、仲間指向性の生徒は、傷つきやすさへの防衛が強すぎるために、自分の間違いを認めたり、失敗に対して責任を持ったりすることができない。テストの点数が悪すぎて耐えられなければ、このような生徒たちは何かのせいにしたり、誰かが悪いと非難したりする。または、この問題から目を背ける。傷つきやすさに防御的な子どもの脳は、傷つきを感じる原因――この場合は間違いや失敗を認めることであるが、これらをすべて排除する。教師や親からほんの少し修正されるだけで、このような子どもは不全感と羞恥心、つまり「私の何かがおかしい」という感覚に脅かされる。間違ったところを指摘されると、彼らはずうずうしい言い逃れや敵対的な反応を出す。大人はこれらの反応を無礼だと理解するが、実はこれらの反応は、子どもが傷つきやすさを感じないように作用している。

試行錯誤の学習に対する三発目の打撃は、子どもがあまりにも傷つきやすさに防衛的であるときに、一連の行動の無益さが理解できないことだ。すでに指摘したように、欲求不満はうまくいかないことがあることを脳に理解させる、無益さの感情に変わらなければならない（第9章を参照）。無益さを刻み込むことは、適応的な学習の本質だ。あまりにも感情が硬化して、うまくいかないことに悲しんだり失望したりすることができなければ、間違いから学習するのではなく、欲求不満の爆発で反応するしかない。生徒の場合、外部の標的は、「ばかな」教師や「退屈な」宿題、時間不足だ。内部の標的は、「私はほんとうにばかだ」というように、自分自身であることもある。どちらにしても、怒りは悲しみに変わらず、真に無益さを経験することに伴う感情が表に出てくることはない。学習習慣は変わらず、学習方法が修正されることもなく、不利は克服できない。このパターンから抜け出せない子どもたちは、失敗と修正を扱えるようになる復元力を発達させることができない。彼らは機能しないものの中に閉じ込められる。私の臨床では、何度失敗を繰り返しても、何度も何度も、さらに何度も同じことをしている子どもたちを見ることが増えてきている。

仲間指向性は生徒を「愛着による学習者」にする

本章ですでに言及したように、発達的な観点からは、基本的な学習プロセスは四つだけだ。仲間指向性がこれらのうちの三つ、学習の目覚め、統合的な学習、適応的な学習を損なうことについては、すでに論じた。子どもたちが学習に目覚めているかぎり、子どもたちの関心を引き、導くことができる教師から学ぶことができる。統合できる子どもたちは、問題を解決するときに考慮しなければならない、対立する要因に向き合うことができる。適応的な子どもたちは、試行錯誤と修正から学ぶことができる。そのような子どもたちは、愛着のない人からでも教えられることができる。これらの重要な学習プロセスが抑制されると、学習はただひとつの力動に依存するようになる。それが愛着だ。学習への目覚め、統合、適応がなくて身動きできない生徒たちは、愛着が何らかの形で関与している場合にのみ学習が可能になる。彼らの学びたい気持ちは内面からのものではないかもしれないが、学校の教師であれ、家庭教師であれ、メンターの役割をする親の友人であれ、教えてくれる大人と親しくしたいという強い衝動に動機づけられれば、内面から学びたい欲求になる可能性がある。

愛着はもっとも強力な学習のプロセスであり、好奇心や修正から利益を得る能力がなかったとしても、それだけで十分に課題を達成することができる。適応、目覚め、統合の機能を欠いた生徒は、常に存在している。潜在能力を最大限に発揮する点で不利ではあるが、よい成績が取れることも多い。愛着による学習者は、他の生徒とは違う意味で非常に意欲的だ。たとえば、彼らは、真似、モデル、記憶、合図によって学ぶ傾向が強い。愛着による学習者たちは期待に応えたいと思い、評価、承認、地位のために勉強する。問題は、子どもが愛着による学習者になってしまったときではない。子どもが指導的な大人ではなく、仲間に愛着を持ってしまったときに起こる。

たとえば、イーサンは初めからほとんど完全に愛着による学習者（attachment-based learner）だった。彼はなじみのないことに対して、ほとんど興味を持つことがなかった。彼の適応機能は、仲間指向性になる前から非常に限られていた。イーサンは愛着を介してのみ学習が可能であり、彼が好きな教師からしか学ぶことができなかった。彼は、二年生の担任とのつながりが作れず、辛い経験をした。彼の新たな仲間への指向性が、彼を愛着による学習者にしたわけではなかったが、彼の愛着による学習能力さえも、完全に破壊した。もともと愛着を介してのみ学習していた子どもが、仲間指向性によって本能が誤った方向に逸れると、どんなに将来性が約束されていた子どもであっても、学習能力は著しく低下する。

一方、ミアが仲間指向性になる前は、彼女が愛着を持っていない教師にとっても教えやすい子どもだった。仲間指向性によって、彼女の好奇心は消え、統合的な知力は鈍り、試行錯誤から学ぶ能力は破壊された。仲間指向性は彼女を否応なしに愛着による学習者にした。ミアの頭のよさは、友だちと親しくするという、ただひとつの目標だけに向いている。

完全に意識的に、「成績が下がる」ようにする子どももいる。今はフィットネスクラブでインストラクターをしている二九歳のロスは、「小学六年から中学一年にかけては、成績は常にクラスで一番だった。僕はあらゆる賞をもらった。中学二年のときに僕はみんなから、からかわれるようになった。僕は突然頭のよい子をやめて、オタクになった。それはかっこよくはなかった。他の男子と一緒にいたかった。僕はみんなに合わせることを選んだんだ。僕は絶対によい点を取らないようにした。数学で満点を取らないように、わざと間違えたりした。何年もそうしているうちに、悪い勉強習慣が身についてしまって、高校の最後の二年間は完全に僕の『計画』どおりになった。大学に入っても悪い勉強習慣はそのままで、結局卒業できなかった。今にして思えば、ティーンエージャーとして、友だちがどう思うかではなくて、もっと自分で判断できていればよかったのにと思います」と話した。

仲間指向性は勉強を無意味にする

仲間指向性の子どもたちにとって、教科は意味がない。彼らは、歴史、文化、社会の矛盾、自然の不思議に興味はない。化学は友だちと一緒にいることには何の関係もない。生物は友だちとうまくやっていくのに何の役にも立たない。数学も国語も社会も愛着には関係ない。一九五〇年代後半のヒットソングの歌詞が、それを見事に表現している。「歴史なんか知らない、生物なんか知らない……でも君を愛しているのは知っている」〔訳註＝サム・クック「ワンダフル・ワールド」〕。

正式な教育は本質的に、若者には評価されない。教育が心と門戸を開け、人間らしく文化的にすることができるのを理解するには、ある程度の成熟が必要だ。生徒たちに必要なのは、教育を大切にする人たちを大切にすることだ。少なくともその人たちがいることで、彼らが成熟して自分自身で判断できるようになるまで、私たちの合図に従うことができるだろう。仲間指向性の生徒たちは、本能的に友だちが最重要で、一緒にいることがすべてだと思っている。たとえそれが歪んだ本能だとしても、他者の本能に逆らうことは不可能だ。

仲間指向性は生徒から教師を奪う

未熟な若者たちは、彼らの学習を助ける愛着に依存している。まだ学びに目覚めておらず、統合と適応ができていない子どもたちはなおさらだ。第5章では、愛着は子どもに注意を向けさせ、敬意を呼び起こし、影響を受けやすくすることで、親と教師を助けることを説明した。これらはすべて、子どもを教育するために欠かせないプロセスだ。大人指向性の子どもは大人を、自分の進路と方向を見定めるための、生きたコンパスの基準と見ている。彼らは仲間よりも教師に対して忠実になり、教師をモデル、権威、インスピレーションの源と見るだろう。子どもが教師に愛着を持てば、その教師には子どもの行動のシナリオを書き、善意を誘い出し、社会の価値観を教え込む自然な力が与えられる。

しかし、仲間指向性の子どもたちを担当する教師は誰なのだろうか。それは教育委員会に雇われた教師ではない。子どもが仲間指向性になると、休憩時間、ランチタイム、放課後、授業の間の休み時間が学習のピークの時間になる。仲間指向性の子どもたちが学ぶのは、教師からでもカリキュラムからでもない。子どもの愛着がそのまま国家資格のある、大学教育を受けた、正式に任命された教育者に忠誠心を持つことを意味するわけではない。愛着が歪めば、学校の教師は、どんなに研修を積んでいようが、どんなに献身的で人から尊敬されていようが、何の役にも立たなくなる。

私たちは、優れた教育、豊かな経験、深い関与、よいカリキュラム、テクノロジーを使いこなす教師の価値を引き下げようとしているのではない。しかし、これらは基本的に教師に教える力を与えるものではない。子どもは教師を好きになり、教師も自分のことを好きだと思うと、しっかり勉強する。子どもの心に届くためには、常に子どもの心をつかまなければならない。

ポスト産業時代の教育の考え方は理想主義的な傾向があり、子どもたちが愛着を持たない教師でも当たり前のように教えることができると考えている。過去数十年、十分に意味のある、そしてよく考えられた教育方法は、学習の目覚め、適応、統合といった学習の要素を利用し、生徒の関心、個性、交流、選択の余地を作ろうとした。それがうまくいかないとすれば、その教育方法が間違っていたからではなく、仲間指向性のために生徒がその方法に影響されなくなったからだ。仲間指向性の子どもたちは否応なしに愛着による学習者になり、学習に目覚め、適応し、統合することができない。問題は、誤った方向を向いた愛着が、子どもたちを間違った教師から学ばせていることだ。

教育への保守的な批評家は、現代の「進んだ」教育方法は失敗だと考え、それが無秩序、非礼、反抗を広めていると思っている。多くの人々は、海を隔てたヨーロッパ大陸とアジアの、より権威主義的で構造的なアプローチを見習おうと思っている。その人たちがわかっていないのは、このような伝統的な教育制度は、相対的に言って、大人との愛着がまだ無傷のままの社会で存在しているということだ。それが正当性と力を与えている。しかし、伝統的な階層的愛着が崩壊するにつれて、これらの教育制度ですら弱点を見せ始める。私はこのことを日本で、疲弊した教育システムの問題を探る教育者たちの学会に招待されたときに、個人的に目撃する機会があった。すべてのポスト産業社会は、この問題から逃れられない。社会が文化よりも経済に価値を置き始めると、問題は避けられず、愛着の村は崩壊し始める。権威主義的な教育制度における教師たちは、学習を促すのは強制ではなく子どもとのつながりだということを、まだ理解していない。私たちの教育制度は、学習の目覚め、統合、適応のプロセスをその中で利用しなければならないが、愛着による学習者が亀裂をすり抜けないように、つながりと関係のセーフティネットも作らなければならない。懐古的で権威主義的なアプローチは、問題をより悪くするだけだ。

仲間指向性が私たちの教育制度を荒廃させていることを考えると、私たちは警鐘を鳴らし、この傾向を覆すか、少なくとも減速させる方法を探さなければならないと考えるだろう。それどころか、教育者や親である私たちは、実はこの現象を助長し煽っている。私たちの「啓発された」子ども中心主義の教育によって、私たちは子どもを研究し、彼らがすることとすべきこと、彼らの願望と欲求とを混同してしまった。子どもは仲間からいちばん学ぶことができるという、危険な教育の神話が作られた。仲間は大人よりも真似しやすいということもあるが、大部分は子どもたちが仲間指向性になったために、子どもは仲間から学ぶようになっている。しかし、そこで彼らが学ぶものは、考えることの価値、個性の重要さ、自然の神秘、科学の不思議、人間存在のテーマ、歴史の教訓、数学の論理、悲劇の本質ではない。また、何が明確に人間的か、どうやって人道的になるのか、なぜ法律があるか、高貴であることの意味も学ばない。彼らが仲間から学ぶのは、どうすれば仲間のように話せるか、仲間のように歩けるか、仲間のような服装ができるか、仲間のように振る舞えるか、仲間と同じように見えるか、ということだ。要するに、彼らが学ぼうとすることは、どうすれば同じになり模倣できるかということだ（註2）。

仲間から学習することで生徒は教師から独立するので、過重労働の教師たちの多くには救いになるかもしれない。しかし残念なことに、それは生徒たちが発達の道を進んでいくことにはならない。教育学（pedagogue）の根源的な意味は「先導者」、つまり、子どもたちを導く人ということだ。教師は生徒がついてきてくれなければ導くことはできず、生徒たちは愛着のある人にだけついていく。今では教師たちが、生徒からの合図をもらおうとすることが増えてきているように思われる。そうして生徒が先導するようになり、教育学の本当の精神を損なわせている。

仲間指向性は、ただでさえ骨の折れる子どもの教育という仕事をさらに難しくし、教師の士気、ストレス、さらには健康にも多大な犠牲を強いている。仲間指向性によって生徒たちは教師の言うことを聞かなくなり、規則に従わせようとするいたちごっこを繰り広げている。常習的な反抗は、確実に燃え尽きにつながる。一生懸命教えることが答えではない。もっと楽に教えられるようになるためには、愛着の機能を利用する以外の方法はない。教師が職務を果たすためにすることは、生徒の心を開くことだ。生徒の心を開くためには、まず生徒の気持ちをつかまなければならない。

教育について最後にひとこと。現代の専門分化と専門家の時代では、私たちは、教育は教師の独占的な職務だと思うかもしれない。しかし、学習を促進し仲間指向性を予防する愛着の役割を認識すれば、私たちの子どもの教育は、親、教師、子どもとかかわるすべての大人、そしてさらには子どもが発達し人生を学ぶ社会と文化を形成するすべての人たちが、平等に負担する社会的責任だと思うことだろう。

〔註1〕たとえば、著者らの住んでいるブリティッシュコロンビア州でも、このような学力低下を示した二〇〇三年の研究に地元の学校や教育関係者は衝撃を受けた。

〔註2〕この、教育における「仲間による学習モデル」は、スイスの有名な発達心理学者ジャン・ピアジェの協調学習の誤解によって強調された。たしかにピアジェは、子どもたちは互いに交流することで、もっとも学習すると述べている。問題は、彼の理論の前提となる、「仲間との交流が本当の学習を促進するのは強い自我が発現してからである」という発達的な考えが見落とされていることだ。ピアジェによれば、子どもは自分自身の気持ちがわかるようになって初めて、仲間との交流によって理解を形成し深めることができる。彼は、権威的な教師は、少なくともより平等主義的な仲間との関係よりも、この認知の個体化のプロセスを抑制すると考えた。ピアジェの理論は、非常に大人指向性の強い生徒と権威的な教育制度があった四〇年前のヨーロッパ大陸で生まれた。ピアジェの考えは北米では発達的な文脈が無視され、まったく異なる環境で適用された。本来の拠りどころである大人への愛着から完全に切り離され、仲間による学習モデルは教育学者の間で大流行するようになった。

協調学習が思考を刺激するという本来のピアジェの理論には何の問題もないが、それはまず初めに対象について自分の考えを持つことができ、ふたつの視点を同時に操作できる子どもについてのことだ。それができない場合は、仲間との交流は個性の芽生えを抑制し、独自性を削ぎ、仲間への依存を促進することになる。

――第四部

どうやって子どもを取り戻すか

第14章　子どもを引き寄せる

ここまで本書では、今の社会が養育本能とかけ離れていることを示してきた。私たちの子どもは、成熟に向けて成長することができないような、未熟な人物と互いに結びついている。ここからは、それに対する解決を探していこう。私たちは親として、教師として、若者のメンターや養育者、また指導を求める若者たちのモデルやリーダーとして、自然が割り当てた役割を、どのようにすれば取り戻せるのだろうか。

第1章では、子育てには効果的な場、すなわち愛着関係が必要であることを述べた。文化として、そして個人として、私たちは知らないうちに、仲間指向性がその場に侵入するのを許してしまった。今こそ、それを修復するときだ。私たちがまずしなければならないことは、自分の子どもを引き寄せる役割を果たす、すなわち、子どもを私たちの翼の下に招き入れ、子どもが私たちと一緒にいたいと思うようにすることだ。私たちはもはや昔の親のように、初期の親子の強い絆が、いつまでも続くものと考えることはできない。どんなに愛情が強く、どんなに熱心に子どもを育てようと、現在の親はかつての親よりも失敗が許されない状況に置かれている。私たちはあまりにも多くの競争にさらされている。現代の文化的混沌に対処するためには、私たちは子どもを毎日引き寄せ、子どもが独立した存在として十分に機能するようになるまで、それを繰り返す必要がある。幸いにも、私たちの身近な自然が、どのようにすればよいかを教えてくれている。

ミツバチや野鳥、その他の多くの生き物のように、私たち人間は、本能的行動でお互いの愛着反応を呼び起こしている。また、他者を引き寄せ、つながりを作るための、ある種の求愛ダンスもある。言うまでもなく、このダンスのもっとも基本的な役目は、生殖の場合と同じように、子どもたちを引き寄せることだ。必ずしも自分の子どもではなくても、大人は幼児がまわりにいると、この求愛の本能がほとんど自動的に発動し、微笑んだり、うなずいたり、目を大きく開いたり、優しい声を出したりする。私はこのような本能的行動を、**愛着ダンス**（attachment dance）、または**引き寄せダンス**（collecting dance）と呼んでいる。

愛着ダンスが私たちの自然の一部であるとすれば、私たちが必要なかぎり、子どもを引き寄せることに何の問題もないと思われるかもしれない。残念ながら、そんなにうまくはいかない。そのステップは私たちすべてに生まれつき備わっているが、私たちの直観が失われれば、正しく踊ることはできなくなる。多くの大人たちにとって、子どもを引き寄せる本能は幼児期を過ぎた子ども、特に、かわいい幼児とは違って、もはや積極的に私たちに愛着を求めない子どもによって誘発されることはない。多くの娯楽や誘惑のある今日の文化の中で、子どもを親の翼の下に集めようとするなら、私たちはこの引き寄せ本能をしっかりと意識する必要がある。私たちは意識的にこの本能に集中しなければならない。私たちが交際したいと思う大人のパートナーを惹きつけるために求愛の術を使うように、この本能を意図的に子育てや教育に使う必要がある。

大人の幼児へのかかわりを観察すると、愛着ダンスには四つのはっきりしたステップがあるのがわかる。これらのステップは特定の順序で進み、人間のすべての求愛関係の基本的なモデルを形成している。この四つのステップは、幼児期から、そしてさらに思春期を通して、私たちが子どもを引き寄せる作業の中で従わなければならない順序を示している。

友好的な方法で子どもに向き合う

最初のステップの目的は、子どもの目を引きつけて、微笑みを引き出し、そして可能であれば、うなずきを誘発することだ。幼児の場合は、私たちの意図は丸見えでもいいので、目的を達成するために体全体で表現する。子どもの年齢が大きくなると、子どもをしらけさせないようにするために、私たちの意図は、あまり露骨に出さないようにしなければならない。たとえば、あまりにもしつこく勧誘し、気安く客と親しくなろうとするセールスマンにはうんざりするものだ。

幼児の場合は、この求愛行動はそれ自体が目的であることが多いので、うまくいけば親は本能的に満足し、うまくいかなければ完全に欲求不満となる。そこには隠れた意図はなく、私たちは幼児が何かを「する」ことを求めているわけではない。関係を持つこと自体が目的であり、幼児期から小児期が終わるまで続くものだ。今日の子育てで強調されているように、私たちはどこに到達するかというよりも、何をするかに注目することが多い。すべての子どもとのつながりの出発点と主要なゴールは、関係そのものであり、行為や行動ではない。

子どもが年長になるにつれ、私たちは何かが起こったときだけ、子どもに向き合うようになりやすい。この傾向は、親が子どもを危害から守ろうとすることが増える、よちよち歩きの時期から始まる。ある研究によれば、動き回り、休みなく探索をする時期が始まった時点では、母親の行動の九〇パーセントは愛情、遊び、世話で構成され、幼児の活動を制止する行動はたったの五パーセントだった。その後の数か月間で、それは急激に変わる。好奇心と衝動に目覚めた子どもの行動を、親はいつも制止しなければならなくなる。一一～一七か月の間に、平均的な幼児は九分に一回の割合で親から制止される〔註1〕。このような事態に対するゴールは、子どもを感情的に引き寄せることではなく、子どもの行動を修正して正しく導くことだ。この時期、または少し後に、私たちの子どもを引き寄せる本能は休止する。同じように、大人の求愛行動も、関係がしっかりすれば消えることが多い。私たちの関係は当たり前のものになる。もし大人の愛着がなくなったと誤解すると、それは子どもにとって悲惨なことになる。私たちは子どもの安全と幸福を守る保護者でなければならないが、温かく受け入れるような姿勢で子どもに向き合うことを続けることで、子どもが私たちと関係を持ち続けるように仕向けていく必要がある。

子どもが成長するにつれ、または接触に抵抗するようになると、友好的な方法で向き合うことから友好的な方法で彼らの「スペース」に入ることが課題となる。この課題は難しいが、私たちは常に子どもを引き寄せるという目的を忘れてはならない。一四歳の娘の父親であるデイビッドは、「そのとおりです」と認めた。「私がどんなふうに娘と話しているかを考えてみると、ほとんどの場合は何かをさせようとしたり、何かを教えようとしたり、彼女の行動をなんとか変えさせようとしています。ただ単に一緒にいたり、彼女と楽しく過ごしていることは、めったにありません」。

私たちが短期的な行動を目標にしている間は、引き寄せダンスは始まらない。関係を育むという長期的な目標に注目することで、それを達成しようとする動きの中で見つかることだろう。たとえしばらく休眠状態だったとしても、私たちには本能と直感があることがわかれば、やる気を奮い立たせることができるだろう。とにかくやってみることだ。これは試行錯誤であり、決まったやり方はない。ひとりひとりの子どもには、異なるダンスがあるだろう。

子どもと離れていた後で、子どもを引き寄せることは特に重要だ。多くの文化で、この引き寄せる本能を刺激する愛着の儀式が存在している。もっとも一般的なものがあいさつで、それは良好な関係の前提条件だ。よいあいさつは、アイコンタクト、微笑み、うなずきを引き出す。このステップを無視すると、決定的なミスになる。プロバンスやラテン諸国のような文化では、子どもにあいさつをすることは今でも習慣であり、当たり前のことだ。私たちの社会では、自分の子どもにすらあいさつをせず、他者を気にしないことが多い。子どもたちは私たちと離れていた後に自分から接触しようとはしないので、私たちが手を差し伸べることが、あまり重要には見えないかもしれない。それはまるで見当違いだ。私たちは、自らの熱い気持ちと主導権で、それを埋め合わせなければならない。

もっともはっきりした分離は学校や仕事によるものだが、他にも多くの分離がある。子どもがテレビ、遊び、読書、宿題などに集中することで、分離が起こることもある。最初のかかわりは、接触を再確立することだ。私たちが子どもを再び引き寄せないかぎり、何も始まらない。たとえば、娘が完全にテレビに集中しているときに指示をしても無駄でイライラさせるだけだ。そのような場合は、子どもに晩ご飯を食べにきなさいと言う前に、子どもの横に座り、肩に手を置いて、子どもとのかかわりを持つのがよいだろう。アイコンタクトも大切だ。「何の番組だい。おもしろそうだね。でも残念だけど、そろそろ晩ご飯の時間だよ」。

睡眠による分離の後で、子どもたちを引き寄せることも重要だ。子どもたちがきちんと引き寄せられるまで親が子どもの世話にこだわらなければ、多くの家族の朝の風景は大きく変わるだろう。私の息子たちが小さかった頃にとてもよかった習慣のひとつは、「朝のウォーミングアップ時間」なるものを始めたことだった。私たちは、部屋の中のふたつのソファを、ウォーミングアップの椅子に決めた。息子たちが起きてきたらすぐ、妻と私は息子たちを膝の上に乗せて抱っこし、しっかりと目を開き、笑顔が表れ、きちんとうなずくようになるまで、遊んだり面白いことを話したりした。その後のことはすべて順調に進んだ。起きてすぐにトップギアの世話をするよりも、一〇分だけ早く起きてこの引き寄せの儀式から一日を始めることは、やって損はない。子どもがいくつになっても、どんなに成長しても、子どもはローギアから動き始めるようにできている。

要するに、日常生活の中に、子どもを引き寄せるルーティンを作る必要があるということだ。それに加えて、あらゆる種類の情緒的分離の後に、子どもと再びつながることは特に重要だ。たとえば、けんかや口論の後に子どもとの距離が開いたり、誤解したり、または怒りのためにつながりの感覚が損なわれることがある。そうなると、心理学者のガーション・カウフマンが「人の間の橋」と呼んだもの〔訳註＝人と人との間の基本的な情緒的絆〕を回復するまで、子どもの世話はできない。その橋をかけ直すのは常に私たちの責任だ。子どもはその必要性をまだ十分には理解できていないので、子どもが橋をかけ直すことは期待できない。

自分の子ども以外の子どもにかかわる教師や大人たちにとって、まず初めにしなければならないことは、子どもたちを引き寄せることだ。子どもを引き寄せることなく、子どもの世話をしたり、何かを教えたりしようとしても、見知らぬ人の要求や指示に抵抗する、子どもの自然な本能と対立するだけだ。

すばらしい先生がふつうの先生と違うのは、この子どもを引き寄せる行為であることは間違いない。私の初めての担任であった、アッカーバーグ先生のことは忘れられない。母親が私を一年生の教室の入口まで送り届け、私が他の子どもたちに気を取られる前に、このすてきな笑顔の女性はさっと近づき、とても友好的にあいさつをした。私が自分のクラスに入ったことをとても嬉しく思っていると話し、これからの一年間はきっと楽しくなることを約束してくれた。彼女がほんの短い時間で私を引き寄せたのは確かだ。それ以来、私はすっかり彼女に懐《なつ》き、他の先生にはなじもうとしなかった。私には彼女以外への愛着は必要なかった。私にはいつも大切な愛着があったのだ。私を再び引き寄せてくれたのは、五年生のときの先生だった。それまでの間は、私の学校生活は荒野をさまようような経験だった。

子どもをつなぎ止めるために愛情のサインを与える

次のステップの本質は単純だ。子どもが愛着本能を発揮できるように、私たちは子どもが愛着するものを与えなければならない。乳児であれば、子どもの手のひらに一本の指を置くことでよい。子どもの愛着脳に感受性があれば、子どもはその指を握るだろう。もし感受性がなければ、子どもは手を引き離すだろう。これは膝下《しっか》を叩くことで誘発されるような不随意的な筋肉の反射ではなく、授乳や抱っこのような活動を可能にする、生まれたときから存在する**愛着反射**（attachment reflex）のひとつだ。指を握ることは、愛着本能が活性化したことを示している。その子どもは、世話を受け入れる準備ができたのだ。

何が起こっているのかは大人も子どもも知らないし、理解していない。この指を握る単純な動作はまったく無意識の反応であり、その目的は愛着本能を活性化し、子どもにしがみつかせることだ。この例では、その乳児は身体的につながってはいるが、その基本的な目的には情緒的なつながりが含まれる。乳児の手のひらに指を置くことで、つながりへの招待状を送っているのだ。このように、このダンスの私たちのパートは、招待状から始まる。

子どもが成長するにつれて、この課題のポイントは、身体的なつながりから比喩的なものになっていく。私たちは子どもに何かつかむもの、大切なもの、心の中に大切にして失いたくないものを与えなくてはならない。それらは何であろうと、私たちが与えたものでなければならない。そして、私たちが何を与えようと、大切なことはそれをしっかりとつかんで離さないことで、それによって子どもが私たちとつながり続けることだ。

注意と関心は、つながりの強力な呼び水になる。愛情のサインは強力だ。研究者たちは愛着の効果的な活性化因子のトップに、情緒的な温かさ、楽しさ、喜びを挙げている。私たちの目に輝きがあり、声にいくらかの温かみがあれば、たいていの子どもが断ることができないつながりに誘うことができる。子どもを大切に思っているというサインを送れば、ほとんどの子どもは、自分が私たちにとって特別な存在で、私たちの人生にとっても大切であるという認識をずっと持ち続けていたいと思うようになる。

私たち自身の子どもたちにも、身体的な要素は重要だ。ハグや抱擁は子どもたちが抱きつくためにデザインされたもので、ハグの後もずっと温かい気持ちを持ち続けることができる。カウンセリングに来る多くの大人たちが、子どもの頃に親から身体的な温かみを十分にもらえなかった、と嘆くことは珍しくない。身体的な接触が大きな問題になっている現在、どうやって子どもとのつながりを持てばいいか、とよく教師から尋ねられる。触れることは五感のひとつにすぎず、「愛着形成の六つの方法」のひとつにすぎない（愛着形成の六つの方法については第2章を参照）。触れることは重要ではあるが、それが子どもとつながるための唯一の方法ではないことを、常に念頭に置いておかなければならない。

このような微妙な方法で愛着を形成することに情緒的に抵抗を示す子どもには、もっとわかりやすい方法を使う必要がある。たとえば、子どもと同じだという感覚を伝えたり、子どもの側に立つことで忠誠心を示したりする機会を作る方法があるだろう。非行少年とのかかわりでは、私はいつもここから始めるようにしている。お互いが青い目であることに気づいたり、同じことに興味があったり、何か共通なものを見つけるだけで十分なこともある。何よりも、大人は子どもをつかむ前に、何かを与えなければならない。

子どもへの究極的なプレゼントは、子どもが今のまま存在していてよいと感じられるようにすることであり、子どもの存在そのものに私たちの喜びを表現することだ。この気持ちを伝える方法は、しぐさ、言葉、象徴、行動など、山ほどある。子どもに、自分が求められ、特別で、重要で、価値があり、評価され、なくてはならない、喜ばれる存在であることが伝わらなければならない。子どもがこの気持ちを完全に受け止るために、つまりそれを信じて、私たちが身体的にそばにいないときでもこの気持ちを持ち続けることができるようにするためには、それは本物で無条件なものでなければならない。第16章で効果的なしつけについて検討するが、子どもへの罰として親から分離をすることが、いかに子どもにダメージを与えるかがわかるだろう。分離という、広くすすめられている有害な方法を使えば、実際には、子どもが私たちの価値観と期待に応えている場合のみ受け入れられる。つまりは、私たちと子どもの関係は条件つきであると言っているのと同じことになる。親としての私たちの課題は、子どもが断ることができないほど、とても魅力的で大切な招待状を出すことだ。それは仲間たちには決してできない、愛情のこもった受容だ。無条件の愛情という私たちからのプレゼントをしっかり受け止めることで、ちょうど乳児が親の指をしっかりと握りしめるのと同じように、子どもは私たちにしっかりと情緒的につながることになる。

よいつながりのためには、子どもが私たちの申し出が自発的なものだと受け止めなければならない。これは直感とは相容れないかもしれないのでこの後説明するが、儀式の一部であろうが、誕生日のプレゼントや何かのご褒美であろうが、子どもがほしがるものを与えることで、子どもを引き寄せることはできない。どんなに気を遣ったとしても、そのような状況で与えるものは関係ではなく、特定の場面や出来事に関連している。そのようなプレゼントでは決して満たされない。物であれ気持ちであれ、子どもはほしかったプレゼントを喜ぶが、それによって子どもの愛着欲求が満たされることはない。

注目や愛情であれ、認められたり大事に思われたりすることであれ、子どもの要求を何でも満たせば、子どもとのつながりを育めるわけではない。子どもが本当の欲求を表現しているときに、それを我慢させることで関係が損なわれることもあるが、求められるままに欲求を満たすことが関係をよくすると誤解してはいけない。子どもを引き寄せる際には、主導権と驚きの要素が重要だ。子どもがほとんど期待していないときに、大切なものを与えることがいちばん効果的だ。私たちが与えなければならないものを子どもが自分で手に入れることができたり、ある種の報酬だと思われたりすれば、それは子どもとの接触を育む役割を果たさないだろう。私たちから贈るつながりは、私たちが子どもに心から差し伸べる招待から始まるものでなければならない。このダンスのステップは、子どもへの応答ではない。それは、子どもとの関係を何度も思い描く行為だ。それは究極のダンスとでもいうべき、愛着のダンスに招待することだ。もう一度言うが、大切なことは子どもが何かを求めているときではなく、何も求めていないときに、子どもの存在そのものを自然に喜ぶ気持ちを伝えることだ。私たちは、ジェスチャー、微笑み、声のトーン、ハグ、おどけた笑顔、また何か一緒にすることを提案したり、ただ単にウインクをしたりすることで、子どもの存在への喜びを表すことができる。

ところで、子どもの要求に屈することは、子どもを「だめにする」と広く信じられている。この心配は、ほとんど真実とはかけ離れたものだ。子どもの要求を無分別に許容することで、子どもに与えていない共感、つながり、接触を補おうとする親がいる。何かをだめにするのは、それが必要としている状況を否定したときだ。たとえば、肉を冷蔵庫から出したままにしておくとだめになる。本当に子どもをだめにするのは、何でも要求を聞き入れたり、物を与えたりすることではなく、子どもの本当の欲求を無視することだ。最近母親になった共著者（ガボール）の姪は、出産した病院の看護師に「甘やかして子どもをだめにする」から抱っこしすぎないように、と言われた。そうではなく、子どもをだめにするのは、赤ちゃんとの接触を否定することだろう。賢明なことに、この母親はこの「専門的な」アドバイスを無視した。ほしいだけ親との接触が得られた乳幼児は、大きくなったときに過剰な要求をすることはないだろう。

非常に安全感に欠ける子どもが、過剰に時間と注意を要求するのは確かだ。親はもっとかかわろうと思うよりも、ひと息つきたいと思うだろう。問題は、子どもの要求に注意を向けても、子どもは決して満足してくれないことだ。自発的に自らを子どもに捧げるのではなく、ただ子どもの要求に対応しているだけという不全感だけが残る。要求の根底にある情緒的欲求が決して満たされずに、子どもの要求はただエスカレートするばかりだ。これを解決するためには、チャンスを見て、子どもが要求していないときに子どもとかかわることだ。または、子どもの要求に応じるとしても、親が主導権を取り、子どもが期待するよりも多くの関心と熱意を示すことだ。「それはいいアイデアだ。いっしょに遊べたらいいなと思っていたんだ」「あなたもそう思っていてくれて、とても嬉しいわ」。子どもに不意打ちをかけて、親からの招待を受けているように感じさせることだ。

褒めちぎることで子どもを引き寄せたり、しっかりつかんだりすることもできない。褒め言葉は子どもがしたことに関するものであり、したがってプレゼントでも当たり前のものでもない。褒めることは大人ではなく、子どもがやり遂げたことによって決まる。失敗すれば褒められることはないので、子どもは褒められることを当てにできない。褒められたとしても、褒めてくれる人に大切にされたのではなく、成し遂げたことが大切に思われただけだ。褒めることが裏目に出て、褒められるのとは逆のことをしたり、どうせ目標を達成できないと思って、関係を避けたりする子どもがいるのも当然だろう。

子どもを褒めてはいけないと言っているわけではない。それどころか、何かをやり遂げるための特別な貢献や、そのために費やした努力やエネルギーを理解していれば、どんな人間関係においても褒めることは有益で、思いやりの深い、よいことだ。ここで言いたいことは、褒めすぎてはいけないということであり、子どもは他者の称賛や、よい意見に依存しやすいことに注意しなければならないということだ。子どもの自己イメージは、功績や従順な行動によって、よくも悪くも、私たちの受け止め方次第で決まるものであってはならない。子どもの真の自尊心の基盤は、その子どもがそのままの形で親から受け入れられ、愛され、喜ばれている感覚でなければならない。

依存を誘う

赤ちゃんが少し大きくなったら、あたかも抱き上げるように手を差し伸べて、子どもの依存を誘い、次に進む前に少し子どもの反応を待ってみよう。もし子どもの愛着本能が十分に作動していれば、誘いに反応し、腕を持ち上げ、もっと近くに行きたい気持ちと依存したい気持ちを示すだろう。この愛着の振りつけにおける、親と子どもの相互の役割は、直感的なものだ。

赤ちゃんの依存を誘うには、実際にはこんなふうに言えばいい。「さあ、おいで。私があなたの足になるよ。私にまかせなさい。私があなたの安全を守ってあげるよ」。年長の子どもを私たちに依存させるためには、子どもに私たちを信じてよいこと、頼りにしてよいこと、寄りかかってもよいこと、ちゃんと面倒を見てあげることを伝える。子どもは私たちを頼り、助けを期待するようになる。私たちは子どもに、「あなたのためにここにいるよ、いつでも頼っていいんだよ」と言う。しかし、最初に子どもの信頼を得ないまま進めると、トラブルになる。これは親だけでなく、保育士、ベビーシッター、教師、養親、継親、カウンセラーも同じだ。

ここで、私たちの自立へのこだわりが立ちはだかる。乳幼児を依存させることは簡単なことだが、その時期を過ぎれば、自立が私たちのもっとも重要な課題になる。子どもが自分で服を着る、自分で食べる、心を鎮める、自分で楽しむ、自分で考える、自分で問題を解決する、どんなことであれ、自立が第一である。私たちがいちばん大切だと思っていることは自立だ。私たちは、依存を誘うことは発達を妨げるのではないかと心配し、たった一インチの甘えを許せば、それが一マイルになることを心配する。私たちのこの態度が実際に促しているのは本当の自立ではなく、私たちからの自立にすぎない。それでは、依存が仲間集団に移っていくだけだ。

ことあるごとに、私たちは子どもを成長させるために押したり引いたりして、休息を取らせることもなく先を急がせている。子どもを引き寄せるよりも突き放している。大人が依存に抵抗していたら、交際などできないだろう。「私の助けは期待しないでね。あなたは何でも自分でできるし、しなければならないと思う」というメッセージを込めた求愛なんて考えられるだろうか。そんな恋愛は成就しないことは言うまでもない。プロポーズするときには、「さあ、何でも力になるよ」「私が助けてあげるよ」「よろこんでさせてもらうよ」「あなたの問題は私の問題だ」という言葉であふれている。もし私たちが大人にはこのようなことができるのなら、本当に誰かに頼りたいと思っている子どもの依存を誘えないはずはない。

私たちが大人の依存を誘うことに気兼ねがないのは、おそらく相手の成長や成熟に責任を感じないからだろう。私たちは大人を自立させる責任はない。ここが問題の核心だ。つまり、私たちは自分の子どもの成熟に対して、あまりにも大きな責任を負っている。私たちはひとりではないことを忘れてしまっている。自然が私たちに味方してくれる。自立は成熟の結果だ。私たちの子育ての仕事は、子どもの依存欲求をかなえることだ。私たちが本当の依存欲求をかなえる仕事をすれば、自然が成熟を促す仕事をしてくれる。同じように、私たちは子どもを大きく育てようとする必要はない。ただきちんと食事を食べさせればいいだけだ。成長、発達、成熟は自然のプロセスであることを忘れれば、私たちは見通しを失う。子どもが立ち往生して、成長しなくなるのではないかと心配する。おそらく、少しだけ背中を押さなければ、子どもは決して巣立たないと思っている。この点で、人間は鳥とは違う。子どもは押されれば押されるほど強くしがみつくようになり、しがみつくことができなければ、誰か他の人と巣を作ることになる。

人生は季節のように流れる。冬に抵抗することで春が来ることはない。冬には植物は休眠しているが、春が来ればいっせいに花が咲く。私たちは、依存に抵抗することで自立を手に入れることはできない。依存欲求が満たされたときにのみ、真の自立の探求は始まる。依存に抵抗することによって、自立への動きを妨げ、その実現を遅らせてしまうことになる。私たちは、もっとも基本的な成長の原則を見失っている。もし、植物を無理矢理成熟させようとすれば、その愛着の根と実りを台無しにするだろう。子どもたちの愛着の根が切れれば、後は他の人間関係の根に移植するしかなくなる。私たちが子どもを依存に誘うことを拒めば、子どもを仲間の腕の中に向かわせることになるだろう。

子どもがまだ十分に成長する前に無理に分離すれば、それが寝室であろうが家の外であろうが、初めはパニックを引き起こし強くしがみつくだろうが、問題はそれだけではない。親に近づけない子どもたちは、親のかわりになるものを見つける。この依存の転移は、しばしば本当の自立と間違われる。このような偽りの自立、または子どもがまだ十分に成熟していない自立を促すことは、仲間指向性を支援し助長する。

教師も依存を誘わなければならない。実際に、自分の生徒に依存を促す教師が、最終的には生徒の自立をうまく育むことが多い。優れた教師は生徒を無理に自立させようとするかわりに、寛大に援助を提供する。優れた教師は生徒に自立してほしいと思うが、もし自分が子どもの依存を拒み、未熟さを叱責すれば、生徒は自立に到達しないことを知っている。このような教師の生徒たちは、自分の未熟さを恥じることなく教師に頼ることができる。

真の自立に近道はない。自立するための唯一の方法は依存することだ。子どもを確実に独立した存在にすることは、私たちだけでできることではない。それは自然のなすことだ。私たちは自分の仕事をどんどん進めていくだけだ。それは子どもの依存を誘うことだ。

子どものコンパスの基準として振る舞う

愛着本能を発揮させる第四の方法は、子どもを方向づけることだ。このダンスのパートは、赤ちゃんが私たちの腕の中にいるときに始まる。子どもは自分の方向感覚を獲得するために私たちに依存しているので、私たちは子どものコンパスの基準になり、ガイドとして行動しなくてはならない。私たち大人はそのことに気づいていなかったとしても、自動的にこの役割を果たしている。私たちはいろんなことを指摘し、物の名前を教え、幼い子どもを環境になじませようとする。

学校では、このダンスのパートとして、気の利いた教師が「ここがあなたのコートを掛けるところだよ」「この人の名前はダナと言います」「この後にちょっとした発表会をしますが、今はここの本を読んでいてもいいですよ」と声をかけ、子どもが今どこにいて、どの人が誰で、これはどんなものか、これはいつ始まるのかを正しく判断できるようにしている。

この引き寄せのステップには無数のバリエーションがあり、状況や子どものニーズによって判断される。私たちは小さい子どもについてはかなり直観的に理解できるが、年長の子どもたちについてはこの方向づけの本能を失っていることが多い。もはや私たちは子どもを周囲の人々に紹介したり、周囲の世界に慣れさせたり、これから何が起こるかを知らせたりして、ものごとの意味を理解させる役割を持っていると思わなくなった。つまり、私たちはまだ依存的な子どものガイドとして行動できていない。

子どもは、自分に役立つコンパスの基準に、自動的に依存する。もし、この役割を果たすことが子どもの生活に及ぼす影響を本当に理解すれば、それはきわめて重要な役割で、他者に任せることができないことがわかるだろう。

私たちは皆、愛着の起点となる方向づけの力を直観的に感じたことがある。外国の街にいて、道に迷って混乱し、家族と離れてしまい、言葉を理解することも話すこともできず、自分ではどうすることもできず、絶望的になっているとしよう。そこに誰かが近づいてきて、あなたの国の言葉で援助を申し出たとしよう。その人が誰に連絡し、どこに行けばよいかについての方向づけをしてくれた後では、あなたのすべての本能があなたをそのガイドのそばに居続けようとさせるだろう。その人が去ろうとすれば、あなたは間違いなく、会話を延ばして、その人がそばにいてくれるように必死にすがりつこうとするだろう。これは大人にも起こることであり、自分の方向感覚を得るために他者に完全に依存する愛着を持つ未熟な存在であれば、それはさらに強いものになるだろう。

この方向づけの本能を失う問題の一部には、子どもが存在する世界の中で、私たちはもはや専門家とは思えなくなったことがある。あまりにも多くの変化が起こり、私たちは子どものガイドとして振る舞えなくなってきている。パソコンやインターネットの世界、ゲームやおもちゃについて、私たちが知っている以上のことを子どもたちが知るのにそれほど時間はかからない。仲間指向性は子どもたちの文化を、まるで新しい移民の文化のように、私たちにとってなじみのないものにしてしまった。ちょうど見知らぬ国で方向を見失う移民のように、私たちは子どもをどう導けばよいのかわからなくなっている。言葉は異なり、音楽もまったく違う、学校の文化も変わり、カリキュラムさえ変わっている。これらの変化によって、私たち自身が方向づけをしてもらわなければならないと感じるところまで、私たちの自信は低下している。

私たちが子どもを今の世界で方向づけることは、ますます難しくなってきている。

もうひとつの問題は、仲間指向性が私たちの子どもから、自然な環境で子どもが方向づけの本能を起動させる引き金、つまり、道に迷ったり混乱したりしている表情を奪うことだ。その表情をした人たちは、たとえ大人であっても、まったく見知らぬ人からでさえ、方向づけ反応を引き起こすことができる（医師である共著者のガボールは、この方向を見失って途方に暮れた表情は、特に病院のナースステーションのまわりで見事に見られると言っている）。仲間指向性の子どもは、自分が誰でどこに行きたいのかわからなくなっているが、仲間指向性のために道に迷って混乱しているとは思っていない。クールな文化を取り込んだ子どもたちは、弱々しく援助を求めているようには見えない。仲間のそばにいれば大丈夫だ。それが仲間指向性の子どもが、本当は目の不自由な人がお互いを導いているような場合であっても、とても自信があり颯爽《さっそう》と振る舞うことが多い理由のひとつだ。彼らが困惑の表情を見せないことの本当の影響は、私たちの子どもをガイドする本能が休止し、子どもを引き寄せる能力が減退することだ。

世界が変わっても、いや、変わったからこそ、私たちは自信を奮い起こし、子どものコンパスの基準としての責任を果たすことが、これまで以上に重要になっている。世界は変わっても、愛着のダンスは変わらない。私たちは幼児期の子どもをうまくガイドしているが、それはおそらく、私たちがいなければ子どもは迷子になるとわかっているからだろう。私たちはこれから何が起こるのか、どこに行くのか、そこで何をするのか、この人は誰か、それはどんな意味なのかを常に子どもに教えている。この時期を過ぎると、私たちは自信を失い、このとても重要な引き寄せる本能が鈍る。

子どもが知っていようが知らなかろうが、子どもには方向づけが必要であり、私たちがそのもっとも適任者であるということを忘れてはならない。時間、場所、人、出来事、意味、状況についての方向づけをすればするほど、子どもは私たちの近くに居続けようとする。子どもが困った顔を見せるのを待っていてはいけない。私たちは自信を持って、子どものガイドと通訳としての役割を果たすことが求められている。朝のちょっとした方向づけで、子どもを私たちの近くに長く引きつけることもできる。「今日はこんなことをします」「今日はここにいます。今日の特別なことは……」「今晩の予定は……」「～に会ってもらいたいんだけど」「どうするか教えてあげよう」「この人があなたの面倒を見てくれます」「何か困ったことがあったらこの人が助けてくれます」「あと三日で終わるよ」。そしてもちろん、子どものアイデンティティと重要性についての方向づけもしなければならない。「あなたは～が得意だね」「あなたは～のような女の子だね」「あなたは自分の考えを持っている」「あなたは～については本当に天才だね」「あなたは～の素質があるね」「きっと～に成功するよ」。子どものコンパスの基準として振る舞うことは方向づけの本能を働かせることになり、それは重大な責任だ。

自分自身の子どもについては、方向づけによって子どもが私たちのそばにいたいと思う本能が再活性化される。他の人の子どもを引き寄せるときには、方向づけはつながりを育てる重要なステップとなる。その秘訣は、教師であろうと継親であろうと、大人がガイドの役割を果たすことで、子どもの指向性の空白を利用することだ。子どもや生徒が、自分の方向を見つけるためにあなたに依存する状況を作ることができれば、うまく愛着を引き出せるだろう。

仲間指向性になった子どもを取り戻す

愛着のダンスのこれら四つのステップは、子どもの愛着本能を起動させ、ほとんどの子どもを養育的な大人との機能的な関係に導いてくれる。しかし、仲間指向性によって、基本的な愛着のシナリオからまったく逸脱してしまった子どもたちもいるだろう。「私の子どもがすでに仲間の世界で『迷子』になっていたら、どうすればいいでしょう」「子どもを取り戻す方法はありますか」と尋ねる親もいるだろう。

いつでも私たちにできることはある、という第1章の締めくくりのメッセージを、ここでもう一度思い出してほしい。どんな状況でも絶対に確実な方法はないが、どこに努力を向けるべきかがわかれば、長期的には成功すると確信できる。子どもが親の誘いに対して、初めは強固で落胆させるような抵抗を示したとしても、これとまったく同じステップと原則が当てはまる。つまるところ、関係は私たちが決めるようなものではなく、ただ招待して誘うだけだ。「迷子」になった子どもをできるかぎり簡単に取り戻し、子どもが仲間に引き寄せられるのを、できるかぎり難しくすることは可能だ。では、どのようにしたらできるのだろうか。

多くの点で、仲間指向性はカルトのようなもので、子どもを取り返す挑戦は、カルトの誘惑と対決するのとほとんど同じだ。実際の挑戦は子どもの心と精神を取り返すことであり、身体を私たちの家や食卓に取り返すことではない。

子どもを引き寄せようとするとき、子どもはたとえ気づいていなかったとしても、私たちを必要としているということを忘れてはならない。とても親を疎んじて敵対的になっているティーンエージャーでさえ、育ててくれる親を必要としている。本能から逸れて心を閉ざしていたとしても、それは彼らの精神の中に依然として組み込まれており、心配してくれる大人やカウンセラーとの会話の中にポロッと出てくることもある。ふたりのティーンエージャーの母親であるマリオンは、「私たちはいつも、子どもの友だちが家でくつろげるようにしています。友だちは自分の家よりも、ここのほうが快適に感じているみたいでした。

大きな『がっしりした』男の子たちは台所のテーブルのまわりに座って、私や夫と言葉を交わしていました。後になって彼らは私たちの息子に、『自分の親とそんなことしない』と話したそうです」と言った。

私たちは自信を持って、子どもを引き寄せる課題に取りかかる必要があり、この任務を先延ばしにしたり、投げ出したりしてはならない。反抗的で「そばにいることができない」子どもでも、取り戻してもらいたい欲求は強い。

子どもたちを取り戻すことは、私たちが子育ての仕事をまっとうするためだけでなく、子どもに成長のチャンスを与えるためにも重要だ。早くにして親の愛着の場から離れた子どもを、成熟の過程を続けるために引き戻さなくてはならない。アメリカの卓越した児童精神科医であるスタンレー・グリーンスパンは、「年齢に関係なく、小さな子どもたちは習得できなかった発達課題に取り組むことができるが、それができるのは献身的な大人との親密で個人的な関係がある状況においてだけである」と書いている〔註2〕。子どもを強い愛着の関係に戻すように誘い、そこに留まらせることは、私たちが子どもと一緒に、そして子どものためにしようとすることすべての基盤だ。

子どもを取り戻すための鍵は、仲間指向性を引き起こす状況を反転させることだ。子どもを仲間から離すことで愛着の空白を作り、その空白に私たちがかわりに入る必要がある。仲間指向性の子どもは、とても愛着の欲求が強いことを念頭に置くのも重要だ。そうでなければ、彼らは仲間指向性になっていなかっただろう。仲間が近くにいないことは、そもそもの親との愛着の空白に耐えられなかったのと同じくらい、苦しいことだろう。

多くの場合、特に仲間指向性がそれほど進んでいない場合は、子どもを引き寄せることを最優先にするのと同時に、仲間との関係にいくらかの制限を加えると、穏やかに反転させることができる。ここで親の計略を明かすと裏目に出ることが多いので、そうしないことが重要だ。多くの親にとってもっとも難しいのは、行動から関係への転換に集中することだ。いったん関係が悪化すると、行動はどんどん攻撃的になり警戒的になる。そのような場合には、罵《ののし》ったり、おだてたり、非難したりすることを止めるのは難しくなる。焦点を変えるためには、まず行動を扱う無益さを受け入れ、関係修復の課題に方針を変えなければならない。その変換が正真正銘のものでないかぎり、私たちは目の前の課題に耐えられないだろう。私たちのほとんどは本能的に求愛のしかたを知っているので、あとは私たちの目標のためには他の方法がないことと、早ければ早いほうがよいことだけがわかればよい。

子育ての構造を作ることや、制限を課すような特別な戦略については第15章で触れるが、ここで少し外出禁止について考えてみたい。思春期の子どもが規則を破ったり、何らかの違反行為をしたりしたときには、一般的なしつけとして外出禁止がよく使われている。問題はそれをどのように使うか――つまり、罰としてなのか、チャンスとしてなのかだ。外出禁止はたいていは仲間との接触を制限するため、愛着の空白ができて、私たちはそれを利用することができる。この状況を親が子どもの顔を優しく見つめる機会ととらえて、子どもが失いたくない何かを与えることができれば、その結果は有益だ。外出禁止自体は功を奏するものではない。仲間関係を阻止することは、子どもがそれを求める気持ちを強くするだけだ。親が自然な愛着の力とそれをうまく使う自信がない場合も、外出禁止は使わないほうがよいだろう。ほとんどの行動へのアプローチと同じように、外出禁止はそれをもっとも必要としない人にもっとも効果的で、それをもっとも必要とする人にはもっとも効果がない。しかし、どのような状況においても、私たちが外出禁止を使うとすれば、それを親が子どもとの関係を再構築する機会ととらえることで、効果を発揮するだろう。そして、それは子どもとのかかわりの中から、懲罰的なトーンや感情を一切排除することを意味している。

時には、もっと過激な方法が必要になることがある。特に、子どもを引き寄せる試みがうまくいかず、子どもと仲間との間にわずかな楔《くさび》を打ち込むことさえうまくいかないときがそうだ。家族の経済状況や問題の深刻さによって、子どもとふたりっきりで週末に出かけることから長期の家族旅行まで、さまざまな介入方法がある。別荘を持てるような家族であれば、それもいいだろう。温かい心と人を引きつける本能の強い田舎の親戚は、お金では買えないものだ。子どもをひと夏の間家族の中に入れておくことは、たとえそれが自分の家族でなかったとしても、仲間との付き合いが深まることを防ぐ効果がある。仲間との愛着の空白を作るために転居し、幸いなことに、この過激な解決方法が奏功したいくつかの家族を私は知っている。しかし、このような空白を作ることは、解決の半分にしかならない。子どもを引き寄せることが、もっとも重要な、もう半分の要素だ。

子どもを引き寄せようとするときには、一対一の関係がもっとも効果的だ。ふたり以上の大人がいると、子どもはまだ個人的な出会いから逃れることができる。さらに他の子どもたちがいると、十分な愛着の空白が生まれず、子どもを私たちの腕の中に入れることができない。

仲間指向性の子どもたちとダンスを踊るのは不可能だ。私たちは、できるかぎりの指導力と創意工夫をしなければならない。私のティーンエージャーの娘、タマラとターシャにとって、彼女たち自身の仲間指向性の分岐点は、娘たちを取り戻すために計画した旅行で訪れた。ターシャへのエサは、学校を休んで彼女が大好きな場所に連れていくことだった。それでも、彼女は学校を休むことにいらだちを見せた。それは勉強のことを心配したからではなく、学校は友だちがいる場所だったからだ。幸いなことに、その頃にはすでに私たちはフェリーに乗っていて、もう後戻りできないところまで来ていた。私たちが借りた海辺のコテージに着いたとき、彼女はここは誰もいないから退屈するだろうと言い切った。これが仲間指向性というものだ。それは両親を「誰も」に格下げするのだ。「みんな」は愛着の対象となる人たちの名前で、「誰も」はそれ以外の人だ。

私は自分が孤立しないようにすることと、この症状と対決しないようにすることを肝に銘じた。すぐには変わらなかったが、数日間の休みを取っていたので、私は愛着の空白にターシャが耐えられなくなって、私に近づこうとするのを待つことにした。私は無理はせずに、親しみやすい方法で彼女に近づいた。彼女の不機嫌な表情は、かつて私に見せた、輝くような目やはじけるような笑顔とはかけ離れたものだった。このとき、彼女は私をまず散歩とカヌーの相手として扱った。そのうちに少し笑顔を見せるようになり、声にいくらか温かみが生まれた。最後に話をするようになり、ハグを受け入れるようになった。興味深いことに、関係が取り戻されるにつれて、一緒に料理をして食べたいという願望も出てきた。帰らなければならない日には、ふたりとも帰りたくない気持ちでいっぱいだった。家へ向かう帰路でターシャと私は、ふたりの関係を維持する方法として、週に一回一緒に散歩したり、カフェでホットチョコレートを飲んだりすることを思いついた。私は、その特別な時間の中では、彼女を「支配」しないことを心に誓った。これらの特別な出来事は愛着を保持するためのもので、それ以外の時間には、私は教えたり指導したりする親としての役割を果たすことができた。

ターシャは、なぜ私が最初は距離を置いていたのかと尋ねてきた。私はそもそも彼女がそうしていたじゃないかと反論し始めたが、突然、彼女のほうが正しいと気づいた。子どもを近づかせるのは、親の責任なのだ。娘は、決して今の私たちの文化を非難しようとしたわけではなかった。仲間への接近を求めるうちに、彼女はただ歪んだ本能に従っただけなのだ。私たちの文化がうまくいかなかったのは私のせいではないが、ターシャが私を必要としなくなるまで、彼女を引き寄せておくことは親としての私の責任だ。知らないうちに、無意識的に、私は子育てが終わる前に彼女を放ってしまっていたのだ。あのとき、私は仕事を一週間休むことを心配していたことを思い出して、身が震える思いがした。今にして思えば、あれは私の今まででいちばんの決断だったと思う。

タマラとの関係を修復したのは、大自然の中での数日間のハイキングとキャンプだった。彼女へのエサは、彼女の大好きなハイキングと釣り、そしてアウトドアだった。初めは彼女の仲間指向性がまともに出ていた。彼女は私の助けを拒否し、私の前か後ろを歩き、私とのかかわりを最小限にしていた。彼女の不機嫌な顔は、私が一緒にいてほしくない人間であることを物語っていた。私がなじみのある大自然を選んだのは、あらゆる意味においてコンパスの基準になれるからだった。それには数日かかった。このときも私は辛抱して愛想よくするように努めていたが、最後の日までに娘は私の横を歩き、私の助けを受け入れるようになった。彼女は昔のようにあれやこれや、のべつまくなしにおしゃべりすることができた。彼女の温かい微笑みが、こんなに素早く深く私の心をとらえたのには驚かされた。私たちの関係がかつて与えてくれていた喜びを、彼女の仲間指向性のおかげで私はすっかり忘れてしまっていた。

〔註1〕Allan Schore, *Affect Regulation and the Origin of the Self: The Neurobiology of Emotional Development* (Hillsdale, N. J.: Lawrence Erlbaum Associates, 1994), pp. 199-200.
〔註2〕Stanley Greenspan, *The Growth of the Mind* (Reading, Mass.: Addison-Wesley, 1996).

第15章　親子のつながりを維持し、力をもたらす

子どもと親との関係は神聖なものだ。仲間文化の脅威に直面したときに、私たちは子どもの親への愛着をしっかりと維持し、その愛着を子どもが親からの養育を必要とするかぎり続かせるようにしなければならない。しかし、それはどうすればできるのだろうか。

関係作りが最優先

子育ての中でどんな問題やトラブルに直面しても、子どもとの関係が最優先されなければならない。どんなに心を込めて伝えようとしても、子どもは私たちの意図を完全に理解することはできない。子どもは、私たちの声のトーンや態度から理解するだけだ。子どもは私たちの優先事項を知らないだろうが、私たちは私たちの優先事項で生きていかなければならない。親は無条件の愛を与えていると思っていても、実は多くの子どもが親の愛は条件つきだと感じている。三人の子どもの母親であるジョイスは、「本当に難しいのは、長期的な視点を持って辛抱強く待ち続けることです」と言う。「窮地に陥ったときに、一〇分以内に誰かを外に連れ出そうとするのではなく、ひとりの人間との関係に向き合っているということを忘れがちになります。問題は、私たちには自分のすべきことがあり、時には子どもが邪魔にさえ思えるときが

あるということです」。

子どもが私たちを落胆させたとき、私たちの期待を裏切ったとき、私たちに不愉快な思いをさせたときなど、無条件の受容がもっとも必要とされるときに、それを子どもに正確に伝えることはとても難しい。そんなときに私たちは言葉や身振りで、子どもが他の何よりも大切であること、関係が行為や結果よりも大切であることを正確に示さなければならない。私たちは行動に対処する前に、関係を安定させなければならない。もっとも困難な場面に遭遇しているときこそが、子どもをいちばんしっかりと引き寄せなければならないときだ。そうすれば、子どもが私たちにしがみつくことができる。私たちが動揺したり激しく怒ったりしているときに、親の役割を果たし、「教訓」を与えようとすれば、子どもが関係に不安を感じるリスクを高める。自分の目には価値がないように見える関係に、子どもがしがみつくとは考えられない。そのようなときにいちばん大切なことは、気を取り直し、いちばん言いたいことを抑え、「結果」を求めないことだ。

このような関係の持ち方は不自然だと思う親もいる。そのような親は、子どもが間違ったことをしても親が大目に見てくれると思うようになることを心配する。不適切な行動をすぐに一貫してはっきりと言わないことは、子どもを混乱させ、親の価値を損なうと思っている。理解できないかもしれないが、その心配は見当違いだ。混乱はめったに問題にならない。子どもはたいてい何を期待され、それが可能か不可能かを知っている。期待に応えられないのは、たいていは成熟度の問題だ。期待に応えようとしないのは、たいていは愛着の問題だ。子どもは期待されていることに混乱するのではなく、親に対する自分自身の価値と重要性に混乱することのほうが多い。これがまさに明確にし、確認しなければならないことだ。私たちが子どもに「これは許されない」と言うとき、愛着が安定して親子関係が健全でないかぎり、子どもは

「お母さんは自分を嫌いだ」とか「～だから私は受け入れられない」、または「～したときだけ受け入れられる」と受け止めるだろう。子どもがこのようにメッセージを受け取ったとき、私たちが実際にそれを言ったとしても言わなかったとしても、関係は損なわれる。子どもが私たちにとってのよい子でありたいと思う、気持ちの根本が揺らいでしまう。

子どもの行為よりも子どものほうが大切だと言うとき、私たちは自分の価値観に妥協するのではなく、心の底からその価値観を支持している。私たちは本心から、これが正しいと言い切る。自分の価値観を明確にするように求められれば、親たちはほとんど例外なく、子どもと愛着の価値観を支持する。問題は、私たちはいつも関係を当たり前のものだと思っていることだ。私たちは他の価値観、たとえば道徳的価値観なども意識しているが、私たちすべてのもっとも基本的な価値観である愛着は意識していない。子どもとのかかわりの中で、私たちが伝えているのはこれらの他の価値観だ。愛着が意識されたときに初めて、私たちがもっともかかわるべきもの、つまり子どもそのものを発見できる。

愛着を念頭に置いた子育て

自然な発達の順序から考えれば、私たちの優先順位は明確だ。第一に愛着、第二に成熟、そして三番目が社会化だ。子どもとの間に混乱が生じたときは、まず関係から取りかかる。それは成熟する場を守ることと同じことである。その上で社会的な適合性、つまり子どもの行動に取り組むことになる。最初のふたつの優先事項をきちんと処理する前に、三番目に手をつけてはいけない。子どもとのかかわりにおいてこの方針を守れば、発達に調和した親子関係を維持し、親としてのもっとも基本的な役割を果たすことができるだろう。それが子育てというものだ。つまり、子どもに最善を尽くせば、最善の結果がもたらされる。

愛着を念頭に置いた子育ては、子どもを親から離すことを一切認めないのではなく、少なくとも心理的に離さないことを意味している。仲間指向性の子どもの場合は、すでに親と子どもの間に仲間が介在しているので、このような子育ては特に難しい。仲間指向性の子どもは親への愛着を求めようとしないだけでなく、親を傷つけ遠ざける行動さえしようとする（このような行動に駆り立てる、愛着の負のエネルギーについては第2章を参照）。私たちの親としての気持ちは、赤ちゃんが私たちの誘いに反応しないときでさえ傷つくものだ。仲間指向性に巻き込まれた年長の子どもは反応しないだけでなく、まったく意地悪で扱いにくい。拒否され、無視され、軽蔑されることは辛い。つり上がった目、いらだった声、思いやりのない態度、乱暴な口調には反応せずにはいられなくなる。仲間指向性の子どもの横柄で不遜な態度は、親の愛着に対する感性を完全に損なう。それが間違ったボタンを押させる。このような、人を傷つけ、侮辱する行動が、私たちの激しい反応の引き金になる。それはどうしようもないことだ。

第2章で、私は仲間指向性を「愛着のもつれ」と呼んだ。子どもが仲間を取って親を見捨てたとき、私たちは他のとても大切な人間関係と同じように、冒瀆され、怒り、屈辱を受けたように感じる。傷ついたときは、防衛的に退却し、さらに傷つくことを避けるために感情を出さなくなるのは自然なことだ。このとき私たちの脳の防衛的な側面は、危険な領域から身を引いて、さらなる侮辱による傷つきとつながりの喪失によって不快な思いをしない場所に向かわせる、強い衝動を発している。親もただの人間にすぎないのだ。

私たちが愛着を求めることをやめればさらなる傷つきから守られるかもしれないが、子どもはそれを拒絶と受け止める。子どもは意識的に私たちを傷つけようとしているのではなく、単に歪んだ本能に従っているだけだということを思い出す必要がある。もし、私たちが子どもに対して感情的に撤退すれば、さらに大きな愛着の空白を作り出すことになり、子どもはよりいっそう仲間の腕の中に突き進んでいくだろう。子どもにとって、親の退却は必ず、仲間指向性と機能不全の負のスパイラルを促す。親にとっては子どもの救出とは何の関連もないように見えるかもしれないが、母、父、そして家族との関係は、もっとも強い仲間指向性の子どもであっても、依然として非常に重要だ。もし私たち親が子どもを疎んじれば、私たちは子どもが戻るための唯一の橋を燃やしてしまうことになる。疎外しないでいられるのは聖人だけだが、仲間指向性の子どもたちに対しては、私たちは聖人であることが求められるのかもしれない。それは不自然だと思うかもしれないが、そもそも不自然なことが起こっているのだからしかたがない。親というものはこんなものではなかったはずで、もともと子どもの心が親に背くようになることを、自然は想定していない。それでも、もし私たちが排除されてしまえば、子どもがしがみつくものは何もなくなってしまう。私たちがこのゲームの中に留まり、私たちが疎外されないようにすることが、子どものためにも私たちのためにも、いちばん大切なことなのだ。

絶えず拒絶されていると感じることほど、傷つくことはない。辛抱強く誠実に、私たちのかぎりなく深い無償の愛を頼りにして、よりよい日を期待して待つしかない。欲求不満と絶望を感じても、私たちはこの場を放棄してはならない。私たちが心を開いているかぎり、気まぐれな息子や娘が帰ってくる可能性は十分ある。

親がやけくそになって、子どもに最後通牒を出すことも少なくない。「きちんとしなかったら出て行け」、というようなことを言うことが多い。「愛のむち」のような方法として使う場合であっても、単に子どもを抑制するための直感的な反応であっても、それが仲間指向性の子どもに効くことはめったにない。このような最後通牒は、まだ使える愛着が十分であることを前提としている。もし愛着が十分になければ、子どもが親のそばに留まりたいという衝動はないだろう。最後通牒は、親の愛情と受容が条件つきであることを、子どもに強く感じさせる。そして、仲間指向性の子どもをさらに親から遠ざけ、仲間の世界の奥深くに入り込ませてしまう。

最後通牒が本来の役割ではなく、責任放棄や断念を表すこともある。そんな親はうんざりして、ものごとがよくなる希望が持てず、またはよくする気力もなくなっている。そんな場合は、問題をさらに悪化させたり、将来関係を修復することをさらに困難にしたりしないような方法で、少し離れるのがよいだろう。あまりにも強い拒絶は、どんな子どもにとっても、そこから立ち直ることは難しい。もはや子どもを引き寄せる選択肢がない親には、私は子どもを全寮制の私立学校に入れることを考えるか、親戚に頼ったり、手助けをしてくれる親しい身内を見つけたりすることをすすめている。拒絶がそれほど強くなければ、最終的に修復される可能性が高くなる。心理的なつながりが切れていなくて、身体的な分離で親が少し楽になるのであれば、おそらく自分の子どもをもう一度取り戻す力ときっかけを見つけられることだろう。

それほど思い切ったやり方ではないとしても、すべての親は何らかの形で、たとえ無意識的にせよ、ときどき子どもとのかかわりを避けることがある。関係を優先するためには、特に、情緒的なつながりが緊迫したり途切れたりしたときは何かを修復する必要がある。子どもとのつながりを失うことがない親はまれだ。完全な冷静さは、私たちには無理なことだ。どんなに洞察力があっても、またはどんなに子どものことを優先したとしても、私たちは子どもによって感情的に制御できない反応を引き起こさざるを得ないものだ。聖人でないかぎりそれは避けられない。一時的な関係の破綻は避けられないが、それが頻繁で深刻なものでなければ、それ自体は有害ではない。本当の危害は、私たちが子どもをもう一度引き寄せることに無関心になることによって、親子の関係を大切に思っていないというメッセージを送ったり、または、このつながりを修復するのは子どもの責任だという印象を与えたりしたときに生じる。

あるものがある人にいかに大切であるかは、それを得るために乗り越えたいと思う障害物によって知ることができる。それが、子どもが親との関係がいかに大切かを知る方法だ。私たちが子どもの側に戻る道を模索し、自分自身の感情を乗り越え、子どもの感情を受容しようとすることで、この関係が私たちにとってもっとも重要なものだという、強力なメッセージが伝えられる。反応が激しく、神経をすり減らすものであれば、そのときこそ私たちのもっとも大切なものを思い出し、子どもに対してなすべきことを再確認するときだ。「私は今でもあなたのお母さんで、これからもずっとそうなのよ。怒っているときにはあなたを愛していると思えなかったり、あなたのことを考えさえしなかったりすることもたまにはあるけど、いつも自分の気持ちを取り戻すことができるわ。私たちのつながりが強くてよかった。たまにはこんなこともあるわよ」。実際の言葉はそれほど重要ではない。大切なのは、あなたの声のトーン、あなたの視線のやわらかさ、話し方の優しさだ。

親とのつながりをいつも感じられるように支える

愛着形成の六つの方法について述べた第2章で、私は「それぞれに、子どもの行動や私たち自身の行動に当てはまることが多い情報が含まれている」と書いた。子どもが親とつながっていないと思うようになるのは、どの愛着の力動が子どもの感情生活の中で優勢であるかによって決まる。主に感覚によって愛着を形成している子どもは、身体的な接触がないときは分離しているように感じる。忠誠心によって愛着を形成している子どもは、親が味方ではなく敵のように見えるときに、疎外されたように感じる。共著者のガボールには、当時九歳の彼の非常に聡明で感受性の高い息子が、いつも両親からガミガミ言われることに悩まされていたので、ふたりが子どもの人生を困難にする夜間講座を受講しているのではないかと思ったほどだという思い出がある。自分の気持ちをこれほど強烈に言語化する子どもはほとんどいないが、子どもたちが実際に、親が自分の味方ではないと感じることは多い。

親のそばにいるように感じるために、親から大切だと思われている感覚が必要な子どももいる。そんな子どもが、自分は親にとって大切ではないと思われていると感じたら——たとえば、親は自分の人生の中で子どもよりも仕事や他の活動を大切にしていると思い込んだら、親から切り捨てられたように感じるだろう。心の中でつながっている場合は、温かみと愛情が欠けると、子どもは寒空のもとに置き去られたように感じるだろう。知られていることと理解によって親密さが形成されている場合は、誤解されていると感じると、たとえ無意識的であっても、親は何か重大な秘密を持っていると感じるような壁ができる。だから、親は子どもには絶対嘘をついてはいけない。罪のない嘘であったとしても、嘘で子どもを苦痛から守ることはできない。私たちははっきりとは意識しないまでも、嘘をつかれているのはなんとなくわかるものだ。秘密から排除されることは切り捨てられた感覚を引き起こし、排除の不安を高める。

要するに、私たちの子どもの愛着の形がどうであれ、私たちの基本的な目標は、私たちのかかわりを見つけなくてもいいように、しっかり親とつながっていられるように支援することだ。

身体的に離れていても、つながり続ける

いちばん大変なのは、まだそばにいる感覚に頼っている子どもたちだ。とても幼い子どもたちでは当たり前だが、年長の子どもであっても仲間指向性になると、親と身体的に離れているときに、親がそばにいる気持ちをはっきりと持ち続けることができない。このような子どもたちは、たとえば小学校に登校している比較的短い期間であっても、しばらく身体的に離れていた後で親に無関心になったり、離れていたりすることで認識できる。恋人同士が身体的な分離によってできた溝を埋めるのに使うトリックを借用すれば、うまく対処することができるかもしれない。実際に、このように考えると、さまざまなアイデアが浮かんでくる。恋人たちはお互いにそばにいたいと思うので、両方から近づこうとするだろう。子どもたちの場合は、子どもが求めていることを考えるのは親の責任だ。親の仕事、子どもの学校、両親の別居、入院、キャンプ、別室での睡眠など、分離の理由が何であれ、するべきことは同じだ。

子どもたちが避け難い分離を乗り越えるのを親が手助けする方法として、親の写真、特別な宝石やペンダント、困ったときに読むノートまたは読んであげたノート、離れているときに子どもに持たせる物、決まった時間に電話する、特別な歌やメッセージの録音、何か親のにおいのする物、特別なときに開けるプレゼントなどがある。これらを挙げていけばきりがないだろう。どうすればいいかは、誰もが知っている。重要なのは、身体的な分離を埋めることは大切であり、それは親の責任であると認識することだ。それを求めているサインを出さない子どもたちに対して、そうしてあげることは特に大切だ。もちろん、それは思春期前の子どもたちについてのことだが、このようなトリックは、ティーンエージャーにはなかなかう

まくいかない。

つながりを維持するもうひとつの方法は、親がそばにいないときに、親がいる場所の感覚を子どもに与えることだ。子どもが親の職場をよく知っていることは役立つ。親が出張するときには、地図に印をつけておくと、子どもが親の旅行をフォローすることができる。恋人たちと同じように、相手が今どこにいるかがわかるようにすれば、身体的な分離に簡単に打ち克つことができる。つながっている感覚が持てないと、他のものに置き換えられるリスクが高くなる。

親がいないときでも、子どもの心の中に親が存在できるように、手助けしてくれる人をあらかじめ考えておく必要があるかもしれない。友人、親類、その他子どもにかかわってくれる大人たちに頼んで、優しく親の話をしてもらい、子どもが今まで親としたことを想像したり、写真を見せて楽しかったことを思い出したりすることができる。初めのうちは子どもが腹を立てたりしたとしても、このような親との間接的な接触は親とのつながりを維持するのに役立つものだ。親を仲間に置き換えようとしている子どもたちに対しては、親子関係を維持するために、親以外の大人の役割が非常に重要になる。特に、両親が同居していない子どもたちにはそうである。親が子どもの最善の利益のために行動するなら、両親が離れるときに子どもが会えないほうの親を身近に感じられるように、全力を尽くす必要がある。離婚に引き続いて仲間指向性のリスクが高まることを考慮すれば、これは親の重要な目標のひとつであり、もっとも重大な責任だ。残念ながら、愛着についての自覚は、両親の間の個人的な対立感情を超えるほど強く認識されないことが多い。

親密さはもっとも深いつながり

子どもが私たちのそばに居続けられるようにする援助の最終的な目標は、子どもの仲間たちが決して対抗できないような、深い親密さを育むことだ。どんなに親しい友だちでも、子どもたちがお互いに心を共有することはまれだ。もっとも内面の感情はとても繊細で、恥をかいたり誤解されたりしないように、たいていはしっかりと守られている。ある母親は、思春期だった娘の馬が乗馬中の事故で死んだときのことを次のように振り返っている。「ジェナの親友たちが彼女の悲しみをまったく知らなかったことに、私は大きなショックを受けました。私が娘にどうして友だちに話さなかったかと聞くと、娘は当然のことのように、そんなことは友だちに言うようなことじゃないと言うのです」。おかしな友情かもしれないが、これは仲間との愛着の世界ではごくふつうのことだ。

子どもたちが共有する秘密は、他の子どもの秘密や、知られても大したことのない情報であることが多い。繊細な問題が語られることはまれだ。おそらく、何よりも深い親密な感覚は、お互いを深く知り理解している気持ちから生まれるので、親にはもっとも困難な身体的な分離をも超えられるような絆を築くチャンスがある。このような親密な親子のつながりの力は、どんなに強調しても強調しすぎることはない。

このような親密さを築く第一歩は、子どもに誘いをかけて聞き出すことだ。まずは親から子どもに声をかけて、何を考えているのか、何かうまくいっていないことがないかを尋ねてみる。たとえば定期的な外出、一緒の作業、犬の散歩といった日常的な活動の中からトリックが見つかることもある。私と母親の場合、それまでほとんど話すことができなかった考えや気持ちを母親に話したのは、一緒にお皿を洗ったりブルーベリーを採ったりしていたときだった。そのとき私が感じた親密さは格別なもので、永続的なつながりを築くのに大いに役立った。

共著者ガボールのティーンエイジの娘は、彼がいくらかのプライバシーを望む夜中に書斎にやってくる習癖があった。しかし、そのときに彼女は、日中には言わないような個人的な話をしてくれた。彼は次第にこのような「侵入」を歓迎し喜ぶようになり、自分の読書やEメールをやめて子どもに集中するようになった。私たちは、どんな機会でも利用する必要がある。

第8章で説明したような防衛的な理由のために、子どもが心を閉ざすことがある。少しでも繊細なことを告白させるのは手強いことだ。できるだけ安心して打ち明けられるように努力し、私たちの本当の目的は、考え方を変えさせたり説教したりすることではなく、つながりを築くことだということを忘れてはならない。特別な一対一の時間を作り、あまり直接的にならないように配慮して始めるのがよいだろう。基本的には試行錯誤であるが、主導権と創意工夫が大切だ。このようなつながりを作るのが難しいほど、このような努力が重要になる。子どもが親は自分のことをよく知って理解していると思えば、親が仲間に置き換えられるリスクは下がる。このようなつながりが、子どもたちを仲間指向性から守る最善の策になる。

心理的な親密さを深めるのは、予防的な方法として有効だ。いったん子どもが強い仲間指向性に陥ってしまうと、このようなつながりを築くチャンスが失われる。そのような場合は、まずは第14章で説明したような方法で、子どもを引き寄せなければならない。仲間指向性の子どもにとって、親に重要なことを話そうとしないことは自明だ。私がこの問題を取り上げたラジオ番組に電話をかけてきた若いリスナーは、仲間指向性の子どもの親たちが直面している問題をきっぱりと言い切った。事情をよく知っている自信をにじませた声で、この一五歳の少女は私にズバリと言った。「あなたはほんとうにおかしいわ。ティーンにとっては友だちは家族なのよ。ティーンは親と話そうとなんか思わないわよ。そんなのありえないわ。そんなのふつうじゃないわよ」。彼女が仲間指向性だとすれば、彼女にはそれ以外の見方はできないだろう。病気は知らないうちに進行していて、このような子どもたちは、何かがおかしいという感覚がなくなっている。仲間指向性の子どもたちに、どんどん間違った方向に行ってしまっているとか、強い仲間指向性が自分のためにはならないなどと指摘するのは、何の助けにもならない。この逸脱に理性などなく、どんな理性をもってしてもねじ曲がった本能を修正することはできない。とにかくひとりひとり、子どもを取り戻していくしかない。

多面的で深く根ざしたつながりを育むことは、もっとも有効な仲間指向性の予防になる（仲間指向性の予防については、第17章でさらに詳しく述べる）。よく知られ、理解されていると感じている子どもは、仲間指向性が提供する貧弱な料理にはなかなか満足しない。こんなふうにして、私たちは子どもに、自分が経験したのと同じくらい満足できる、将来の愛着のモデルを提供することができる。このような手本がないと、子どもが将来親になったときの親子関係は、深みのない仲間指向性によって貧相なものになるだろう。

構造を作ってから制限を加える

子どもの行動に制限を加えるときに考えなければならないことは、子どもの愛着に制限を加えるほうがずっと重要だということだ。ここで、私たちはふたつのことをしなければならない。つまり、つながりを育む構造と、競合を和らげる制限を確立することだ。私を信じていただきたい。もし、状況をしっかりと見据えれば、私たちの文化では、子どもの心を守るために、情け容赦のない、制限のない、無慈悲な、勝つか負けるかの、早い者勝ちの闘いであることがわかってもらえると思う。

　もちろん、私たちにできることの限界はある。親と一緒にいたい、親に従いたい、親を愛したいと子どもに思わせることはできない。親にとってよい子にさせたり、誰と友だちになるかを親が決めたりすることはできない。大人とつながりを持つ子どもには、そんなことをする必要はない。彼らの親への愛着が、親のかわりにその作業をしてくれる。同様に、私たちがすべきことにも制限がある。私たちは子どもに暴力を振るってはいけないし、子どもを引き寄せるのに力を使ってはいけない。子どもを引き寄せることは子どもの行動に枠をはめることではなく、子どもたちの愛着本能を働かせて自然な序列を保持することだ。子どもの本能が遠ざけている場合、子どもを近くに留めるだけでは、たとえそれができたとしても十分ではない。私たちは、子どもが親と一緒にいることや親に依存することが正しく自然であると感じるように、関係を維持・修復しなければならない。そのために、構造と制限が必要になる。私たちは、自分の健康や財布を運命に任せられないのと同じように、自分の子どもたちの愛着を運命に任せることはできない。

　構造と制限は、聖域の保護装置だ。文化には私たちが大切にする価値観を守る役割があるが、日常生活の中ではあまり差し迫ったものとは思われていない。たとえば、私たちは運動と孤独（訳註＝ひとりになれること）は身体的・精神的健康に重要だと思うが、その要求を常にかなえようとするほど強い切迫感を持つことはめったにない。運動と瞑想的な孤独が日常に組み込まれた文化では、自分からそれを求める必要性がなくなる。私たちの文化が損なわれていくにつれ、家庭生活と親子関係に聖域を守る構造と儀式（非常に大切なものだが、差し迫ったものと意識されていない）も、徐々に損なわれていく。

　もしプロバンスの文化が経済的な圧力と今日の文化に屈したとしたら、家族が揃った食卓、校門でのあいさつ、村祭り、日曜日の家族の散歩といった、子どもの愛着を守る儀式は消滅するだろう。だからこそ、今日の親たちは、自分たちが実際に使える小文化を自ら作らなければならない。私たちには、愛着の聖域を守る何らかの愛着の儀式が必要だ。それは長期的に役立つものなので、短い期間では気づかないかもしれない。ハンプティ・ダンプティのように、元に戻せなくなるほどまで悪くなるのを見過ごしてはならない。

私たちが明日必要とする力を保持できる構造を整備するためには、私たちが今日持っている愛着の力を利用するのが賢明だ。子どもを私たちから遠ざけるものを制限し、同時に子どもを引き寄せることができる構造を作らなくてはならない。テレビやパソコン、電話、インターネット、ゲーム、課外活動には、ルールと規制が必要だ。仲間関係、特に責任のある大人が統率していない自由な対人関係は、きちんと規制しなければならない。親が何らかの規制をしなければ、遊ぶ約束や外出、外泊、チャットに費やす時間の要求は、すぐに手に負えないものになる。親のそばにいたい欲求が、仲間を求める欲求に置き換わるのは時間の問題だ。私たちを有利にするルールと規制なしで、対処するのは難しい。やはり予防が大切だ。仲間指向性の子どもに何のダメージも与えずに、構造と制限を強制的に加えることはできない。そのような状況には別の方法が必要になる。

賢明な親は、自分が扱える愛着の力で対処できる以上の制限を加えない。「ランスは一一歳のとき、人気のない存在から急に友だちグループの中に入ったのよ」と、あるティーンエージャーの母親が振り返った。「私と夫は、彼の新しいふたりの仲良しの友だちのことが心配でした。彼らは親に愛着を持ち、家族としっかりつながっているようには見えませんでした。ふたりと会ったときは不快でした。それは強い直感でした。ふたりとも私たちをイライラさせたものです。

「突然、ランスは彼らのＣＤを聴き始めました。私もロックは好きですが、あれは最低です。下品な言葉が多くて、暴力にあふれていました。あのCDは今でも好きにはなれませんが、あのとき息子はまだ一一歳だったんです。とにかくその友だちのジョシュは、まるでハーメルンの笛吹きのようでした。彼が笛を吹いて、うちの子どもを踊らせていたみたいでした。ランスは変わりました。彼は私たちに本当のことを話さなくなり、いつも友だちとつながっていたいと思うようになったのです。

「私たちは彼らとの付き合いをやめさせようとしましたが、無残にも失敗しました。私たちはランスを座らせて、『パパとママは、もうジョシュと会ってほしくないの』と話しました。彼はすぐに泣き出して、その後も泣いていました。彼は私たちが親かジョシュのどちらを取るかを無理矢理決めさせようとしていると感じて、そして言うまでもなくジョシュを選びました。彼は私を失うことを寂しく思って泣いたのです。

「彼は私たちに話さなくなりました。三か月半の間、ひとことも口を利いてくれませんでした。彼は学校でも、放課後も週末もジョシュと会い続けました。とうとう私たちは折れざるをえませんでした」。ランスの両親が思い知らされたことは、仲間の問題に直接立ち向かうのは無理だということだった。彼らには愛着の力が足りなかった。それが、息子の友だち付き合いを制限しようとする試みが、失敗する羽目になった原因だった。彼らはもう一度基本に立ち返り、息子を引き寄せ、親との関係を取り戻さなければならなかった。

家族一緒の外出や休日は守らなければならない。このような時間に子どもを引き寄せ絆を保つ役割があるとすれば、子どもの友だちを連れていくことでその機能を弱めてはならない。また、親子が別々になる休日の過ごし方もよくない。最近は、スキー場でも陽射しのあふれるリゾートでも、そういうものが流行になりつつある。それは、家族の休日でさえ子どもは子ども同士、大人は大人同士で過ごす、または休日は親が子どもから離れることができる時間だと考えるまでに、仲間への傾倒が進んでいることを示している。親が子どもから離れて休めば、子どもの親への愛着は弱くなる。皮肉なことに、子どもは親にとってさらに扱いにくくなり、そのためにさらに子どもから離れて休息する必要が高くなる。

もちろん、思春期の子どもたち、特にすでに仲間指向性が非常に強くなった子どもに制限を加えることは難しい。彼らはお互いの関係を続ける自由と、それを妨げる者を寄せつけない空間を求めている。歪んだ本能に従う仲間指向性の思春期の子どもたちにとって、彼らは仲間と一緒にいるものであり、親が自分たちの大切な関係を妨げる存在であることはまったく明白なことだ。彼らとしては、自分たちの考えを理解できない親や教師に興味はなく、かかわってほしくもない。

だからこそ、私たちがまだそうする力があるうちに、構造を作ることが重要だ。もし成り行きに任せたとすれば、個人の好み、社会的要請、経済的必要性、さらには子どもの歪んだ本能によって、家族は徐々にバラバラになっていくだろう。家族の休日、家族の祝い事、家族でするゲーム、家族の活動は、親子関係を促進する重要な構造だ。時間と場所を確保して儀式を作らないかぎり、事態はますます緊迫していくだろう。ひとり親の家庭の場合は、競合がより強いので、この課題はさらに重大となる。昔と比べて弱くなっているとはいえ、結婚という制度の中に依然として存在する文化的伝統は、家族が崩壊すると脇に追いやられてしまうことが多い。

プロバンスでの逗留《とうりゅう》以来、私は家族が揃って食卓を囲む食事は、もっとも重要な愛着の儀式だと考えるようになった。愛着と食事は関連が強い。一方が他方を促すものだ。食事は臆面もない依存の時間だと私は思う。そこでは愛着の階層が維持されていて、頼りになる者が弱い者の世話をし、経験が重視され、養育することと養育されることは喜びであり、食べ物は心を伝えるものとなっている。人間以外のほ乳類の研究では、愛着がある状況では消化機能がよいことさえ示されている。学校で子どもが腹痛を起こしたり昼食を食べたがらないのは、混乱した愛着のせいかもしれない。また、仲間指向性の子どもたちの多くが、親に食べさせてもらうことや食卓に座って家族と同じ食べ物を食べたりすることに抵抗するのも、愛着の問題で説明できるかもしれない。

ただ単に、一緒に食事をすることだけでも基本的なつながりを促すことができるかもしれないが、本当の愛着を築くためには、食事中のやりとりが必要になる。家族の食事は、人を集める儀式になる可能性がある。親しそうな雰囲気で子どもと顔を合わせ、子どもが大切にするものを与え、子どもが親に甘えることができるような機会が、他の活動にあるだろうか。子どもの注意を引きつけ、笑顔を誘い、うなずかせることができる機会が、他の活動にあるだろうか。食事が大昔から人間の求愛儀式のメインディッシュであったのも不思議ではない。このことは、家族で食卓を囲む食事が、プロバンスの基本的な文化である理由でもある。食卓はていねいに整えられ、料理は一度に一品ずつ出され、しきたりがある。食事はゆっくり食べるもので、中断は許されない。家族で食卓を囲む食事は、パン屋、肉屋、そして村の市場の売り子など、大勢の人たちで支えられている。昼食と夕食の時間は、仕事は休み、店は閉まる。ひとりで食べたり立ったままで食べたりするファストフードの店は、この地方ではほとんど見られない。プロバンスは食の文化と呼ばれる。しかし私は、食べ物を消費することは、もっとも見えやすい部分にすぎないと思う。もっと基本的な目的は愛着なのだ。家族で食卓を囲む食事は、私たちがプロバンスに滞在していたときに、たしかに家族の最重要事項だった。それは私たちが家に帰ったとき、子どもたちがもっとも懐かしがったものだった。

アメリカは深刻な問題を抱えている。家族が揃う食事は絶滅しかかっている。それがあったとしても、エネルギーを補給する、とおりいっぺんの活動であることが多い。私たちには、行かなければならないところ、やらなければならない仕事やスポーツ、パソコン、買い物、見なければならない映画やテレビがある。食べることは、これからすることの準備にすぎない。子どもたちを引き寄せるための活動をすることはめったにない。まさに今、これまで以上に家族で食卓を囲む食事が必要なときに親は自分だけで食べて、子どもにも同じような食べ方をさせている。もちろん、けんかをしたり、マナーや誰が片づけるかをめぐって言い争うような緊張の高い食事場面では、子どもを引き寄せる機能を発揮できない。親は友好的な方法で子どもたちのスペースに入っていけるように、食事を利用する必要がある。

子どもたちを引き寄せ、絆を保持するためには、個人的な構造も大切だ。つながりを持つことを真の目的とした、活動の時間と場所を作り出さなければならない。関係を築き愛着を維持することは、集団よりも一対一の場面のほうが効果的だ。やり方は無数にある。宿題をする、散歩に行く、ゲームをする、一緒に料理をする、読書など。夜寝る前に絵本を読んだり歌を歌ったりする儀式は、小さい子どもたちとの神聖な愛着関係だ。繰り返しになるがほとんどの親は、このことを十分に理解している。欠けているのは、私たちが子どもをライバルに奪われたくなければ、子どもの親に対する愛着を守らなければならないという認識だ。たとえ週に一回の活動でも、愛着の目的を達成するのに大いに役立つ可能性がある。

仲間との接触の制限

構造と制限は予防的に使ったときにもっとも有効だが、仲間へのこだわりを和らげるために使うこともできる。それはできるかぎり間接的であるほうがよい。友だちがいかに問題が多いかを子どもに話しても、結局は私たちが話がわからず、何も理解していないと思われるだけだ。私たちは子どもに本当の目的を気づかれないように、この作業のためのイベントと構造を作らなければならない。もし、お昼休みが仲間と結びつく時間であれば、親やその他の大人が一緒に昼食を食べる代替案が重要になる。もし、放課後が仲間への愛着を作る格好の機会であれば、放課後の活動がターゲットになるだろう。外泊が問題であれば、その回数に制限を加える必要がある。外泊は月に一回というわが家の方針に対して、娘のブリアは時に激しい抵抗を示した。ある日、彼女はイライラして「そんなの不公平よ。私たちの時間を邪魔しないでよ」と叫んだ。これ以上簡潔な言い方はなかったが、それが私たちの心配をさらに強くした。携帯電話、インターネット、メッセンジャーといった愛着の機器が家庭にあれば、それを使って子どもは私たちの敵（つまり仲間）と付き合うことができるので、私たちはこれらの機器を使うことを減らしたり、それらを阻止する構造を作ったりしなければならない。しかし、子どもが完全に仲間指向性になると、仲間のそばにいたいと思う本能はあまりにも強くなり、規則で行動をコントロールすることはできなくなる。そのような場合は、仲間への愛着を強めるような通信機器を使えなくするしかない。それはちょうど、家族に飲酒問題があるときに家からアルコールを締め出したり、テレビを見る時間の制限が守られなかったときにテレビの接続を切ったりするのと同じことだ。

相手より一歩先んじることで、親がうまく子どもの仲間と競合できることもある。仲間指向性の子どもたちは前もって計画を立てられないことが多い。彼らは一緒にいたいが、主導権を取ろうとすると、あまりにも貧弱に見え、そのため拒絶されないようにしなければならない。彼らはこんな遠回しな言い方を身につけている。「ねえ、何がしたい？」「別にないけど、そっちは何がしたい？」「特にない」「それじゃあ、ちょっとぶらぶらしてみようか」「別に、何でもいいよ」。こんな会話が繰り返される。仲間指向性の子どもたちは、自分や他者を弱い立場に追い込むことなく、一緒にさまよう。愛着は一緒にいることの推進力になるが、傷つきやすさへの恐怖心には率直に向き合うことができない。この状況には、親が先制攻撃のストライクを投げるチャンスになるという、希望の兆《きざ》しがある。仲間と付き合いそうな時間の一日前、場合によっては数時間前に、特別な食事、買い物、家族の外出、何かお気に入りの活動などの予定を立ててしまうことで、子どもが仲間関係の渦中に吸い込まれることから守ることができる。仲間指向性の症状に振り回されるよりも、仲間と付き合う時間を回避させる工夫をするほうが、ずっとましだ。

仲間指向性をうまく緩めることができれば、自動的に自己選択が働くことが多い。友だちの中でも特に仲間指向性の強い子どもは、基本的に他の子どもとのつながりを求めている仲間のほうに移っていく。そして、誰でも興味や価値観を共有する人とつながりたいと思うので、両親とうまくつながっている子どもは、家族を大切に思っている友だちを見つけやすい。これが、まさにブリアが小学六年生から中学一年生のときに起きたことだ。彼女の仲間指向性の強かった友だちは同じような仲間を求めて去っていき、そして彼女のもとには、とても大切でそばにいたいと思うような家族を持っている友だちが残った。子どもにとっても親にとっても、本当に求めているのは家族と競合しない友だちだ。

もちろん、もしすでに仲間指向性になっていれば、成功するまでの過程で子どもは苦しい時間を過ごすかもしれない。長い目で見れば子どもにとって最善であることがわかっていたとしても、子どもを苦しめるようなことをするのは辛いことだ。仲間についていくことに夢中になっている子どもに制限を加えることで、子どもは大変な窮地に立たされる。彼らがお互いにそばにいる能力は、連絡を取ったり会ったりするあらゆる機会をつかむことにかかっている。友だちとのメッセージのやりとり、インターネットのチャットルームのイベント、電話、集会、お泊まり会、パーティーの機会を逃すことは、仲間関係を脅かすことになる。この強迫的な不安感には、たいてい根拠がある。仲間指向性が強い子どもは、自分と同じくらいそばにいたいと思わない仲間や、親が邪魔するような仲間を受け入れようとしない。残酷に思えるかもしれないが、それでも邪魔をすることが、多くの場合、子どもの最善の利益になる。私たちは自分の子どもが寒空の下に置き去りにされるのを見たくないが、仲間関係が親との親密さを脅かしている場合には、それはふたつの悪のうちではずっとましなほうだ。仲間指向性の子どもたちが苦しむことを救う方法はない。唯一の選択は、今苦しむか、後から苦しむかだ。私たちが作る短期的な苦しみは、将来のもっと大きな苦しみを防ぐことになる。

制約を加えることで子どもは苦痛を感じるので、私たちはその後の試練に備えなければならない。子どもの仲間関係を変えようとする制約を加えると、子どもはたいていひどい欲求不満になる。子どもがどうにもならない状況でなければ、乱暴に声を荒らげて欲求不満を表現することで、すべての問題は解決するだろう。共著者のガボールは、最近の薬物依存の臨床活動で、依存症の人がほしがる麻薬を処方することを拒んだときに、同じような自暴自棄で容赦のない、激しい怒りの爆発を何度も目撃している。うまい対応は、このような攻撃を個人的に受け止めないことだ。仲間指向性の子どもにとって、人生の答えは仲間と一緒にいることだということを常に忘れてはならない。仲間の探求を妨げるためにはものすごく強い愛着の欲求不満を誘発することになるので、親は敵意と攻撃を受ける心構えをしておいたほうがよい。さらに、仲間指向性の子どもは自分のしようとすることに行き詰まり、そこから抜け出せないでいることも忘れてはならない。彼らは行動方針が無益であってもそれを理解しないので、不愉快な態度を取り続ける。これを頑固だとか、意志が固いと思うのは間違いだ。行き詰まって自暴自棄になっているのが本当のところだ。仲間指向性が強い子どもは、仲間との愛着の外での生活をイメージすることができない。だからこそ、私たちは規則や制限が誘発する反応に耐えて、封じ込める準備をしておかなければならない。ここでの私たちの課題は、気持ちをしっかり持つことだ。つまり、自分自身の制御不能な反応に振り回されず、それに圧倒されないことだ。そうすることが、このような状況で私たちが対岸にたどり着くまで、子どもをしっかりと受け止めることに役立つだろう。

制限を設定する際には、子どもの欲求に対する楽観的な感覚と、可能なこと、すなわち私たちがどのくらいの愛着の力を持っているかという現実的な見方を組み合わせる必要がある。より間接的に制限を加え、この作業をする場の構造をより前向きなものにすることができれば、正面衝突を避けられる可能性が高くなる。愛着の力が弱いときに規則を押しつけようとすれば、私たちの無能さを露呈するきっかけになるだけだ。無能さを見せたいなどと思う人はいない。私たちに力がないことがわかれば、関係をひどく悪化させるようなやり方で圧力を強めて力を行使しないかぎり、もっとも不吉な脅威が私たちの前に断崖絶壁のように現れてくるだろう。愛着の力なしでは、私たちには本当の力はまったくない。

仲間関係に制限を加えるとき、それは解決の半分にすぎないことを覚えておくことも大切だ。仲間指向性の子どもで難しいのは、彼らを仲間から引き離すことだけではなく、そもそも彼らが私たちのもとを離れていった過程を反転させることだ。彼らの仲間を私たち自身、つまり彼らの親に置き換えなければならない。制限によって愛着の空白を作る場合は、それを自分で埋めるようにしなければならない。外出禁止は罰としてではなく、チャンスとして使うべきだということはすでに述べた（第14章）。本当の利点は学んだ教訓にあるのではなく、次章で述べるように、「教訓を教えること」を意図した罰がそのとおりになることはめったにない。しかし、外出禁止によって仲間関係がなくなれば、仲間関係のかわりに私たちとの時間を作る可能性が生まれる。

親として私たちは、優勢な流れを食い止め、仲間関係に制限を加え、私たちに対する子どもの愛着を守る構造を設定するために、大きな自信が求められる。そのためには、他の親たちと違って仲間との接触を認めず、子どもを狭い範囲に留めようとしていると、懐疑的に批判されることに立ち向かう少しばかりの勇気が必要になる。ある若い父親は次のように話した。「しっかりした親しい友だちからも、子どもには友だちと遊ぶ十分な時間を与え、ときどきはお泊まりもさせるべきだと言われることが多い。私がそうしない理由を話すときはいつでも、無意識的に彼らを侮辱しているように思います。なぜなら、彼らは私とは反対のことをしているからです」。

私たちには仲間指向性の子どもの必死な要求を阻止し、避け難い対立と反抗の嵐に耐える力が必要だ。要するに、私たちには自分の子どもへの最善の策に対する信念が必要なのだ。親自身の直観に対するいくらかの理論的なサポートは有用で、本書はそれを提供するものであるが、それだけでなく流れに逆らう勇気も必要だ。親は最後までやり遂げる自信と忍耐力と温かさを持つまで、これらの助言を受け入れるべきではない。本書も含めて、本に頼って子育てをするものではない。

私たちの行動と態度は、自分がしていることが子どもの最善の利益であり、それは自分自身の洞察を十分に信頼し、自分の信念を確固としてやりとおすという、強い自信に由来するものでなければならない。

第16章　親子関係を壊さないしつけ

子どもの行動に指図をすることは、子育てのもっとも困難な課題のひとつである。自分をきちんとコントロールできない子どもを、どのようにコントロールすればよいのだろうか。子どもがしたがらないことをさせるにはどうすればよいのだろうか。きょうだいに乱暴な子どもを、どうやって制止すればよいのだろうか。親の言うことを聞かない子どもを、どう扱えばよいのだろうか。

私たちは、短期的な結果だけを見るその場しのぎ的な対応をすることが多く、最大の目標は行動そのものだ。たとえ一時的であったとしても、子どもを服従させることができれば、私たちはその方法がうまくいったと思うものだ。しかし、ここでも愛着と傷つきやすさを考慮に入れると、制裁を加えたり、強制的に結果を出させたり、特権を奪ったりする行動的な方法は、自滅的なものであることがわかる。罰は敵対的な関係を作り、感情的な硬化を招く。教訓を教えるためのタイムアウト、きちんとした行動をさせるための「愛のむち」、子どもを従わせるための「1-2-3マジック」は、親子関係を緊張させる戦術である［原註＝「1-2-3マジック」は、同名のベストセラーとなった本によって広く知られている、幼児や年少の子ども向けの「スリーストライク、バッターアウト」のしつけの方法］。子どものかんしゃくを無視する、行儀の悪い子どもを分離する、または愛情を与えないといった行為は、子どもの安全感を損なわせる。子どもにあれこれ命令すれば反抗心を引き起こすだけだ。さらに言えば、ご褒美を与えても同じことになる。このような方法はすべて、子どもを仲間の渦に巻き込む危険性がある。

では、親に残された方法は何だろうか。

問題行動を変化させる安全で、自然で、効果的な方法はたくさんある。これらの方法には、子育てにおいて何をするのかということよりも、何が重要であるかを考えるようにすれば、言い換えれば、常に愛着を意識していれば、自然にできるものもある。そうではなく、行動にだけ注目したときには、私たちの子育ての力のまさに土台、つまり子どもとの関係が脅かされることになる。

本章はあらゆる問題行動に対するガイドではない。しかし、関係と感情を踏みにじるようなやり方にかわる方法を示し、引き裂くことのないしつけの基本的な原理を紹介する。これらのガイドラインのほとんどは、今行われていることを一八〇度ひっくり返したものだ。理解して取り組むには、少し時間がかかるかもしれない。この方法を使うために考え方や意識を大きく変えなければならない親もあれば、すでにやってきていることを確認すればいいだけの親もいるだろう。

本当のしつけとは何か

まず初めに、私たちのしつけの概念を拡大しよう。子育ての場面では、しつけは一般的には罰を与えることと思われている。しかしよく見ると、**しつけ**(discipline)はさまざまな意味を含む、実に豊かな言葉であることがわかる。それは、教えること、研究分野、一連の規則、自制心という意味もある。その意味では、まず初めにしつけられなければならないのは親だ。子どもに関して言えば、「しつけ」という言葉を、罰を与えるという狭い意味ではなく、訓練、監督、指示するといったより深い意味で使うべきだ。子どもにしつけが必要であることは言うまでもない。しつけが関係を壊したり、深刻な情緒的防衛を引き起こしたり、仲間指向を助長するようなことがないようにしなければならない。

長年にわたる子育てについてのカウンセリングの経験から、私はしつけに関する考えを「**自然なしつけの七原則**（seven principles of natural discipline）」としてまとめた。当然のことながら、発達的に安全で愛着に優しい、親子関係と子どもの長期的な成熟の両方を尊重するというものだ。これらは原則であって、法則ではない。それがどのように行動に変換するかは、状況、子ども、親、パーソナリティによって異なり、子どもと親のニーズと課題によって異なる。

最近の子育て本は、子育てのスキルや戦略を求める声に応えようとする傾向がある。それは親が必要とするものではない。それらの戦略は、子育てのように複雑で微妙な課題には、あまりにも限定的なものである。それは親の知性と、たいていは子どもの知性をも侮辱するものだ。戦略に従えば、私たちはそれを推進する専門家に依存させられる。子育ては何よりも関係であり、関係は戦略にはまったくそぐわないものだ。それは直観によるものだ。ここで示す七原則は、私たちすべてが持っている子育ての直観を呼び覚まし、支援するものだ。私たちに必要なのはスキルや戦略ではなく、思いやりと原則と洞察力だ。それ以外のものは自然に得られるだろう。それは簡単ではないかもしれないが……。

愛着の価値観を行動に移す作業を進めるにつれて、私たちのほとんどは自分自身の衝動的反応と自分自身の未熟さ、そして自分自身の内的な葛藤と闘わなければならなくなる。何よりも、無益感と闘わなければならないかもしれない。初めからうまくできる親などほとんどいない。親は愛着と適応によって生まれる。もちろん、愛着は子どもの親への愛着であり、それによって私たちは親となることができる。適応とは、やろうとすることがうまくいかずに無益さに苛《さいな》まれるたびに、個人的に進化し続けていくことだ。この試行錯誤のプロセスに近道はない。しかし、失敗したと思ったときには、悲しみと失望を感じなければならない。感情的な硬化は親としての成長を阻み、頑なで無能な親のままにさせるだけだ。

要するに、これら七つの自然なしつけの原則は、まさに「親のための七つのしつけ（seven disciplines for parents）」とも言えるものだ。ここには自分自身を管理し、目標に向かって体系的に取り組むことが含まれる。子どもを効果的に管理する能力は、私たちがいかに自分を管理できたかにかかっている。私たちが子どもに対して持ちたいと思う思いやりと同じ気持ちを、私たちは自分自身に対して持つ必要がある。たとえば、親が自分を管理できないことに対する答えは、自分自身を罰したりきちんとできるように命じたりすることではない。このような方法は、子ども以上に大人に対しては効果がない。正解は、私たちも誤りを犯しがちで邪悪な感情に流されやすいことを認めることだ。ときどき、私たちは子どもを愛し子どもの幸せのために努力しているにもかかわらず、激しい怒りが生じることがある。場合によっては、もしネグレクトと言われずにそうすることができるのならば、子どもを愛したい衝動がもう一度現れてくるまで、親であることを保留したいときもある。たとえば、タイムアウトを取っている間、子どもを罰するためではなく、親自身の複雑な感情の中で、子どもを受け入れて優しくしてくれる人を見つけるために、子育ての役割を、パートナーや信頼できる大人に委ねるのもいいかもしれない。このような葛藤の中で、コントロール、バランス、見通し、知恵を見つけることができる。

しつけは敵対的であってはならないし、そうである必要もない。無作法で未熟に生まれてくるのも、衝動に支配されるのも、親の期待に応えないのも、子どものせいではない。親のしつけは、つながりがなければ効果はない。ときどき、相談室の安全の中で、イライラした親が子どもを非難することがあるが、そんなときには、子どもとの感情的なつながりを感じるために少し立ち止まってから、もう一度私に心配なことを話すようにさせている。私たちが子どもの側に立てたとき、まったく違う気持ちになるのには驚かされる。

成熟プロセスと同じように、私たちには自然という味方がいる。ひとりですべてをする必要はない。しつけは発達の中に組み込まれている。子どもが自然に修正されるような、自然なプロセスがある。親の役割は、自然に逆らわず、自然と協力することだ。これらの力動のうちでもっとも重要なものはもちろん愛着であるが、創発プロセス（子どもが生まれつき持っている自制への動因）、適応プロセス（うまくいかなかったことから学ぶ能力）、統合プロセス（対立する感情や考えを我慢する能力）もある。これらの自然な発達メカニズムによって行動に秩序がもたらされ、子どもがより社会に適応できるようになる。問題は、これらのプロセスがうまく働かなかったり、歪んだりしたときに生じる。そして、第9章と第13章で説明したような理由によって、子どもは仲間指向性から抜け出せなくなる。自然に自発的にしつけを可能にする力動が障害されたり歪んだりすれば、まったく手に負えなくなる。

これから七つの原則について説明するが、その中でまず自然な発達と抱き合わせたしつけ方法について検討する。これらの原則は不変の処方と理解してはならない。それは目指すべきものであり、避け難い子育ての葛藤のために「古きよきしつけ」の自己破壊的なテクニックを取り入れたくなるときに戻るべき、核心的な考え方だ。

自然なしつけの七原則

子どもを指導するために、分離ではなくつながりを使う

子育てでは、分離はいつも最後の切り札として使われてきた。今日ではそれは「タイムアウト」という名のもとで流行している。遠回しなラベルをはがせば、これらの行動を修正する手段は、隔離、無視、冷遇、愛情を与えないなどの回避を再利用した形にすぎない。それは問題を解決するよりも、さらなる問題を引き起こしてきた。今日では、もっと問題があることがわかってきた。これらの方法は、子どもたちが仲間指向性になりやすい状況を作る可能性がある。

親密からの撤退（またはその喪失を脅すこと）は、子どもの最悪の恐怖心、つまり見捨てられることを誘発するので、行動をコントロールするには効果的な手段である。幼児や年少の子どもたちにとって接触と親密が重要でないとすれば、親からの分離はほとんど影響を及ぼすことはないだろう。接触をやめたりつながりを破綻させたりすれば（または子どもがそうなることを予期すれば）、子どもの愛着脳は強く警戒する。いずれの場合でも、子どもは不安状態になるが、その子ども特有の愛着の形によって反応は異なる。「よい子」であることで親との接触を保ってきた子どもは、必死になって二度と悪いことをしないと約束するだろう。その子どもは、つながりを取り戻すために、何度も「ごめんなさい」と繰り返すだろう。愛情を込めた身振りや言葉で接近を維持する子どもは、親から愛着が脅かされていると感じたときには、常に「愛している」と言い続けるだろう。それがその子どもが親への接近を取り戻すやり方だ。身体的な接触が重要であれば、子どもは親の姿が見えなくならないように、二、三時間しがみついているだろう。親が理解しなけ

ればならないポイントは、こういった子どもの姿は本当の理解や反省を表しているのではなく、ただ、親との関係をもう一度取り戻そうとする子どもの不安を表しているにすぎないということだ。このような方法で私たちが子どもに教訓を与えたり、何が悪かったかを考えさせていると思ったりするのは、認識が甘い。

分離のカードを切ることには、不安感という大きな犠牲が伴う。分離によってしつけられた子どもは、親の期待に応えたときだけ、親との親密と接触を当てにすることができる。このような状況では、子どもは愛着を求める気持ちから解放されることがなく、そのため自分自身の個性と独立を生み出す自由がない。その子どもは非常に「よい子」になるかもしれないが、意欲のない子になるかもしれない。その子どもの発達は妨げられる。

分離の脅しは、子どもが親に愛着を持ち、親に接近したいと切望し、まだ傷つきやすさに情緒的な防衛がない場合にのみ効果がある。言い換えれば、その子どもは、まだ愛着への切望と分離の痛みを感じることができる。もしこれらの条件が存在しなければ、分離は子どもを服従させる手段としては効果がない。その一方で、どんな「成功」も、一時的なものにすぎない。身体的な分離であれ、情緒的な撤退であれ、子どもの感受性は混乱しやすい。大人でも無視されたり避けられたりして傷つくとすれば、子どもたちはどれほど傷つくことだろう。よかれと思ってタイムアウトを使う親には受け入れられないかもしれないが、その分離の方法の最終的な結果は、敏感な子どもにはとても悪いものである。それは子どもの最大の弱点である、親との愛着を維持したい欲求を攻撃する。遅かれ早かれ、子どもはこのやり方によって傷ついた痛みから、自分自身を守らざるを得なくなるだろう。彼は心を閉ざす、もっと正確に言うなら、彼の愛着脳は遮断される（防衛的な遮断については第8章を参照）。

子どもとの関係を利用することで、子どもの愛着脳は私たちを締め出し、つながりの空白を作り出す。実質的に、私たちは子どもが親以外に愛着欲求を求めるように誘導することになり、その結果はもはや言うまでもないだろう。タイムアウトを使い、つながりを壊すような方法で対応することによって、私たちは首尾よく子どもを仲間に渡してしまうことになる。

　子どもの脳は親との接触を拒むことで、分離による影響から自身を守ろうともする。このような子どもはベッドの下やクローゼットの中に隠れたり、親からの仲直りの申し出を頑なに拒否したりする。あるいは、トラブルを見越して、自分の部屋に駆け込んで、ひとりになろうとするかもしれない。何らかの形で、分離の体験は子どもが親から離れる本能のスイッチを入れる。

　攻撃性に対するしつけとして分離を懲罰的に使う場合は、特に有害だ。第10章で説明したように、攻撃性の燃料は欲求不満だ。分離を使うことの最終的な結果は攻撃性の増加であり、減少ではない。タイムアウト、愛のむち、その他の分離の手段を用いて攻撃的な子どもをおとなしくすることができたとしても、それは関係に対する子どもへの一時的な警告にすぎないので、その効果は長続きしない。また親に近づくことができるようになれば、すぐに攻撃性は以前よりも強いものとして再燃し、親が誘発した愛着に対する欲求不満がさらなる燃料になる。攻撃性の芽を摘み取ろうとする下手な試みは、その成長を促すだけだ。

　子どもに不必要な分離体験をさせることは、それがいちばんよいと思ってしたとしても、近視眼的であり、自然が容易には許してくれない失敗だ。今日の余計な仕打ちによって、明日の子育ての力を奪われるのはばかばかしいことだ。

　分離よりもよい自然な方法は、つながりだ。つながりは私たちの子育ての力と影響力の源であり、そして子どもが親にとってのよい子でいたいと思う原動力だ。つながりは、私たちの短期的目的であり長期的目標でもある。その秘訣は、何か問題が起こった後に分離するかわりに、問題が起こる前につながりを大切にし、子どもの行動が逸脱したときに懲罰的に対応するのではなく、将来の問題を回避することだ。

この考え方の転換から生まれる基本的な子育ての実践を、私は「**指導の前のつながり**（connection before direction）」と名づけた。これは子どもを指導し方向を示すために子どもを引き寄せて、第14章で示したやり方に従って子どもの愛着本能を利用する考え方だ。まずつながりを育むことで、反抗のリスクを最小限にして、親が否定的な反応を引き起こす可能性を減らす。非協力的な幼児であろうと反抗的な思春期の子どもであろうと、言うことを聞いてもらうことを期待する前に、親はまず子どもに近づき、情緒的な親密さを再確立する必要がある。

あるケースでこの簡単な原則を見てみよう。一一歳のタイラーは、妹と何人かの友だちと一緒に裏庭のプールにいた。彼らは楽しく遊んでいたが、タイラーが興奮して友だちをビニールの棒で叩き始めた。母親がやめるように注意しても彼はやめなかった。父親も怒り出し、母親の言うことを聞かないことを叱り、プールから出るように命じたが、彼は従わなかった。とうとう父親はプールに飛び込んで彼を引きずり出し、しつけのために自分の部屋に行かせ、自分が何をしたかを考えさせた。両親は私に、タイラーの行動は絶対に許すことができない、二度とやってはならないことだと説明した。しかし、私から子どもの行動を修正するために分離を使うことのリスクを聞いた両親は、他にどんな方法があるのかを知りたがった。

いったんこのような状況が明らかになったら、おそらく両親は次に進む前にひと息入れる必要があった。問題が起きたときは、子どもとの距離を離すよりも、近づけるほうがよい。子どもに何かはっきりした対応をする前に、両親にはつながろうとする意志がなければならない。つながろうとする意志をあらためて持てたら、次のステップはつながりを回復することだ。一緒に散歩する、一緒にドライブをする、キャッチボールをするなど、大切なことを伝える前に、人間のつながりがきちんと保たれていなければならない。このケースでは、両親が間違ってしまったのは、いちばん初めにしなければならない、子どもとのやりとりをしなかったことだった。タイラーは自分のしていることに夢中になっていた。彼は親のほうを見ることもなく、親の命令に従おうとする気持ちもなかった。このような状況では、対処する前にもう一度つながりを持つことが不可欠だ。つながりを持つためには、たとえば「やあ、タイラー、楽しんでるかい」と声をかけてみることだ。そうすると、ニヤリとしてうなずく反応が表れるだろう。視線を合わせ、笑顔やうなずきが表れれば、次に親がすることは子どもを近づけることだ。「タイラー、ちょっとふたりだけで話がしたいんだ。ちょっとここに座ってくれないか」。子どもをそばに引き寄せられれば、親は子どもに力と影響を及ぼす立場になる。そうなれば親は指示を出して騒ぎを鎮め、楽しい雰囲気を保つことができるだろう。さらには、タイラーの愛着も傷つけずに済むだろう。それは、タイラーに教訓を教えることよりも、発達的に重要なポイントだ。タイラーの両親は、最終的な分離を使うのではなく、まず初めにつながりを使うべきだった。

それは複雑なダンスではない。実際、それは驚くほど簡単だ。その秘訣は、最初に少しだけ愛着のステップを入れることだ。「指導の前のつながり」の原則は、宿題をさせる、食卓の準備を手伝わせる、脱いだ服を掛けさせる、テレビを消す時間を告げる、きょうだいげんかを収めるなど、ほとんど何にでも適用できる。基本的な関係が良好であれば、このプロセスはほんの数秒でできる。愛着が弱かったり防衛されていたりすれば、子どもを引き寄せる試みの中でそれがわかる。すでに愛着に障害がある場合は、子どもの行動に命令することは非常に難しい。子どもをうまく引き寄せられないことは、子どもの行為にこだわることをやめて、関係を築くことに努力と注意を集中しなければならないことを思い出させるだろう。

初めてこの「指導の前のつながり」の原則を採用するときには、ちょっとぎこちなく照れくさいかもしれない。しかし、いったん身につければ、関係のほころびを劇的に減らすことができる。このやり方が得意な親は、子どもに要求を出す前に、笑顔やうなずきを求めることが多い。その結果は驚くべきものになる。

問題が起きたら、出来事ではなく関係に働きかける

何かがうまくいかないときには、できるだけ早く問題のある行動に対処するのがふつうの反応である。これは心理学で「即時性の原則（immediacy principle）」と言われているもので、問題行動にすぐに対応しないと学習の機会が失われるという考え方に基づいている。子どもは悪いことをしたのに「お咎《とが》めなし」で済んでしまう。この心配には何の根拠もない。

即時性の原則は、協力する意識も相手とコミュニケーションを持つ能力も存在していない動物の学習に関する研究に由来している。まるで子どもを意識のない生き物であるかのように扱うことは、深い不信感を生み、子どもの人間性を軽視することになる。大人と同じように子どもも、特に代替的な愛着対象がいる子どもは、彼らの意図を誤解し能力を侮辱するような人物を好きにはなれない。

重大な問題が起きている最中に前進しようとしてもうまくいかない、もうひとつの理由がある。混乱しているとき、子どもは制御不能になりやすい。このようなときに修正したり、指示したり、「教訓」を教えたりすることは、時間の無駄だ。子どもの不適切な行動は私たちの不意を突き、強い感情反応を誘発する。私たちの行動も、ちょうど子どもと同じように、大急ぎでちぐはぐなものになりやすい。問題に対処するためには十分な準備が必要だ。出来事の最中は、子どもがしっかりと受け止めることができるときではなく、親もしっかり考えて工夫ができるときでもない。

関係を念頭に置けば、当面の目標はとりあえずその行動をやめて、有効な愛着を保つことだ。強い感情を鎮めてつながりを再構築できれば、いつでも出来事や行動に対応することができる。

ある種の行動は親の癇《かん》に障《さわ》り、もっぱら子どもの愛着の能力が試されることになる。その最たるものは攻撃性と反抗だ。私たちが侮辱の対象になったり、「大嫌いだ！」と言われたり、暴力を受けたりすれば、当面の課題は関係を損なわずに攻撃をかわすことだ。今は行動の本質や、その有害な影響について論じている場合ではない。また、脅しや懲罰を与えたり、子どもを分離したりしているような場合でもない。ここからの対応の準備として、親は自らの尊厳を保持しなければならない。無秩序な感情表出によって事態を悪化させることは、避けなければならない。私たちが被害者意識を持てば、責任のある大人としての役割を果たすことはできなくなる。

攻撃に直接対応するよりも、欲求不満に焦点を当てるほうが有効だろう。「私に腹が立っているんだね」「ほんとうにイライラしているんだね」「うまくいかなかったんだね」「私に『いいよ』と言ってほしかったのに、『だめ』と言われたんだね」「私への悪口ばかり考えているんだね」「またそんなふうに思っているんだ」。重要なのは言葉ではなく、子どもが抱えている欲求不満を理解することであり、たまたま起きたことで自分たちの団結が壊れることがないことを表すような声のトーンだ。子どもとの有効な関係を保つためには、関係が危うくなっていないことを何らかの形で示す必要がある。

違反の警告を出すことが有効なこともある。「これはよくないことだね。このことについては後でまた話そう」。ここでも言葉よりもトーンが大切で、脅すようなトーンではなく、優しくて温かいトーンでなければならない。保持しなければならない基本的なつながりは、人間としてのつながりだ。私たちは、自分自身と子どもに冷静さを取り戻さなければならない。適切な時期に、問題を解決するための時間を取るようにする。まずは子どもを引き寄せ、それから今回の出来事からの教訓を引き出すことが大切だ。

母親を分け合う、きょうだいに席をゆずる、欲求不満や失望に対処する、不完全さを受け入れる、要求をあきらめる、注目の的になることを放棄する、だめなことを受け入れるなど、子どもはたくさんのことを学ばなければならない。しつけの根源的な意味のひとつは「教えること」だ。したがって、私たちの親としての仕事の大部分は、子どもたちに必要なことを教えることになる。しかし、どうすればいいのだろうか。

子どもへの対応がうまくいかないときは、説教をするよりも涙を引き出す

これらの人生の教訓は、正しい考え方の結果というよりも、適応の結果だ。適応の鍵は、うまくいかず、どうしようもないことに直面するたびに、無益さを感じることだ。適応プロセスが本来の形で機能すれば、教訓は自然に学習される。親はひとりだけでがんばっているのではない。

適応プロセスで、うまくいかない行動を終わらせる、子どもが限界と制限を受け入れる、無益な要求を手放すなど、さまざまな自然な方法で子どもの「しつけ」の課題が達成される。子どもはこのような適応によってのみ、変えることができない環境に適応していくことができる。このプロセスを通して、子どもは願望が満たされなくても生きていけることも発見する。適応は、子どもがトラウマから回復し、喪失を乗り越えることを可能にする。このような教訓は、説明や結果から直接教えることはできない。それは心の教えであり、無益さを感じたときに習得される。

親は無益さの主体と慰めの天使の両方にならなくてはならない。それは、もっともすばらしいものと難しいものという、人間の対照的な要素だ。適応を促進させるためには、親は子どもとのダンスで、涙を引

き出し、そこから解放し、落ち着きを取り戻させなければならない。

この適応のダンスの最初のパートは、子どもに「無益さの壁」を見せるものだ。これは親が作ることもあるが、ほとんどの場合は日常生活の現実と制限で作られている。たとえば、「妹はイヤと言っている」「これではだめだよ」「それはさせられない」「まだだめだ」「今日はここまで」「彼は君を誘ってくれなかった」「彼女は君の話を聞く気はなかった」「サリーの勝ちだ」「おばあちゃんは来られなくなった」など。これらの現実は、問題にならないように毅然と示さなければならない。説得、説明、正当化などで曖昧な言い方をすると、子どもが適応すべきものを与えられなくなる。状況が変わる可能性がある場合は、最優先の適応はない。それは子どもが、またはあなたが事態をどうしたいかということではなく、起きていることに正確に適応させるという問題だ。

変えられないことに断固たる態度を取らないと、子どもは現実からの逃げ道を探そうとし、適応プロセスはうまくいかなくなる。説明する時間はいくらでもあるが、それはものごとを変えることの無益さが受け入れられた後にしかできない。

適応のダンスの第二のパートは、子どもの欲求不満に寄り添い、慰めを与えることだ。厳しくはないが毅然とした方法で無益さの壁を作ったら、子どもが欲求不満の下に隠れている涙を見つけるのを助けるときだ。ここですることは教訓を教えることではなく、欲求不満を悲しみに変えることだ。この課題が達成されれば、自然に教訓は学習される。私たちは、「うまくいかないときは苦しいよね」「ほんとうにそうしたいと思っていたのはわかってるよ」「私が違う答えを出すのを期待していたんだね」「これは君が期待していたものとは違う」「状況が違っていたらよかったのに」などと声をかける。ここでも、私たちの言葉よりもずっと大切なのは、私たちが一緒にいて、決して敵対していないと子どもが感じることだ。時が来れば、少し悲しみを込めた声で語りかけることで、涙と落胆を誘うことができる。このポイントをつかむには、少し練習が必要かもしれない。早口だったりくどかったりすると、裏目に出る可能性がある。このダンスに振りつけはない。親は手探りで進まなければならない。ここでも、私たちは試行錯誤から学ぶことになる。

時には、親がすべて正しく対応していても、適応プロセスの準備がまったくうまくいかないこともある。それは子どもが、親を愛着の慰めを与えてくれる人物と思っていないためかもしれない。適応プロセスが行き詰まったために、涙が流れないことが多い。その原因は、傷つきやすさにあまりにも防衛的になっていることだ。それでは無益さは感じない。

適応は双方向に作用する。ときどき、親は子どもの適応性のなさに合わせなければならないこともある。自然なしつけを促進するプロセスがまだ子どもに作用していないときは、前に進むことを止めなければならない。そのようなときには、私たちは自分自身の悲しみを受け止め、無益な期待を止めなければならない。効果がないことを止めることで、私たちは何が問題かがわかる。課題に失敗しても涙を流さない、喪失によって悲しみを感じない、怒りが悲しみに変わらないなど、適応の明確な兆しがなければ、親は混乱状態から秩序を作るための、他の方法を探さなければならない。幸いなことに、別な方法は存在する。

よい行動を要求するかわりに、善意を引き出す

第四の発想の転換では、行動から意図へと焦点の切り替えが求められる。意図は非常に過小評価されている。私たちの社会では一般に、意図だけでは十分ではなく、適切な行動が伴って、初めて受け入れられ称賛される。善意があっても地獄に落ちる、ということなのか。発達的な視点からは、あながち真実から

かけ離れているわけではない。善意は金《きん》のようなものだ。意図は価値の種であり、責任感の前駆体だ。それが入り混じった感情の舞台になる。意図を無視することは、子どもの経験の中にある、もっとも重要な要素を逃すことになる。

どんなときでも私たちの目的は、子どもに善意を求めることだ。ここでもやはり、成功するためには、子どもが私たちにとってのよい子でありたいと思い、私たちから影響を受ける心構えがあることが必要になる。いつものように、その最初のステップは、子どもを引き寄せて、私たちに力を与えるつながりを育てることだ。

次に、子どもを正しい方向、または少なくとも問題を起こさない方向に誘導する。子どもが親の期待を理解しているだけでは不十分だ。それに従う意図は、子ども自身のものでなければならない。母親と一緒に出かけたくない幼児には、その子を引き寄せ、それから親の言うことを聞こうとする意図を持てるようにしなければならない。「おばあちゃんを抱きしめてそろそろバイバイしようか」「これを車に運ぶんだけど、手伝ってくれるかな」。ここでの秘訣は、ちょうど遊園地の乗り物の多くに実際には列車や車の方向を変えない小さなハンドルがあるように、小さな運転手をその気にさせるように、子ども自身にハンドルを握らせることだ。子どもに達成感を持たせることで、問題が起こる前にそれを予期させることができればもっといい。たとえば、出かけるときに子どもが抵抗することがわかっていれば、あらかじめ子どもを引き寄せて、出かける時間だと言われたら来る意図を作っておく。「いつでも行けるように、靴を履く準備はできているかな」と言ってもすぐにそのとおりにはできないかもしれないが、できると思うかどうかを聞くことで、子どもをその気にさせることができる。

年長の子どもに善意を求めるには、親の価値観を子どもと共有する、または子どもの中に親の価値観の種を発見する必要がある。たとえば、親は欲求不満に対処する目標を共有することがある。「イライラしていても誰にも文句を言わずに済んだときは、いつも自分を偉いと思う。あなたもそれができる歳になったと思うよ。あなたはどう思う？　やってみようと思う？」。自分自身の感情に没頭する傾向のある子どもには、問題が起こりそうな活動に取りかかる前に、ちょっとした作戦会議を持つことが必要だ。「おもしろくなると、あなたはときどき興奮して人の言うことが聞けなくなる。今日は気をつけてくれるかな。あなたがみんなとここで遊ぶのが好きで、いつまでも遊び続けたいと思っていることはよくわかっているよ」。

善意を求めることが、自動的に望ましい行動につながると言っているわけではない。大人でも善意がいつも行動となって現れるわけではない。しかし子どもはどこかへ向けてスタートしなければならず、正しい方向を目指すことがそのスタートラインとなる。

善意を求める際には、親の願望ではなく子どもの願望に関心を向けようとする。「〜してほしい」「〜する必要がある」「〜しなければならない」「〜しなさい」「〜するべき」と言うかわりに、子どもの意図を口で言わせるか、少なくともうなずいてそれを表現させるようにする。「〜してくれると思ってもいいかな？」「やってみるか？」「できると思うかな？」「〜する気はあるかな？」「今自分でなんとかできそうか？」「忘れないようにできるかな？」。もちろん、親の願望を求めることもある。それが必要なときもあるが、親の願望自体が子どもに善意をもたらすわけではない。そして、私たちの願望を押しつけることは、それが強制的になったり、良好なつながりのないところで行われたりした場合には、必ず逆効果になる。

よい意志を引き出すことは、安全で非常に効果的な子育ての方法であり、子どもを大きく変えるものだ。よい意志を引き出すことで達成できないことは、他の方法でも達成されにくい。

子どもの衝動、行動、失敗に注目するかわりに、子どもの善意を認めることが不可欠だ。親はできるかぎり支持的で、子どもを励ます必要がある。「これはあなたがしたかったこととは違うのはわかっているよ」「大丈夫、うまくいくよ」「わざとしたんじゃなくてよかった。それが大事なんだ」。私たちが避けられない失敗の痛みを和らげないかぎり、子どもはあきらめやすくなるだろう。最後までやり遂げるためには、注意深く意図を育む必要がある。

善意を求める足がかりをつかめないとすれば、子どもがまだ未熟であるか、親の説得力が足りないか、または愛着関係に問題があるかだ。子どもの親への愛着が閉ざされているか、つまり防衛的になっているか、または十分に愛着が形成されていないかだ。子どもに善意が求められないことは、これらの問題が潜んでいるサインであり、それを修正する何らかの行動を起こす必要性を知らせている。このように、短期的には失敗であっても、そこから長期的な目標が見えてくることがある。善意を求めることさえできないときに、子どもの「悪い」行動にくどくど言うことは本末転倒だ。

衝動的な行動を止めるかわりに、入り混じった気持ちを引き出す

「叩くのをやめなさい」「邪魔しないで」「いい加減にしろ」「放っておいてくれ」「赤ちゃんみたいなまねはやめなさい」「乱暴はやめなさい」「しっかりしなさい」「落ち着きなさい」「ばかなことを言うな」「彼女を怒らせるな」「そんなに意地悪をするな」。衝動的な行動を止めることは、走ってくる貨物列車の前に立って止まれと命令するようなものだ。子どもが本能と感情で動かされているときは、子どもと直面して大声で指示を出しても、子どもを従わせることはほとんど無理だ。

かつて心理学の歴史の中で、子どもの脳は「タブラ・ラーサ」、すなわち何も書いていない白紙の状態

で、子どもは何らかの行動をさせるような内的な力に縛られていないと考えられていた時期があった。そうだとすると、子どもの行動をコントロールするのは、指示によってだろうが結果によってだろうが、比較的簡単であろう。いまだに多くの親や教育者はこの幻想の影響を受けているが、現代の科学はまったく違う考え方を確立している。人間の脳を研究している神経心理学者たちは、行動の本能的な起源を明らかにしつつある。子どもの反応の多くは意識的な決定からではなく、自発的・自動的に発生する本能と感情によるものだ。ほとんどの場合、子どもたち（そして未熟な人間たち）は、もともとある決まった形で行動する内部秩序がある。怯えた子どもは、回避する本能的命令に従う。不安な子どもは、しがみついて離れないようにしようとする。欲求不満は子どもをわがままにしたり、泣いたり攻撃的にしたりする。恥ずかしがる子は、隠れたり隠そうとする。反抗的な子どもは、自動的に他者の意志に抵抗する。子どもが衝動的になっているときには、衝動が支配している。この世界には秩序があるが、それは私たちが期待するようなものとはかぎらない。脳はただ単に、活性化された感情と本能に従って子どもを動かす仕事をしているにすぎない。

この問題に対する代案がある。自制心の鍵は、かつて考えていたような意志力ではなく、入り混じった感情だ。対立する衝動が入り混じったとき命令は互いに打ち消し合い、まるで子どもを運転席に座らせているようなことになる。行動が衝動ではなく意図に根ざすようになれば、新しい命令が生まれる。このような行動は突き動かされたものではないので、ずっと扱いやすい。私たちの仕事は、子どもの中に存在している対立する感情と思考を意識させるのを手助けすることだ。第9章で述べたように、「気質」（*temper*）の語源は異なる要素を混合することで、それこそが私たちに求められていることだ。行動を扱おうとするのではなく、子どもに問題をもたらしている衝動を抑えるような緩和剤を引き出すことが大切だ。

たとえば、非常に攻撃的になっている子どもには、攻撃と対立するような感情、思考、衝動を意識させる。この目標は、直接的な問題に直面するだけでは達成されない。それはせいぜい口先だけの従順を引き出すか、そうでなければ防衛を強めるだけだ。内面から衝動制御が発展することはない。緩和剤になりうるのは、愛情、優しさ、または警戒といった感情だ。そこから子どもは怪我をしたり、問題に巻き込まれる不安を感じる可能性がある。子どもが反抗心に突き動かされていれば、私たちは愛着、喜ばせたい、期待に応えたい気持ちをしっかりと引き出したい。その秘訣は、入り混じった感情を、同時に意識の中に引き出すことだ。

対立する感情を意識に引き出す際には、問題が起きている出来事の外に出て、私たちが主導権を取ることができる関係の中に入る必要がある。この作業は、感情の強度がいくぶん和らいだときにのみ試みられるべきだ。

子どもを困らせた制御できない感情よりも、それを和らげる衝動を思い出させるのが常に賢明だ。子どもが打ち解けて優しくなったら、先行した欲求不満について話ができるようになる。「今、一緒にとてもいい時間を過ごしているね。今朝、あなたが私に不満があったのは知っているよ。ほんとうに、とても怒っていたけど、何があったか話してくれないか」。この入り混じった感情を扱うには、いくらかの余裕を持つ必要がある。「愛している人にこんなにひどく怒っているなんて、おかしいと思わないか」。反抗心についても同じだ。「今だったら私が頼んだことは簡単にできそうに見えるけどな。二、三時間前は、私が偉そうに命令しているように感じたんだね」。

和らげる要素を引き出しながら問題行動にアプローチすることは、愛着になじむやり方だ。親は、子どもの中の「あれ」や「これ」の両方を率先して見ていく。私たちは対立する要素を聞き出し、子どもの思いを受け止める。このようなしつけは、子どもを追いやるのではなく、私たちに近づけるものだ。

私たちは子どもに「やめなさい」と言うことが多いが、それはあたかも子どもが自分自身に心霊手術をするようなことだ。私たちは、本能と感情に深く根ざした行動を、子どもの行動レパートリーから取り除くことはできない。衝動は生きているかぎりなくならない。無感覚にならないかぎり、私たちは皆、恥、不安、嫉妬心、独占欲、恐怖心、欲求不満、罪悪感、反抗心、怯え、怒りに伴う衝動を感じるものだ。自然の答えは何かを止めることではなく、必要に応じて、問題になっている衝動をチェックする何かを意識に加えることだ。

衝動的な子どもには、成熟を求めるかわりに、求められる行動のシナリオを書いてみる

すべての子どもが、本書で示してきたような関係を促して教える進歩的なしつけに向いているわけではない。たとえば、まだ入り混じった感情を持てるところまで成熟していない子どもは、親がどんなにスキルを磨いて一生懸命になっても、気持ちが和らぐことはない。

自己制御ができない子どもも、自分の行動の影響を理解したり、その結果を予測したりする力がない。彼らは行動する前にもう一度考えたり、自分の行動が他者にどのような影響を与えるかを理解したりすることができない。自分の考え方と同時に、他者の考え方を考慮することができない。これらの子どもたちは、無神経、利己的、非協調的、下品、さらには思いやりがないと思われることが多い。しかし、このような受け止め方をすれば、ますます彼らの行為に腹を立てて、無理な要求をする羽目になるだけだ。表面的な理解しかできない子どもは、「よい子でいなさい」「乱暴なことをするな」「邪魔するな」「ちゃんとしなさい」「きちんとしなさい」「意地悪をするな」「我慢しなさい」「騒ぐな」「仲良くしなさい」といった

簡単な要求や、親が大声で叫ぶさまざまな命令を実行することができない。私たちがどんなに子どもに「成長」を求めても、彼らを無理矢理成熟させることはできない。子どもにできないことを期待することはイライラするし、さらに悪いことに、何かおかしいのではないかと思い込ませてしまう。このような恥辱感が子どもを防衛的にする。まだ十分に機能的に成熟していない子どもとの関係を保つためには、私たちは非現実的な要求と期待を捨てなければならない。

未熟な子どもには別な方法がある。子どもが自発的に成熟した行動を示すことを求めるかわりに、私たちが求める行動のシナリオを書くというものだ。親の指示に従っているだけでは子どもは成熟しないが、まだ発達的に対応できないような社会的状況でもうまく振る舞えるようにすることはできる。

子どもの行動のシナリオを書くということは、何をどのようにするのかについての合図を与えることだ。子どもがまだ自分だけではうまくできないときに、誰かが合図を与えて行動を調整して振りつける必要がある。「こうやって赤ちゃんを抱くのよ」「今度はマシューの番だよ」「おばあちゃんを抱きしめたいと思ったときは、そうしたらいいのよ」「猫はこうやって撫でてあげるんだよ」「今度はお父さんが話す番だ」「ここでは小さな声で話すんだよ」。

シナリオがうまくいくためには、大人が子どもに合図を出す立場にならなければならない。ここでも、関係を作ってかかわれるようにするために、まず子どもを引き寄せるという基本から始める。それは、行動を始める前にヒナたちを一列に並ばせる母ガチョウに非常に似ている。子どもが親について行くようになれば、親は主導権を握ることができる。もちろん、親が子どもの行動を規定する能力は、子どもの親に対する愛着と同じ程度のものにすぎない。それは特別に深いものや弱いものである必要はなく、ただ見習ったり真似をしたりする本能を誘い出す程度であればよい。

うまく指導するためには、何をどのようにするかの合図は、子どもにできるような方法で与えられなければならない。禁止の指示は、子どもに具体的に何をするのかを伝えないので、うまくいかない。実際に、未熟でまったく身動きできない子どもでは、指示されたことの動作の部分しか記憶に残っていないことが多い。「してはいけない」はしばしば意識から消去され、求められているのとは反対の行動を引き出すことがある。問題を引き起こす行動よりも望ましい行動に注目しなければならない子どもに、望ましい行動を見せることは、さらに効果的な方法だ。俳優に対する監督やダンサーに対する振付師のように、最終的な結果はまず大人の心の中で作り上げられる。

子どもにスキーを教えることは、私たちがもっとも直感的に理解しやすい、子どもに、望ましい行動をさせるためのシナリオの例だ。この場合、子どもに「バランスを取れ」「転ぶな」「スピードを落とせ」「スキーをコントロールしろ」「曲がれ」と言うだけではどうしようもないということは、誰でも理解できる。それはシナリオどおりかもしれないが、少なくとも子どもがスキーを覚えるまでは、そんなことができるわけがない。そうではなく、まず子どもに自分のスキーでピザのような楔形を作ることを見せて、それから「ピザの形を作る」「右足を踏ん張る」「膝に触れる」など、子どもができるような合図を与える。その最終結果が、バランス、ブレーキ、ターンになる。まるでスキーの初心者が滑り方を覚えたかのように見えるが、実際は、動作が体に染み込み自然にできるようになるまでは、ただ合図に従っているだけだ。スキーと違って人間関係については、適切な動作や反応が自然にできるようになる能力は、十分に成熟するまでは獲得できない。

社会的な行動については、子ども同士の関係に注目してはならない。この指導の過程は、子どもが大人に従う過程だ。ここでのシナリオは、子どもに（たいていは徒労に終わることになる）社会スキルを教えるものではなく、成熟して真の社会性が身につくまでの間、社会的なやりとりを調整するためのものだ。そのため、子ども同士の関係に注目するのではなく、大人の合図に従わせることがポイントになる。

以下の話は、教員を指導する仕事をしている友人から聞いたものだ。事件はその友人が、生徒のやる気を引き出すことでとても評判のよかった、二年生の担任教師を観察しているときに起こった。支援の必要な生徒が、トイレに行きたいと言ってきた。教室に戻ってくると、その生徒は「今日は自分でできた」と大声で言った。彼は自分のズボンとパンツが足首のところまで下がっていることに、まったく気づいていなかった。その後の出来事はすばらしかった。このような場面で予想されるからかいの笑いのかわりに、生徒たちはいっせいに担任のほうを見た。担任はその生徒ができたことを褒めたたえ、他の生徒もそれに従った。

このやりとりはすばらしく洗練され、驚くほど上品であった。他者の弱点を理解し、それを守る行動を取るためには、成熟とスキルの両方が必要だ。しかし、その成熟とスキルを担任は持っていても、生徒は持っていなかった。このケースでは、社会的な能力のように見えたものは、ただ単に合図に従っただけにすぎない。答えは生徒同士の関係の中にあるのではなく、ひとりひとりの生徒と担任との関係の中にあった。未熟な人間の社会的活動は、自分ひとりの力に委ねられてはならない。

私たちは公平にする、助ける、分け合う、協力、会話、優しさ、配慮、仲良くするなど、さまざまな種類の行動のシナリオを書くことができる。子どもに成熟した動作をさせることで子どもを成長させることはできないが、成熟の妨げになっている問題を解決して成熟が追いつくまでの間、問題から守ることができる。シナリオによって子どもがトラブルに巻き込まれないようにすることは、愛着を守り、子どもから親と親から子どもの両方向の愛着を支援することになる。

子どもを変えることができないときは、子どもの世界を変えてみる

子どもがあまりしつけを必要としなければ、どんな方法でも効果があるだろう。その反対も正しい。子どもにより多くのしつけが必要なら、一般に教えられているしつけの技術は、あまり効果がないだろう。

子どものしつけを難しくしているのは、私たちに行動を指導するための、自然な原則の基盤となる要因がないことだ。問題の多い衝動を抑制する思考や感情について考えさせることができない子ども、善意を持てない子ども、一連の行動に無益さを感じることができない子ども、相手からよく思われたいという動機に欠ける子どもをしつけることは難しい。そんな子どもには、私たちは荒っぽい対応をしたくなる。残念なことに、子どもがそもそもしつけにくいのとまったく同じ理由で、力の行使はたいてい逆効果になる。強制は反抗心を引き出し、罰は報復を誘発し、怒鳴りつけることは無視につながり、制裁は攻撃性を呼び覚まし、タイムアウトは感情的な分離につながる。合理的なしつけの効果がないときは、しつけを厳しくするのではなく、違うしつけをするのが正解だ。

強制的な方法が最終的には自滅的であるとすれば、今こそ自然なしつけの方法の中から、最後に残された手段ではあるが、決して重要性が低いわけではないものを使うときだ。それは、子どもの環境に指示を出すことだ。この方法の意図は「悪い」行動を変えたり取り除いたりするのではなく、その行動を引き起こす経験を変えることだ。この場合は子どもを変えようとするよりも、可能であれば、問題行動を引き起こしている場面や環境を変えるほうが、実りが多いだろう。

このしつけの方法では、親に三つのことが求められる。

①他のしつけのしかたの無益さを感じ、うまくいかないやり方を放棄する能力

②子どもの環境の中で、問題行動を誘発している要因に対する洞察
③それらの悪い要因を、変えたり制御したりする能力

真に適応力のある親は、行動を強要することの無益さを感じ、親が変えることができないこと、この場合は子どもの衝動的な行動に対してきつく罵ることをやめることが求められる。賢明な親は、子どもが反応していること、すなわち子どもを取り巻く状況や場面に注目することが求められる。言い換えれば、親はまず、子どもを変えようとすることを放棄しなければならない。

洞察はもっとも重要である。子どもが何に反応しているかを見るためには、問題行動を切り抜ける必要がある。問題をどのように見るかによって、最終的な対応が決まる。子どもがわざとやったと受け止めれば、私たちは子どもの行動を直そうとすることに気持ちが傾くだろうが、それは嫌で不愉快なことだ。そうではなく、もし子どもはただ衝動に動かされていただけだと考えれば、まずその衝動が生じた状況を変えようとする気持ちが強くなるだろう。もし子どもがかんしゃくを起こしたり、誰かに殴り掛かったりしているのを見れば、攻撃性に注目することになるだろう。その一方で、もし子どもが抱えている欲求不満に対処できないと思われれば、子どもに欲求不満を感じさせている状況を変えようとするだろう。もし子どもが寝る時間に部屋に行くことを拒否していると思われれば、それは子どもが言うことを聞かないこととして対応するだろう。しかしそうではなく、幼い子どもがひとりになることや暗闇を怖がっているのであれば、眠ることを怖がらないように工夫するだろう。もし子どもが言われたことをしようとしないと思われれば、その不服従を根絶したくなるだろう。そうではなく、もし子どもにかかっているプレッシャーが反抗心のスイッチを入れていると思われれば、そのプレッシャーを軽くしてやろうとするだろう。もし

子どもが大人と話そうとせず無作法な態度を取っているだけだと思えば、その子どもの「悪い」マナーに対処しなければならないだろう。もし、子どものもともとの内気な性質が知らない人とのかかわりを阻害していると考えられれば、安心できるようにするだろう。もし子どもが嘘つきだと思えば、厳しく確固たる姿勢で子どもの不誠実に対処するだろう。もし子どもが親の怒りや失望のために見捨てられないかと心配して真実を隠していることを見抜くことができれば、子どもの絶対的な安心感を回復させるために、できるかぎりのことをするだろう。フリードリッヒ・ニーチェは「現実から逃避するために嘘をつく正当な理由なんて持っているのは誰か。それは現実に苦しむ者だ」と書いた。

これらすべての状況では、私たちの洞察が妥当なものであるときだけ、介入は効果的になる。しかし、子どもの環境が行動に影響を及ぼし、その行動が子どもにも私たちにも制御できないものであれば、子どもの行動ではなく、その行動を誘発しているものに視点を変えることは理にかなっている。

しかし、子どもが経験している欲求不満やプレッシャーを軽減するために、私たちが絶えず子どもの状況を変えるとすれば、子どもの社会に適応していく力を弱らせる危険はないのだろうか。親への不健康な依存を促すことはないだろうか。それはまさに真実だ。私の親とのカウンセリングでは、このやり方を極端にしすぎて、無意識のうちに子どもの適応を妨げている、親切で優しい多くの親と出会う。この方法は、変えることができない、または変えるべきではない問題にぶつかったときに無益感を引き出すなどの、他のしつけの方法を排除するために使ってはならない。私たちは可能なかぎり、子どもが欲求不満を無益さに変えるのを助け、入り混じった感情を育み、善意を求めることを忘れてはならない。子どもによい変化を仕向けることができるのであれば、そのかわりに子どもの世界を変えようとすべきではない。

ここで、前章で触れた子育ての構造の問題を簡単に振り返る。構造とルーティンを使うことは、子どもの世界、ひいては子どもの行動を指導する強力な方法である。子どもが他のしつけの方法を受け入れることができなければ、子どもの生活を構造化することで補う必要が高くなる。構造は、いくつかの必要な儀式と日課を加えることで、予測可能な形の子どもの環境を作る。それは文化の伝統的な機能のひとつだったが、習慣と伝統が廃《すた》れるにつれて、生活の構造は弱まり、より混沌としたものになった。このような雰囲気の中で、発達的に未熟な子どもたちはバラバラになってしまった。それに対して親たちはより指示的、強制的になった。この組み合わせは悲惨だ。

構造は、食事や就寝、分離と再会、衛生や片づけ、家族のふれあいとつながり、練習や宿題、急にひとりで遊ぶことになったとき、ひとりで創作活動をするときなどに必要となる。よい構造は、それ自体やその意図を意識させず、命令や強制は最小限にしている。よい構造は制限だけではなく、創造的でもある。たとえば、子どもに本を読んであげるための時間と場所を持つことはとても重要な日課だ。この構造の主な目的は、一対一の親密さとつながりを作ることと、強制することなく子どもをよい本に触れさせることだ。

子どもが手に負えない状況であれば、構造はさらに重要になる。手に負えない子どもが本能的に切望しているような親しさを、構造は与えてくれる。それはよい習慣を生み出す。もっとも重要なことは、構造は大人が命令したり強制したりすることを減らし、不要な対立を防ぐことだ。

本章では、子どもを私たちから遠ざけるような方法は避けてきた。昔の親たちはこのような方法をうまくやってのけたかもしれないが、もしそうであったとしても、それは今日の親たちが直面している、対立する愛着を恐れる理由がなかったからにすぎない。かつては、子どもを家族の輪から引っ張り出す仲間指向性はなかった。今日、私たちには子どもとのつながりを維持し、成熟を促進させるしつけを採用すること以外に、合理的な選択肢は残されていない。しつけの問題の最終的な解決策である成熟は、一夜にして達成できるものではないが、私たちの忍耐は必ず報われるだろう。そして、たしかに私たち親は、それまでのしばらくの間、子どもを挑発せずに扱うことができる。

——第五部

仲間指向性の予防

第17章　親は仲間の競争相手ではない

子どもの仲間が、私たちに取ってかわるお膳立てをしてはならない。もちろん、敵は私たちの子どもの仲間ではなく、仲間指向性だということを忘れてはならない。

私たちはちょうど、トロイア人がトロイの木馬に騙されたように、仲間指向性にごまかされてきた。この大きな木製の馬を神からの贈り物だと思い込み、トロイア人たちはそれを城壁の中の自分たちの町に持ち込み、滅亡のお膳立てをしてしまった。同じように、今日の親や教師は、小さい頃からの幅広い仲間関係をよいものだと見ている。私たちはこのような関係が、大人のリーダーシップと助言がないままに行われたときのリスクに気づかないいまま、促している。私たちは大人の注意深い親切な指導のもとで作られる仲間関係と、愛着の空白の中で生じる仲間との接触とを区別できていない。知らないうちに、私たちは子どもの親への愛着を邪魔する仲間指向性を助長しているのだ。トロイア人たちが人の目を欺く装置の中にギリシア人が潜んでいるのを見たなら、彼らは騙されることはなかっただろう。これが今日の私たちの問題だ。仲間指向性というトロイの木馬は、脅威ではなく贈り物と思われているのだ。

仲間指向性の初期の成果は魅力的で心を惹かれるので、悪影響を見通せないことは無理からぬことだ。一見すると仲間指向性の子どもたちは、自立して、べったりせず、学校になじみ、社交的で、洗練されているように見える。そのメカニズムとその後の長期的なコストを知らなければ、私たちは騙されても不思議ではない。では、この罠を避けるには、どうすればいいのだろうか。

仲間指向性は、初めは親にとって神の恵みに見える

多くの大人たちは、子ども同士が一緒に遊んでくれることで、束縛から解放されたように思う。仲間はまるで子どもの最良のベビーシッターのようだ。特に、両親が祖父母や拡大家族、子育てを手助けしてくれる周囲のコミュニティに頼ることができなくなったので、仲間は疲労困憊した親と教師に安らぎを与える、天の恵みのように思われることもある。子どもの友だちが誘ってくれたことで親が解放され、週末をゆっくり過ごせたり、やらなければならないことをしたりする時間と空間が得られたことをありがたく思わない人が、どれだけいるだろうか。子どもたちは楽しそうに見え、親の負担も軽くなる。仲間指向性が定着した場合、これらの経験が数年後にどれだけの時間とエネルギー、費用、治療的な子育てを必要とするかはほとんど想像できない。

大人指向性の子どもと比べて、仲間指向性の子どもはしっかりしていて成熟しているように受け止められる。仲間指向性の子どもは、親に何かを一緒にしたりかかわってもらうことを求めたり、話を聴いてほしがったり、困ったことに助けを求めに来たりしない。自分自身と子どもの自立を高く評価する私たちの社会では、仲間指向性の子どもはよく思われる。私たちは、成長には時間がかかるということを忘れている。現代のポスト産業時代の文化において、あらゆることに対して私たちは急ぎすぎている。もし子どもの成長に対してそれほど性急にならなければ、おそらく誤った印象に騙されることはないだろう。

このような子どもたちは、ただ互いにしがみつくことで、私たちから早く離れることができる。長期的

には、彼らは心理的な未熟さに行き詰まることが多い。彼らは自分のことを考えたり、自分の進路を決めたり、自分で判断したり、自分の意義を見つけたり、自分の道を進んだりすることが、なかなかできない。

少なくとも最初は、仲間指向性の子どもも学校になじみやすいという事実が、私たちに誤った安心感を持たせる。その誤った印象の代償である教えにくさについては、第13章で説明した。仲間指向性は学習するための分離を促すので、子どもをとりあえず学校に行きやすくすることができる。学校に行くためには、家を出て愛着を持っている大人から離れなければならないが、親指向性の子どもは分離不安が強く、学校で指向性を失う苦痛は大きい。新しい学校に初めて行った日のことを覚えている人は多いだろう。お腹のこわばり、心細く混乱した気持ち、知っている人やモノを必死で探したことなど……。年少の子どもたちには、この指向性の喪失は耐え難いことが多く、強い不安が学習を妨げる。不安は学力を下げ、機能的な知能指数を下げる。警戒している状態は、集中と記憶の能力に影響する。不安は学習の合図を読み取り、指示に従うことを難しくする。戸惑って警戒しているというだけで、子どもはうまく学習することができない。

就学する前にすでに仲間指向性になっている子どもは、このようなジレンマに直面しない。幼稚園に初めて登園した日に、仲間指向性の子どもは頭がよく、自信があり、たくさんのことを学べそうに見える。反対に、親指向性の子どもは、分離不安の影響も受けて、少なくとも教師に対してよい愛着が形成できるまでは、要領が悪そうに見える。仲間指向性の子どもたちは、大人が少なく仲間が多い状況では、すべてにおいて優勢になる。仲間は豊富で簡単に見つけることができるので、仲間指向性の子どもは戸惑うことはなく、従うべき合図を見失うこともない。このように、短期的には仲間指向性は神の恵みのように思われる。そして、早期教育の有益さを示す研究が利用しているのは、間違いなくこの力動だ。

もちろん長期的には、不安と方向感覚の喪失が少ないことの学習へのよい影響は、仲間指向性の悪影響によって徐々に失われていく。それは、就学前教育の早期メリットが持続しないという研究結果でも示されている〔註1〕。仲間指向性の子どもは学ぶためではなく、友だちと会うために学校に行く。その友だちも学ぶために来ていないとすれば、成績は下がるだろう。子どもたちがお互いに一緒にいるために学校に行っている場合は、突出せず、学年のレベルを維持できる程度に学習してさえいればいい。それ以上の学習は意味がなく、仲間関係の障害にさえなる可能性もある。

不安は、仲間指向性の生徒にも舞い戻ってくる。仲間の愛着は本質的に不安定なので、不安は慢性的になることが多い。仲間指向性の子どもはひどく動揺し、絶えず落ち着きがなく、慢性的に警戒している。仲間指向性の子どもたちに囲まれているときは、いつもハイテンションになる。不安感を麻痺させることで、仲間指向性の子どもには動揺と落ち着きのなさという、生理的側面だけが残される。意識的であろうが無意識的であろうが、警戒している状態は学習能力を低下させる。仲間指向性は初めは成績を上げるが、最終的には学業を妨害する。仲間への愛着が強くなるにつれ、子どもの知能と成績とのギャップは大きくなる。この有利なスタートを切る状況こそが、最終的にこれらの子どもたちをつまずかせることになる。

いくつかの有名大学では、今でも家庭で教育を受けた受験生〔訳註＝学校に通学せず、家庭を拠点として教育を受けた子どもたち（home-schoolers）のこと。カナダやアメリカでは、教育の選択肢として認められている〕を歓迎していることは興味深い〔註2〕。カリフォルニア州にあるスタンフォード大学の入試担当者のジョン・ライダーによれば、家庭で教育を受けた受験生は、高校ではうまく引き出すことができないスキル、たとえば、動機や自分の教育に責任を持つ能力を持っていることから、魅力的な受験生と思われている〔註3〕。言い換えれば、わが国の教育システムは、愛着の非常に重要な役割を無視しているために、幼児教育を受けた子どもは幸先のよいスタートを切るかもしれないが、家庭で教育を受けた子どもは最高のゴールをするということだ。幼児教育が主要な問題ではなく、家庭での教育が究極的な答えではない。重要なことは、愛着の力動だ。子どもを仲間に依存させる経験をさせてもうまくいかない。子どもの学校生活に、大人への愛着をしっかり取り入れることが大切だ。

内気はそれほど問題ではない

私たちは、内気は好ましくない性質として、子どもに克服してもらいたいと思うことが多い。しかし発達的には、この明らかに不利なことにも有用な機能がある。内気は愛着の原動力であり、子どもを社会から離し、安全なつながりのある集団以外の人とのかかわりを阻止するように働く。

内気な子どもは、愛着のない人の中では臆病だ。大人指向性の子どもは、少なくとも低学年の頃は、あどけなく仲間とうまくやっていけないことが多い。対照的に、仲間指向性の子どもは、社会的にうまくやっていく。それは彼らの強みだ。彼らは、何がクールで何がクールでないのか、何を着ればいいのか、どう話せばいいのかを知っていなければならない。彼らは、お互いにどうあるべきか、どう振る舞うべきかという空気を仲間から読み取ることに、自分たちの知性のほとんどを使っている。

仲間指向性の子どもの社交性のほとんどは、内気さが失われた結果だ。仲間が大人に取ってかわると、内気さは反転する。子どもは大人に対して内気になるが、仲間が一緒にいるところでは社交的になる。仲間と一緒にいるときは自分の殻を破り、しゃべるようになり、自信があるように振る舞う子どもをよく見かける。その性格の変化は印象的で、私たちはついつい仲間指向性を高く評価しがちになる。たしかに、このような非常に望ましい結果は、問題の多いことから生じるはずがないと思いたくなる。それでも本当の社会性と社会的能力、つまり他者に配慮し知らない人の気持ちを考えることを、長期的には仲間指向性の子どもは獲得できない。

大人指向性の子どもたちは、仲間に対して内気にならなくなるのに時間がかかる。この内気を最終的に和らげるのは仲間指向性ではなく、強い自意識と入り混じった感情を持つ能力を生み出す、心理的な成熟だ。内気に対処する最善の方法は、子どもを世話し指導する大人との温かい関係を促進することだ。愛着を念頭に置けば、私たちが心配すべきは内気ではなく、今日の多くの子どもたちに見られる内気の欠如なのだ。

愛着に欠けた保育がもたらすストレス

現在の保育の状況は、私たちが無意識のうちにいかに競争を誘っているかを物語っている。世界中の何百万もの子どもたちは、起きている時間のほとんどではないにしても、いくらかは家庭外の保育を利用している。最近の統計によれば、アメリカの働く母親の大多数は、子どもの一歳の誕生日の前に仕事に復帰している〔註4〕。保育所、特にアメリカでの保育のしかたは、リスクのあるやっかいなものだ。保育は子どもにとってストレスになっていることが、最近の研究で示されている。保育所にいる子どもは、家にいる子どもよりも、ストレスホルモンであるコルチゾールの濃度が高かった〔註5〕。保育によるストレスは、内気な子どもでは高くなる。すでに述べたように、内気は情緒的なつながりの欠如を反映する。もし保護者とくつろいでいれば、内気にはならない。温かいつながりがないところで、子どもは親からの分離と、子どもの自然な本能が拒絶するような人にかかわられることの、二重のストレスに直面することになる。

幼児同士で過ごす時間が長いほど、仲間からの影響が大きくなることを示した研究もある〔註6〕。この影響は、たった数か月の期間内でも測定可能だ。男児は女児よりも仲間指向性になりやすく、この所見は男児の親への愛着の発達が遅いという観察と矛盾しない。したがって、彼らは親を仲間に置き換えてしまいやすい。もっとも重大な所見は、男児が仲間と仲良くなればなるほど、担当の大人との接触に抵抗が強くなるというものだ。

仲間指向性の種は保育所や幼稚園で蒔かれるだけでなく、その果実は五歳になるまでにはっきりする。このテーマについてのある大規模な研究では、一〇〇〇人以上の子どもたちが出生から幼稚園に入園するまで追跡調査された〔註7〕。子どもの保育時間が長いほど、家庭でも幼稚園でも攻撃性と不服従を示すことが多かった。前章で述べたように、攻撃性と不服従は仲間指向性の遺物だ。保育時間が長いほど、子どもたちは口げんか、コソコソする、職員に口答えする、指示どおりにしないなどという行動で、反抗心を現すことが多かった。欲求不満はかんしゃく、けんか、叩く、他人にひどいことをする、自分の持ち物を壊すという形で現れた。これらの子どもたちの愛着行動は自暴自棄であった。愛着が作用しないときに現れることが予測される、自慢や大げさな話、ひっきりなしに話したり、注目を集めようとしたりする行動が見られた。

仲間指向性が混乱した愛着の唯一の原因ではないが、子どもたちの世界では主な原因である。愛着のレンズを通して見ると、これら三つの研究の所見は、保育所や幼稚園で子どもが仲間指向性になるリスクをこれ以上ないほど明確に指摘している。いちばんわかりやすい解決は子どもを家に置いておくことで、特にとても内気で弱い子どもは、親との分離に伴うストレスに十分に対処できるまでは、家で育てるほうがよいということだ。これらの研究所見に対して、スタンレー・グリーンスパン〔註8〕やエレノア・マコビー〔註9〕をはじめとした多くの専門家たちは、もし経済的に余裕があるのであればそうしたほうがよいという助言をしている。たしかにこの助言はデータに照らせば道理にかなっているが、的はずれなものだ。子どもが家にいる必要があるのではなく、子どもを世話する人と家にいるようにくつろげることがまさに必要なのだ。家庭では愛着が大切であり、愛着は私たちが作ることができるものだ。保育ではかかわり方が問題なのではなく、いちばん大切なものはつながりだ。

特定の場面での子どもの内気は、その子どもを世話する場がまだできていないことを示すサインだ。その場は子どもとのつながりによって作られる。私は、自分の孫でもこのことが正しいことを経験した。私の課題は、まず孫たちを引き寄せることだった。それができると、内気ではなくなり、祖父からの世話を受け入れるようになった。

保育所や幼稚園が必ずしも危険であるわけではないが、危険を減らすためには愛着を意識する必要がある。子どもにかかわる大人は、子どもとつながる場を作るようにしなければならない。その間に、私たちは親として子どもが過ごす場を選び、さらに子どもと担当する大人とのつながりを、常に育むようにする。たしかに、ひとつの解決法は、子どもが親と身体的に離れていても情緒的には近くにいることができるようになるまで、または愛着から離れてもひとりで何でもできるようになるまで、家に置いておくことかもしれない。もうひとつの解決法は、子どもが保育士や教員に愛着を持つようにすることだ。それが子ども（とその親）をストレスから守り、早すぎる親離れを防ぐだろう。そのためにできることについては、次章でさらに詳しく述べる。

仲間指向性は真の社会性を育まない

「息子が三歳になったとき、集団や他の子どもたちと一緒になる環境に入れるのが、とても大事だと感じた」と、ある父親は振り返った。「友だち作りがうまくいかなければ、必死になって他の子どもとかかわらせたり、仲間と遊んだり付き合う機会が持てるような場を作ったものだ」。多くの親は同じように、子どもを早くから仲間の世界に入れようとする。子どもを仲間からの影響にさらす前に、できるだけ長く手元に置いておきたいと本能的に思っている親でさえ、家族や友人、子育ての専門家からの「過保護だ」という強烈なプレッシャーを感じることだろう。

みんなと仲良くして溶け込めるようにするために、子どもには早くから仲間関係を経験させなければならない、という信念はほぼ普遍的だ。多くの親たちは幼い子どもの遊び仲間を探す。就学するまでに、子どもを仲間と接触させることに親は必死になる。「友だち作りは、他の何よりも重要なこと。何が何でも学校に入るまでにはできるようにならなければ」という典型的なコメントを、私は多くの就学前の子どもの親たちから聞いてきた。ある四歳児の父親は、「親は子どもを社会化しなければならない」と言い張った。「幼稚園に行かなければ、息子は十分に他の子どもたちと交わることがなく、人とうまくやっていくことを覚えられないだろう」。ある幼児教育者は、私に「幼稚園の基本的な目的は、子どもが社会的スキルを習得することを援助することです。もし幼稚園に入るまでに友だちがいなければ、社会性だけでなく自尊心や学習面でも、さまざまな問題が出てくるでしょう」と教えてくれた。子どもが人とうまく調和できなければ、その問題を解決するために仲間との付き合い方を指導する必要性が高くなる。私たちの社会では、一般的に親と教師は、自分の子どもや生徒がお互いに交流できるようにしている。

社会化、つまり子どもが他者との時間を過ごすことが、社会性、すなわち他者と上手にしっかりと付き合う能力をもたらすと信じられている。これは広く知られているが、こんな思い込みを支持する証拠などない。もし仲間と付き合うことで人とうまくやっていけるようになり、責任ある社会の一員になるのであれば、子どもが仲間と一緒にいる時間が長ければ長いほど、よりよい対人関係が持てるようになることになる。実際には、子どもが仲間と過ごす時間が長ければ、人とうまくやっていくことが難しくなり、市民社会に調和しにくくなりやすい。社会性についての思い込みを極端なケース、たとえば親のいない子ども、ストリートチルドレン、ギャングになった子どもに当てはめてみれば、その考え方の欠点は明らかだ。社会化が社会性のカギであるとすれば、ギャングのメンバーやストリートの子どもたちは、模範的な市民ということになる。

ニューヨーク州イサカにある、コーネル大学のユリー・ブロンフェンブレンナー博士たちの研究チームは、自由時間に仲間に惹かれる子どもと親に惹かれる子どもを比較した。親と過ごすことを好んだ六年生の子どもたちは、よい社交性の特徴をはるかに多く示した。子ども同士で過ごす子どもたちは、問題を起こすことが多かった〔註10〕。

この所見は驚くにはあたらない。人間の発達の自然な順序を知っていれば、これらは当然のことにすぎない。成熟のために愛着と個体化は必要であり、真の社会的統合のためには成熟が必要だ。社会的統合とは、単に調和しているとかうまくやっているということ以上のものであり、真の社会的統合には他者と交わることだけでなく、自分を失うことなく交わることが求められる。

たしかに、人と付き合うことは子どもの真の社会的統合に役立つが、それはあくまでも最後の仕上げにすぎない。子どもはまず第一に、他者とのかかわりを持つときに自分自身をしっかりと持ち、他者を別の存在と見ることができなければならない。これは大人でも難しいことだ。子どもが自分の気持ちを知っていて、相手の気持ちは別なものだと評価できれば、そのときには、いや、そのときだけ、他者を尊重しながら、自意識をしっかりと持つことができるようになる。この発達課題を達成すれば、社会的交流によって子どもの個性は鍛えられ、対人的なスキルにも磨きがかかるだろう。

本当の課題は、子どもが社会的な経験を活かすことができるところまで、子どもの成長を支援することだ。準備が整った原材料に磨きをかけるのに、社会化はほとんど必要ない。その貴重で最高の原材料は、仲間と付き合う過酷なプレッシャーに耐えられる、強固な個性だ。主たる愛着対象となる大人がいないまま、時期尚早に無分別に一緒にされれば、それぞれの子どもが相手を支配しようとするか、支配に抵抗しなければならないために対立を招くか、あるいは、他者から受け入れられるために自意識を抑制して個性のない人間になるかのいずれかになる。今はどちらもティーンエージャーになったふたりの息子の父親であるロバートは、「息子たちがまだ小さかった頃は、男の子が他の子どもたちと遊ぶことは、とても大事なことだと思っていた。長男のフランキーは、すべての遊びを自分のやり方でするように要求して、友だちを怒らせた。彼が言ったとおりに友だちがしないと、かんしゃくを起こした。最後には友だちと遊ぶ約束をするのも難しくなった。弟のリッキーは真似をするだけの子になった。彼は、他の子どもたちがし始めたことを、すべて真似するだけだった。リーダーになろうとすることも、ひとりで遊ぶことすらしようとしなかった」と言った。

この時点で多くの読者は「それじゃあ、人とうまくやっていくことを身につけるのには、何が重要なのか」と思っていることだろう。私は、人とうまくやっていくことの利点を否定しているわけではない。私が言いたいのは、それを優先すれば、本末転倒になるということだ。人とうまくやっていくことを未熟な子どもの最優先事項にすることは、実際には子どもたちに服従、模倣、順応のパターンを押しつけることになる。もし、子どもの愛着の欲求が強く仲間に向かうものであれば、うまくやっていくために自分自身を萎縮させるだろう。その子どもは個性を失う。必死になって誰かとうまくやっていこうとするとき、私たちの多くは、大人であっても同じようなリスクを経験する。相手の前で自分を失い、すぐに要求を受け入れ、対立を避け、取り乱さないようになる。子どもが他者とのかかわりの中で自分自身を持ち続けることは、さらに難しい。子どもがうまくやっていると称賛されることは、大人の生活では、迎合する、自分を見くびる、自分に忠実でないということに相当する。

私たちが本当に発達の設計図を理解すれば、子ども同士がうまくやっていくことを、あまり心配しなくなるだろう。私たちは、子どもが他者とかかわるときに、自分自身を大切にできるようになることに高い価値を置くだろう。どんな仲間との付き合いをしたとしても、子どもをこの地点に到達させることはできない。養育的な大人との生き生きとした関係だけが、すべての親が子どもにもっとも望む資質である、真の自立と個性を生み出すことができる。そして、このような状況においてのみ、完全に発達したパーソナリティが姿を現し、自分自身を尊重し、他者の人格も尊重できる人間になることができる。

子どもに必要なのは「友だち」ではない

しかし、子どもには社会的な欲求はないのだろうか。私が会う親や教師のもっとも切実な心配と疑問のひとつは、友だちをほしいと思う子どもの気持ちに関するものだ。「子どもには友だちが必要」というのは、幼い子どもを仲間の中に入れようとする人たちから、もっともよく聞く意見だ。

友だち関係という概念そのものは、未熟な人々に対しては意味がない。大人である私たちは、その人が私たちに思いやりがあり、お互いの境界を了解し、個人として尊重していなければ、本当の友だちとは思わないだろう。本当の友だちは、どの程度の関係であるかにかかわらず、自分たちの発展と成長を支える。この友だち関係の概念は、相互の尊重と個性の強固な基盤を前提としている。したがって、ある水準まで成熟し、社会的統合の能力が獲得されるまでは、本当の友だち関係を持つことはできない。多くの子どもたちには、このような友だち関係を持つことはほとんど不可能だ。

子どもが本当の友だち関係を持つことができるようになるまでは、実際の友だちは必要なく、愛着だけがあればいい。そして子どもが必要とする愛着は、家族と子育てを手伝ってくれる人たちに対するものだけだ。子どもが実際に必要としているのは、世話をしてくれる大人との生き生きとした関係の中でしかできない成熟の産物としての、本当の友だちを持つ能力だ。子どもの友だち関係のことを心配するよりも、子どもの生活の中で大人との関係を育むように、私たちは賢く時間を使うべきだ。

もちろん、子どもが親を仲間に置き換えて、友だちが家族よりも重要になることは、自己実現的なことだ。私たちはこれを正常なことだと確信し、そしてこれを自然なことだと思い込む、不合理な論理的飛躍をする。それから自分の子どもに「友だち」を持たせ、家族との関係を危険にさらすことになる。仲間はさらに親を追いやり、負のスパイラルが続いていく。

友だち関係についてはもうひとことある。発達的に、子どもは仲間との関係よりも自分自身との関係に対する欲求のほうが、ずっと大きい。そこでは、自己意識と内的経験の分離が生じてこなければならない(第9章参照)。人は自分の考えや感情を検討する能力を獲得しなければならない。それは、やはり成熟の産物としての能力だ。自分との関係ができれば、自分自身の友だちを好きになるし、自分自身に賛成したり反対したり、自分に同意したり否定したりすることができる。しかし、他者との関係は、自分との関係よりも先行したり、まだしっかりした自分との関係ができていない空白を埋めようとしたりするものであることが多い。友だちと一緒にいるのが快適ではないとき、他の友だちを探そうとしたり、テレビやゲームのような娯楽機器に引きつけられたりしやすくなる。テレビを見すぎるのと同じように、仲間指向性の関係は、自分との関係の発達を妨げる。子どもが自分との関係ができたことを示すようになるまで、まだ他の子どもとの本当の関係を築けるような段階とはいえない。そのような子どもは養育的な大人と過ごしたり、自分だけで創造的な遊びをしたりするほうがずっとよい。

仲間で退屈は解消しない

仲間に夢中になっている私たちの世界では、仲間は子どもを苦しめるすべてのものに対する万能薬であるかのようだ。仲間は子どもの退屈しのぎや奇抜さ、自尊心の問題の解決法としてもてはやされることが多い。ひとりっ子の親は、仲間はきょうだいのかわりとしての機能もあると思っているかもしれない。ここでもやはり、私たちは見かけ倒しのものを追い求めている。

「退屈」とか「つまらない」は、子どもたちにはあまりにもありふれたフレーズだ。多くの親はあれやこれや仲間関係を促すことで、子どもの退屈を和らげようとする。これは一時的には奏功するかもしれないが、ちょうど空腹の赤ちゃんがおしゃぶりを与えられても空腹になるだけだったり、酒で悲しみをまぎらわそうとする酒飲みが最終的にはさらに不幸になったりするように、もともとの問題を悪化させてしまう。

とりわけ、退屈を和らげるために仲間を使うことは最悪で、それは仲間指向性を促してしまうことになる。

退屈の本当の原因は何だろうか。退屈の中にある空虚感は、一般に思われているような、刺激や社会的活動の欠如ではない。子どもは愛着の本能が十分に発揮できないときや、この空白を埋めるような自意識が発生しないと退屈になる。これはどっちつかずで、保留され、人生が始まるのを待っているような状態だ。この空白の姿を実感できる子どもは、寂しさ、物足りなさ、分離の気持ちを話すことが多い。「することが思い浮かばない」「今は何も興味が湧かない」「ネタ切れだ」「創造的な気分にならない」といった彼らの言葉は、発想がないことを表現している。この空白にきちんと気づくことができない子どもは、無力感と孤独感を感じ、退屈だと訴える。

言い換えれば、退屈として体験される心の穴は、愛着と発想の二重の空白の結果だ。子どもは愛着があり安心できる人と一緒にいることができず、その一方で、自分自身で創造的に時間を使うことができる好奇心と想像力に欠けている。たとえば、教室で退屈している子どもは、教師のために一生懸命勉強する気もないし、授業の内容に興味もない。教師への愛着と、自発的な疑問と好奇心、その両方が失われている。子どもはこの空白が何であるかをはっきりさせないことで心理的に防衛し、その結果、空虚感に支配される。子どもは退屈の原因は自分の外にあり、自分の置かれた状況や環境のせいだと思っている。「学校はつまらない」とか、家では「退屈だ。何もすることがない」と言う。

理想的には、このような空白は子どもに、意志、興味、創造的な孤独と遊び、独創的な発想、想像力、内省、自立心からなる自我が生まれることで埋められる。これが発生しない場合は、この真空を何かで埋めたい切迫した衝動が現れる。退屈は、自分の空虚感の本当の原因に気づいていない子どもや大人が感じるものだ。空白は非常に間接的に感じられるので、その解決も相応に曖昧なものになる。自分の内部の力に目をやる前に、食べ物、気をまぎらわすもの、一緒に遊ぶ相手など、外部のもので解決しようとする。このとき子どもの脳は、解答として刺激や社会的活動に飛びつくことになる。テレビ、ゲーム、外部からの刺激はこの空白を一時的に隠すことはできるが、それを埋めることはできない。気をまぎらわす活動が終われば、すぐに退屈は戻ってくる。

この力動は、特に大人への愛着が十分に深まらず自我の発達が不十分な場合、思春期の早期により深刻になる。しかし、子どもが三歳だろうが一三歳だろうが、私たち親はこの空白に子どもの仲間を送り込んでいる。私たちは、幼い子どもには友だちと遊ぶことをお膳立てしたり、仲間についていかせようとしたりする。私たちは、「～ちゃんと遊んでもらおうか」と言う。しかし、この退屈なときこそが、子どもが私たちと対立する愛着を、もっとも形成しやすいときでもある。私たちは実質的に「愛着がほしいなら友だちに求めなさい」とか、「孤独感に耐えられないのなら、友だちのところに行って愛着を修復してもらいなさい」、または「自意識が欠けているのなら、誰かに埋め合わせてもらえばいいじゃない」と言っているようなものだ。退屈の起源を本当に理解すれば、それは子どもがまだ他者と付き合う準備ができていないことを、私たちに知らせるサインだということがわかる。子どもが退屈しやすければ、私たちをより必要とし、子どもの自我が発達する必要が高いことになる。子どもがひどく退屈であれば、まだ仲間付き合いができる段階ではないことになる。このような子どもには、仲間との付き合いではなく、大人とのつながりや自分の時間を増やすようにしなければならない。

仲間指向性は、実際に退屈の問題を悪化させる。子ども同士の愛着が強い子どもは、お互いに一緒にいないときにひどく退屈を感じる。多くの子どもたちは、お泊まり会やキャンプのような、いつもより長く一緒にいる時間を過ごした後に、その反動としてひどい退屈を感じ、すぐにまた友だちに会いたがる。仲間指向性は成熟プロセスを停止し、傷つきやすさからの逃避の引き金になることで、意欲的で、好奇心の強い、積極的な自我が子どもにできることも阻止する。この状況に親が少しでも手を打つことができるのであれば、子どもが退屈している時間は、子どもを引き寄せ、愛着の空白を本当に愛着を持つ必要のある人物、つまり私たちで満たす時間になるだろう。

仲間付き合いはどんなときに、どの程度許すべきか

すでに本書の中で断っていることではあるが、読者の中には、たとえ幼い子どもであっても、子どもが他の子どもと遊ぶことに私が反対していると思っている人がいるかもしれない。それはありえないことで、まったく不自然だ。いつの時代でもどの社会でも、子どもたちは常に同年代の遊び仲間を持っていたが、ほとんどの社会では、仲間との接触が仲間指向性に変わっていくような危険はなかった。子どもたちの付き合いは、強い大人への愛着がある状況で行われてきた。今日の親も子どもを仲間から離そうなどとはまったく思っていないが、その危険性を十分注意しておかなければならない。

いつ、どんな状況であれば、子どもを他の子どもたちの中に入れてもよいのだろうか。子どもが他の子どもたちの中に入ることが想定されるのは、保育所、幼稚園、遊び場、学校だけだ。しかし、もし子どもが親にしっかりとした愛着を持っていることが確かであれば、時間を制限して養育的な大人が近くにいてかかわる必要はあるが、子ども同士で過ごすことを恐れる必要はない。大切なことは、仲間との付き合いを完全に禁止するのではなく、子ども同士で遊ぶことは楽しい、そしてただそれだけだ、というささやかな期待を持つようにすることだ。毎回、遊んだ後には必ず子どもを引き寄せなければならない。ましてや、

子どもがほとんど毎日のように一日の大半の時間を仲間と過ごした上に、親が放課後や週末にも遊ぶ時間を用意すれば、親は競合を誘っているようなものだ。

子ども時代の友だち関係は、どんなものであれば大丈夫なのだろうか。すでに説明したように、本当の意味での友だち関係は単なる子ども時代の対人関係とはまったく異なるものだが、子どもが友だちをほしいと思うのはまったく自然なことだ。私たちが求めている友だち関係は、子どもを私たちから引き離すものではなく、理想的には、私たちと同じ価値観を持ち、大人への愛着の重要性も理解している親を持つ子どもとの関係だ。そのような子どもたちは、私たちの知らないうちに競争相手になる可能性が低い。このような場合、私たちは積極的に子どもの友だちとも関係を持つことができる。このことについては、次章でさらに述べる。

それでは、どんな遊びをしたらよいのだろうか。テクノロジーは独創性と創造性の妨げになるので、私は遊びにはおすすめできない。しかし、私たちは子どもに遊び方を指示する必要はない。子どもたちはいつでも、どうやって遊ぶかを知っている。私たちは子どもの親への愛着がしっかりしていて、好奇心のある、意欲的な、想像力に富んだ自己が、仲間指向性によって阻止されないことを確認してさえいればいい。

最後に、この章全体で指摘してきたことだが、私たちの社会の問題は、単に子どもたちが一緒にたむろすることではなく、私たちが実質的にさらなる仲間との接触を促し、それを社会性や退屈、またはこの後説明する自尊心の問題に対する解答だと思っていることだ。

仲間指向性は子どもの個性を削り取る

仲間との付き合いは、さらに別な目的でも、日常的に利用される。それは、私たちの好みからは少しばかり奇抜すぎる子どもの角《かど》を取るという目的だ。北米の人たちは、「正常」と調和にこだわりすぎているように見える。おそらく私たち大人は、自分自身が仲間指向性になってしまい、自分の個性を表現しようとするかわりに、どのようにあるべきか、どのように振る舞うべきかの手がかりを、他者から得ようとしている。おそらく、私たちは自分自身の子どもも時代から風変わりな子どもに対する冷酷な非寛容が続いていて、自分の子どもがそのような運命になってほしくないと思っている。おそらく、私たちはある程度、個性と主体性を表現することに危険を感じている。理由はどうであれ、個性と奇抜さは嫌われる。クールであることは、外見と振る舞いをきわめて狭い許容範囲に適合させることだ。目立たないことで、私たちは恥ずかしさから逃れようとし、当然のことながら子どもたちも同じように考えている。残念なことは、私たち大人がこの均質化の力動を称賛し、それを認めることで、これを尊重すべきと思っていることだ。

子どもが受容的な大人に依存すればするほど、独自性と個性が現れる余地が大きくなり、仲間の不寛容からしっかり遮断されることになる。子どもを仲間の中に投げ出せば、大人への愛着という、防護する盾を失わせる。そして、子どもは仲間たちの不寛容から、なおいっそう傷つきやすくなる。子どもが私たちから離れるほど、仲間たちに調和する必要性が高くなり、必死になって仲間と同じようになろうとする。このようにして「奇抜さ」がなくなる一方で、私たちに好ましく見える発達の成果は、実際には深刻な影響を及ぼす不安定さによってもたらされたものだ。

子どもの自尊心を守るのは親の責任

もうひとつの広く浸透し、そして有害な通念は、仲間との付き合いが子どもの自尊心を高めるというものだ。私たちの誰もが、自分の子どもが、自分自身をよいものと感じてほしいと思っている。自分の子どもが自分のことを大切に思い、自分が重要で必要とされていると確信し、自分は好まれていると思うことを求めない親などいない。私たちは、本や雑誌から、子どもが自尊心を形成するためには仲間が重要な役割を持っていると信じ込んでいる。その主なメッセージは、子どもが自尊感情を獲得するためには、好きな友だちに囲まれていることが必要だということのようだ。さらに、仲間から避けられたり拒絶されたりすることで、子どもは自分に自信が持てなくなると思い込まされている。仲間から受け入れられなかった子どもたちの生活に生じる困難を書いた新聞や雑誌の記事は、たくさんある。ある発達心理学の教科書の著者は、子どもの自尊心は親が子どもをどのように見ているかには関係がなく、すべては仲間集団の中での子どもの立場で決まるとまで言い切った〔註11〕。

自尊心が大切で、それを形成するために仲間が重要であるとすれば、私たちが子どもの友だち関係を育み、仲間とよく競い合い、できるかぎり子どもが仲間から好かれるように、最大限の努力をすることだけが正しいように思われる。今日の親たちは、子どもが仲間はずれになる不安にとらわれている。多くの親たちは、子どもが友だちを作って付き合い続けるために必要だと思われる服を買い、活動を支援し、付き合いを促している。このようなやり方が正しいように見えるが、それは正しいと思われるのにすぎない。

仲間は、たしかに多くの子どもの自尊心に重要な役割を果たしている。それがまさに、仲間指向性になる決め手になる。世界の中で指向性を持つ重要な要素は、自分自身の価値観と、人としての重要性を感じることだ。仲間が親に置き換わると、自分と他者に対する価値観に仲間が影響を及ぼすようになる。そのため、仲間が子どもの自尊心に影響を与えたとしても驚くことではない。しかし、これは、常にそうだった、そうあるべきだ、そうなる必要があるということではない。ましてや、仲間付き合いに由来する自尊心が、健全なものということでもない〔註12〕。

私たちはまず、自尊心という概念の表面的な理解に対抗しなければならない。自尊心の根本的な問題は、いかに自分自身をよいと感じるかということではなく、他者の判断からの自己評価の独立性だ。自尊心の課題は、他者が評価しないときに自己の存在価値を認めること、他者から疑われたときに自分を信じること、他者に判断されたときに自分を受け入れることだ。自尊心は、成熟の産物としてもっとも価値があるものだ。それによって、自分との関係ができ、入り混じった感情を持つことができるようになり、対立する感情があっても真実があると信じることができるようになる。実際に、健全な自尊心の核心は、独立した人間として生きていける感覚だ。子どもが自分で答えを見つけることができたとき、ひとりでできたとき、自分でなんとかできることがわかったときに、子どもの中に自信がみなぎってくるのが見える。したがって、自尊心の本当の問題には、自分自身の存在の正当性と価値についての結論が含まれる。真の自尊心には、責任のある大人との温かく愛情にあふれた関係においてのみ育まれる、心理的成熟が必要だ。

仲間指向性の子どもたちの育ちには困難があるので、他の人がどのように考えるかということから、独立した感覚を発達させることがなかなかできない。彼らの自尊心は内在化されることはなく、自発的な自己評価に基づくものにはならない。それは相手次第で決まる、条件つきのものになる。そのため、社会的地位や外見や収入といった、外的ではかない要素で決まるものになる。自尊心の尺度はない。本当の自尊心とは、「私はこれもあれもできるので価値がある」というものではない。そうではなく、「これやあれができようができなかろうが、私には価値がある」と言い切るものだ。

この自尊心の考え方を奇異に感じる人がいれば、それは私たちが、他人の見方に基づく自尊心を吹き込む文化の中で生きているからにすぎない。私たちは皆、隣人に後《おく》れを取りたくないし、新車や自慢の彼氏や彼女、夫や妻を見せびらかしたいし、自分の成功を認められたり羨ましがられたときには、あふれんばかりのプライドに酔いしれる。しかし、それは本当に自分を尊重していることなのだろうか。それは違う。私たちが尊重しているのは、他者が自分をどう思っているかということだ。それは私たちが、子どもに持ってもらいたいと思うような自尊心なのだろうか。

自尊心の独立した核がないと、外から埋め合わせなければならない真空状態が生まれる。この独立した自尊心の空白を、評価や地位や成績のような代用材料で埋めようとしても無益だ。どんなによい経験をしたとしても、何も変わらない。称賛されればされるほど、もっと称賛がほしくなる。人気者になればなるほど、もっと人気がほしくなる。競争に勝てば勝つほど、もっと競争的になる。誰でもこのことを直観的に知っている。私たちの課題は、親の影響力によって、子どもが自分自身について考えたり感じたりする方法として、人気や外見、点数や成績に頼ることを打ち壊すことだ。

このようなものに頼らない自尊心だけが、本当に子どもに役立つものになる。自分を大切に思う感覚のような、重要なことを仲間に依存しているとすれば災難だ。あやふやな土台に建てられたとすれば、子どもの自尊心が高ければ高いほどより不安定なものになり、これからの自分のあり方に悩むことになる。子どもたちの関係はとても気まぐれだ。彼らには気分を和らげる責任感に欠け、他の子どものために力を貸すこともない。子どもをこのような気まぐれな評価に委ねることは、永続的な不安定を宣告することだ。

大人が与えることができる、無条件の愛情ある受容だけが、子どもが好みや人間関係の変化にとらわれることから解放することができる。

子どもが独立した自己評価ができるようになるまで、子どもが周囲に振り回されないように、しっかりと受容していくことが親の責任だ。この受容は、愛情や称賛の言葉よりももっと深いものだ。それは私たちの存在そのものから発生して子どもの心の核心に浸透するものであり、子どものしていることが私たちに「よい」と思われるか「悪い」と思われるかにかかわらず、どんなときにも子どもは、自分が愛され、歓迎され、喜ばれ、存在そのものが祝福されていると思えるようにするものだ。どんな状況であっても、子どもを仲間から好かれるようにすることが子どもの最善の利益になることはない。仲間の重要性を小さくする唯一の方法は、私たちがもっと重要になることだ。

仲間はきょうだいのかわりにはならない

仲間が好ましい解決と思われているもうひとつの問題は、ひとりっ子の問題だ。これは子どもがうまく育つためには、まわりに他の子どもが必要だと思わせる通説だ。ひとりっ子の親はこの状況をとても心配し、子どものために親グループのリーダーになって、他の子どもと遊ぶ約束をしたり、お出かけしたりすることで、きょうだいがいない状況を補おうとする。子どもはどうやって遊び相手なしに遊んだり、友だちなしで人付き合いを習得したりすることができるのか、と親たちは思う。

まず私たちは、仲間はきょうだいと同じではなく、きょうだいは遊び相手以上のものであることを理解しなければならない。きょうだいは同じコンパスの基準を共有している。きょうだいとの独自の愛着は、親への愛着からの自然の産物だ。例外はあるが、きょうだいとの愛着は、親への愛着と対立することなく共存することができる。きょうだい関係は、同じ太陽のまわりを回る惑星同士の関係と似ていて、実はそれぞれの惑星の太陽との関係があって初めて存在する関係だ。より適切なきょうだいのかわりは、仲間よりいとこだ。いとこがいなかったり、なかなか会えなかったり、または悪影響があったりするのであれば、お互いの子どもたちに対して代理のおじやおばになってくれる、他の大人たちと家族関係のようなものを作るのがよいだろう。大人たちとの関係が、子どもの主要な愛着でなければならない。

もう一度はっきりさせておくが、問題は子ども同士が遊ぶことではなく、基本的な愛着の欲求が責任のある大人によって満たされていないときに、子どもたちだけにしておくことだ。子どもが私たちと競合する愛着を形成するリスクが、もっとも高くなるのがこのときだ。子どもが養育者である大人と良好な愛着を形成していれば、私たちが子どもの遊びを制限することについて、心配する必要はない。

しかし、子どもは他の子どもと遊ぶ必要はないのだろうか。ここで、子どもが求めるものと、子どもが必要とするものの違いを考えなければならない。子どもが健全な発達のために必要とする遊びは、社会的な遊びではなく、創発的な遊びだ。創発的な遊び（または創造的孤独）には、他者とのかかわりは含まれない。幼児の場合、愛着対象の人がそばで一緒にいることは、当然のことと思われるほど安定していなければならない。この安定感によって、子どもは想像力や創造の世界に足を踏み入れることができる。たとえば、カルビンのためのホッブスやクリストファー・ロビンのためのプーさんとその友だちのような遊び相手も、子どもの想像力から生まれてくる。親は常にこの種の遊びには必要で、この自発的な遊びが何の役にも立たない対人的な遊びに悪化しないように、愛着の錨《いかり》として機能する。ただし、親といえどもやりすぎてはいけないが。子どもたちはお互いに愛着の錨の機能を果たすことができないので、彼らの創発的な遊びはいつも対人的なやりとりに取ってかわられてしまう。仲間との付き合いをあまりにも重視することで、子どもの創造、想像力、世界に対する好奇心から発生する遊びである、創発的な遊びは危険にさらされる。

もう一度言おう。私が言いたいのは、友だちとの遊びがそれ自体子どもの発達に有害であるのではなく、遊び以上のものにはならないということだ。だから、もう一度言うが、子どもが子ども同士で過ごしてはならないのではなく、そのような遊びが彼らの深い欲求を満たすことを期待すべきではない。それは養育的な大人だけができることだ。子どもを社会に適応させようとする私たちの切迫した思いの中で、私たちが子どもと一緒にいる時間や、私が創発的遊びと呼ぶ、ひとりだけの創造的な遊びをする時間はほとんど残されていない。私たちは、子どもの空いている時間に友だちと遊ぶ約束を入れたり、動画、テレビ、ゲームで埋め合わせたりしている。私たちは、子どもの自我が発達する十分な余地を作る必要がある。

ここで、きょうだいのかわりとしての仲間という問題に立ち返ってみよう。子どもは他の子どもよりもはるかに大人を必要としている。親は子どもにきょうだいがないことを悪いと思う根拠は何もないし、その空白を仲間で埋めなければならないと思う必要もない。

もし私たちが、最初に仲間指向性がもたらす本当の遺物、すなわち、強い反抗心、権威への尊重と敬意の喪失、未熟さの長期化、攻撃性の亢進、感情の硬化、親の世話や教えの拒絶を経験したら、すぐに問題に対処しなければならない。私たちは、子どもの生活の中で私たちのあるべき位置を回復する作業に、一刻も早く取りかかる必要がある。しかし、仲間指向性の最初の成果はあまりにもよく見えるので、私たちはその後に待ち構えていることをなかなか実感できない。私たちは、子育ての中で突きつけられる多くの問題に対する答えは仲間だと思っている。それは高い代償を払うことになる。私たちは、トロイの木馬を城壁の中に迎え入れようとする誘惑に、抵抗しなければならない。

〔註1〕これは多くの研究で一貫した所見である。そのような研究の一例に、R. E. Marcon, "Moving up the Grades: Relationship Between Preschool Model and Later school Success," *Early Childhood Research & Practice* 4, No.1 (Spring, 2002) がある。

〔註2〕これは、家庭での教育についての「タイム」誌の特集記事（August 27, 2001）に基づいている。家庭で教育を受けた生徒が標準テストで最高得点を取り、大学進学適性試験（ＳＡＴ）を含めた大学入試で他の生徒よりも優れているのには、もっともな理由がある。

〔註3〕ジョン・ライダーの研究は、G. A. Clowes, "Home-Educated Students Rack Up Honours," *School Reform News*, July 2000に引用されている。

〔註4〕Bureau of Labor Statistics, U. S. Department of Labor, Washington, D. C., 2000.

〔註5〕Sarah E. Watamura, Bonny Donzella, Jan Alwin, and Megan R. Gunnar, "Morning-to-Afternoon Increases in Cortisol Concentrations for Infants and Toddlers at Child Care: Age Differences and Behavioral Correlates," *Child Development* 74 (2003): 1006-1021.

〔註6〕Carol Lynn Martin and Richard A. Fabes, "The Stability and Consequences of Young Children's Same-Sex Peer Interactions," *Developmental Psychology* 37 (2001): 431-446.

〔註7〕Early Child Care Research Network, National Institute of Child Health and Human Development, "Does Amount of Time Spent in Child Care Predict Socioemotional Adjustment During the Transition of Kindergarten?" *Child Development* 74 (2003): 976-1005.

〔註8〕Stanley I. Greenspan, "Child Care Research: A Clinical Perspective," *Child Development* 74 (2003): 1064-1068.

〔註9〕スタンフォード大学の発達心理学の名誉教授であるエレノア・マコビーは、二〇〇三年七月二二日に発表した論文"Turning a Mass of Data on Child Care into Advice for Parents"について、「ニューヨーク・タイムズ」のスーザン・ギルバートの取材を受けた。

〔註10〕この研究は、コーネル大学のユリー・ブロンフェンブレンナー教授の著書『ふたつの世界の子どもたち——アメリカとソ連のしつけと教育』（長島貞夫訳、金子書房、一九七一年）の中で論じられている。

〔註11〕この教科書の著者はジュディス・ハリスで、彼女はこの主張を著書『子育ての大誤解』で繰り返し述べている。

〔註12〕自尊心についての最初の文献では、親の役割ははっきりしていた。多くの研究者の中で、カール・ロジャーズとドロシー・ブリッグスは、子どもが自分のことをどのように考えるようになるかに親の子どもの見方が大きく影響すると考えた。残念ながら、親は今では子どもが自分の姿を映す鏡に置き換えられてしまった。

現在の文献と研究は、どうあるべきかやどうすることができるかではなく、それが何であるかしか扱っていない。研究者たちは、子どもを知る試みの中で「自分が大切だと思うようになったのはどこか」「自分にとっていちばん大切なのは誰か」という質問をしている。仲間指向性の強くなった子どもたちほど、仲間を大切な人だと指摘することが多かった。この研究が発表されたとき、より伝統的、または発達的な状況に位置づけようとすることなく、仲間指向性の子どもたちから得られた結果が正常なものとして示された。さらに問題だったのは、自尊心の検査では仲間関係に焦点を当てた質問が用いられており、まったく非論理的なものだったことだ。このように、心理学者たちは、彼らが研究している子どもたちの歪んだ本能に導かれて道を誤ってしまっている。このような研究から得られた結論や勧告は、まさに不運な研究者たちが取り組もうとしている問題を生み出した、仲間指向性の力動によって汚されている。

第18章　愛着の村の再生

今四十代以上の多くの大人たちは、子どもの頃に「愛着の村」が実在したことを思い出せるだろう。近所の人たちは顔見知りで、お互いの家を行き来していた。親の友人は、よその家の子どもの親がわりをすることもあった。子どもたちは、親切で保護的な大人たちが見守る町の中で遊んでいた。野菜、金物、パン、その他さまざまなものを買う地元の店があり、これらの店の店主は、チェーンストアで大量生産された品を売る、顔のない提供者以上の存在だった。『セサミストリート』のフーパーさんのように、彼らはみんなに知られ、大切にされていた。おじ、おば、親戚などの拡大家族はお互いに普段から顔を合わせていて、必要に応じて親にかわって子どもの世話もした。すべてが理想的であったわけではないが（そんなことは人間の社会にはめったにない）、そこには子どもが成熟して世界の感覚を獲得するための、目に見えない土台として機能する安定感、所属感、つながりがあった。大人が方向づけをして、文化と価値観が垂直的に次の世代に受け継がれていく場が愛着の村であり、よきにつけ悪しきにつけ、そこでは子どもたちは大人たちの指導に従っていた。

多くの人たちにとって、もはや愛着の村は存在しない。伝統的な文化を支えてきた社会的、経済的基盤は失われた。拡大家族が近くに住み、家の近くで仕事をしている指導的な大人に見守られて子どもが育ち、文化的な活動が世代をつなぐ、そんな結びつきの強いコミュニティは、もはや過去のものだ。私たちのほとんどは、子育ての任務に、親も子どもも一度も会ったことがない人の手を借りなければならない。北米の子どもたちの大半はほとんど毎日家を離れて、子どもと愛着的なつながりを持つ責任のない大人たちのいる場所で過ごしている。ほとんどの親にとって、子どもを家に置いておくことは不可能だ。もし、子どもを仲間指向性から取り返し、仲間指向性になることを防ぎたいのであれば、私たちにはもうひとつだけ選択肢が残されている。それは子どもを育てる機能的な愛着の村を再生することだ。ハンプティ・ダンプティを元に戻すことはできないかもしれないが、そしてたしかに時代遅れの社会・経済構造を作り直すことはできないが、私たちと子どものためにできることはたくさんある。

　家は家庭ではない。仲間指向性の子どもの問題は、彼らはまだ私たちの家にいるが、もはや私たちの家庭にはいないということだ。彼らは私たちの家を出て、仲間同士の「家庭」に行ったのだ。彼らは「家庭」に電話をかけるために家の電話機を使う。彼らは友だちと一緒に「家庭」にいるために学校に行く。仲間と連絡が取れないと「ホームシック」になる。彼らの帰巣本能は、仲間と一緒にいるように歪んでしまっている。親の家にいたいと思うかわりに、仲間指向性の子どもたちは遊牧民のように集団でさまよい、商店街をうろつくようになる。家庭は彼らが属する場所かもしれないが、彼らの「家庭」にはもはや親はいない。

　愛着の村という場でのみ、私たちは本当の意味で子どものための家庭を作ることができる。家庭も村も愛着によって作られる。村を村たらしめるのは、人と人とのつながりだ。家庭そのものへのつながりであろうが、家庭の中の人へのつながりであろうが、つながりが家庭を作る。愛着のある人たちと一緒にいるときにだけ、本当の「くつろぎ（at home）」を感じることができる。

　子どもが自分に対して責任を持っている人とくつろげるときにのみ、その発達の可能性は最大限に発揮される。子どもが私たちから託された大人とくつろげるようにすることは、子どもが育つ愛着の村を作るのと、まったく同じことだ。伝統的な愛着のコミュニティでは、子どもはまったく家を離れる必要がなかった。子どもはどこにいてもくつろぐことができた。今日の子どもたちも、成熟して本当の自己になじむまでは、家庭、または、少なくとも世話をしてくれる大人とくつろぐ感覚から離れるべきではない。

私たちが目標とやる気を持てば、愛着の村は作ることができる。愛着そのものと同じように、村を作ることは意識的な活動でなくてはならない。もはや存在しないものを追い求める理由はないが、欠けているものを回復する理由は十分にある。

子育ての協力者を作る

私たちは、子どもに関心を持ってくれる大人の友人を大切にして、彼らと子どもとの関係を育てていく必要がある。また、子どもと拡大家族をつなぐ習慣や伝統を作ることも大切だ。親類であるだけでは不十分で、本当の関係が必要だ。残念ながら、多くの祖父母も仲間指向性になりすぎて、愛着の階層における自分たちの役割を引き受けられなくなっている。彼らは孫と一緒にいるよりも自分の友人たちといることが多く、今の流動的で断片化した社会では、遠方に住んでいることも多い。拡大家族との接触が不可能であったり、何らかの理由で子どもの最善の利益にならなかったりする場合は、そのかわりになる大人との関係を育てていく必要がある。

社会性を身につける方法も変える必要がある。北米では社会性も仲間指向性になって、世代ごとに分かれる傾向がある。いくつかの世代が一緒になるときでさえ、大人は大人同士、子どもは子ども同士というように、それぞれの活動は仲間を基本にしているように見える。愛着の村を作るためには、私たちの社会に階層のつながりを育てなければならない。私たちはプロバンスで、社会的な活動にはいつも子どもが含まれているのを見た。子どもがいることを念頭に置いて、食事が用意され、活動が選択され、外出が計画されていた。大人が率先して子どもを集めていた。このような家族のあり方に初めは驚いたが、やがてそれは愛着の視点からは完璧なものだとわかった。子どもの生活にかかわる大人が多ければ多いほど、仲間指向性から免れる可能性が高くなる。宗教や民族の集まり、スポーツ、文化的なイベント、または地域社会を通じて、子どもと大人をつなぐ村の活動に、子どもたちをできるかぎり参加させるようにするべきだ。

共著者（ガボール）の家の近くでは、親たちが「実行する町内会」と呼んでいる組織を作って、近隣の家族同士の交流が試みられてきた。何軒かの家の庭先にはあらゆる年齢の親と子どもが集まるベンチやピクニックテーブルがある。子どもは、愛着の対象として、おじやおばのようにこの地区のすべての大人とかかわることを経験する。年に一度、この地区の道を通行止めにして、まさに村祭りのようなイベントが行われる。ゲームがあり、食べ物が用意され、スピーカーから音楽が流れる。地元の消防署が消防車を持って来て、子どもたちはホースからの放水にはしゃぎ回る。

どの親にも協力者が必要であり、自然に存在する協力者が少なければ、計画的に育成しなければならない。私たちは誰でもときどき自分のかわりになってくれる人が必要で、子育ての責任を誰かと共有する必要がある。かわりになる人を慎重に選び、その人たちに対する子どもの愛着を育てることが、とても大切なことだ。乳母やベビーシッター、信頼でき、必要な研修を受けたというだけでは十分ではない。うまくいくためには、子どもが親がわりの人を頼れるコンパスの基準として受け入れ、その人と一緒にいてくつろげなければならない。このような関係は、準備して育てるものだ。協力者として予定している候補者を家族の活動に参加させたり、食事に招待したりすることは、つながりを準備するために必要な構造になるだろう。

今日では、ひとり親家庭の増加は言うまでもなく、共働きの家庭も多い。一方の親（たいていは母親であった）が、子どもが成長するまで、または少なくとも学校に入学するまで家庭にいたような、理想的な過去に時計を戻すことはできない。経済的にも文化的にも、私たちは別の段階に到達した。しかし、次節で説明するように、私たちは子どもが親がわりになる信頼できる大人と、強力な人間関係を築くことができるようにしなければならない。

ガボールは最近、初めてメキシコを訪問した。彼はとおりかかった貧しいマヤ民族の村で、子どもたちが本当に幸せそうにしていたことに感動した。彼は「この子どもたちの顔からは喜びがあふれ出ていた。北米の子どもたちで目の当たりにするような、疎外感や攻撃性はまったく見られなかった。親の生活は苦しかったが、子どもたちには素朴な寛大さと純真さがあった」と語った。各地の先住民族と同様に、マヤ族の人々は無意識的に「愛着のある子育て」をしている。彼らはふつう生まれてから数年の間はどこに行くにも幼子《おさなご》を連れていき、伝統的な愛着の村の中で育てている。親が乳幼児と離れることは、彼らにはまったく奇妙に思われるだろう。同じような話として、最近の新聞記事によると、ケニアのナイロビで若い母親向けにベビーカーを売る店を開いた起業家が、業績不振について次のように説明していた。「ここの女性たちは、赤ちゃんに窮屈な思いをさせる道具なんか必要ないと思っている。どこへ行くにしても、抱っこして連れていけばいいのさ」。アフリカを訪れた人は誰でも、アフリカの子どもたちの楽しそうな自発性、自然な笑顔、自由で開放的な動作に気づかないことはないだろう。それは愛着の村の中での優しい大人たちとの親しい接触に由来するものだ。今、この文化が多くの場所で戦争や飢餓のために失われようとしていることは、悲しいことだ。

　これらの例は、私たちの文化を非難するためではなく、本能的で愛着に基づいた養育の中から失ったものを示すためのものだ。このような子育てには戻れないかもしれないが、何らかの方法で失ったものを補わなければならない。私が愛着の村の再生に最大限の努力をするのはそのためだ。

　私はよく、子どもが何歳になったら親が仕事に戻れるのか、または休暇をとるために子どもを預けてもいいのかということを訊かれる。それに対して私はほとんどいつも、協力者について尋ねている。愛着がなければ親のかわりはできない。したがって、まずはそのような愛着を育てなければならない。私たちの社会の文化は、もはやその役割を担えない。今私たちは赤ちゃんを産むと同時に、自分たちの協力者を作る責任がある。愛着を意識してこの役割を引き受けられれば、次のような会話を耳にすることだろう。

「サマンサにいいベビーシッターは見つかりそうかい」

「確実な人が見つかったみたいなの。ちょうど今、台所で一緒にたくさんの料理を作っているわ。彼女はサマンサのお気に入りを見つけたみたい。このまま一緒に過ごして、ふたりだけにする前に、サマンサが彼女にうまくなついてくれればいいんだけど。そうすれば、後は何の心配もないわ」

　大人との愛着は、思春期に特に重要だ。思春期の成長過程でよくあることだが、子どもが親を避けようとするときには、頼ることができる他の大人がいれば、子どもが仲間に頼るようにならずに済む。しかし、この役割を頼むとすれば、子どもが思春期になる前から関係を育てていかなければならない。親が仲間に置き換えられそうになったら、慎重に選んでおいたかかわりの人にかわってもらうほうが、ずっとよいだろう。

まわりの大人たちとの関係作り

伝統的な愛着の村では、子どもの愛着は親の愛着によって作られていた。現在ではほとんどの場合、親が子どもを託す大人（たとえば教師）を選ぶことはできない。このような状況では、子どもと子育てにかかわる大人たちとの関係作りが重大な課題となる。関係作りのためには、お互いがうまく愛着を作りやすいような方法で出会う準備をする必要がある。きょうだい同士、または子どもと祖父母の間などでは、ほとんど本能的に温かい関係を作れることが多い。この本能的な愛着のダンスを使って、愛着の村を作る必要がある。

保育士、教師、ベビーシッター、祖父母など、子育てにかかわる大人たちに、子どもが自発的に愛着を持つこともある。しかし、そうならなかったときでも、ただ見ているだけではだめだ。子どもと私たちのかかわりをしてくれる人との間に有効な関係を促進するために、私たちにできることはたくさんある。関係作りには多くの秘訣がある。誰に頼むかが決まれば、後はそれほど難しくはない。

もっとも重要な手段が紹介だ。紹介は優しい第一印象を作るチャンスだ。それは親との愛着を再確認する自然な方法でもある。幼稚園の先生、保育士、ピアノの先生、スキーのインストラクター、校長先生や担任の先生など、相手が誰であろうと、私たちがこれからバトンを渡そうとする人と親しい関係があるように、子どもに見せなければならない。そのコツは、まずこれから子どもを託す大人との面識を作って、それから子どもに紹介することだ。これは関係作りの絶好のチャンスになる。

もし私たちが子どもの発達に調和した世界で生活していれば、親と教師はまずお互いに親しい関係を築き、それから親がきちんと教師を紹介する役割を担うことだろう。学校懇親会では、子どもを仲間とごちゃ混ぜにするのではなく、大人の愛着チームとのかかわりを促す場になることだろう。子どもがひとりの大人から次の大人へとスムーズに移っていけるような構造も用意されていることだろう。しかし、現実はどうだろう。最近、私と共著者はブリティッシュコロンビア州のある町で、専門家向けのセミナーに講師として招かれた。そこで、地元の高校が今年は親を招かない卒業式を計画していることを知って驚いた。その町にはアイスホッケー場などの大きな施設はあったのに、出席者が多くなりすぎて全校生徒と保護者が一緒に入れるスペースがないというのが理由であった。場所がないことではなく、自覚がないことのほうが問題だ。

関係作りのもうひとつの重要な手段は、つながりのない大人同士を仲良くさせることだ。褒めてあげたり、感謝の気持ちを汲み取ったりすることで、お互いが気楽に相手に好感を持てるようにしなければならない。よくあることだが、私たち親はこの段階を踏まずに気になることやうまくいかなかったことを話し始める。関係は子どもに働きかける場であり、それゆえ優先順位が高い。うまくいかないことに対処する前に、まず第一に関係を確立する必要がある。それは私たち親が主導しなければならない。私たちがこの目的をしっかりと意識すれば、後は自然に任せればうまくいく。たとえば、私たちは先生にこんなふうに言うかもしれない。「うちの娘は先生のお話にすごく感銘を受けました」「うちの息子は先生が大好きで、絶対にがっかりさせたくないと思っているようです」「うちの息子は先生はどうして休んだのかと訊いてきました。彼はとても寂しそうでした」。自分の子どもにはこんなことを言うかもしれない。「先生があなたのよいところを話していたよ」「先生があなたのことを大切に思っていなければ、こんなに関心を持ってはくれないよ」「先生は、休んで寂しい、早くよくなってほしいと言っていたよ」。子どもとかかわる大人とのつながりをつけるために、よい意味に解釈できることを見つけることはできる。

すべての子どもには大人とのつながりが必要で、そうすれば愛着の裂け目に転落することはない。家庭から学校まで、保育所から遊び場まで、子どもが頼ることができる大人がたくさんいれば、仲間指向性が根を張る危険はほとんどない。子どもがいつも有効な愛着に包まれるように、私たちは愛着のリレーチームとして支援しなければならない。私たちが手放す前に、しっかりと愛着のバトンを手渡さなければならない。私たちがバトンを落としたときに、子どもが誰かに引き寄せられる危険が迫ってくる。

関係を取り持つことに終わりはない。一九八〇年代にメル・シップマン博士がトロント市東部の学校で始めたプログラムで、高齢者と小学生の交流が行われた。このプログラムは週一回、一時間のふれあいだけだったが、世代間の交流のよい影響が学校全体に波及した。参加した多くの高齢者と同じように、多くの生徒たちはここでの交流は人生を変えるような経験だったと思った。この「リバーデール世代間交流プロジェクト」の成功は州全体を刺激し、今では世代間のつながりを発展させるために数百もの団体が関与している。この評判のプログラムは、東海岸の多くの州にも広がっている。このすばらしい取り組みのリーダーたちは仲間指向性に気づいておらず、自分たちのプログラムの成功をうまく説明できていないのは興味深い。仲間指向性を使えば、世代間の接触の有益な影響は簡単に説明することができる。このプログラムは子どもと高齢者の深い欲求を満たしたのだ。

生徒と良好な関係を持つことができる教師は、他の教師や、図書館司書、校庭の監視員、校長、カウンセラーなどの職員、そして特に翌年の担任教師との関係作りの力を持っている。教師が既存の愛着の力を、生徒が頼る必要のある他の大人との良好な関係作りに使うことができれば、どんなにすばらしいだろう。私の大好きだったアッカーバーグ先生との出会いは私が一年生のときの最高の出来事であったが、もし彼女が二年生の担任との関係を取り持つ役割を果たし、愛着のバトンを渡してくれたとしたら、もうひとりの先生との愛着をつかむのを、五年生まで待たなくてもよかったかもしれない。

愛着の競合を取り除く

私たちは愛着の競合にあふれた世界で生きている。子どもが私たちと関係がない誰かと新しい愛着を形成するたびに、競合が生じる可能性がある。学校は競合する愛着を作り出す。離婚と再婚は競合する愛着を生み出す。既存の愛着の村は競合する愛着によって崩壊し、その結果、子どもはさらに仲間指向性になりやすくなる。競合する愛着が子どもの生活の中にいる別の大人とのものであっても、親と仲間とのものであっても、この競合をできるかぎりしっかりと取り除かなければならない。

競合する愛着が、離婚した親、継親、養親のような、もうひとりの親に対するものであることもある。可能なかぎり、ひとりの親と親しくすることは、もうひとりの親と離れなければならないことではないと子どもに伝えることが大切だ。二者択一のように見える関係を、「あれもこれも」の関係に変える必要がある。別れた親のことを友好的に話し、一緒にいない親とのつながりを促すことで、そうすることができるだろう。学校行事で隣同士で座ったり、子どもの野球の試合で一緒に声援を送ったり、子どもの音楽の発表会を応援したりするなど、ふたりの親が仲良さそうにしていることで、子どもの中での競合が弱まることもある。大人にとってはお互いの相違を乗り越えるのが難しいこともあるが、努力してみる価値はある。一方の親と親しくするためにもう一方の親と離れる必要がなくなれば、愛着の村を守ることができるだけでなく、さらに拡大させることさえできる。

実際のものであれ可能性であれ、競合が他の大人ではなく、子どもの仲間との間で起こっていることがよくある。この対立を取り除く方法はたくさんある。そもそも、私たち自身が子どもの友だちとの関係を培うことができ、それによって私たちがかかわりを維持し、子どもの人間関係の中に留まることができる。こうすることで、たとえば、子どもにかかってきた電話に出て名前を言ってあいさつしたり、多少の会話をしたりすることもあるかもしれない。かなり仲間指向性になった子どもは、私たちは存在しないかのように振る舞いたくなることも多い。これに対して私たちに残された唯一の対抗策は、私たちの存在を主張することだ。もちろん、それは友好的なやり方でなければならない。同じことが家への入り方にも言える。子どもの友だちが裏口から家に入ることができると、彼らは家族とあいさつをしたり紹介したりする、正常な愛着の儀式を避けるようになる。同じように、子どもが親から離れることができる別の空間を作ることは、私たちがいちばんしたくないことだ。私たちはつながりを維持し、二者択一の考え方を打ち破ることができる、共有の居住空間で子どもを過ごさせたい。愛着については、私たちと関係がない人たちが、私たちと競合するようになりやすい。家庭的な雰囲気の中で食事をすることで、緊張がほぐれて私たちとの関係が持てるようになることもある。このような介入が簡単ではないことはわかっているが、私の経験からは、それは十分にやる価値のあることだと言いたい。ただし、初めてするときにはぎこちなさを感じるかもしれないが。

子どもが思春期になると、親には仲間付き合いやパーティーに行かせなければならない圧力がかかる。もし仲間指向性の気配があれば、親にはパーティーに姿を見せないでほしいという暗黙の、または露骨なメッセージが出される。もう一度言うが、親が主導権を握り、仲間への偏りを阻止し、先鞭をつけることが重要だ。私たちの三番目の娘であるブリアがこの年齢になったとき、私たちはこのとおりの手順を実践した。親は顔を出さないでほしいというお決まりの要求が出てきたとき、私たちは先手を打った。「わかった、もちろん、パーティーをしてもいいよ。でも、もちろん、私たちは姿を消さないよ」。実際に、私たちは積極的なホストになってごちそうを出したが、娘の友だちは誰ひとり拒否できなかった。私はバーベキューをしようと思い、ひとりひとりのゲストに何を食べたいかを尋ねて回った。そうする間に私は、友好的に対面し、できるだけ目線を合わせて、笑顔とうなずきを誘い出し、名前を聞いてそれを覚え、そして自己紹介もした。ブリアの弟にも給仕を手伝ってもらった。このメッセージは明確だ。それは、ブリアと付き合うことは彼女の家族と付き合う、ということだ。彼女はセット販売の商品だった。私たちが積極的で目に見えるホストになる計画を示したとき、ブリアの最初の反応はとても屈辱的なものだった。彼女は、そんなものはうまくいかないと疑った。友だちは誰ひとり来てくれないだろうし、もし来てくれたとしても、二度と話してくれなくなるだろうと彼女は心配した。しかしそれは取り越し苦労だった。たしかに私は誰にでも取り入ることができたわけではなかったが、うまくいかなかったやつらは、どうせまた来たいとは思わないだろう。うまくいった子どもたちは、私たちと競合せずに娘との付き合いを求める傾向が非常に強かった。

起こりうる競合を取り除くもうひとつの方法は、友だちの親との関係を作ることだ。既存の愛着の村には、すでに子どもが付き合っている子どもの親とのつながりがある。そのような世界に住んでいなければ、私たちの唯一の選択肢は、子どもの仲間からその親までを含めた愛着の村を、一から築き上げることだ。これができなければ、私たちの子どもの愛着の世界はバラバラで断片的になり、多くの競合を内在したままになるだろう。子どもが誰と友だちになるかを制御することはできないかもしれないが、もしその親と友好的なつながりを持つことができれば、子どもの愛着の世界に、いくらかの調和と統一をもたらすことができるだろう。これは必ずうまくいくだろうか。もちろん、そんなことはない。橋を渡すことができないほどの開きがあるかもしれない。しかし、少なくとも努力はしなければならない。得られるものはとても大きいので、どんなチャンスも見逃すことはできない。

このことでブリアについては、私と妻はラッキーだった。ふたりの仲のよい友だちの親は、娘たちの世界を一緒にしたつながりを作る考えに、素直に応じてくれた。私たちはすでにブリアの友だちと仲良くなっていたが、他の親たちも宿題に取り組んでくれた。私の目標は、起こりうる競合を取り除き、仲間と親しくすることが親と親しくすることを犠牲にしない世界を作ることだった。村作りは思った以上にうまくいった。ミレニアムのニューイヤーイブは最高だった。このイベントの前に、家族のそれぞれがこの特別な夜に何をしたいか、そしてそれにどんな思いがあるのかというファンタジーを話し合った。ブリアのファンタジーは、自分のゲストに加えて、親友だけでなく、その親たちも一緒にいるというものだった。私たちは彼ら全員をわが家に招き、お互いの友だちと楽しい夜を過ごした。私たちに一から村を作る気にさせ、それがなければ決して存在しなかったつながりを作った若き女性に、私たちは祝杯を挙げた。このイベントは、仲間と親が競合しなければ、子どもたちはどちらとも愛着を持つことができることを証明した。

仲間と親が別々の世界で生きていくのは、彼らの愛着がバラバラに引き裂かれたときだけだ。私たちの課題は、仲間が親に置き換わらずに受け入れられるような子どもとの愛着関係と、子どもが暮らす愛着の村を作ることだ。

子ども期は成熟するための期間であり、私たちの社会では子ども期が長くなってきている。同時に、親であることの本質は子どもとの関係であり、それは子どもが積極的に親に愛着を持っている間だけ存在するため、実際に親である時間は急速に減ってきている。そこに仲間指向性が入り込む。愛着が歪めば、私たちは親であることを失う。子ども期が終わる前に親の立場が消滅すれば、親にとっても子どもにとっても悲惨なことになる。私たちが親であることを奪われれば、子どもは子ども期のメリットを失う。彼らは未熟なままに留まり、成長と人生がもたらすものを自由に楽しむために必要な純真さ、傷つきやすさ、子どもらしい率直さは奪われる。彼らは人間としてのすべての資産を騙し取られてしまう。

誰が私たちの子どもを育てるのだろうか。はっきりした答え、そして唯一自然に適合した答えは、私たち、つまり親と子育てにかかわる大人たちが、子どもたちのよき指導者になり、ガイドになり、養育者になり、そしてモデルになることだ。私たちはこの仕事をやり終えるまで、子どもをしっかりとつかんでいなければならない。私たちは利己的な目的のためではなく、子どもが前に進んでいけるようにするために、子どもを抑制するのではなく、子どもの発達的な運命を満たせるように子どもをしっかりつかんでいなければならない。そして、子どもが自分で自分を支えられるようになるまで、子どもを手放してはならない。

——補遺

デジタル時代にどう向き合うか

第19章　デジタル革命の到来

本書が最初に出版されてから、本当に大きなことが起きた。今にして思えば、この間に起きたデジタル革命の私たちの世界と子どもへの影響を、十分に予見はしていたが、完全には描写できなかった。その影響は、控えめに言っても、悲惨だ。技術的進歩には計り知れない可能性があり、それは今でも続いているが、そのかわりに大きな文化的後退を引き起こした。私たちが気づかないかぎり、デジタル変革の反響は何世代にもわたって子どもたちの健康な発達を損なうだろう。

何が起きたのだろうか。デジタル革命は私たちをどこへ向かわせているのか。デジタル時代の子育てにどのような影響があるのだろうか。

二〇一〇年には十代の子どもの七三パーセントが少なくともひとつのソーシャルネットワークに登録し、二〇一二年には世界中で一〇億人のフェイスブック利用者がいた。調査によると、フェイスブックは一三歳未満はアカウントを持てないと規定しているにもかかわらず、数百万人の子どもたちがすでに登録している。平均的なティーンは月に三〇〇〇以上のメールを発信している〔註1〕。

二〇一一年の医学雑誌 *Pediatrics* に、「過去五年間に、ソーシャルメディアを使っている前思春期と思春期の子どもが劇的に増加した」という記事が載った。「最近の世論調査によると、二二パーセントのティーンエージャーが毎日一〇回以上お気に入りのソーシャルメディアにログオンし、青年の半数以上が一日に二回以上ソーシャルメディアを使っている。七五パーセントが自分の携帯電話を持ち、二五パーセントがソーシャルメディア、五四パーセントがメール、二四パーセントがインスタントメッセージを利用している」。この一流医学誌の論文は、この結果は不気味だと論じた。「このように、この世代の子どもたちの社会的および情緒的発達の大部分は、インターネットと携帯電話の中で起きている」〔註2〕。

インターネット上のポルノ、ネットでのいじめ、ゲームへの没頭に関する悩ましい統計も加味すると、八歳から一八歳の子どもたちが一日に平均一〇時間以上もひとつかふたつのテクノロジーに耽っていることを心配する理由はたくさんある。

筆者らは、デジタルメディアの子どもへの影響を心配する親や、パソコン、ゲーム、その他のデジタル機器の使用を制限する方法や、いつこれらの機器を与えたらいいのかを知りたい親からの相談をしばしば受ける。本章と次章はそのような心配について書いている。ただし、子育て全般と同じように、特別なやり方やおすすめの方法があるわけではない。私たちは常に、子育ては一連のスキルと行動ではなく、何をおいても関係だと強調してきた。本書の題辞にもあるように、関係を理解しなければ、どんな行動プランも対立を引き起こすだけだ。私たちがここで示そうとするのは正確なレシピではなく、理解と説明、そして基本的なガイドラインだ。これらを個々の子どもと家族にどのように適用するかは、親が必要な子どもとの関係を育む能力によって決まる。年齢によって対応を決めるものではない。子どもの親との関係と情緒的な成熟度によって、何をすべきかが決まる。誰にでも適用できる、鉄則を提案しても何の役にも立たない。

それでは、デジタル変革の子どもの生活への影響をどのように理解すればいいのだろうか。これほどまでに大きな現象、しかもまだその真っただ中にいる現象の輪郭を見定めるのは、私たちを覆う雲の形を判断するようなことだ。もっとも卓越した人間の動機、すなわち愛着の実際的な知識なしでは、今起きていることを説明しようがない。

愛着は、デジタル革命のもたらすものを理解するための手がかりであり、特に仲間指向性の理解は問題の事実と数字の説明に不可欠である。これらの理解がなければ、事実と数字に戸惑うばかりになる。また、愛着が人間の生活の中心であることがわからなければ、ソーシャルメディアの熱狂、ネットいじめの力動、ビデオゲームやオンラインポルノへの魅惑を説明できない。これらの問題について、このデジタル時代についての二章でさらに探求していく。

本書を執筆した頃の文化的環境は、すでに若者の間での仲間指向性の高まりに特徴づけられていたが、まだフェイスブックやツイッターが登場する前で、子どもたちをビデオゲームの虜にし、オンラインのポルノがインターネット使用の三〇パーセントになる前で、それから二、三年のうちに八歳から一六歳の子どもの九〇パーセントがオンラインでポルノを見るようになるとは誰も思わなかった時代だった。医師たちはまだスクリーンタイムが子どもの健康に有害な影響を及ぼす懸念を表明しておらず、インターネット依存への警告を発することもなかった。

ポルノは別として、「子どもたちがインターネットに多くの時間を使い、情報を求めたり楽しんだりすることのどこが悪いのか。何か問題があるのか」と言う人もいる。

デジタル機器が最初に情報を取り扱うようになったときは、仕事か教育、あるいは娯楽のために使うものと考えられていた。科学者は複雑なデータを迅速かつ効果的にやりとりする経路としてウェブを開発した。携帯電話の当初の顧客はビジネス界の人々だった。パソコンは教育界の人のためのものだった。いずれにしても、情報は科学研究やビジネスのために必要であり、学校は学生に情報を行き渡らせることがすべてだ。グーグルは二〇〇四年に、世界中の情報を整理し、どこからでもアクセスして利用できるようにするミッションを公表した。情報化時代が公式に到来した。私たちが子どもの手にデジタル機器を持たせたのは、このような状況下だった。

根本的欠陥：愛着の無視

デジタル革命を推進する前提には根本的欠陥があった。私たちの存在の核心は、人間が求める世界についての情報ではなく、また娯楽でもない。脳が何かに集中しようとするとき、情報も娯楽も優先されるものではない。実際、脳の重要性の階層では、情報の序列は低く、入ってくるよりも出ていくことのほうが多い。脳はどんなときでも不可欠なものを見失わないようにするために、脳に入ってくるほとんどの感覚・認知データを除去している。

本書で見てきたように、私たちのもっとも基本的で優勢な欲求は一体感だ。それは私たちが求めるつながりであって、世界についての事実情報ではない。人間（たいていは大人だが、特に未熟な若い生き物）は世界についてではなく愛着状態についての情報に飢えている。私たちは自分を大切に思っている人たちに所属する保証がほしい。大切だと思う人と似ているように見られたり、大切だと思われたり、求められたり、理解されたり、重要だと思われているかを心配する。他者が存在しているところに招かれているのかどうかを知るように駆り立てられ、その招待が来ることを期待して自己提示する。

最優先は仕事ではなく、学習でも娯楽でもない。私たちの相互作用を形成するのは、対面によるものであれ、メールや電話、インターネットを介したものであれ、愛着以外の何ものでもない。テクノロジーは新しいものだが、その力動は人類の歴史と同じくらい古い。

もともと情報のために作られた素晴らしいテクノロジーが、それにかわってつながりを探し求めるサービスに押し込まれてしまったことは、驚くことでもない。そして、気晴らしや娯楽として、子どもたちの愛着への欲求不満を補う役割を果たすようになった。しかし、中核的な問題を補うことでは解決にはならず、さらに悪くしているだけだ。か弱い者たちは、デジタルメディアに依存症的になる。子どもたちはこれらの方法で学ぶことよりも人間関係を形成し維持することがずっと多く、問題を解決することよりもそこから逃避することがずっと多い。

一緒にいたいという欲求に気づくと、根本的な人間のジレンマが明らかになる。この問題には多くの側面がある。物理的に離れている人とつながっていると感じるにはどうしたらいいか、本当は必要とされていないのに親密感を持つにはどうしたらいいか、どのように重要だと感じてもらえるか、自分が大切だと思っている人が自分を大切だと思わないときにどうやって重要だと思ってもらえるか。

私たちはこの問題を、本当の親しさがなくても、フェイスブックで「いいね！」をしてくれる何十人、何百人もの「友だち」を募ることで「解決」できる。このようなシナリオは、私たちのはかない願望を叶えてくれるので、驚くほど魅力的に見える。彼らは現代の妖女《セイレーン》だ。これは私たちにリスクを気づかせることなく、この先に何が起きるのかほのめかすこともなく、私たちの行きたいところに連れて行ってくれる。このような愛着の調整は実生活よりも魅力的で、多くの若い人たちはそうしている。たとえば、若い親たちがメールやその他のデジタル機器に夢中になって子どもを無視している光景はまったく珍しくない。

そうなると、子どもたちがデジタル時代の恩恵を受ける安全で有用な方法はあるのだろうか。それは、次章で示すように、タイミングの問題だ。子どもたちは安全な方法でテクノロジーにアクセスが許されるが、それはテクノロジーの利用が彼らの成長を損なうのではなく、成長を促進するように十分に発達した場合だけだ。それまでの間、私たちがしなければならないのは、子どもたちを惑わさないことだ。

子どもの準備ができるまでは、デジタル世界が与えるものは子どもたちに必要なものではない。実際は、次節で説明するように、子どもたちに必要なものを妨げるものだ。

仲間指向性の子どもはデジタル接続で離れているときでも一緒にいられる

伝統的な社会は、仲間の愛着ではなく、階層的、多世代的愛着によって作られてきた。家庭は家族の器であり、村は愛着の脇役を提供してきた。私たちがプロバンスでの休暇を楽しんだローニュの村で、私は村人たちがほとんどソーシャルネットワークに夢中になっていないのはどうしてなのか尋ねたことがあった〔原註＝本書で前述のとおり、一人称の『私』はゴードン・ニューフェルドを指す〕。たいていの答えは、「私たちはみんなここにいるのに、どうしてそんなことをしたいと思いますか」というようなものだった。彼らにとって大切な人が一緒にいるのに、デジタル接続に置き換える必要はない。私たちは最近、バリ島で同じような経験をした。

しかし、西欧社会で仲間指向性が広がるにつれて問題が現れてきた。学校は仲間指向性の温床になり、仲間指向性の子どもたちの集まる場として機能するようになった。休み時間とお昼休み、仲間との放課後の活動が、家族との食事、家族との散歩、家族と遊ぶ時間、家族との読書時間にかわって愛着の構造になった。ほとんどの仲間指向性の子どもたちは、自分たちの世界について学ぶためではなく、友だちと一緒にいるために学校に行っている。

仲間指向性の子どもたちは、夜間、週末や休日にどうやって仲間とつながり続けているのか。学校を卒業したらどうなるのだろうか。誰もが経験して知っているとおり、愛着対象との分離に直面することほど強烈な心理的衝撃はない。その結果、警戒が強まり、死にものぐるいで接近を求めようとする。なんとかして隙間を埋めようと夢中になる。

これがデジタル革命を今見ているような形に曲げた力だ。愛着が世界でもっとも強い力だということを思い出してほしい。学校や仕事のために作られたデジタル機器が仲間指向性の子どもたちを互いにつなぐためのものに変えられた。デジタル革命は、どの点から見ても、社会的接続の現象になった。

統計がすべてを物語っている。今では一二歳から二四歳の人口の一〇〇パーセントがインターネットを利用し、二五パーセントの時間をソーシャルメディアに費やしていると報告されている。これは、すでに述べたように、平均的な八歳から一八歳の子どもが一日一〇時間四五分をデジタル機器に使っていることを考えると、かなり膨大な時間だ。

フェイスブックと人人網〔訳註＝中国のSNS〕によって、まさに学校の休み時間が永遠に続くことになった。いまや子どもたちは常時つながっていることができる。これらのソーシャルネットワークのサイトは仲間指向性の大学生たちから始まったが、今では世界中の仲間指向性の人々をつなぐ道具になった。

仲間指向性が根づく前にデジタル革命が起きていたらどうなっていただろうと思うことがあるが、人々の移動が増え、就職難や高い離婚率によって私たちは愛する人たちと離れることが多くなった。仲間指向性がなければ、おそらく子どもたちが両親や教師、おじやおば、祖父母とデジタルでつながる文化が生まれていたことだろう。親は家にいないときでも、デジタルツールを使って子どもに寝る前のお話を読んであげられるだろう。教師と生徒は学習を促すつながりの場を作り、祖父母は遠くにいても孫たちとつながることができるだろう。

この最後に書いた件については、妻と私が短期休暇でバリに滞在していたとき、私たちはわずかなインターネット回線を使って、数日おきに孫たちとスカイプの通信をしたことがある。私たちが滞在していた建物と村のインターネット回線のアンテナにしばしば鳥が止まってうまく通信できないこともあり、簡単ではなかった。地球の反対側にいる孫たちにつながりたい一心で、私は石を投げるのがうまくなった。今でも私は、遠くにいる愛する人とつながる満ち足りた時間を期待して、スカイプの着信音にパブロフの犬のように反応している。このような目的でデジタル機器やソーシャルメディアを利用する人は多く、それは素晴らしいことだ。しかし、事実と数字は、このようなソーシャルネットワークの使い方をしている私たちのような者が、現在起きている現象の主役ではないことを示している。インターネット社会を支配しているのは仲間指向性だ。

デジタル革命は仲間指向性を支持して推進する

仲間指向性がデジタル革命をもたらしたとすれば、デジタル革命は仲間指向性を支持して推進する。第一に、デジタル機器とそれを扱う技術的能力のある人たちがお互いにつながり合う可能性が高くなる。複雑なリモコンに手間取った経験のある技術に弱い大人たちは、この力動がたしかに若者たち同士の交流を推進すると言い切ることができる。それに対して、一緒に集まって食事をするのは、たいてい多世代の愛着を推進する。

第二に、デジタル技術自体に加えて、ソーシャルネットワークのサイトが、つながりの性質を決定づけており、感情的あるいは心理的親密さよりも表面的な接触を促している。特に、デジタル機器とソーシャルメディア全般は、心を他者と共有することが難しい。共有されるものは不自然で浅いものばかりだ。喜びや楽しさを他者に文字で伝えることは難しい。目の輝きや温かく誘うような声が伝えることはほとんど伝わらない。そのかわりに、自分たちの存在の核心ではなく、同じものや同じ人が好きかどうかというような、同じであることの表面的な力動が強調される。真に理解されることにつながるような正真正銘の自己開示はない。重要性――つながりを求める人にとって重要であること――は、ありのままの自分で他者と一緒に過ごす繊細な招待を求めることではなく、ただ好意的な印象を与えるだけのことになる。このように、テクノロジーは表面的な愛着を誘い、それに報いようとする。それは未熟で、発達していない、仲間指向の愛着だ。

マサチューセッツ工科大学の心理学者シェリー・タークルは、著書 *Alone Together*〔訳註＝邦訳『つながっているのに孤独――人生を豊かにするはずのインターネットの正体――』渡会圭子訳、ダイヤモンド社、二〇一八年〕の取材で、何百人もの若者にネットに依存した生活について尋ねた。「ニューズウィーク」の記事によれば、「若者たちは携帯電話とパソコンは人生の『希望の場』で、『素敵なことをもたらす場』と語った」。

第三に、家族と世代間愛着を守るために歴史の中で発展してきた伝統、儀式、タブーは、デジタル世界には通用しない。伝統的文化、すなわち多世代の関係が尊重された文化には、誰が誰と話し、どのような接触が許され、誰と一緒に食事をすることができ、誰に秘密を話してもいいのかなど、たくさんの習慣にあふれている。これらの行動は愛着を育み、それで統制されている。自己再生する文化やそこに適応する子どもを育てるためには、階層的な愛着が保存されていなければならない。デジタル世界は相対的に、家族の愛着と階層的関係を保護する習慣や儀式、タブーが欠けている。情報自体が重要性や妥当性の観点から階層的に配列されない。すべてが横並びで、平等がルールだ。大文字さえも使われなくなっている。

このように、仲間指向性はデジタル革命とその道具の推進力になっただけでなく、その最終的な結果でもある。私たちは子どもにもっともな理由でデジタル機器を持たせたかもしれないが、子どもたちはその機器を個人レベルと集団規模の両方で互いにつながるために使っている。その結果は、人間の健康な発達のための土台のさらなる壊滅的な浸食だ。

デジタル親交の空虚さ

私たちはなぜ、子どもや若者がデジタル機器を通じてつながることを心配しなければならないのか。たとえそれが子どもが必要としているものでなくても、彼らが生活の中で大人から本当に必要なものを得ることができているかぎりは大丈夫ではないか。デジタルのつながりはひとつの形であって、他の愛着行動があるのではないのだろうか。

これらは十分に合理的な説明であり、そうであったらいいとは思う。問題は、私たちの子どもが夢中になっているテクノロジーによる愛着行動は、そこに根を張っていた他の植物をすべて押しのけて、最終的に庭を乗っ取る、しつこく蔓延する雑草のように振る舞うことだ。困ったことに、デジタルを介した社会的つながりは、子どもが本当に必要とするものを妨げる。

愛着の全体的な目的は解放されること、つまり愛着を見つける切実な欲求から休息できることだ。成長はこの休息から始まる。休息が得られなければ、発達は停止する。愛着行動が満たされなければ、成熟には向かわない。あまりにも不安が強く、傷つきやすさに耐えられない。子どもは情緒的発達のためには傷つきやすいままでいなければならず、傷つきやすいままでいるためには、安全感が持てなければならない。

不毛な探求と空虚なつながりによって渇望はひどくなるばかりで、さらに深く没頭し抜け出せなくなる。中身のない食べ物を食べれば、食べる量が増える。それはソーシャルネットワークにも通じると思う。逆説的になるが、フェイスブックが成功したのは、それがとてもうまく機能していたからではなく、まったく逆の理由のためだ。愛着はけっして休息することがない。探求や近接性が満たされることはない。医師であり研究者であるヴィンセント・フェリッチは鋭い洞察で、「うまく作動するものを十分に得ることは難しい」と述べた。ネットの虜になった若者の愛着は満たされることがなく、そのため依存的になる。インターネット依存症の脳には、薬物やアルコールの依存症者の脳と同じような生化学的変化や白質の変化が見られることを研究者は示している〔註3〕。

問題の根源は、デジタルでは親密になれないということだ。そのために必要なものがまったくない。身体が必要とする栄養素が欠けたクッキーのように、それは中身のない食べ物であるだけでなく、身体が本当に必要としている食べ物への食欲を失わせる。

デジタル親交が空虚である六つの理由

デジタルによる相互作用では愛着の招待状が届かない

デジタル親交の空虚さについては、女児と母親の間での肉声と文字による通信の生理的効果を比較した研究で見事に捉えられている〔註4〕。テストでストレスを受けた女児に、音声か文字かで母親と連絡するように求めた。前者の場合にだけ女児のストレスホルモンが低下し、快適な愛着ホルモンも産生された。

なぜデジタルによる相互作用は効果が低いのか。それは私たちがみんな探しているものと関係がある。それは、他者の存在しているところに招待されていることの確認だ。このメッセージは、失敗やうまくいかないことに直面したときに特に重要になる。このメッセージは通常どうやって届くのだろうか。言葉はその一部にすぎず、おそらくそれだけでは、特に文字通信に典型的な切り詰めたセリフでは不十分だ。私たちは通常、相手の声の温かさや相手の目から感じる微笑みから、この招待を判断する。私たちが探しているものが見つかれば、何が起きたとしても、しっかり招待されているということがわかり、現実の世界に対処できる。警戒は解かれ、アドレナリンとコルチゾールは低下し、愛着の回路は愛情ホルモンのオキシトシンで満たされる。デジタルによる相互作用では、そのほとんどは温かみを満たすことができず、何も得られない。すでに述べたように、そしてこの後さらに説明するように、ある種のデジタル交信（たとえばスカイプ）は健全な愛着を促すことができる。誰が何のために使うかが重要だ。しかし、概してデジタルによる相互作用は本当の愛着が満たされることのない代用物だ。

無防備な社会的相互作用に必要な防衛によって交流が妨げられる

満足は、他者が存在するところへ招待されたことが実感されて初めて得られる。感情的に満たされることは、本質的に傷つきやすい体験だ。満たされた感覚になる場所は、まさに心の痛みを感じることができる場所だ。傷つく可能性に対して防衛があれば、満たされた感覚も失うことになる。

これはデジタル親交の物語だ。デジタルは基本的に無防備だ――大人との養育的関係の安全が欠如しているために無防備になっている。そのため、耐えられないほどの傷つきやすさが誘発される。脳は心を傷つける相互作用に対する備えをせざるをえない。

目的が心理的親密さ、つまり、知られて理解されていることであれば、傷つく可能性が非常に高くなり、安全かどうかを十分に確認しなければならない。この点に関しては、心理的な親しさは性的な親密さと似ている。安全で献身的な関係でさえ、ほとんどの人は冷静に性的関係を持とうとは思わないだろう。通常は、自分では意識していなくても、情報を集めて検証してから進んで行く。眼差し、微笑み、うなずきから招待を受け取れなければ、直感的に続行するのは安全ではないと思う。日常的な相互作用ですら、先に進む前に、眼差し、微笑み、うなずきを確認する。そうすることで相手の愛着本能が働き、相手が自分に優しくしてくれる、世話をしてくれる、何かをしてくれる、同意してくれる、味方になってくれる、秘密を守ってくれる、よくしてくれる可能性を大幅に高める。この警戒の儀式なしに進むことは、無礼、卑劣、意地の悪さ、傷つき、恥辱、そしてもちろん、あらゆる形や様式のいじめといった問題を招くことになる。

根本的な問題は、デジタル親交は冷静に行われることだ。それは見せかけの親交だ。そこには相互作用を始める愛着の前戯はなく、安全性の検証もない。これがソーシャルメディアの素材になっている自己存在を気にせず、文字通信やEメールで毎日起きていることだ。

この構図に匿名性が加わると、愛着の負の側面がほとんど見えなくなる。思い出してほしい。ほとんどの子どもは、そうでなければ安全ではない場合を除いて、もともとよい子ではない。子どもたちは一般に、熱心な愛着がある状況でよい子になる。インターネットの世界には、愛着のマナーや人間関係のルールがない。その結果はとても不快なものだ。それが高校の廊下を比較的整然としているように見せている。

子どもたちはこのような環境にどのように適応するのだろうか。無意識的に、彼らの脳は傷つく場面に対して、感情遮断や逃避という通常の防衛手段を備えている。問題はその代償だ。感情的に遮断あるいは逃避すれば、同時に満たされなくなる。子どもたちの脳は、自分を守りながら同時に満足する能力を保持することができない。その最終結果は、どんなにつながっても十分にならない。完了、昇華、解放がない。仲間指向性の子どもたちは、自らのデジタル追求の人質に取られ、飽くことない飢餓に囚われている。追求すればするほど、何も見つけられなくなる。

この後説明するように、このような傷つきやすさへの防衛は、ネットいじめ、ゲーム依存、ポルノへの興味も高めていく。

自己提示は対面でのみできる

フェイスブックは、それを見た人が自分のことを「いいね！」と思ってくれるのを期待して自己提示するものだ。たった一度の提示で、同じ情報を同時に多数の人に送ることができるという、究極的な効率性がある。それに対する反応は見た人次第だ。この見事な効率性が問題の核心だ。このやり方では心理的に親密にはなれない。

知られている感覚は深い個人的な関係においてのみ得られる。自分の内面を本や講演、さらにはユーチューブで開示しても、知られているとは感じられない。また、自己提示や自己開示の受け手も、集団に向けた情報発信に特別な感情はほとんど持たない。心理的に親密なパートナーは、恋愛の場合のように、自分が特別に選ばれたと思い、自分という贈り物が特別に相手に贈られたと感じられなければならない。それ以外のものは関係を安っぽくする。自己提示には、個人的な意図がある場合にのみ、受ける側と出す側の両方にとって意味がある。きわめて個人的な関係がない状況や他者に自分のことを明かす決断の過程がないまま出た自己開示はまったく相手に届かない。

このような理由で、本物の心理的親密さを大切にする多くの人たちはフェイスブックには参加しない。

私もそのひとりで、自分の成人した子どもたちの投稿を読んだり、そのような方法で彼女たちのことを知りたいとは思わない。「私は彼女たちをただ知りたいのではなく、本当に知りたいのだ」——そこには大きな違いがある。彼女たちを知るためには、彼女たちの意志による、個人的に父親に向けた開示が必要だ。それ以上のものは必要ない。それ以外のものは私たちのどちらをも空虚に感じさせるだけだ。

操作されたものには満足がない

ほとんどの子どもや若者は、仲間たちの中で自分の印象や地位を高めるためにソーシャルメディアによって自分のイメージを管理している。

その結果について「ニューズウィーク」の記者トニー・ドコウピルはシェリー・タークルの著書を引用して「本物の自己の蒸発」と評した。あるティーンエージャーはタークルに「私が高校で学んだことは、プロフィールだけ。どうやって自分を作るかということです」と話した。

もちろん誰でも「いいね！」と思われたい。しかし、評価に影響を及ぼそうとすればするほど、評価への満足度が下がる。うまくよい評価を獲得できたとしても、それは「いいね！」とつけてもらえることをしただけであり、「いいね！」と思われるように作られた印象であって、本当の自分自身ではない。そのため、不安感は強くなり、それに伴ってイメージの管理への執着も強くなる。それが果てしなく続く。こんな子どもたちのノイローゼを見てみたいとは思わない。

彼らは遅かれ早かれそこに到達するだろうが、ある程度成熟すれば、どことも知れぬ場所への近道の誘惑に抵抗できるだろう。その確かさと魅惑にもかかわらず、イメージの管理はあらゆる意味において敗者のゲームだ。追求の本質そのものが結果を損なう。

インターネットに熱中している若者たちが情緒的な問題を持ちやすいことも不思議ではない。カリフォルニア州立大学ドミンゲスヒル校の元心理学主任教授ラリー・ローゼン博士は自身の研究で、思春期の子どもたちで、インターネットの使用、インスタントメッセージ、Eメール、チャット、うつ病の間に強い関連があり、また、ゲームとうつ病の間にも強い相関があることを示した。

私たちが純真さを与えられるかぎり、子どもたちは純真さを必要とする。社会的洗練——見栄を張り、結果を気にしていないふりをする、「クール病」とでも言うようなもの——は、子どもたちの成熟に必要な情緒的栄養を与えない。

追求よりも供給が上回らないかぎり満たされない

すでに指摘したように、愛着を育む相互作用の重要な要素は、追求よりも供給が上回らなければならないことだ。満たされることは平等や互恵ではなく、求めに応じた接触でもない。ハグはより大きなハグで受け止められ、「愛している」はそれ以上の応答が得られ、承認願望を勝ち取らないかぎり、相互作用は不完全で実りがない。しかし、これは相互作用が平等で、中立的で、クールな傾向である、仲間指向性全般、あるいは特にインターネットやデジタルによる相互作用ではない。人が存在するところへの熱狂的な招待は、子どもへの責任を持つ大人の領域だ。それはデジタルな社会的つながりの事柄ではない。

デジタル親交は子どもが本当に必要とするものへの欲求を損なう

すでに述べたように、デジタル親交の空虚さは、本当に人を成長させるつながりへの欲求を損なうという点でさらに深まる。仲間指向性と依存的追求が強まると、健全な大人とのつながりが排除され、その結果、子どもたちから人間関係を満たすという本質的な欲求が奪われる。

報酬回路が持続的に電気的に刺激されているマウスは、餌を探すことができなくなって餓死する。子どもの脳をデジタルテクノロジーで刺激すると、同じように本当に必要な栄養から遠ざけてしまうだろう。ゲーム、ポルノ、デジタルによる社会的つながりのもっとも否定的で陰湿な影響は、この力動のしわざだ。これらの活動は子どもの脳の愛着－報酬中枢を直接的に刺激し、本当に満たされて満足するような相互作用への興味を失わせる。フェイスブックでしているような自己提示でさえ、これらと同じ愛着－報酬回路を発火させる〔註5〕。このような愛着の固着が本当に養育的で満たされる相互作用への欲求を損なう。

ずいぶん前から持続的に減少してきたが〔註6〕、最近一〇年で家族の時間が三分の一に減ったことや、ゲームばかりする子どもは親との積極的なかかわりが少ないことも〔註7〕、当然のことに思われる。あるオーストラリアの研究では、フェイスブックの利用者は家族への親しみが有意に低いことを示している。この研究は何が原因かという疑問に答えていないが、関係の競合的な性質を示している〔註8〕。

私たちのほとんどは、パソコンの画面に子どもが奪われたように感じている。それはあらためて調査するまでもないことだ。私たちが知らなければならないことは、彼らが本当に必要なものは画面から得られないということだ。私たちは依然として子どもたちには必要な人物なのだ。

間違いなく孤独についての世界的権威であるジョン・カシオポは、二〇〇八年に出版した著書*Loneliness*〔訳註＝邦訳『孤独の科学――人はなぜ寂しくなるのか』柴田裕之訳、河出文庫、二〇一八年〕の中で、さまざまなタイプの接触が孤独を軽減する効果を比較した実験を引用している。結果は明解だった。もっともオンラインでの接触が多かった者がいちばん孤独だった。対面での接触の割合が高い者は、もっとも孤独ではなかった。

シェリー・タークルは*Alone Together*の中で、デジタル親交の空虚さを捉えた。タイトルが物語るように、そして直観的に、彼女はこの問題の核心を述べている。「最近、人間関係が不確かになり、親密な関係に不安を感じている私たちは、人間関係を築く方法をテクノロジーに求め、同時に人間関係から自分自身を守っている」。さらに「インターネットで形成した関係は、人をつなぐ絆ではなく、それは没頭させる関係である」と続けた。

完結しない親交は強迫的な追求の原動力になる。この執拗な衝動は、一八歳から三四歳のフェイスブック利用者のほぼ半数が、目覚めて数分後に、ほとんどはベッドを出る前にログオンしていることに表れている〔註9〕。そうなると、デジタル親交はタバコやアルコールよりも依存性が強いとさえいえる〔註10〕。

これは究極的な皮肉だ。たしかにデジタル機器は私たち人間の基本的問題——離れたときにどのように接近するか——の明確な解決策になる可能性があるが、私たちを執拗な接近の追求から解放できるものではない。仲間指向性の人たちには、デジタルによる相互作用は気の毒なほど、大切な人との接近を維持する唯一の方法、傷つきやすさを見せずにつながる唯一の方法になる。

愛着現象としてのゲーム、ネットいじめ、ポルノ

ゲームは無邪気な追求に見えるかもしれないが、まさに満たされない愛着欲求への偽りの満足を与えることから、非常に依存的になりやすい。

重要であること、重要だと感じること、真に熟達した自己イメージを持つことは、大切にしてくれる人たちとの養育的な関係においてのみ可能になる。それは健全な愛着の結果だ。これらの欲求が満たされな

ければ、仲間指向性の子どもでなかったとしても、ファンタジーや見せかけで代償される。たとえば本のような創造的なファンタジーとは異なり、ゲームは即時的報酬があって非常に没入しやすく、本当に依存的になりやすい。仮想現実の世界で、「運命の達人」や「勝者」になることができる。それはまた、満たされない愛着衝動のためにうっ積した攻撃性を吐き出す場になる。

第11章で述べたように、いじめはもうひとつの異常な愛着現象だ。私たちのボス本能（関係を支配する衝動）は、弱者を世話する責任を引き受けようとする。しかし、最上位者が世話と責任の弱さに防衛的になると、そのかわりに弱さを悪用して攻撃するようになる。私はこの倒錯を「ボスの歪み」と呼んでいる。暴かれたものを隠したり、弱者を養育したり、純真な人を守ったりするように動かされるのではなく、暴いて恥をかかせ、こき下ろすことで優位を保とうとする。これが私たちの見ていることであり、特にインターネットは潜在的ないじめっ子に匿名性の保護を与えている。

性的な侮辱やゲイたたきも含めたいじめは、残念ながらソーシャルネットワークやオンラインでのコミュニケーションで蔓延している。

ほとんどの子ども時代の相互作用は愛着の力動、すなわち親密さの追求が反映していることがわかる。セックスも親密さに関するものだ。性活動は親密な関係を作る能力以上には発達しない。愛着の発達に問題があれば、それに対応する性活動の問題がある。理想的には、恋愛は独占的であるだけでなく安全でもある親密な関係への誘いに応じるものであるべきだ。そうでなければ、傷つく可能性が耐えがたいほどに高くなる。

仲間指向性に見られるように、愛着が早期に性化されると、愛着の欲求への答えは、たとえファンタジーだったとしても性的関係の形で現れてくる。

子どもたちが置かれている――そして、しばしば自分から入っていく仮想の遊び場を考えると、そこに私たちはいじめの問題と未熟な性活動が一緒になっているのを目撃する。いじめる側には、弱者から搾取する機会が我慢できないほど多い。このような状況では、セックスを深い感情的なつながりではなく、支配や従属の願望に関連づけやすい。親密さの切望のかわりに、ファンタジーはますます支配的で利己的なものになる。ポルノの無防備な誘惑に惹かれる未熟な大人は言うまでもなく、子どもや若者の間でネットでの性的いじめがはびこっているのも不思議ではない。今では人々はまったく傷つきやすさのない強い性的感情を持つことができる。もちろん、これはデジタルメディアがなくてもそうであるが、インターネットの非人格性、即時性、匿名性がこのような力動をなおいっそう強めている。

子どもたちをサイバー世界で見失った私たちには、もはや彼らをオオカミから守ることはできない。

〔註1〕本章と次章の事実と数字は主にUSC Annenberg Center for the Digital FutureとKaiser Family Foundationから引用した。それ以外に、ウィキペディアとニールセン調査のソーシャルメディア登録者とメディア使用の統計を使用した。

〔註2〕Gwenn Schurgin O'Keeffe, MD, Kathleen Clarke-Pearson, MD, Council on Communications and Media, "The Impact of Social Media on Children, Adolescents, and Families," *Pediatrics* 124, no. 4 (2011): 800-804.

〔註3〕Lin F, Zhou Y, Du Y, Qin L, Zhao Z, et al., "Abnormal White Matter Integrity in Adolescents with Internet Addiction Disorder: A Tract-Based Spatial Statistics Study," *PLoS ONE* 7, no. 1 (2012): www.plosone.org/article/info:doi/10.1371/journal.pone.0030253

Haifeng Hou, Shaowe Jia, Shu Hu, et al., "Reduced Striatal Dopamine Transporters in People with Internet Addiction Disorder," *Journal of Biomedicine and Biotechnology*, 2012: www.hindawi.com/journals/bmri/2012/854524/

〔註4〕Leslie J. Seltzer, Ashley R. Prososki, Toni E. Ziegler, and Seth D. Pollak, "Instant messages vs. speech: hormones and why we still need to hear each other," *Evolution & Human Behavior* 33, no. 1 (January 2012): 42-45.

〔註5〕Diana I. Tamir and Jason P. Mitchell, "Disclosing information about the self is intrinsically rewarding," *PNAS* 109, no. 21 (May 2012): 8038-8043.

〔註6〕最近の研究で、二〇〇七年以来、インターネットを接続した家庭では家族が対面して過ごす時間が急激に少なくなったというUSC Annenburg Center for the Digital Futureの初期の報告が確認された。二〇一〇年までの一〇年間の前半には家族が対面する時間が週に平均二六時間だったものが、後半には一八時間以下に低下した。Annenburg Center所長のジェフリー・コール博士は、その前の一〇年間では家族の時間は一定だったと述べている。

〔註7〕Linda A. Jackson, Alexander von Eye, Hiram E. Fitzgerald, Edward A. Witt, and Yong Zhao, "Internet use, videogame playing and cell phone use as predictors of children's body mass index (BMI), body weight, academic performance, and social and overall self-esteem," *Computers in Human Behavior* 27, no. 1 (2011): 599-604.

〔註8〕対象者は一八歳から二四歳の自己選択したオーストラリアのインターネット利用者（フェイスブック利用者一一五八人と非利用者一六六人）だった。著者によると、フェイスブック利用者は非利用者よりも有意に家庭内で孤独が強かった。Tracii Ryan and Sophia Xenos, "Who uses Facebook? An investigation into the relationship between the Big Five, shyness, narcissism, loneliness, and Facebook usage," *Computers in Human Behavior* 27, no. 5 (2011): 1658-1664.

〔註9〕これらの数字は、*The Atlantic* 二〇一二年五月号に掲載されたStephen Marcheの"Is Facebook Making Us Lonely?"から引用した。

〔註10〕Wilhelm Hofmann, Kathleen D. Vohs, and Roy F. Baumeister, "What People Desire, Feel Conflicted About, and Try to Resist in Everyday Life," *Psychological Science* 23, no. 6 (2012): 582-588.

第20章　タイミングの問題

デジタル機器には、本質的に何か害悪があるのだろうか。私たちは子どもがデジタル機器に巻き込まれることから守らなければならないのだろうか。そんなことはない。たとえそうしようとしても無理だ。デジタル革命は後戻りできない。これらの機器に本質的に害悪があるわけではない。問題はその使い方だ。特に、子どもが持ったときの使い方だ。いつから使わせるのか、どんなときに使用を止めるかが問題だ。

社会が新しい主要な技術の進歩に適応して、その利益を最大にして不利益を最小化するような儀式、手順、制限を作るには、長い時間がかかる。私たちはまだ映画やテレビにさえ対応できておらず、携帯電話、パソコン、グーグルやソーシャルネットワークどころではない。すでに危害が起きているとすれば、この問題を放っておくわけにはいかない。

たとえよいものであったとしても、子どもたちに危害が及ぶ可能性のある副作用がある避けがたい問題に対処してきた多くの先例がある。たとえばセックスについて考えてみよう。セックスはよいが、子どもには向いていない。それは脳内で強力接着剤を放出し、生殖とその後の子育ての責任を担うカップルを作る、究極的な結合体験だ。それはいい加減な遊びではなく、特に子どもではそうだ。発達的に準備ができるまで、性活動には制限が必要だ。

アルコールはお祝いの社会的潤滑油であり、儀式や祝宴に欠かせないが、これも子どもにはよくない。

アルコールはトラブルから守る警戒システムを麻痺させる。どこにでもあるものだが、親としては子どもがきちんとお酒を扱えるようになるまで制限しなければならない。

クッキーはおいしい。ほとんどのデザートのように、おいしそうでたまらない。子どもの世界はスイーツやクッキー、デザートであふれている。私たちはたいていは子どものおやつをうまく管理している。デザートは栄養的には必要ないが、禁止はしていない。私たちはタイミングを調整している。少なくとも子どもが十分に健康意識を持って衝動を制御できるようになるまでは、晩ご飯の後がルールだ。言い換えると、子どもがきちんとした食事を食べているかぎり、クッキーを食べてもいいということだ。子どもの欲求が下がれば、中身のない食べ物の害は少なくなる。

健康な発達には常にタイミングが重要だ。すべてのものには適切な時期がある。害が生じる可能性のある体験への対処の秘訣は禁止ではない。それは無益な活動になり、反抗心を誘発する行為になりかねない［原註＝反抗心の力動については第6章参照］。

害を最小限にする秘訣はものごとのタイミングにある。私たちは、子どもが本当に必要としているものへの欲求を損なうものに手を出す前に、真の欲求を満たしてほしいと思っている。

セックスについては、そのタイミングは、関係を持つ能力が十分に発達する前ではなく、感情的・心理的親密さを経験できる独占的な関係を形成する前ではなく、コミュニケーション能力が発達する前ではないことは確かだ。早すぎる性行為は、早すぎるクッキーと同様に、本物、つまり深い献身的な愛への欲求を損なう。

アルコールの適切な時期は、恐怖に向き合う勇気が発達する前ではなく、摂取を制限するしきたりを理解して守れるようになる前でもない。アルコールは傷つきやすさを感じにくくし、その目的で使用すれば安易に濫用されやすい。衝突や傷つきのある現実に初めて向き合い、空虚感と喪失感を受け入れるようになるまでは、この誘惑に惑わされる。早くからアルコールを摂取することの問題は、現実への欲求を損なうことだ。

健全な発達の道筋から逸らせるような危険な誘惑に対処するには、ふたつの重要な原則がある。このような誘惑は、欲求が十分に満たされ、しっかり判断ができるほどに成熟してからでなければならない。私たちは何千年もの間、クッキーや他のスイーツの誘惑と闘ってきた。それでも私たちのまわりには何千年もスイーツはある。わかりきったことをやり直す暇はない。学んだことを私たちが直面している新しい問題に応用しなければならない。

ものごとのタイミングを制御するために、私たちは今のうちに子どものデジタル世界へのアクセスを管理する必要がある。食欲をそそる誘惑を追いやり、妖女《セイレーン》から遠ざけなければならない。子どもが必要とする充実した関係を持ち、子どもが世界とつながっていく決定ができるまでに成熟する場と時間を与えられるように、デジタル世界との間で緩衝にならなければならない。ものごとをゆっくり進め、いくらかでも遅らせる必要がある。

この意識が親や教師の世界にはない。南カリフォルニア大学の調査によれば、今日では八九パーセントの親は子どもがインターネットに費やす時間に問題があると思っていない〔註1〕。

ジャン＝ジャック・ルソーは、親のもっとも重要な責任は子どもと社会との間の緩衝になることだと述べた。これが一八世紀に正しかったとすれば、現在はそれ以上に重要だ。今日の親は、社会の緩衝というよりも、社会の代理人になっている。ほとんどの親は、子どもには友だち付き合いが必要であり、退屈しいる。

のぎの娯楽やすぐに情報を得る必要があると思っている。インタビューに答えた親の一〇パーセントは、子どもがインターネットに接続していないことを心配していた〔註2〕。彼らは子どもが取り残されないかと思っていた。今の親たちは自分の子どもを、本来の発達よりもデジタル化された社会に委ねようとしている。

私たちは緩衝の役割を失い、今では社会の代理人になったことで、子どもたちの邪魔をすることが多くなった。もし、あちこちにクッキーを置いて、戸棚からお酒を出し、性的接触の制限を取り払ったらどうなるか。それでも私たちは、子ども部屋にテレビを置き、携帯電話を持たせ、無制限にデジタル機器にアクセスすることを許している。

ほとんどの大人がインターネットの問題に対処できないのに、子どもに対処することが期待できるだろうか。

二〇一〇年のグウェン・シュージン・オキーフの報告では、食べていくのも大変な家族ですら「子どもが仲間はずれにならないようにデジタル機器を与える」ことがわかった〔註3〕。

親たちはみんな、子どもがデジタル機器を使わないとはみ出し者になると心配している。私たちはどうすれば子どもが人間としての可能性を実感できるかにもっと関心を持たなければならない。

このデジタルテクノロジーへの無知は、仲間指向性への無知と非常に似ている。何が正常であるかは、何が自然あるいは健康かというよりも、何が典型かで判断されている。この無知は、私たちのテクノロジーへの思い入れと、大人によいものは子どもにもよいものであるに違いないという甘い認識によってさらにひどくなっている。

では、どうすれば理解してもらえるだろうか。もし誰かがデジタルに水を差せば、その人はラッダイト

〔訳註＝技術革新反対者〕か反動主義者に違いないと思われるだろう。批判する者は心配性だと切り捨てられる。そうなると、どうすれば子どもが成熟するために必要な場を親と教師たちに納得してもらえるだろうか。今の社会はそれをしようとしていない。私たちは自分自身でしなければならない。だからこそ、私たちは互いに話し合うことができる共通認識と言語が必要になる。

デジタルで社会とつながる時点と時期がある

その時点は、子どもが大人とのつながりで満たされた後だ。子どもが心を豊かにする食べ物をお腹いっぱいに食べれば、デザートは比較的害のない楽しみになる。そうなれば私たちは制限を緩めることができる。愛着の飢餓も同じことだ。私たちがする最悪のことは、子どもを遠ざけて飢えさせることだ。それは仲間指向性の舞台を与え、そして未熟な若い人間が仲間とつながり続けられるように闇雲にデジタル機器を使うようになるだけだ。

私たちは、儀式と日課、子どもの目、微笑み、うなずきを引き出す活動をする必要性に帰着する。それは子どもの欲求を満たし、友だちを悩ませる愛着の依存症を予防するためのものに他ならない。朝、学校に行く前には十分なつながりを持たなければならない。学校から帰宅したときにも同じくらい必要だ。家族で食事をとるときや特別な時間にも必要だ。そして夜寝る前にも必要だ。私たちのすることは、子どもが探し求めなくてもいいように、私たちの存在下に存在するように招待することだ。社会的つながりのためにデジタル機器を使うことに対する最強の免疫は、子どもが十分に満足し、満腹になることだ。

デジタルでつながる時期は、子どもが十分に発達し、自分自身を保持することができるまで成熟したときだ。これがいつ来るかは定式的に規定することはできないが、それは親の自分の子どもについての直観的な理解にかかっている。

より深く子どもとの関係を育むことができれば、子どもは物理的に一緒にいないときにもしっかりと私たちにつかまることができる。彼らがしっかりとしがみつくことができれば、デジタル接続の必要はない。そうなればソーシャルネットワークは余計なものになる。離れているときにしがみつく問題に対する自然な解決策を育むことで、デジタルでつながる必要性を下げることができる。自然は離れたときに親密さを保つ答えをすでに持っていた。先に指摘したように、それらは、好かれている、帰属している、同じ側にいる、大切にされている、重要である、心でつながっている、そして最終的に知られているというものだ。しかし、これらの自然な愛着様式は適切な条件だけでなく時間もかかる。それができるまで辛抱しなければならない。私たちがいないときでも子どもがつながっていられるようになれば、ほとんど心配はなくなる。

同じことが子どもの友だちにも当てはまる。子どもが関係を持つ力が十分に発達すれば、同じ程度の親密さを持てる友だちを自分で選べるようになる。心でつながることができる子どもは、その友だちと互いに惹かれ合うことができる。知られたいと思う子どもは、親密になる能力のある子どもを選ぶ。お互いに深い愛着を持っていれば、離れていてもしっかりとつながり続けることができる。これでソーシャルネットワークの誘惑や依存性は低下する。

親密さの能力とフェイスブックの利用との間の負の相関関係が、バッファローとジョージアの大学の研究で明らかにされた。基本的な所見として、情緒的なつながりが深いほど、フェイスブックを使う時間が少なかった〔註4〕。これはソーシャルネットワークの基本的な機能を理解すれば完全に理にかなっている。

より表面的なつながりは不必要で魅力がない。子どもが良好に発達すれば、デジタル接続への渇望に対する免疫力は高まる。したがって、間違いなく、デジタル親交への強迫的没頭への最善の予防策は、健全な関係の発達だ。デジタル接続の時期はあるが、たいていはより遅く、ほとんどの場合、自然が子どもを導いてくれてからだ。私たちの仕事はこの作業を助けることで、子どもができるかぎり私たちと愛着を持てるようにすることだ。

愛着への没頭に対する究極的な解決策は、愛着に依存しなくても機能できるようになることだ。そのための唯一の道は別個の存在として生きていけるようになることだ。これは発達が究極的に望むものであるが、やはり長い時間と良好な条件が必要である。子どもが個体化するほど、感情的に自立的になり、崩壊しようとしている社会が作り出したデジタルによる解決策に頼ることが少なくなる。

個体化への近道はない。人格は成長しなければならない。自分らしくなりたい、そして仲間と一緒のときでも本当の自分を持ち続けたいと思う若者たちは、そのためにソーシャルネットワークを必要としない。子どもがソーシャルネットワークをあまり必要だと思わなければ、そこから危害を受ける可能性は下がる。しかし、思春期の子どもたちを発達の中でその場所に到達させるためには、まず私たちは彼らをしっかりと引き寄せなければならない。すでに指摘したことをあらためて強調するが、自立を促すためには依存を誘わなければならない。

当面のデジタルへのアクセス制限への提案

相互作用を育む場を作り出し、子どもたちがこのようなデジタルを介したつながりを必要としないように思う時期が来るための時間を稼ぐために、私たちは彼らを誘い出す努力を続けなければならない。

それはできるかぎり早く始めたほうがいい。私が子どもたちに一日三〇分という制限をしていたテレビの視聴と同じように、デジタル接続を制限する構造と儀式を作る必要がある。

簡単な解答があるのかわからない。現時点では、すべての親は自分なりの方法を見つけなければならない。しかし、私たちは親として、テレビの問題ですら改善の余地は十分にある。私たちがうまくやれていないことを統計が示している。六四パーセントの家庭では、食事中にテレビを見ている。四五パーセントの家庭では、ほとんどの時間テレビがついている。七一パーセントの子どもは自分の部屋にテレビがあり、五〇パーセントはゲーム機があると答えている。二八〜三〇パーセントの子どもだけが、親とテレビやゲームについてのルールを決めていると答えた。パソコンの時間を制限していると答えた親は三〇パーセントだけだった〔註5〕。

しかし、繰り返しになるが、デジタルを介した接続を認める最良のタイミングは、温かく充実したつながりができた後だ。基本的な欲求にきちんと応じることなく、ただ制限だけをすべきではない。充実したつながりの時間を確保するためには、家庭の日常生活の中にデジタルフリーゾーンを作る必要がある。子どもたちが本当に必要とするつながりの場を作り、執着を和らげるためにも、食事の時間、家族団らんの時間、就寝までの時間、就寝時は、デジタル活動をなくすことが大切だ。

年長の子どもについては、私たちが作る制限と構造を自ら受け入れさせ、彼らを信じることが大切だ（第16章の子どもの意志を引き出すことの説明を思い出してほしい）。インターネットの性質とほとんどの子どもが取り憑かれている程度から、これらの問題には彼らの協力が必要になる。アクセスを止めようとすることは、欲求不満やトラブルの最中ではなく、親子関係が最良で影響力が最大のときでなければならない。親が子どもの善意を効果的に引き出すことができれば、少なくとも問題はそれほど深刻ではない。

子どもが善意を持てない、あるいは問題を隠そうとしている場合は、親子関係の奥深くにある問題にも取り組まなければならない。そんなに驚くことはない。このような愛着依存症は、子どもが自分ではどうしようもなく、親のさらなる叱責ではなく、助けを求めていることを教えてくれている。

子どもが手に負えなくなったとき、強制や「結果（罰）」は、この力動に反抗心と欲求不満の層が重なることで、問題をさらにひどくするだけだ。自分を制御できない子どもを制御することはできない。この問題はデジタル活動を子どもと私たちとのつながりに置き換えて対処しなければならない。そして、できるかぎり画面や機器を必要としないことを子どもに提供することで、間接的にデジタル接続を制限する必要がある。これらの対策は時間稼ぎをすることで、私たちが親子関係を始めることができるようにすることを意図したものだ。準備して育まなければならないのは子どもの私たちへの愛着だ。彼らの愛着の飢餓を満たすことができた場合のみ、彼らのデジタル接続への渇望は低下する。

依存症的な愛着行動と向き合うときには、症状と対決するのではなく、根本にある問題に対処するために撤退する必要がある。いつものように、まず考えなければならないのは関係であり、戦略や方策はそれからだ。このことについてはこの後さらに説明する。

子どもにいつゲームを与えるか

ビデオゲームが特定の認知運動機能を向上させると言われているが、これらの単一の向上がゲームに固有のもので正常な発達の結果としては決して起こらないという証拠はない。さらに重要なことは、知力の向上、脳の成熟や心理的成熟が促されるような証拠はまったくないということだ。その一方で、画面を長時間見続けることによる生理的副作用や発達への悪影響についての懸念は多い。睡眠リズム、視力、身体的発達などへの有害作用についての新しい証拠は毎月のように報告されている。

すでに述べたように、ビデオゲームは愛着行動を象徴している。ゲームに関連する報酬中枢は、子どもを関係に導くように精巧に作られている。愛着の構造基盤を作るのは、伝統的に文化の仕事だった。しかし、ゲーム文化は子育てを念頭に発展してきたものではない。そのため、ビデオゲームは競争的な愛着活動以外の何ものでもない。子どもたちはゲームをしているときは家族に近づくことができず、さらに悪いことに、その行動自体が家族とつながる欲求を損なう。

昔からゲームは発達に重要だった。しかし、重要なのは、身体の運動をするゲーム、生活スキルを習得できるゲーム、世代をつなぐゲーム、協力を促進するゲームのような種類のゲームだ。今日のビデオゲームのほとんどには、このようなものはまったく見当たらない。

ゲームの重要な機能のひとつは、子どもが敗北、喪失、不足の経験に直面したときにレジリエンスの発達を助けることだ。人生は挫折に満ちており、ゲームは子どもがこのような体験に、一歩離れたところで適応する機会を与えてくれる。カードゲームで負ける、論戦で負ける、サッカーの試合で負ける、ボウリングで負ける、それはすべて人生と関係における喪失と不足に対処する練習になる。

人生の避けがたい喪失や敗北に備え、そして適応できるようにするためには、期待したようにならなかった喪失感と無益感を経験し、受け入れられるようにならなければならない。今のビデオゲームにはこれが明らかに欠けている。無益感は長くは続かず、絶対に必要な適応とレジリエンスを刺激することができない。そのかわり、子どもは次の対戦、次のレベル、次の挑戦に進む。ゲームはそもそも涙を流さない活動であり、子どもが人生というゲームに備えるのにほとんど役立たない。克服できない喪失はなく、元に戻せない失敗はなく、したがって学習も適応もない。

しかし、ゲームは遊びではないのか、そして子どもには遊びは必要ではないのか。子どもには遊びは絶対に必要だ。遊びが健全な発達にきわめて重要な役割があることについては一貫した証拠がある。すべてのほ乳類の子どもにおいて遊ぶことはとても重要なことでもある。今では発達心理学者たちは、遊びは脳の発達の主動力であり、成熟過程に勢いを与えるものだと考えている。遊びの中で初めて主体性が芽生えてくる。遊びの中で内部不一致が生じてくる。遊びの中で初めて適応の準備が行われる。だから、たしかに、遊びは健全な発達に絶対に欠かせない。

ここに問題がある。ビデオゲームは、ゲームという名前や遊ぶという事実にもかかわらず、私たちの脳は遊びとして考慮しない。結果に基づかない活動が純粋な遊びだ。本当の遊びでは、最終的な結果ではなく、活動の中に楽しみがある。本当の遊びは遊ぶことが目的であり、勝敗や得点ではない。そんなビデオゲームもあるが、それは多くはない。『Myst（ミスト）』〔訳註＝一九九三年に最初に発表されたコンピュータゲームで、現在でも世界中の人たちがプレーしている〕は、参加者は誰かに勝とうとすることなく、謎解きの冒険に没頭できるビデオゲームで、本当の遊びといえるビデオゲームのよい例だと思う。

ビデオゲームは子どもの生活で経験すべき遊びの代用になる。発達の観点からもっとも重要なものは、子どもの本当の、創造的な、好奇心と自信に満ちた自己が現れてくる創発的な遊びだ。これは愛着活動が十分に満たされた後にだけ始まる、素敵な冒険的な遊びだ。子どもたちは、若者も含めて、たくさんの創発的遊びが必要で、だからこそ愛着活動に満たされる十分な時間が必要だ。

ビデオゲームの影響力を考えると、この活動の最適な時期は子どもが自分に適した遊びができるようになった後だ。ゲームと遊びに関しては、ビデオゲームがメインになってはならない。そうなったら子どもに問題が生じる。子どもがビデオゲームに振り回されないようにすればするほど、子どもの精神的バランスと発達を心配する必要はなくなる。

現実から逃避する場所は必要だが、それは逃避から戻ったときに現実を受け入れる準備ができている場合に限られる。多くの子どもたちは自分らしくなりたい、理想的な存在状態として現実を歓迎するようになる前にビデオゲームに没頭している。映画やデジタル革命以前の時代においては、想像力はすべての子どもがときどき現実から逃避するために必要だった。脳は何が現実で何がそうでないかの違いを簡単に見分けることができた。その境界がデジタル革命のせいでぼやけている。今では何もかもリアルに見えたり感じたりすることができる。営利企業は子どもにそんなイメージを作り上げる。クリックするだけで次の逃避ができるので、少なくともしばらくは現実に戻る必要がない。現実逃避の必要性は現実生活への適応の失敗に正比例しているようだ。

子どもが自分を好きになり、現実を受け入れる準備ができ、自己制御ができるようになるまで、子どもがビデオゲームやデジタルの娯楽の中で自分を見失うような要求には応じないのがベストだ。現実が常にメインで、現実逃避の無益感が主要な教訓でなければならない。子どもは自分の希望どおりに現実を曲げようとすることの無益感に涙を流せるようにならなければならない。この無益感が理解できるようになれば、ときどき現実から逃避することは大きな楽しみでまったく危害はなくなる。

しかし、他の子どもたちとは反対に、ビデオゲームやインターネットへの接続が許されなかったら、仲間からいじめられたり仲間はずれにされたりしないかと心配する親もいる。それは子どもにとって辛いことかもしれない。しかし、未熟な仲間からのあざけりよりも悪いことがあることを繰り返しておく。きちんと大人につながりを持つ子どもは、仲間の意見に依存しない情緒的な安心感があるので、このようなからかいで傷つけられずに持ちこたえることができる。健全な発達の長期目標は、常に仲間から非難される短期的な苦痛よりも優先されなければならない。

オンライン情報への無制限のアクセスを与える時点と時期がある

情報化時代には深くて悩ましい矛盾がある。人間は、とりわけ子どもは、デジタル革命以前から、さらされるすべての情報を扱えるようにはできていない。脳が情報を処理できる唯一の方法は、まず感覚入力の九五～九八パーセントを無視することだ。人間の問題は、私たちが十分な情報を持っていないことではなく、利用できるよりもはるかに多い情報があることだ。情報へのアクセスが増えることの究極的な逆説的効果は、それに対する防衛を誘発することだ。

今日、子どもたちを苛む注意障害の流行が、大量の情報にさらされるようになったことと並行しているのは単なる偶然ではないと思う。注意のメカニズムは、特に未熟な段階では、これほどの情報の過負荷を扱えるようにはできていない。このような過負荷は、集中力、記憶、想起、注意散漫などの問題を引き起こすことがわかっている。絶え間ない情報入力の攻勢に対処している間は、注意のシステムは正しく発達できない。研究は、休止時間、刺激から離れる時間、受け取った情報を整理する時間の必要性を示している。常時メディアにさらされると、情報を吸収する能力は増強するよりもむしろ減弱する。

別な見方をすると、消化できる以上は食べてはいけないということだ。これはすべての乳幼児の食べ物についての基本的な法則だ。食物を消化する能力が発達してくれば、制限を緩めることができる。しかし、大人になっても、自分の胃腸が無理なく吸収できるよりも多く食べれば、有害な結果が心配される。情報についても同じ原則が当てはまる。子どもが消化できる以上の情報を摂取すれば、注意のメカニズムにストレスがかかり、その結果正しく発達できない。ストレスのかかった未熟な注意システムの症状には、集中、記憶、想起、注意散漫の問題などがある。処理できる以上の情報があると、ほとんどの人たちはこのような注意機能障害を来す。最近、私は自分が消化できる以上の情報にさらされない状態を切望するようになった。皮肉なことに、私たちが情報を処理して利用できない場合、必要なのはより多くの情報ではなく、より少ない情報である。

得られた情報から利益を受けるためには、十分に準備が整うまで発達しなければならない。子ども時代にその準備を発達させる必要がある。大人としての私たちの情報化時代だったとしても、それが子どもとしての彼らの情報化時代である必要はない。世界を知る準備に近道はなく、急ぎすぎる代償は大きい。子ども時代は基本的に取り込む時期ではなく、湧き出る時期でなければならない。情報の流入は、先に始まるべき自分の発想を出すことを妨げる。まずは好奇心、学習意欲、そして、それから情報を得る意欲だ。

子どもが何も発想が出てこないもっとも重要な兆候のひとつが退屈という経験だ。まさに「退屈(boredom)」という言葉には穴という意味がある。子どもの中に発想が乏しいとき――つまり、興味、好奇心、自発性、願望がないときには、その結果できる穴は退屈として経験される。皮肉なことに、ほとんどの人たちは退屈の解決策はもっと刺激を与えることだと思っている。これはもともとの問題をさらに悪化させて悪循環が加速されるだけだ。前例のない情報と娯楽の時代において、子どもたちの間で退屈が増加する兆候や指標がある。退屈は、子どもが世界を理解するために必要な、新たな内的過程と内容が空である兆候だ。

したがって、子どもが自分の世界を受け入れるのに最適な時点は、完全に自分の発想、思考、意図、熟慮ができるようになった後だ。これはものごとの自然な発達の順序に沿っている。入力の前に出力ということだ。

情報提供者としての私たちの役割を維持するための課題

情報化社会には親と子どもにとても厄介な側面がある。子どもに情報を提供するのは常に親の責任だった。重要なのは情報の内容だけではなく、状況、タイミングと枠組みもある。

子どもが疑問を持つ前に答えを与えることは、その情報が持つ有益な力に対して子どもを硬化させてしまうことになる。子どもに存在の不確かさ——つまり、彼らは死ぬものであり、ママやパパもいずれ死ぬということ——を、このような関係の永続性の感覚を持つ前に伝えることは実に残酷だ。早くから性行動の情報を与えることは、発達に有害だ。

情報は私たちが子どもを育てるための基本的な道具のひとつだ。私たちは子どもが知る必要があることを子どもが知る必要があるだけ、子どもが知る必要があると思うときに、そして子どもがそれを扱う準備ができていると私たちが確信できたときにだけ伝える。私たちの子育てと教育には、子どもが知らないよりも知っていたほうがいいと判断できるまで、秘密にしておくことも含まれると言う人もいるかもしれない。何を、いつ、どのように子どもが知るかを判断することは、いつも親や教師の専権事項だった。これまでは。

情報化社会はそれをすべて変えてしまった。私たちはもはや状況、内容、タイミングについての重要な判断ができなくなった。子どものために真実を曲げようと思っても、たちまち見破られてしまう。子育て、教育、子どもに何が起きているのだろうか。

提供者としての私たちの重要な役割のひとつは、必要なときに、必要な情報を提供することだ。子どもたちは多くのことについて私たちよりも多くのことを知り、ほとんどのことについて私たちよりも早く情報を見つけ、もはや私たちのことを必要な情報の出所とみなさなくなった。これは私たちが彼らの生活の中でコンパスの基準としての役割を果たすことを脅かす可能性がある。そして、もし彼らが私たちをコンパスの基準としなくなれば、方向を見つけ、価値観を持ち、善悪を識別するために、私たちをガイドや指導者としても頼らなくなる。私たちがコンパスの基準でなくなれば、子どもに対して責任を持つ大人として与えるもののほとんどを失うことになる。そうなれば健全な発達が脅かされることになる。ニール・ポストマンは、大人が子どもに秘密を持たなくなったら子ども時代自体が危険になると論じている。

ポストマンはこのように述べている。「親が自分の子どもたちに子ども時代を守ってやろうとするなら、子育ては文化に反抗する行為だと認識しなければならない」〔註6〕。繰り返しになるが、親は社会の代理人ではなく、社会の緩衝にならなければならない。私たちが子どもの情報へのアクセスに対して緩衝の役割を果たせれば、それに越したことはない。しかし、たとえそれができなくても、すべてが失われるわけではない。

私たちは情報伝達においてグーグルにはかなわないが、幸いなことにグーグルと張り合う必要はない。子どもたちが知らされる必要があるのは、世界についてではなく自分自身についてだ。彼らは、自分の価値と重要性が私たちの目に反映され、私たちの声を通して確認され、私たちの身ぶりで表現されるのを見る必要がある。グーグルにはそれができない。彼らがもっとも必要とし、そしてインターネットが彼らに与えられないものは、私たちの存在の前への招待に関する情報だ。それが私たちは子どもを手放してはならない理由だ。

仲間指向性の子どもたちはこの情報を仲間たちに求め、それは今ではメールやソーシャルメディアで簡単に手に入れることができる。私は、私たちの情報提供者としての役割に対するこの打撃を乗り越えることができると信じている。もし私たちが彼らに答えを与えることに競合することができないならば、私たちは子どもたちの答えになれるように努力を惜しんではならない。彼らはいつでもすぐに情報にアクセスできるが、それでも私たちからしか得られない情報は残されている。

私たちが情報提供者としての役割を失った事実を埋め合わせる方法は別にもある。過去においては、この役割は主要な依存の源だった。子どもが私たちを頼れるように誘うことができる別の活動を見つける必要がある。多くの親は子どものためにもなる技術や趣味を持っている。これらの活動を彼らに伝えることが、ボスに依存するダンスの一部だ。あまりにも多くの親たちが、自転車乗り、凧揚げ、木工、編み物、水泳、キャッチボールなど、これらの技術を教えることを外部に委ねている。私たちはこれらの技術を学ぶために、子どもを公民館、デイキャンプ、サマーキャンプに送り出している。子どもの私たちへの依存を誘うために、私たちはこれらの機会を独占すべきだ。技術を習得することよりもはるかに大切なことは、このような相互作用を通して関係を発展させることだ。私たちがもはや自然な情報提供者でも秘密を守る人でもなくなったとすれば、さらに失うことは許されない。

「迷った」子どもを取り戻す

私たちの多くは、デジタル機器とインターネットによってもたらされた子どもの注意をひく競争に打ち克つことをあきらめている。これは多くの場合、仲間指向性の子どもの親にとって深刻で、ほとんど手に負えない問題だ。

本当に手詰まりだが、なんとかしなければならない。私たちは問題の核心に直面しなければならない。そして忍耐強く、熱心に、自信を持ってしなければならない。すでに述べたように、私たちはまず子どもを取り戻す必要がある。子どもが食卓につかないかぎり、私たちは子どもを養うことはできない。子どもの世界がすべて仲間になれば、メールに夢中になり、フェイスブックが生きる場所になる。これらのデジタル接続の問題に取り組むのは手遅れかもしれないが、その原動力になっている仲間指向性に取り組むには手遅れではない。これは関係の問題であり、それを越えた先に社会的つながりに向かう原動力を減らすことができる。仲間指向性がなければフェイスブックもない、だからまず仲間指向性に取り組まなければならない。

もう一度繰り返すが、子どもが取り憑かれたようになったり秘密を持つようになったりしたら、すぐに子どもを制御しようとするのをやめなければならない。このような兆候は、娯楽やビデオゲームやデジタル接続が子どもの生活の中で本来あるべきではない機能を果たしていることを示している。このような子どもには、もっと苦しめるようなかかわりではなく、私たちの助けが必要だ。すでに依存症的になった子どもに、その行動を制御しようとすることで過度に挑発してはならない。

子どもとの関係以外にデジタルの脅威に対する解決策はない。制御、禁止、接続を取り上げる試みは、私たちが「関係力」と名づけたものがなければすべて失敗に終わる。言葉を慎み、悲しみを受け入れ、親子関係をさらに厳しくするだけの強制的な方法の無益さを認識して理解したほうがいい。これは私たち自身の欲求不満と心配のためにさらに強制的な介入をしようとしているとき、そして多くの人がいわゆる当局が権威主義を求めるような場合には難しい。このような場合、私たちが推奨したような愛情のあるアプローチ以外に、かわりの方法はない。

マーシャル・マクルーハンは、技術革新はその内容についてではなく、それがいかに社会を変えるかという点で理解しなければならないと示唆した。新しいテクノロジーが生まれると、私たちは自分を根本から変える。そして、すべての拡大には常にそれに対する切断が伴う。

デジタル機器は子どもたちの互いの範囲を拡大したが、そこで切断されたのは私たちとの重要なつながりだ。テクノロジーが私たちの範囲を拡大する一方で、それは私たちの根を断ち切った。

若者たちの社会的つながりはほとんどどこにでもあり、高校生と大学生の四分の三以上は携帯電話を介してお気に入りのソーシャルネットワークで互いにつながっている。これは彼らを結びつける接着剤だが、それは同時に、彼らと、彼らの愛着の飢餓を救い、成熟を促す愛情のこもった関係の間に割り込む楔でもある。

私たちの多くは、娘や息子（そして配偶者さえも）が一緒にいるときでも自分の携帯電話を手に持ったり、急いで食事や家族とのやりとりを済ませてメールやソーシャルネットワークに戻ったりするときに、すでに家族のつながりの断絶を経験している。もはやつながりを持つためには一緒にいるだけでは足りない。

以前は、少なくとも子どもが学校や保育が終わったら、仲間とは連絡したり会ったりできなくなり、子どもたちを元に戻すことができた。子どもたちを自分のものに取り戻し、親として養育する関係を復元する機会があった。しかしテクノロジーのおかげで、今では仲間は子どもの生活のどこにでも存在できる。

私たちの課題は、これまで以上に、子どもを手放さないようにすることだ。子どもをしっかりとつかんで手放さなければ、子どもたちをデジタル革命の暗い側面から守ることができる。子どもたちが新しい道具の奴隷ではなく、達人になれるように、私たちは彼らが成熟する機会を与えなければならない。

〔註1〕The ninth annual survey (2009) conducted by the USC's Annenberg Centre for the Digital Future.

〔註2〕これらの数字は二〇一〇年のアメリカ小児科学会でのドナルド・シフリンの研究から引用した。ドナルド・シフリン博士はワシントン州の小児科医。

〔註3〕グウェン・シュージン・オキーフはこの報告について Doug Brunk, "Social Media Confuses, Concerns Parents," *Pediatric News* 45, no. 2 (February 2011) の中で論じている。

〔註4〕Michael A. Stefanone, Derek Lackaff, and Devan Rosen, "Contingencies of Self-Worth and Social-Networking-Site Behavior," *Cyberpsychology, Behavior, and Social Networking* 14, no. 1-2 (January/February 2011): 41-49.

〔註5〕Victoria J. Rideout, Ulla G. Foehr, and Donald F. Roberts, *Generation M^2: Media in the Lives of 8- to 18-Year-Olds: A Kaiser Family Foundation Study* (January 2010).

〔註6〕Neil Postman, *Building a Bridge to the 18th Century: How the Past Can Improve Our Future* (New York: Alfred A. Knopf, 1999).

訳者あとがき

本書はカナダの心理臨床家ゴードン・ニューフェルドと、同じくカナダの家庭医ガボール・マテによる著書、*HOLD ON TO YOUR KIDS: Why Parents Need to Matter More Than Peers*（Vintage Canada, 2013）の邦訳である。オリジナルは二〇〇四年に出版されて以来、カナダとアメリカでベストセラーになり、日本語も含め、ほとんどの主要言語に翻訳され、世界中の親や教師など、思春期の子どもたちにかかわる人々から絶大な支持を受けてきた。

著者のニューフェルド博士は豊富なカウンセリング経験から、思春期のティーンエージャーの厄介な態度や行動を、愛着の概念に基づいて「関係」の問題と捉え、その原因は現代社会を蝕む「仲間指向性」であり、解決のためには子どもの「愛着脳」に訴えることで、親が子どもを手放さず、しっかりとつなぎ止めることが大切であることを示した。それは思春期になった子どもの子育てに迷った親にとって、向かうべき方向を示す「コンパスの基準」として力強いガイドになった。

しかし、近年の子どもを取り巻く状況の変化は激しく、とりわけインターネットやスマートフォンの急速な普及に伴って、子どもたちの親や仲間との関係にも多大な影響が及んで新たな心配も出てきたことから、二〇一三年に補遺「デジタル時代にどう向き合うか」としてデジタル世界での子育てに関する二章が追加されて、増補改訂版が出版された。

二〇一四年に出版した邦訳版では、種々の事情により一部の章（第10章、第12章）と補遺を加えることができず、日本の読者には多大なるご不便をおかけしたが、今回あらためて増補改訂版として出版するに当たり、内容の追加だけにとどまらず、全編にわたって翻訳を見直すことで、より正確に原書のメッセージをお届けできるように努めた。とはいえ、オリジナルの出版から一八年、増補改訂版からも九年が経過し、変化の早い現代社会ではすでに時代遅れの「古典」と決めつけられるかもしれないが、「子育てはスキルではなく関係」という本書のコアメッセージは、デジタル時代でもまったく色褪せることはなく、迷える大人たちの「コンパスの基準」として役立つものと確信している。

本書は愛着（アタッチメント）理論をベースにした思春期の子育てや発達支援について詳しく紹介しているが、あくまでも一般書であってけっして専門書ではないので、邦訳においても親や家族、教師や保育士など、幅広い大人たちを読者として想定し、できるかぎり平易でわかりやすい翻訳を心がけてはいる。しかし、訳者としての力不足だけにとどまらず、やはり子育てや家族の社会文化的な違いもあり、翻訳では伝えきれないところが残されていたことから、前回の邦訳を出したあとに、日本の子育て事情を踏まえて解説することを意図して『思春期の子どもと親の関係性——愛着が導く子育てのゴール』（福村出版、二〇一六年）を出版し、本書と合わせて理解を深めることができるようにしている。今回の増補改訂版についても、拙著も参照していただければ、思春期の愛着についてより身近にご理解いただけるかと思う。

その後も思春期の子育てと発達支援について出版を継続し、これまでに五冊のシリーズになったが、テーマは異なってもいずれも本書の考え方が一貫して通底している。その意味で、本書は思春期シリーズの「元ネタ」であり、相互参照しながら読んでいただければ、より一層の理解につながるものと思っている。そのような思いも込めて、今回の増補改訂版の出版に際しては、装幀デザインを共通にすることで、思春期シリーズとの一体化を図ってみた。これらの一連の著作も合わせて、思春期の育ちへの関心が高まり、支援のネットワークが広がることが期待される。

本書の翻訳出版は、ニューヨークで邦人の子育て支援に取り組み、自らも何かと難しいティーンのひとり娘の子育てに悩んでいたときに本書に巡り会って救われた経験を持つ助産師の関久美子さんから本書をご紹介いただいたのが出発点であり、その後、関さんには翻訳にもご協力いただき、最初の邦訳を世に出すことができました。関さんの豊富な子育て支援と母親としての経験に裏づけられた慧眼と、翻訳へのご協力にあらためて感謝する次第です。

最後に、今回の増補改訂版の出版にご理解とご協力をいただいた福村出版の宮下基幸社長と編集の労を取っていただいた同社編集部の川口晃太朗さんに深甚なる感謝を申し上げます。

小野善郎

―――著者

ゴードン・ニューフェルド（Gordon Neufeld, Ph.D.）
バンクーバー在住の臨床心理学者で、子どもの発達についての第一人者として世界的に知られている。主宰するニューフェルド研究所（Neufeld Institute）では、自ら開発した、親、教育者、支援者のための多くの講習を世界各国で行っている。一見して複雑に見える子育てや教育の問題を解決する手がかりを見つけ出すことで定評がある。

ガボール・マテ（Gabor Maté, M.D.）
医師であり、ベストセラーとなった『身体が「ノー」と言うとき――抑圧された感情の代価』（日本教文社、2005年）、*Scattered Minds: A New Look at the Origins and Healing of Attention Deficit Disorder*（Alfred A. Knopf Canada, 1999）、*In the Realm of Hungry Ghosts: Close Encounters with Addiction*（Alfred A. Knopf Canada, 2008）の著者。ストレス、心身の健康、ADHD、子育て、依存症について引っ張りだこの専門家で、北米だけでなく世界中の保健関係者、教師、一般の人々に講演をしている。

―――訳者

小野 善郎（おの・よしろう）
医学博士、精神保健指定医、日本精神神経学会精神科専門医、日本児童青年精神医学会認定医、子どものこころ専門医。
1984年和歌山県立医科大学卒業。同附属病院研修医、ひだか病院精神科医員、和歌山県立医科大学助手、和歌山県子ども・女性・障害者相談センター総括専門員、宮城県子ども総合センター技術次長、宮城県精神保健福祉センター所長を歴任し、2010年4月より和歌山県精神保健福祉センター所長。2012年より和歌山県子ども・女性・障害者相談センター子ども診療室長を併任。
主な著書・訳書に、『思春期の心と社会』（2022年）、『子育ての村「むぎのこ」のお母さんと子どもたち』（2021年）、『思春期の謎めいた生態の理解と育ちの支援』（2020年）、『子育ての村ができた！　発達支援、家族支援、共に生きるために』（2020年）、『児童青年の発達と「性」の問題への理解と支援』（監修、2019年）、『思春期を生きる』（2019年）、『思春期の育ちと高校教育』（2018年）、『思春期の子どもと親の関係性』（2016年）、『続・移行支援としての高校教育』（2016年）、『移行支援としての高校教育』（2012年）、『心の病の「流行」と精神科治療薬の真実』（訳書、2012年）、いずれも福村出版、『心の病理学者　アドルフ・マイヤーとアメリカ精神医学の起源』（訳書、2021年）、『児童虐待対応と「子どもの意見表明権」』（2019年）、『ラター　児童青年精神医学【原書第6版】』（訳書、2018年）、いずれも明石書店、ほか多数。

思春期の親子関係を取り戻す〔増補改訂版〕
子どもの心を引き寄せる「愛着脳」

2022年12月10日　初版第1刷発行

著　者　　ゴードン・ニューフェルド、ガボール・マテ
訳　者　　小野善郎
発行者　　宮下基幸
発行所　　福村出版株式会社
〒113-0034　東京都文京区湯島2-14-11
電話　03-5812-9702　FAX　03-5812-9705
https://www.fukumura.co.jp
カバーイラスト　はんざわのりこ
装　幀　　臼井弘志（公和図書デザイン室）
印刷・製本　　中央精版印刷株式会社

ISBN978-4-571-24102-4　C0011

定価はカバーに表示してあります。
落丁本・乱丁本はお取り替えいたします。